职业教育装备制造类系列教材

现代工业企业管理

（第2版）

吴 拓 编著

电子工业出版社
Publishing House of Electronics Industry
北京·BEIJING

内 容 简 介

本书是为适应高职高专工科类各专业企业管理课程教学改革的需要而编写的。本书吸收了国内外工业企业管理的先进经验，重点介绍了工业企业管理的新理念，以便适应现代工业企业管理的需要，全面提高管理人员的管理水平和管理素质。全书共十一章，包括工业企业管理概述、企业的经营管理与经营战略、工业企业的市场营销管理、工业企业的生产管理与技术管理、工业企业的质量管理、工业企业的物流管理与设备管理、工业企业的财务管理、工业企业的人力资源管理、企业文化与企业形象设计、企业信息化管理、现代工业企业的车间管理。本书注重实际应用，突出基本概念，理念先进，内容精练，案例丰富。

本书可供高职高专院校工科类各专业学生作为教材，也可供相关企业管理人员参考。

未经许可，不得以任何方式复制或抄袭本书之部分或全部内容。
版权所有，侵权必究。

图书在版编目（CIP）数据

现代工业企业管理 / 吴拓编著. —2 版. —北京：电子工业出版社，2023.4
ISBN 978-7-121-37668-9

Ⅰ.①现… Ⅱ.①吴… Ⅲ.①工业企业管理—高等职业教育—教材 Ⅳ.①F406

中国版本图书馆 CIP 数据核字（2019）第 246631 号

责任编辑：朱怀永　　　　　文字编辑：李书乐
印　　刷：北京雁林吉兆印刷有限公司
装　　订：北京雁林吉兆印刷有限公司
出版发行：电子工业出版社
　　　　　北京市海淀区万寿路 173 信箱　邮编 100036
开　　本：880×1230　1/16　印张：19.25　字数：616.0 千字
版　　次：2012 年 9 月第 1 版
　　　　　2023 年 4 月第 2 版
印　　次：2023 年 4 月第 1 次印刷
定　　价：59.80 元

凡所购买电子工业出版社图书有缺损问题，请向购买书店调换。若书店售缺，请与本社发行部联系，联系及邮购电话：（010）88254888，88258888。

质量投诉请发邮件至 zlts@phei.com.cn，盗版侵权举报请发邮件至 dbqq@phei.com.cn。

本书咨询联系方式：（010）88254571，lishl@phei.com.cn。

前　言

随着社会的进步、科学的发展，管理工作已越来越受到人们的重视。人们逐渐认识到，科学、技术和管理是促进现代社会文明发展的三大支柱，有的经济学家甚至认为管理本身就是一种资源，它是作为"第三生产力"在社会上发挥作用的。

管理是促成社会经济发展的最基本的关键因素，各类各级管理人员卓有成效的管理工作保证了各类组织的有效运行和人们生活水平的稳步提高。

工业企业是现代社会经济的最基本单位。国家的繁荣昌盛，希望在工业，致富靠工业。随着世界经济的飞速发展和经济全球化进程的进一步加快，全球性的市场竞争日益激烈。进入 21 世纪以来，尤其是我国加入 WTO 之后，我国工业企业面临的不仅仅是科学技术和知识的挑战，更严峻的是管理竞争上的威胁。现代工业企业管理对工业企业的生存和发展起着至关重要的作用。近年来，我国借鉴国外科学的管理经验，结合我国的具体国情，逐步完善了我国的管理体系，并使国民经济处于长期高速发展和稳定运行的状态。可以说，科学的企业管理是国民经济高速发展的基石。

成功的企业管理依靠的是一批掌握了现代市场经济理论和现代企业管理知识，有创新精神、训练有素，善于经营的高素质企业管理人才。而高素质企业管理人才的培养重任则责无旁贷地落到了高等院校的肩上。

依据高职高专教育的人才培养目标和高职高专毕业生就业岗位的调查分析，高职高专毕业生工作四五年之后，便有 40% 以上的人走上了管理岗位，随着时间的推移，高职高专毕业生中从事企业管理工作的人必然越来越多。因此，加强高职高专学生企业管理知识的教育是非常必要的。

本书是专为适应高职高专工科类各专业企业管理课程教学改革的需要而编写的，其特点包括：

① 突出高职高专教育的特点，以"必需、够用"为度；
② 突出改革创新的特点，对传统的企业管理知识结构进行了大胆调整；
③ 突出时代特点，紧跟时代发展步伐，注重对新的管理理念的介绍；
④ 突出实际应用特点，内容精练、案例丰富，既有导读案例又有分析案例。

本书的编写参考了大量有关企业管理的著作，书后附有参考文献，编著者在此谨向被引用过资料的作者表示深深的谢意。

第 1 版自 2012 年出版发行以来，备受读者青睐，编著者甚感欣慰。为答谢读者，编著者结合自己的教学经验和体会，对内容和结构又做了适当调整，编写了第 2 版。第 2 版较第 1 版内容更全面，更有特色。

鉴于编著者学识、能力有限，书中疏漏和不妥之处在所难免，敬请专家学者和广大读者不吝指正。另外，为方便教学和自学，本书配有电子教案，如需要可以发邮件至 edupub@126.com 索取。

目 录

第一章 工业企业管理概述 … 1
学习目标 … 1
案例导读 … 1
第一节 企业与工业企业 … 5
一、企业的概念 … 5
二、企业的特征和目标 … 5
三、工业企业 … 6
四、现代工业企业的内涵 … 8
第二节 管理与工业企业管理 … 9
一、管理的概念 … 9
二、工业企业管理 … 11
第三节 现代企业管理理论 … 14
一、企业管理的基本理论及其发展 … 14
二、现代企业管理原理 … 16
三、企业管理现代化 … 18
第四节 工业企业管理体制 … 21
一、工业企业组织形式的概念 … 21
二、工业企业的组织结构及其演进 … 21
三、现代工业企业的组织原则 … 23
四、工业企业组织结构的形式 … 24
五、现代工业企业制度 … 29
六、现代工业企业的法律形式 … 31
思考与练习一 … 31
案例分析 … 32

第二章 企业的经营管理与经营战略 … 37
学习目标 … 37
案例导读 … 37
第一节 企业的经营理念与经营目标 … 41
一、企业经营的概念 … 41
二、企业的经营理念 … 42
三、企业经营的要素与目标 … 44
四、企业的经营与管理 … 46
第二节 企业经营的环境与资源分析 … 47
一、企业的外部环境 … 48
二、企业的内部条件分析 … 51
三、企业经营的资源 … 51
第三节 企业经营的市场调查与预测 … 52

  一、市场研究 53
  二、市场调查 54
  三、市场预测 56
 第四节 企业的经营战略与决策 62
  一、企业经营战略概述 62
  二、企业的经营决策 66
 思考与练习二 72
 案例分析 73

第三章 工业企业的市场营销管理 76
 学习目标 76
 案例导读 76
 第一节 市场营销概述 79
  一、市场营销的概念 79
  二、市场营销的构成要素 79
  三、市场营销的功能及其带来的产品效用 80
 第二节 现代企业市场营销观念 80
  一、市场营销观念的演变 80
  二、现代工业企业市场营销观念 81
 第三节 市场营销管理 82
  一、市场机会分析 82
  二、市场细分及目标市场 84
 第四节 市场营销策略 86
  一、产品策略 86
  二、价格策略 88
  三、分销渠道策略 89
  四、促销策略 91
 第五节 客户关系管理 93
  一、客户关系管理的含义 93
  二、客户关系管理的作用 94
  三、客户关系管理的内容 94
  四、客户关系管理实施的步骤 95
 思考与练习三 96
 案例分析 96

第四章 工业企业的生产管理与技术管理 99
 学习目标 99
 案例导读 99
 第一节 生产管理概述 101
  一、现代工业企业生产的形式与特点 101
  二、生产管理的内容和任务 102
  三、工业企业生产管理的发展趋势 103
 第二节 组织生产过程 104
  一、生产过程及其构成 105
  二、合理组织生产过程的要求 105

  三、生产类型 ··· 106
  四、生产过程的空间组织和时间组织 ·· 106
 第三节 生产计划与控制 ··· 109
  一、生产计划的概念与作用 ·· 109
  二、生产计划的内容和编制原则 ·· 109
  三、生产计划的指标体系 ··· 110
  四、生产计划的编制 ··· 111
  五、生产计划的执行与控制 ·· 111
  六、JIT 生产方式 ·· 113
 第四节 生产现场管理 ·· 114
  一、生产现场管理的概念 ··· 114
  二、看板管理 ·· 114
  三、5S 活动 ··· 115
 第五节 技术管理 ·· 116
  一、技术管理的内容 ··· 116
  二、技术革新 ·· 117
  三、技术开发 ·· 117
  四、技术引进 ·· 117
  五、技术改造 ·· 117
  六、信息资源的开发与管理 ·· 118
 第六节 新产品开发 ··· 120
  一、新产品的概念、特征及分类 ·· 120
  二、新产品开发的意义与条件 ··· 120
  三、新产品开发的原则和方式 ··· 121
  四、新产品开发的程序 ·· 123
  五、新产品开发的策略 ·· 125
 思考与练习四 ·· 125
 案例分析 ·· 126

第五章 工业企业的质量管理

 学习目标 ·· 133
 案例导读 ·· 133
 第一节 质量与质量管理 ··· 134
  一、质量概述 ·· 135
  二、质量管理 ·· 136
  三、质量管理体系 ·· 139
  四、质量保证体系 ·· 140
  五、质量体系认证程序 ·· 141
 第二节 质量波动与质量控制 ·· 142
  一、产品质量的波动 ··· 142
  二、过程与过程质量 ··· 143
  三、过程质量控制方法 ·· 144
 第三节 品质检验与质量改进 ·· 145
  一、产品质量检验 ·· 145

二、质量改进 ··· 147
　　三、质量管理小组 ··· 148
第四节　工业企业质量管理的常用工具与技术 ·· 150
　　一、排列图 ·· 150
　　二、直方图 ·· 151
　　三、控制图 ·· 153
　　四、散布图 ·· 154
　　五、调查表 ·· 155
　　六、因果图 ·· 156
　　七、对策表 ·· 158
思考与练习五 ·· 159
案例分析 ·· 159

第六章　工业企业的物流管理与设备管理 ·· 161
学习目标 ·· 161
案例导读 ·· 161
第一节　物流的基本概念 ··· 163
　　一、物流的含义 ·· 163
　　二、工业企业物流活动的内容 ·· 164
　　三、工业企业物流活动的分类 ·· 164
第二节　物流系统 ··· 165
　　一、物流系统及其构成 ··· 165
　　二、物流系统的特征 ·· 165
　　三、物流在企业生产经营中的地位和作用 ··· 165
第三节　工业企业物流管理 ·· 166
　　一、物流管理需要解决的问题 ·· 166
　　二、物流管理的3个主要环节 ·· 167
　　三、工业企业物流管理的发展方向 ··· 169
　　四、工业企业物流的成本管理 ·· 171
第四节　设备管理概述 ··· 173
　　一、设备及其分类 ··· 173
　　二、设备管理的含义 ·· 174
　　三、设备管理的目标和任务 ·· 174
　　四、设备管理的内容 ·· 175
　　五、设备管理水平的考核指标 ·· 175
　　六、设备的综合管理 ·· 176
第五节　设备的选择与使用 ·· 177
　　一、设备的选择与评价 ··· 177
　　二、设备的合理使用 ·· 178
第六节　设备的维护与修理 ·· 179
　　一、设备的维护保养 ·· 179
　　二、设备的检查 ·· 179
　　三、设备的修理 ·· 180
第七节　设备的更新与改造 ·· 180

一、设备更新和改造的含义及意义 ··· 180
　　二、设备更新和改造的依据 ··· 181
思考与练习六 ··· 181
案例分析 ·· 182

第七章　工业企业的财务管理 185

学习目标 ·· 185
案例导读 ·· 185
第一节　财务管理概述 ·· 187
　　一、财务管理的任务和原则 ··· 187
　　二、财务管理的目标和内容 ··· 188
　　三、财务管理的环节和法规制度 ·· 189
第二节　筹资管理 ··· 190
　　一、筹资管理概述 ··· 190
　　二、筹资的渠道与方式 ·· 190
　　三、资金成本与资金结构优化 ·· 191
第三节　投资管理 ··· 193
　　一、投资管理概述 ··· 193
　　二、投资方案的审核与评价 ··· 194
　　三、证券投资管理 ··· 196
第四节　资产管理 ··· 197
　　一、流动资产管理 ··· 197
　　二、固定资产管理 ··· 200
第五节　财务报告与财务分析 ·· 202
　　一、财务报告 ·· 202
　　二、财务分析 ·· 205
思考与练习七 ··· 207
案例分析 ·· 207

第八章　工业企业的人力资源管理 210

学习目标 ·· 210
案例导读 ·· 210
第一节　人力资源的开发与管理 ·· 212
　　一、现代工业企业人才需求的特点 ··· 212
　　二、人力资源的开发 ·· 212
第二节　人力资源管理中的激励 ·· 215
　　一、激励理论 ·· 215
　　二、激励方式与激励原则 ··· 218
第三节　劳动人事管理 ·· 220
　　一、劳动组织 ·· 220
　　二、劳动定额 ·· 221
　　三、劳动定员 ·· 223
　　四、劳动合同 ·· 224
　　五、工资制度和劳保福利 ··· 225
思考与练习八 ··· 226

案例分析 ·· 227

第九章　企业文化与企业形象设计 ·· 230
　　学习目标 ·· 230
　　案例导读 ·· 230
　　第一节　企业文化 ·· 232
　　　　一、企业文化概述 ·· 232
　　　　二、企业文化的内容 ·· 234
　　　　三、企业的文化建设 ·· 236
　　第二节　企业形象 ·· 238
　　　　一、企业形象的含义、构成要素及特点 ·· 238
　　　　二、企业形象的塑造 ·· 239
　　第三节　公共关系 ·· 240
　　　　一、公共关系概述 ·· 240
　　　　二、公关艺术 ·· 241
　　　　三、对公关人员的基本要求 ·· 242
　　　　四、公共关系的策划 ·· 244
　　第四节　领导方法与领导艺术 ·· 245
　　　　一、领导与领导者的科学概念 ·· 245
　　　　二、领导方法与领导艺术 ·· 246
　　　　三、领导者的创造力与哲学观 ·· 248
　　思考与练习九 ·· 250

第十章　企业信息化管理 ·· 253
　　学习目标 ·· 253
　　案例导读 ·· 253
　　　　一、信息化基础建设 ·· 253
　　　　二、信息化软件系统的实施 ·· 254
　　　　三、目标 ·· 255
　　第一节　企业信息化管理的内涵 ·· 255
　　　　一、企业信息化管理的概念 ·· 255
　　　　二、企业信息化管理的内容 ·· 255
　　　　三、企业信息化管理的特征 ·· 256
　　第二节　企业实行信息化管理的意义 ·· 257
　　　　一、企业实行信息化建设的必要性 ·· 257
　　　　二、企业实行信息化管理的现实意义 ·· 258
　　第三节　企业信息化管理的建设与实施 ·· 259
　　　　一、企业信息化管理的建设 ·· 259
　　　　二、企业信息化管理建设的规划 ·· 261
　　　　三、企业信息化管理建设的实施 ·· 263
　　　　四、如何提高企业信息化管理水平 ·· 265
　　　　五、中小企业信息化管理问题的研究 ·· 266
　　第四节　企业信息化管理的相关软件 ·· 267
　　　　一、选择企业信息化管理软件的基本原则 ·· 267
　　　　二、企业信息化管理的相关软件 ·· 267

第五节　企业信息化管理建设的发展趋势 ·· 269
　　一、企业信息化管理建设的大致发展趋势 ··· 269
　　二、我国企业信息化管理建设中存在的问题 ····································· 269
思考与练习十 ·· 271
案例分析 ·· 272

第十一章　现代工业企业的车间管理 ··· 274
学习目标 ·· 274
案例导读 ·· 274
第一节　车间管理概述 ·· 276
　　一、车间和车间管理的概念 ··· 276
　　二、车间在企业中的地位 ··· 277
　　三、车间管理的职能 ··· 278
第二节　车间管理的基本内容 ·· 280
　　一、组织管理 ··· 280
　　二、生产管理 ··· 281
　　三、质量管理与控制 ··· 284
　　四、设备管理 ··· 285
　　五、物料管理 ··· 285
　　六、车间经济核算 ··· 286
　　七、规章制度的制定 ··· 287
　　八、安全生产与环境管理 ··· 287
第三节　车间主任 ·· 289
　　一、车间主任的含义和角色 ··· 289
　　二、车间主任应具备的基本素质和能力 ··· 289
　　三、车间主任的职责和权力 ··· 290
第四节　车间管理"社会闲散效应"分析及对策 ···································· 291
　　一、车间职能人员中存在的"社会闲散效应"是影响车间团队管理绩效的重要因素 ··· 291
　　二、"社会闲散效应"的内在原因分析 ··· 292
　　三、消除车间管理中"社会闲散效应"的途径 ····································· 292
　　四、在实践中完善业绩评估机制，建立高效团队 ····························· 293
思考与练习十一 ·· 293
案例分析 ·· 294

参考文献 ·· 296

第一章　工业企业管理概述

【知识目标】
1. 熟悉企业、工业企业、管理、工业企业管理及现代工业企业的基本概念；
2. 了解工业企业的历史沿革，掌握工业企业的特征和目标；
3. 熟悉现代企业管理的基本理论和原理；熟悉企业管理现代化的意义；了解国际企业管理的发展趋势；
4. 掌握工业企业的组织结构及其演进；熟悉现代工业企业的组织原则及组织机构的形式；
5. 掌握工业企业的法律形式。

【能力目标】
1. 能够合理选择企业的组织机构形式，合理制定企业发展目标；
2. 能够明确本企业的法律形式，能适时对企业进行必要的改制或重组。

【案例1-1】管理知识的重组

1. 管理知识的冰山结构

管理知识的整体，恰似漂浮在大海里的一座冰山，而已被人们认识的管理知识——事实知识与原理知识（科学化知识）只不过是冰山露出来的一角，大量的管理知识——技能知识与人际知识（艺术化知识）还隐藏在水面以下，等待人们去发现。

管理知识的结构与冰山的结构一样，是不断变化和浮动的，管理者不仅应认识到管理实践需要各种管理知识的结合，还应认识到艺术化知识正是科学化知识的源泉，要善于不断地将艺术化知识转化为科学化知识，以求更好地指导自己的管理实践。

2. "屁股决定脑袋"

此话说来不雅，却形象地描述了一种现象，即"人的立场不同（或经验不同、思维方式不同），一定会影响他的研究（决策）结果"。

即使同是著名的管理学家，他们的研究也有相当大的区别，因而孔茨曾将近代不断涌现的众多管理理论流派称为"管理理论丛林"，这一"丛林"枝叶繁盛。尽管各种学派彼此相互独立，但他们的基本目的是相同的。这种情况恰似盲人摸象。也许聪明人会说，我退后几步，一看就知道大象的模样了。但洞察管理理论整体绝不像退后几步观察大象那样简单。现实中的管理者总是因为自己的经验领域、思维方式与价值观不同，从而提出不同的管理观点。实践者和研究者都是从不同角度去努力观察管理这头"大象"的，在不断为描述和凸显"管理大象"的真面目做出自己的一份贡献。

【案例 1-2】W 氏集团的管理体制

广东温氏食品集团有限公司（以下简称 W 氏集团）成立于 1983 年，是一个以养鸡业、养猪业、奶牛业为主导，兼营水产养殖、肉品加工、动物保健药品生产等多元化、跨行业、跨地区的大型企业集团，拥有 3 500 多名员工，其中大专以上学历的科技管理人员 350 多人。位列全国农业企业 150 强，在广东省排名第一位。

W 氏集团的成功之道，在于创建了企业独特的"公司+农户+客户"经营模式和以科技为先导，在企业内部实行的"全员股份制"管理体制。

W 氏集团成立之初，就以股份的形式有效地团结了一批创业骨干，他们齐心协力、共谋发展。随着 W 氏集团的不断成长，股份制也不断规范和成熟，形成了完善的企业内部全员股份制。在 W 氏集团内部，每名员工按照职位的不同，每年都可以认购配送股份，并且允许股票在企业内部流通。由于企业经营业绩稳步上升，W 氏集团的内部股票基本可以保持 20%~30% 的年收益率，员工们都非常愿意持有公司的股份，并且由于自身利益与公司经营业绩联系密切，"与企业共命运"不再是一句挂在嘴边的空话，而成了员工们的实际行动。W 氏集团与华南农业大学的合作也是在股份制的基础上建立起来的，除拨给其研究经费外，华南农业大学可以以其技术参股，每年参加公司的内部分红和股票配送，这也充分调动了大学科研人员的研发热情。

2001 年以来，为适应企业长远发展的需要，W 氏集团进行了企业管理结构的改进，进一步完善了全员股份制，使这一具有 W 氏集团特色的企业经营方式在新的形势下继续发挥作用。

【案例 1-3】"正泰"的组织变迁

正泰集团股份有限公司（正泰集团）是温州最大的民营企业之一，专门生产电器元件。它从成立之初的作坊式到股份合作制，又从股份合作制到公司制，再发展成企业集团，最后到控股集团公司，稳步完成了适应企业发展阶段的治理方式的调整和变换。到 2000 年销售额已达 30 亿元，并开始实施新的竞争战略，从此走上现代企业规模扩张模式的发展道路。

正泰集团的成功得益于其产业定位和产业升级的核心竞争战略，而这种竞争战略的成功实施是与它的企业制度和企业治理方式的及时转换紧密相关的。正泰集团认为，民营企业的发展应分三步走：第一步是要取得生存权，并使资金的积累达到一定程度；第二步是战略调整和夯实基础阶段，建立现代企业制度，并做强、做大企业；第三步则是大提高、大发展阶段，努力形成自己的企业文化，并将企业塑造成"百年老店"。

从 1994 年到现在，正泰在向外扩张、进一步做大的同时，还致力于现代企业制度建设，积极开展各种制度创新活动。一方面，不断完善内部核算和分配制度，正确处理职工、股东、国家三者之间的利益关系；另一方面，又以企业法和公司法为准则，不断深化企业改革，按照现代企业制度的要求，建立、健全"三会"（董事会、股东会、监事会）制度，并形成了三会制衡、三权并立的机制，适度分离企业经营权与所有权，给股东以实惠，给人才以舞台，从而规范了企业行为，增加了企业活力。

正泰集团从家庭作坊到股份合作，再到规范的股份制，正是他们主动顺应市场经济，不断创新机制的结果。

【案例 1-4】通用电气公司的组织管理

1. 通用电气公司的管理体制

美国各大公司的管理体制从 20 世纪 60 年代以后，为了适应技术进步、经济发展和市场竞争的需要，强调系统性和灵活性相结合、集权和分权相结合的体制。到 20 世纪 70 年代中期，美国经济出现停滞，有些公司在管理体制方面又出现重新集权化的趋势。有一种称作"超事业部制"的管理体制，就是在企业的最高领导之下、各个事业部之上会应运而生一些统辖事业部的机构。通用电气公司是美国，也是世界上最大的电气和电子设备制造公司，它的产值占美国电工行业全部产值的 1/4 左右。通用电气公司于 1979 年 1 月开始实行"执行部制"，就是"超事业部"管理体制的一种形式。

2. 不断改革管理体制

因为通用电气公司的经营模式多样，产品的品种和规格繁杂，市场竞争激烈，所以它不断地对企业的组织管理方式进行改革。20世纪50年代初，该公司就完全采用了"分权的事业部制"。当时，整个公司一共分为20个事业部。每个事业部独立经营，单独核算。以后随着时间的推移和企业经营的需要，该公司又对组织机构进行调整。1963年，公司的组织机构共计5个集团组、25个分部和110个部门。1967年以后，公司的经营业务增长迅速，几乎每个集团组的销售额都高达16亿美元，原有的组织机构已不能适应，于是集团组扩充到10个，分部扩充到50个，部门扩充到170个，同时领导机构也进行了改组。

3. 新措施——战略事业单位

20世纪60年代末，通用电气公司在市场上遇到西屋电气公司的激烈竞争，公司财政一直在赤字上摇摆。公司的最高领导为摆脱危机，于1971年在企业管理体制上采取了一种新的战略性措施，即在事业部内设立"战略事业单位"。这种"战略事业单位"是独立的组织部门，可以在事业部内有选择地对某些产品进行单独管理，以便事业部能够将人力、物力机动有效地集中分配使用，对各种产品、设备、销售方式和组织机构编制出严密的有预见性的战略计划。这种"战略事业单位"可以和集团组相当，可以和分部相当，也可以和部门相当的水平。通用电气公司的领导集团认为"战略事业单位是十分有意义的"，对公司的发展十分重要。事实也证明了这一点，1971年，该公司在销售额和利润额方面都创下了新纪录。

4. 重新集权化——执行部制

20世纪70年代中期，美国经济又出现了停滞，通用电气公司的领导者担心到20世纪80年代可能会出现比较长期的经济不景气，于1977年年底又进一步改组了公司的管理体制，从1978年1月实行"执行部制"，也就是"超事业部制"。这种体制就是在各个事业部中再建立一些"超事业部"，来统辖和协调各事业部的活动，也就是在事业部的上面又多了一级管理。这样，一方面可以使最高领导机构减轻日常事务工作，便于集中力量掌握有关企业发展的决策性战略计划；另一方面也增强了企业的灵活性。

5. 建立网络系统

通用电气公司在企业管理中广泛应用计算机后，又建立了一个网络系统，从而大大提高了工作效率。这个网络系统把分布在49个州的65个销售部门、分布在11个州的18个产品仓库，以及分布在21个州的40个制造部门统统连接起来。当顾客打电话来订货时，销售人员就把数据输入这个网络系统中，它就会自动进行以下一系列工作：如查询顾客的信用状况，并查询在就近的仓库中有无这种产品的存货；在这两点得到肯定的答复以后，它就同时办理接受订货、开发票、登记仓库账目，如果需要，还会同时向工厂发出补充仓库存货的生产调度命令，然后通知销售人员顾客所需的货物已经发货。全部工作在不到15s的时间内即可完成。值得注意的是，除了办事速度快，这个网络系统实际上还把销售、存货管理、生产调度等不同的职能结合在一起了。

6. 科研组织体制

同时，通用电气公司也非常重视科研工作，从公司成立后的第二年，就有专门从事科研工作的研究人员如德国的青年数学家斯坦梅兹，通用电气公司于1900年即成立实验室。据1970年《美国工业研究所》报道，该公司共有207个研究部门，其中包括1个研究与发展中心，206个产品研究部门，共有科研人员17 200余人，占公司职工总人数的4%。

通用电气公司的科研工作分为基础理论和应用研究两个方面。1968年，通用电气公司将1900年成立的实验室正式命名为研究与发展中心，专门从事这两方面的工作。该中心下设两个研究部，即材料学与工程部（分4个研究室）及物理科学与工程部（分5个研究室）；此外有3个行政管理部，即研究应用部、研究管理部、法律顾问部。

【案例1-5】活力28的兴衰之旅

1998年，在一次关于洗衣粉认知率的调查中，高居榜首的不是汰渍、奥妙等广告满天飞的外资品牌，也不是熊猫、白猫这些老牌国有洗衣粉企业。达到100%认知率的是在市场上消失了近一两年的活力28。

然而就在1999年，上市公司活力28却发布亏损公告，引来社会一片哗然。一个上市三年的绩优企业，怎么突然亏损到足以将过去三年的业绩全部抹去？人们觉得不可思议。

一个被誉为"民族之骄傲"的企业为何会匆匆落幕？让我们走入活力28的兴衰之旅，去细细品味其中的甘苦滋味吧！

1. 成功：一次尴尬的转型

提起活力28，不得不追溯到1951年，这个由李先念亲自命名的企业只是湖北沙市的一家油厂，与日后生产洗衣粉毫不相干。这家油厂向日化延伸的第一步，不过是觉得油脂废料的丢弃极为可惜，于是将其加工成肥皂作为一种补充。

20世纪80年代中期，沙市油厂面临着巨大的生存压力，由于国家的宏观调控，原材料价格上涨，盈利的空间越来越小。油厂领导人第一次感到身上的担子很重，因此工厂急需开发出一种新产品来缓解危机。

一年一度的中国进出口商品交易会给当时的沙市油厂带来了契机。荷兰一家公司提供了一种洗衣粉配方，具有去污力强、用量少、超浓缩等特点，希望转让给国内的洗衣粉厂家。油厂负责人滕继新灵机一动，仿佛觉得曙光就在眼前，于是火速组织人马进行商谈。结果配方让这个本不是做洗衣粉的"外马"获得了，超浓缩洗衣粉也就成了沙市油厂安身立命的法宝。

活力28后来又经过一段艰辛的市场之路，最后终于取得了成功。

2. 巅峰：一个虚壮的英雄

在广告的强力推动下，在活力28排队等货的人数不胜数。活力28不仅让地处湖北的沙市闻名全国，众多明星参加的活力28文艺晚会更是轰动一时。

滕继新这时已不再满足单一的洗衣粉生产，而是借势发力，一口气引进了国外先进的餐洗净、洗发水、香皂生产设备，为活力28规划了一个大日化的美好蓝图。

不可否认，滕继新的规划对活力28未尝不是一件好事。因为从长远看，单一的产品在日渐激烈的竞争中难以规避风险，而多业并举则可以给活力28加大抗风险的筹码，更何况滕继新选择的都是成长性十分强劲的洗发水、香皂等。

但这种前瞻性并未如愿以偿，而只是留下了悲怆的足音。何以至此？据调查分析，主要是由于一批兄弟企业的加盟。这批兄弟企业的加盟非但未给企业注入活力，反而让活力28的资金捉襟见肘；加之一口气引进了大量的生产设备，不仅让企业耗资超负荷，而且使得销售资金的投入力不从心。因此，滕继新的日化霸业梦想注定要破灭。

3. 合资：一个被迫的壮举

1994年以后的活力28，不仅呆账近1亿元，而且流动资金严重匮乏，新项目又相继胎死腹中，拳头产品洗衣粉的销量也开始下滑，严峻的企业形势令人忧心忡忡。如何寻找突破，重焕生机？活力28想到了上市，但这一方式遭到了市政府的拒绝。无可奈何，活力28选择了合资，活力28于1996年与国际洗涤剂行业巨头进行合资。3个月之后，活力28又戏剧性地被批准上市。

对活力28来说，合资与上市似乎一扫阴霾，前景一片光明。但短暂的喜悦过后，才发现公司面对的是一堆没有商标的洗衣粉，是等待开辟销售渠道的新商品。

4. 重组：一出落幕的悲剧

在活力28的二次创业中，其为自己勾画了大好前景：形成以洗涤、纸品、纯水、房产、医药为支柱的集团化公司，同时兴建活力工业园，洗衣粉、餐洗净和纯水要在2005年分别达到20万吨的产能。实情是，除了洗涤产品在苟延残喘，其他产品均奄奄一息。1999年，是活力28集团彻底走向衰败的一年。

为了挽救活力28，证监会勒令活力28进行资产重组。为了重组成功，市政府又抽调干部任董事长，主要工作就是稳定职工情绪，尽快恢复活力28的活力。

此后的活力28就像走在一根钢丝上，颤颤巍巍。虽然活力28的领导换了一批又一批，但是职工们人心惶惶，并且整个销售工作处于停滞状态。至此，这个日化行业与证券市场的双料明星正式结束了其光辉历程。

5. 再生：一个美丽的幻梦

活力 28 不再是上市公司了，又成为当年的小小日化厂，十几年过后，又重新回到了起点。这一切，让活力 28 的职工们心灰意冷，上市三年来招收的近三百名大学生中，技术人才早在重组后就纷纷离去，近两百名销售人员也在分流之后"孔雀东南飞"，目前仅剩下几个大学生留在日化厂销售部。

这种政府性的重组，几乎断送了活力 28 的命运。尽管口口声声说要发展日化行业，但以活力 28 的现状，重生还有机会吗？

在变幻莫测的竞争世界里，人们又开始了一个新的幻梦！

6. 反思：总结经验教训

仔细研究活力 28 的发展历程，总结其失败的原因。

（1）成功之后好大喜功，盲目多元化；

（2）地方政府不适当的干预，让企业失去独立的经营权；

（3）企业的市场竞争意识淡薄，对企业的环境缺乏分析研究；

（4）管理不科学、制度不健全。

活力 28 的兴衰史不过是众多陨落企业的一个缩影，透过它可以让有过类似经历，或许正在经历，或许将会经历的企业警醒：面对全球化经济市场，中国的大门已向全世界开放，中国的企业只有先练好内功，才能真正具有竞争的实力。但愿活力 28 的悲剧不再重演！

第一节　企业与工业企业

一、企业的概念

企业是一种从事生产、流通或服务等经济活动，为社会提供商品或劳务，满足社会需要并获取利润，实行自主经营、自负盈亏、独立核算，具有法人资格的经济组织。

按照这一定义，企业可分为工业企业和商业企业两大类。工业企业是从事工业性生产的经济组织，它利用科学技术、机械设备，将原材料加工成社会所需要的产品，同时获得利润。商业企业是指从事商业性服务的经济实体，它以盈利为目的，直接或间接向社会供应商品或劳务，以满足顾客的需要。

作为一个企业，必须具备以下基本要素：

（1）拥有一定的资源，既拥有一定数量、一定技术水平的生产设备和资金，又拥有一定技能、一定数量的生产者和经营管理者；

（2）拥有开展一定生产规模和经营活动的场所；

（3）从事商品的生产、流通或服务等经济活动；

（4）生产经营的目的是获取利润，在经济上必须独立核算、自负盈亏，具有自我发展和自我改造的能力；

（5）在法律上具有法人地位，有一定的权利和义务。

任何企业都应具有这些基本要素，其中最本质的要素是企业的生产经营活动必须获取利润。

二、企业的特征和目标

1. 企业的特征

根据企业的定义，不难发现企业具有如下特征。

首先，企业是一个经济组织，它与行政组织或政权组织不同，它的主要任务是执行政策法令和发展规划，直接从事生产、流通等经济活动。

其次，企业也是一个社会组织，是一个向社会全面开放的系统，它的经济活动必然受到社会环境、政治环境等的影响和制约，它对社会发展、文化繁荣会产生重大影响，企业是国民经济的微观基础。

再次，企业必须是营利性的经济组织，是一个基本核算单位，实行独立核算，自负盈亏，那些虽然也从事生产和服务活动，但是非营利性的组织则不是企业。

最后，企业必须经过政府批准设立，在法律上取得法人地位，企业直接承担在经济活动中的法律责任，法律同时保护企业的合法经营权。

简言之，企业具有主体性、独立性、营利性、活力性和开放性。

2. 企业的目标

企业为了生存和发展，不仅要满足本企业的目标，而且要满足范围更大的社会需要和期待。因此企业的目标具有两重性，既要追求自身的经济效益，谋求自身发展；又要满足社会的需求，承担社会责任。

1）获取利润

追求生产利润和扩大企业规模，是每个企业的发展目标。任何企业一旦问世，不论谁是企业资产的所有者，其首要任务就是获取利润。没有利润，企业员工的工作条件和生活条件就难以改善，甚至企业本身也无法继续生存。只有获得一定的利润，企业才能生存得更好，才有能力追加投资去扩大生产规模，取得更好的经济效益。

2）承担社会责任

企业不仅是一个经济组织，而且是一个微观的社会组织。企业必须生产和提供人们所需的商品，满足社会需要才能存在。企业的正常生产秩序也必须由社会、由国家提供服务和保证。因此，企业与社会密切相关。企业必须自觉承担一定的社会责任，向国家缴纳税金，满足社会公益活动和公益设施的需要；必须同政府共同解决社会问题，如不断创造和提供更多的就业机会、保护自然环境等。

3）获取利润与承担社会责任的关系

企业的双重目标在整个企业发展过程中的分量是不同的、变化的。企业需要利润，同时必须承担社会责任。企业从单纯追求利润最大化，到获取适当利润的同时承担社会责任，体现了企业价值观的转变和进步。事实上，承担社会责任与获取利润的关系并非相互排斥，而是互为条件、互相补充的。

首先，利润是企业满足社会需要程度的标志。一个企业获取的利润越高，就越能够赢得社会的认可，其商品在市场上也越受欢迎。

其次，利润也是企业满足社会需要的前提。没有利润，企业就难以追加投资，就难以扩大经营规模，就不能生产更多的商品满足社会需要，也就无力承担更多的社会责任，就更不能为社会提供更多的就业机会和解决社会问题的资金。

因此，获取利润和承担社会责任是相辅相成的。只有满足社会需要，承担社会责任，企业才能获取利润；同时，只有获取一定的利润，企业才能更好地满足社会需要，承担社会责任。

三、工业企业

工业生产是指运用物理、化学、生物等技术，对自然资源、农业产品及其中间产品进行采掘、加工并使之成为具有一定功能的产品的活动。凡是从事工业性产品或劳务生产经营活动的企业均称为工业企业。

工业企业经历了资本主义的简单协作、工厂手工业和机器大工业3个阶段，才逐步发展成为社会化大生产的现代工业企业。

1. 现代工业企业的基本特征

现代工业企业具有如下基本特征：

(1) 大规模地采用用现代生产技术装备的机器体系进行生产，并将系统的科学知识应用于生产；

(2) 实施科学的分工和严密的协作，有广泛、密切的外部联系，属于一种高度社会化的大生产；

(3) 生产自动化程度高，生产过程具有极高的比例性和连续性；

(4) 生产遵循可持续发展原则，十分注重环境保护。

2. 工业企业的分类

1）按产品用途分类

按产品用途，工业企业可分为重工业和轻工业两大类。

（1）重工业。

生产生产资料的工业称为重工业。重工业提供社会生产的工具和主要原材料，它是工业的基础，也是其他物质生产部门的物质基础。

重工业又可分为以下 3 类。

- 采掘工业。指对自然资源，如石油、煤炭、金属和非金属矿藏等进行开采的工业。
- 原料工业。指为制造工业提供原材料和燃料、动力的工业，包括如金属冶炼和加工、化学原料、水泥等原料工业，以及电力、石油和煤炭加工等动力燃料工业。
- 制造工业。指对原材料进行加工制造的工业，主要制造现代化生产工具，包括工业设备、农业机械、现代交通工具、建筑施工机械等制造工业，还包括制造水泥、化肥、农药、机器构件等产品的工业。

（2）轻工业。

生产生活资料的工业称为轻工业。轻工业为人们提供生活消费品，是提高人们物质和精神生活水平的保证。

轻工业又可分为以下两类。

- 以农产品为原料的轻工业。包括粮油加工，棉、麻、毛的纺织，服装制作，造纸，皮革加工，食品加工，烟草工业等。
- 以非农产品为原料的轻工业。即以工业产品为原料的轻工业，包括日用金属制品制造、日用化工产品制造、化学纤维制造、日用玻璃制造、陶瓷制造、家用电器制造、自行车和摩托车制造、家具制造、计算机制造、医疗器械制造、文体用品制造等。

2）按部门划分

根据产品的经济用途、使用的原材料和生产技术，工业企业可划分为以下 6 大类 18 个部门。

（1）冶金类。

- 黑色金属工业。包括钢铁、铬、锰等金属的开采和冶炼。
- 有色金属工业。包括金、银、铝、镍、锡等金属的开采、冶炼。

（2）制造类。

- 机械工业。包括机械、配件、汽车、船舶等的制造。
- 电子工业。包括通信设备、广播电视设备、电子元件、计算机等的制造。
- 航天航空工业。包括航天设备、飞机及空降设备等的制造。
- 兵器及核工业。包括各种军事武器、设备、炮弹、枪弹、炸药等的制造，包括核燃料武器、核仪器设备的制造和铀的开采与冶炼。

（3）能源类。

- 煤炭工业。包括煤炭的开采与分选、炼焦等。
- 石油工业。包括石油和天然气的开采。
- 电力工业。包括发电和供电。

（4）轻工类。

- 轻工业。包括造纸、盐业、制糖、钟表、缝纫机、自行车、饮料、酒、电冰箱、洗衣机、印刷、塑料制品、照相机、日用化学制品、日用陶瓷制品、灯泡、食品、文教体育制品、日用染品、工艺美术制品、皮革毛皮制品等的生产。
- 纺织工业。包括化学纤维纺织、棉纺织、毛纺织、麻纺织、绢纺、丝织、印染等。
- 烟草工业。包括各种卷烟生产和烟叶复烤。

(5) 化工类。
- 化学工业。包括化肥、酸、碱、电石、油漆、焦炭、轮胎等的生产。
- 石化工业。包括炼油、合成纤维、合成橡胶、有机化学原料等的生产。

(6) 民生类。
- 建材工业。包括各种建筑材料（水泥、砖、耐火材料、石灰、地板等）、平板玻璃、玻璃纤维、石棉、石膏等的生产。
- 森林工业。包括木材的采运和木材的加工。
- 医药工业。包括各种中药、西药的制造。
- 市政公用工业。包括城市自来水供应、煤气供应、供热等企业。

3) 按规模划分

(1) 大型企业。标准为资产总额 40 000 万元以上，年销售额 30 000 万元以上，从业人员 2 000 人以上。

(2) 中型企业。标准为资产总额 4 000 万～40 000 万元，年销售额 3 000 万～30 000 万元，从业人员 300～2 000 人。

(3) 小型企业。标准为资产总额 4 000 万元以下，年销售额 3 000 万元以下，从业人员 300 人以下。

四、现代工业企业的内涵

1. 现代工业企业的特点

现代工业企业是现代市场经济社会中代表企业组织的最先进形式和未来发展主流趋势的企业组织形式。所有者与经营者分离、拥有现代技术、实施现代化的管理和企业规模呈扩张化趋势是现代企业的4个最显著的特点。

1) 所有者与经营者分离

公司制是现代工业企业的重要组织形式，由于公司以特有方式吸引投资者，公司资本所有权出现多元化和分散化，同时也由于公司规模的大型化和管理的复杂化，那种将传统的所有权和经营权集于一身的管理体制再也不能适应生产经营的需要了，因此出现了所有权与经营权分离的现代管理体制和管理组织。

2) 拥有现代技术

技术作为生产要素，在工业企业中起着越来越重要的作用。传统企业中生产要素的集合方式和现代企业中生产要素的集合方式可用如下关系式来概括：

$$传统企业生产要素 = 场地 + 劳动力 + 资本 + 技术$$
$$现代企业生产要素 = (场地 + 劳动力 + 资本) \times 技术$$

在现代工业企业中，场地、劳动力和资本3个生产要素都要受到技术这个要素的影响和制约，主要表现在：

(1) 采用现代技术可以开发出更多的可用资源，并可通过寻找替代资源来解决资源紧缺的问题；

(2) 具有较高技术水平和熟练程度的劳动者，使用较多的高新技术机器设备，极大地提高了劳动生产率。

因此，现代工业企业一般都拥有先进的机器设备和工艺装备，集中了大批专业技术人员和工程技术人员，实行精细的劳动分工和协作，进行复杂的、连续的生产经营活动。

3) 实施现代化的管理

现代工业企业的生产社会化程度空前提高，需要更加细致的劳动分工、更加严密的劳动协作、更加严格的计划控制和更加严格的科学管理。现代工业企业必须实施现代化管理，才能适应现代生产力发展的客观要求，创造最佳的经济效益。

4) 企业规模呈扩张化趋势

现代工业企业的成长过程就是企业规模不断扩大、不断扩张的过程。实现规模扩张的方式主要有以下

3种。

(1) 垂直型（纵向型）扩张：收购或合并在生产或销售上有业务联系的企业。
(2) 水平型（横向型）扩张：收购或合并生产同一产品的其他企业。
(3) 混合型扩张：收购或合并在业务上无太大联系的企业。

随着企业规模的扩大，分权的事业部制的公司管理结构开始出现，其奠定了公司制的基本模式。

2. 现代工业企业的类型

现代工业企业的类型是多种多样的，可以根据不同的标志对工业企业进行如下分类。

(1) 按照生产资料所有制的性质和形式划分为：国有企业、集体企业、私营企业、个体经济、"三资"企业、混合所有制企业等。

国有企业是指生产资料归社会全体劳动人民所有，经济上相对独立的经济单位，曾称为全民所有制企业。它是我国国民经济的主导力量。

集体企业是指生产资料归企业全体劳动者集体所有的企业。它有权独立支配企业的财产和产品，在国家的统一领导下，根据市场需要独立进行生产经营活动，自负盈亏。集体企业依照法律规定实行民主管理。

私营企业通常是指生产资料归经营者私有或其家庭所有，主要依靠雇佣劳动力从事生产经营活动的企业。我国现阶段的私营企业是以公有制为主体的社会主义市场经济的重要组成部分，对国民经济起着必要的补充作用。

个体经济是指生产资料归劳动者个人或家庭所有，以个人或家庭劳动为主的生产经营单位。我国目前的个体经济主要包括城乡个体工商户、农村专业户、农业承包者等。

"三资"企业是指外商独资企业、国外合资企业、中外合作企业，是依据平等互利、共同投资、共同经营、共享红利、共担风险的原则，由外商独立投资或与国内企业共同投资在我国境内兴办的企业。

(2) 按照企业生产要素所占比重的不同划分为：劳动密集型企业、技术密集型企业、知识密集型企业。

劳动密集型企业指技术装备较少，用人较多，生产过程主要靠人工劳动，产品成本中劳动者工资等报酬占有较大比重的企业。

技术密集型企业指需要投资较多，技术装备程度较高，用人较少，生产过程主要依靠机械化、电气化、自动化设备加工，产品成本中固定成本占较大比重的企业。

知识密集型企业主要是指拥有较多中高级科技专家，综合运用国内外先进科学技术成果进行生产经营的企业。

(3) 按照企业投资者结构的不同划分为：独资企业、公司企业、合伙企业。

独资企业是指个人或某一投资者全额出资经营，自己管理或委托他人管理，资产所有权与经营权完全统一的企业。

公司企业是指依据公司法中规定程序设立的，由两个以上股东共同出资组建或由两个以上企业出资组建、共同经营、风险共担、利润按出资额分配的企业。

合伙企业是指由两个以上企业共同出资组建，完全由双方共同经营与管理、共享收益和共担风险的企业。

第二节 管理与工业企业管理

一、管理的概念

1. 管理的含义及作用

什么是管理？人们从管理实践中感悟到管理的意义，对其做了许多朴实的解释。有人认为，管理就是决策。有人认为，管理是一种程序，是通过计划、组织、控制、指挥等职能实现既定目标。也有人认为，管理就是领导。还有人认为，管理就是管辖和处理。

从科学的角度给管理下定义，比较系统的解释：所谓管理，是指管理者或管理机构在一定范围内，对组织所拥有的资源进行有效的计划、组织、指挥、协调和控制，以期达到预定组织目标的活动。

这一定义包括5层含义：

(1) 管理是一个过程；

(2) 管理的任务是达到预定目标；

(3) 管理达到目标的手段是运用组织所拥有的各种资源；

(4) 管理的本质是协调；

(5) 管理的核心是处理好人际关系。

管理活动与人类生产、生活的联系密切。今天，世界上无论是发达国家，还是发展中国家，都从自己的社会经济发展实践中认识到，管理具有极其重要的作用。"管理也是生产力""向管理要效益"，这些并非是时髦的口号，而是人们的共识。没有高水平的管理相配合，任何先进的科学技术都难以充分发挥其作用，所以在一定意义上，管理的作用比增加设备和提高技术更大。

2. 管理的性质

1) 管理的两重性

马克思认为，任何社会的管理都具有两重属性——自然属性和社会属性。

(1) 管理的自然属性。管理作为一种独立的社会职能，是生产力发展和社会分工的结果。只要存在共同劳动和分工协作就必然会产生管理。管理是合理组织生产过程，使劳动对象、劳动手段和劳动力得以有效组合，形成生产力的条件。随着生产力的发展、企业规模的扩大、社会分工的细化、科学技术的广泛运用，生产活动越来越复杂，此外，社会化的程度越高，对管理工作的要求也就越严格。没有专门的人从事管理的职能活动，就会使物不能尽其用，人不能尽其才，生产力不能发挥出最大效力。因此，管理具有与生产力相联系的、社会化大生产所共有的自然属性。

(2) 管理的社会属性。由于企业的生产经营活动是在一定的社会环境中进行的，因此它必然受到所处社会的生产关系、社会制度、社会文化及各种社会关系的影响和制约。管理必须服从生产资料所有者的利益和意志，必须始终是生产资料所有者实现某种目的的一种手段，这就是管理的社会属性。它是由生产关系和社会制度所决定的，在生产关系不同的企业中存在着本质的区别。社会主义的企业管理是为了完善社会主义生产关系，发展社会生产力，提高经济效益，满足人们日益增长的物质生活和文化生活的需要。从管理的社会属性分析，社会主义企业管理和资本主义企业管理有着本质的区别。

(3) 管理两重性原理的指导意义。马克思关于管理两重性的理论，是指导人们认识和掌握管理的特点和规律、实现管理目标的有力武器。只有认识和掌握管理两重性的原理，才能分清资本主义管理与社会主义管理的共性与个性，正确地处理批判与继承、学习与独创、吸收外国管理经验与结合中国实际之间的关系，实事求是地研究和吸收外国管理中有益的东西，做到兼收并蓄、西为中用。认识和学习管理两重性的原理，可以帮助人们掌握管理活动的规律。若想正确地组织管理活动，则既要科学、合理地组织生产力，发展现代化大生产，提高我国现阶段的经济发展水平，又要重视社会主义生产目的和民主管理性质，尊重劳动者的意志和维护劳动者的切身利益，维护社会主义的生产关系，促进社会主义生产力的发展。

2) 管理的科学性与艺术性

(1) 管理的科学性。人们经过近一百多年来的努力实践和总结，将管理的概念、原理、原则和方法逐渐系统化，形成了一个比较完整的理论体系。这个理论体系提供的系统化理论、定量分析方法，有效地指导着管理人员的实践活动，解决了管理实践中的大量问题，大大地解放了生产力，促进了社会经济的高速发展。与自然科学相比，尽管对管理的定义还不够精确，但它已成为一门科学是毋庸置疑的。

(2) 管理的艺术性。管理是一种艺术，一方面是强调管理的实践性；另一方面是强调管理是一项创造性的劳动。没有实践则无所谓的艺术，像其他技艺一样，管理工作必须将系统化的知识根据实际情况加以运用，才能达到预期的效果。管理是一项技巧性、灵活性、创造性很强的工作。管理工作就是要运用管理知识，发挥创造性，针对现实情况，采取适当措施，谋划出一种有用的方法，从而高效地实现组织的目标。

实践证明，管理既是一门科学，又是一种艺术，有效的管理是两者的有机结合，让没有掌握管理理论的人来进行管理活动，是难以取得有效成果的。

二、工业企业管理

1. 工业企业管理的概念

工业企业管理是指企业的领导者和全体员工，为了充分利用各种资源，保证整个生产经营活动的统一协调，实现企业管理任务，达到提高经济效益的目的，而进行的决策、计划、组织、控制、激励和领导等一系列综合性活动。

由此可知：

（1）工业企业管理作为一个过程，是通过决策、计划、组织、控制和领导等职能来实现的；

（2）工业企业管理的对象是企业中的各种资源，包括人力、物力、财力、时间、信息等，也包括供应、生产和销售等环节，工业企业管理的过程就是有效地获得并充分利用这些资源的过程；

（3）工业企业管理的目的在于达到企业的经营目标；

（4）工业企业管理是在一定的社会和自然环境下进行的。

工业企业管理的任务总的说来就是根据市场需要为社会生产产品、提供服务，满足人们的物质文化生活要求。此外，工业企业在为国家积累资金、为企业员工谋求经济利益、为企业自身发展创造条件的同时，还应为环境保护、社会公益事业及社会精神文明建设做出相应的贡献。

2. 工业企业管理的职能

工业企业管理的职能是指企业管理工作在生产经营管理活动中所具有的职责和功能。

1）决策职能

管理学中的决策，是指管理者为了达到一定的目标，在掌握必要的信息并对其进行科学分析的基础上，拟定不同的行动方案，并从两个以上的方案中选定一个合理方案的过程。决策是企业管理的首要职能和中心环节，决策的正确与否将直接关系到企业管理的其他职能是否有效，将直接关系到企业的前途和命运。因此，一些管理学家说，管理就是决策。

决策是针对未来的行动制定的，任何决策都是在预测的基础上进行的，而未来的行动往往受到环境的影响，预测的准确性也受各种因素的制约，因此决策总会具有一定的风险。所以为了提高决策的正确性，就必须以概率统计为基础，依据一定的数学方法进行科学的计算，以最大限度地保证决策者所追求的价值前提和经营目标。

2）计划职能

计划实际上是决策的具体化，即将决策内容变成量的指标以便实施，将企业的整体目标和各部门的目标变成可以实现的行动方案。人们通俗地将计划职能的任务和内容概括为"5W1H"，即 What to do?（做什么？）、Why to do?（为什么做？）、When to do?（何时做？）、Where to do?（何地做？）、Who to do?（谁去做？）、How to do?（怎么做？）。

计划是指导企业管理者从事各项生产经营活动的具体行动指南和标准。任何企业都必须制订准确、完善的计划，并据此建立正常的生产秩序和工作秩序。

3）组织职能

组织作为管理的一项基本职能，它是由静态的人的集合组成的机构和动态的组织活动过程的统一。它是指为了实现企业经营目标而将企业生产经营活动中的各个要素、各个环节、各个部门，从劳动分工和协作上，从纵横交错的相互联系上，从时间和空间的连接上，按照一定的原则和方式形成一个有机的整体。

组织是实现企业计划、达到企业目标的保证。组织职能的具体内容包括设计组织结构，建立适当的管理层次和管理幅度，健全各项规章制度，确立各部门的职责范围和相互关系，确定各部门之间信息沟通和相互协调的原则及方法,以及人员调配、组织任用、人员考核、奖惩制度等。其目的在于充分调动人的积极性,使组织系统最有效地发挥作用。

4)领导职能

领导是指管理者运用权力施展影响,指导各级、各类人员努力达到企业目标的过程。领导职能包括指挥和协调两项功能。

指挥是指企业领导者、管理者根据企业决策、企业目标和要求,对其下属部门、环节和人员发布命令、指导、沟通、激励,以使企业组织正常高效运作的过程。企业管理中的指挥功能能促使企业成员发挥工作的积极性。

要实现科学、有效的指挥,就必须建立统一、高效、强有力的指挥系统,并对企业的生产经营活动实行统一领导、统一指挥和调度,并及时解决生产经营过程中出现的各种问题。在执行统一指挥的过程中,必须坚持下级只接受一个上级领导的原则,不搞多头指挥;坚持一级领导一级,不搞越级指挥;这样既可以使指挥建立在发扬民主权利的基础上,又有利于维护指挥的权威,从而充分发挥指挥的作用。

协调是指企业管理者为保证企业生产经营的正常进行而对各部门、各单位、各环节之间出现的各种不平衡、不和谐现象进行调节的过程。管理者通过发现、解决生产经营活动中的各种矛盾、纠纷和问题,协调生产经营活动中生产力各要素之间的关系,从而有效地保证企业目标的实现。

领导工作是管理活动中最富有科学性和艺术性的工作。领导者必须提高自身素质,加强思想作风和工作作风的修养,掌握领导艺术,了解企业中个体和群体的行为规律及沟通方式,运用适宜的激励方法去调动人的积极性,才能实现有效的领导。

5)控制职能

控制是一个信息反馈的过程。控制职能是指不断接收企业内部和外部的有关信息,按照既定的目标和标准对企业的生产经营活动进行监督、检查,一旦发现偏差,就立即采取措施纠正,从而使工作按计划进行;或者适当调整计划与工作方式,以达到企业预期的经营目标。

任何企业、任何经营活动都需要控制。控制工作一方面可以保障执行和完成企业计划;另一方面还可以促进制定更加完善的新计划、新目标和新控制标准。控制工作穿插于生产经营活动之中,存在于企业管理活动的全过程。

实施控制有两个前提,即必须有控制标准和控制机构。它包括3个步骤,即拟定标准、衡量成效、纠正偏差。决策和计划是制定控制标准的依据,企业的组织机构和规章制度及明确的责、权、利相结合的经济责任制是实施控制的保证。

工业企业管理的5种职能是相互联系、相互制约、相互依赖、缺一不可的有机整体。通过决策,企业才有明确的经营目标和方向;通过计划,企业才有具体的行动指南,才能贯彻实施企业的决策;通过组织,才能使企业形成一个有机的整体,建立完成任务、实现目标的手段和正常的生产秩序;通过领导,才能使企业员工的个人工作与所要达到的企业目标协调一致;通过控制,才能检查计划的实施情况,保证企业目标的实现。

3. 工业企业管理的基础工作

工业企业管理的基础工作是指为实现企业经营目标和有效地执行各项管理职能而提供资料依据、共同准则、基本手段和前提条件等工作的总和。它是企业开展经营活动不可缺少的经常性工作。

由于各企业所处的行业和环境不同,生产力发展程度和管理水平不同,因此基础工作的内容与要求也不相同。目前我国普遍开展的工业企业管理的基础工作大致包括如下6项内容。

1)信息工作

信息工作是指管理工作中的有用资料,一般包括原始记录、各类技术经济资料、数据和科技情报、市场信息、国家政策法令等。信息是企业经营决策的依据,是生产过程中进行控制和调节的工具,是沟通生产者与消费者的桥梁。信息工作系统是企业开展经营活动的神经系统。

2）标准化工作

标准化工作是指技术标准和管理标准的制定、执行和管理等工作。技术标准是指对生产对象、生产条件、生产方法等所做的必须共同遵守的规定，主要包括基础标准、产品标准、零部件标准、原材料标准、工艺及工艺装备标准、安全环保标准及设备使用维修标准等。管理标准是指对企业各种岗位、各项管理业务的工作责任、工作程序、工作方法等所制定的必须共同遵守的行为准则，包括基础标准、工作质量标准、业务及工作程序标准、生产组织标准等。

3）定额工作

定额工作主要是指在一定的生产和技术条件下，为合理利用企业资源，对各类消耗标准、占用标准等技术经济指标予以制定、执行和管理的工作。它是编制计划的依据之一，是科学地组织生产的重要环节。企业的定额门类繁多，主要有劳动定额、生产期量定额、物资供应定额、设备利用定额、资金占用定额、费用开支定额等。

4）计量工作

计量是指为了实现标准化测量，通过技术和法制相结合的手段，保证量值准确一致。计量工作就是运用科学的方法和手段，对产品的量和质的数值加以控制和管理。它主要包括检定、测试、化验分析等。计量工作关系到产品质量、安全生产、能源消耗、经济核算、环境保护等诸多方面。

5）规章制度

规章制度是指用文字形式描述的为企业生产、技术、经济、人事等各项活动所制定的各种规则、条例、程序、办法等的总称。它是企业全体员工必须共同遵守的行为准则，具有一定的强制性。企业的规章制度内容繁多，且因企业而异，主要包括岗位责任制度、技术管理制度、人事管理制度、劳动制度、分配制度、奖惩制度、财务制度、物资管理制度等。企业必须根据本单位的实际情况，建立纵横交错、互相协调的责任体系和规章制度，做到责权分明，制度简洁清晰，便于贯彻执行。

6）职工教育

职工教育是指企业为了提高员工的素质，对每个员工所从事的岗位所需的道德品质、科学文化和专业技术等进行的培训教育。由于人是企业发展的关键，因此只有加强员工的基础教育，不断提高全体员工的素质，才能更好地发挥企业员工的积极性和创造性，才能保证企业目标的圆满实现，企业才能在激烈的竞争中立于不败之地。

只有做好企业管理的基础工作，才能确保企业的正常生产秩序，才能促使我国企业在较短时间内迅速进入科学管理及现代化管理的轨道，这也是有效提高我国企业管理水平和企业效益的快捷途径。

4．工业企业管理的内容

工业企业管理的内容，就是工业企业的生产经营活动。工业企业的生产经营活动主要包括供、产、销、人、财、物等方面，因此工业企业管理的内容包括以下几项。

1）物流管理

物流管理包括原材料供应、物料的运输、半成品和成品的库存等管理工作。它是生产过程得以顺利进行的保证，也是提高企业经济效益的重要一环。

2）生产管理

生产管理是指对企业的全部生产活动进行综合性管理，包括编制生产计划和生产作业计划、进行生产控制和生产现场管理等。做好生产管理工作，合理组织企业的生产活动，可以充分利用企业的资源，提高生产效率。

3）质量管理

质量管理就是将生产技术、经营管理和数理统计等科学方法结合起来，建立一整套行之有效的质量管理工作体系，以确保最经济地生产出满足用户要求的高质量产品。质量管理对于提高企业的竞争力、提高企业的效益、实现企业可持续发展的战略有着极其重要的作用。

4）销售管理

销售管理是指企业按计划将生产的产品销售出去，并做好售后服务，以实现产品的价值。销售管理是企业经营活动获取利润的中心环节。

5）劳动管理

在任何工业企业的生产过程中，劳动力都是最基本的生产要素，劳动者直接或间接地运用劳动手段，使劳动对象发生物理、化学变化，成为满足社会需求的产品。加强劳动管理，是提高劳动生产率、提高企业经济效益的重要措施。

6）设备管理

机器设备是工业企业的生产工具，是企业的物质技术基础。加强设备管理、合理使用设备、及时维修设备、努力提高设备利用率，是企业提高产品质量、提高生产效率、提高资金利用效果的重要保证。

7）技术管理

工业企业在激烈的市场竞争中，其竞争优势无不来源于产品的技术优势、成本优势。而这些优势的获得，根本在于技术管理。因此做好技术管理工作，不断开展技术创新，不断开发新产品，是企业在竞争性市场中存在和发展的保障。

8）财务管理

工业企业的财务管理是指利用货币及其价值形式，对企业的生产经营活动进行综合管理，它是企业资金的形成、分配和使用过程中的各项管理的总称。加强财务管理和经济核算，对于促进企业的生产发展、增加利润、节约资金，有着至关重要的作用。

第三节 现代企业管理理论

自从有了人类社会，人们的社会实践活动就表现为集体协作的劳动形式，而有集体协作劳动的地方就有管理活动。在长久而重复的管理活动中，管理思想逐步形成。随着社会生产力的发展，人们把各种管理思想加以归纳总结，进而形成了管理理论。管理理论的形成实际上经历了由管理实践到管理思想直至管理理论的漫长过程。

一、企业管理的基本理论及其发展

管理作为一种有组织的活动，产生于原始社会，直到资本主义工业革命时期，在生产力获得极大发展之后，管理学才作为一门科学得以形成和发展。尤其是近百年来，随着科学技术的飞速发展，市场经济异常活跃，管理科学也得到了相应的发展。实践表明，管理理论与生产力的发展紧密相连，西方企业管理理论的飞速发展和成长也雄辩地证实了这一点。西方管理理论的发展过程大体分为以下3个阶段。

1. 古典管理理论阶段

1）早期管理理论

早期管理理论产生于18世纪下半期，即资本主义发展较早的时期。其中一个主要代表人物是亚当·斯密，他提出了劳动分工学说，分析了因工业的分工而获得的经济收益，技术的进步、时间的节约，以及新机器和工具的采用对于劳动生产率的提高和资本的增值都有巨大的作用。另一个代表人物是大卫·李嘉图，他继承了亚当·斯密的学说，以劳动创造价值为基础，研究了资本、工资、利润和地租，认为工人劳动创造的价值是工资、利润和地租的源流。马克思曾对此给予了很高的评价。

2）传统管理理论

传统管理理论是根据企业多年管理实践的经验积累而成的一整套管理理论和方法。这一理论的代表人物主要是英国的数学家巴贝奇，他延续了亚当·斯密的劳动分工学说，指出劳动分工可以提高经济效益；可以缩短学会操作的时间；可以节约变换工序所花费的时间和原料；同时，因重复操作而产生的熟练技巧，可以促进专用工具和设备的发展。

3）科学管理理论

随着科学技术的发展和大机器生产社会化程度的不断提高，管理理论也随之发展到了一个新的阶段，其显著特点是以科学技术作为建立管理理论的主要依据。这一阶段有影响的代表人物是美国的泰勒、法国的法约尔、德国的韦伯及后来美国的古利克和英国的厄威克。

以泰勒为首倡导的科学管理提出了工作定额原理和标准化原理，提倡推行有判别的、刺激性的计件工资制，目的在于解决如何提高企业劳动生产率的问题。

法约尔十分注重对管理的研究，指出管理不同于经营，他认为经营的6种职能活动是技术活动、商业活动、财务活动、安全活动、会计活动和管理活动。对于管理活动，他强调了5种职能，即计划、组织、指挥、协调、控制。在论述管理活动的这5种职能的基础上，法约尔提出了管理的十四条原则。

韦伯则认为，为了实现组织目标，必须用责权合一的等级原则把各类成员组织起来，形成一个指挥体系，组织中人员之间的关系则完全以理性准则为指导。他着重指出，这种理想的行政组织体系能够提高工作效率，在精确性、稳定性、纪委性和可靠性方面都优于其他组织体系。

泰勒、法约尔、韦伯等人所倡导的管理理论是科学管理的创世之说，他们的理论被后来的厄威克和古利克系统地加以阐述和整理。厄威克由此得出了他认为适用于一切组织的"八项原则"，而古利克则将各家有关管理职能的理论加以系统化而提出了有名的"管理七职能论"。

2. 行为科学理论阶段

20世纪出现的人际关系理论和行为科学理论，标志着西方管理理论进入了第二个发展阶段。

1）人际关系理论

20世纪20年代后期，美国的梅奥和罗特利斯伯格在霍桑实验结果的基础上，指出职工是"社会人"，他们还要受到社会和心理的影响；企业的生产效率主要取决于职工的积极性，取决于职工的家庭和社会生活及企业中人与人之间的关系。梅奥和罗特利斯伯格以他们的《工业文明的人类问题》等多部论著创立了行为科学的基础理论，并推动了行为科学理论的发展。

2）行为科学理论

20世纪40年代，行为科学理论获得了较大的发展。"行为科学"学派强调人的行为，认为从人的行为本质中激发动力，才能提高劳动效率。行为科学理论集中反映在4个方面。

（1）人类需要理论。它侧重于研究人的需要、动机和激励问题。美国的马斯洛从社会学和心理学的角度，将人的需要按其重要性和发生的先后次序，排成生理、安全、社交、尊重和自我实现的需要5个层次。马斯洛认为，只有尽可能在客观条件允许的情况下，使不同人的不同层次的需要得到相对的满足，才能解决现实社会的矛盾和冲突，提高生产率。美国的赫茨伯格又进而对满足职工需要的效果提出了"激励因素—保健因素"（双因素）理论，认为仅仅满足职工的需要还不能排除消极因素，应当注重"激励因素"对人的作用，才能使满足人的各层次需要的工作起到提高生产率的作用。至于如何提高这种激励因素的激励力，弗鲁姆又提出了"期望理论"，认为激励力的大小取决于某一行动成果的绩效对职工的价值，以及职工认为该行动成功的可能性的程度。这就使对人的需要动机和激励问题的研究在理论上更加完整和系统了。

（2）人性管理理论。它侧重于研究同企业管理有关的"人性"问题。美国的工业心理学家麦格雷戈于1960年在《企业中的人性方面》一书中提出了两种对立的管理理论，批驳了以管束和强制为主的传统管理观点——X理论，倡导主张出现问题时要多从管理本身去找妨碍劳动者发挥积极性的因素——Y理论。20世纪50年代，阿吉里斯提出了所谓的"不成熟—成熟交替循环模式"，认为在人的个性发展方面，有一个从不成熟到成熟的连续发展过程，指出"如果一个组织不为人们提供使他成熟起来的机会，那么人们就会变得忧虑、沮丧，甚至还会按违背组织目标的方式行事"。因此需要建立以职工为中心的、职工参与式的领导方式，扩大职工的工作范围，加重职工的责任，依靠工人的自我控制和自觉行动。

（3）群体行为理论。它侧重于研究企业中非正式组织及人与人之间的关系问题。"群体动力学"理论的创立者勒温详尽地论述了作为非正式组织群体的要素、目标、内聚力、规范、结构、领导方式、行为分类等。

而另一个对群体行为理论颇有影响的人物——美国的布雷德福,通过对企业中人与人之间的关系的研究,指出必须更加明确组织成员在团体组织中的地位和责任,使之与组织的目标一致从而提高工作效率。

(4) 领导方法理论。它侧重于研究企业中领导方式的问题。美国的坦南鲍姆和沃伦·施密特表述的"领导连续流(领导方式连续统一体)理论",强调从以领导为中心到以职工为中心的方式中,存在多种具有连续性和统一性的领导方式,企业应当根据自身状况、当前和未来的利益选择最有效的领导方式。美国的利克特建立的"支持关系理论"则认为,领导方式应当偏重以职工为中心的民主式。布莱克和穆顿则用一个巧妙的"管理方格图",表示了主管人员对生产的关心程度和对职工的关心程度,指出企业领导不应采用极端的领导方式,应该把工作任务和对职工的关心体贴结合起来,采用综合的领导方式。

3. 现代管理理论阶段

随着现代科学技术的飞速发展,社会生产力的急速提高,生产的社会化程度日益增强,管理理论的发展也随之日益活跃,继行为科学的形成和发展之后,出现了一系列管理理论学派,德国的管理学家孔茨将管理理论的各个流派称为"管理理论丛林"。

(1) 社会系统学派(又称为社会合作学派):其代表人物是美国的巴纳德。该学派认为,人的相互关系就是一个社会系统,它是人们在意见、力量、愿望及思想等方面的一种合作关系。

(2) 决策理论学派:其代表人物是西蒙。该学派认为决策贯穿于管理的全过程,强调决策和决策者在系统中的重要作用。

(3) 系统管理学派:该学派侧重于从系统的观点来考察和管理企业,以提高生产效率。

(4) 经验主义学派:其代表人物是美国的德鲁克和戴尔等。该学派强调要注意当今的企业管理现状和实际需要,主张注重大企业的管理经验。

(5) 权变理论学派:其代表人物是美国的卢桑斯。该学派认为管理要根据企业所处的内外条件随机应变。

(6) 管理科学学派:这个学派的创立者为伯法等人。该学派主张管理要运用数学手段。

除上述学派外,还有组织行为学派、社会技术系统学派、经理角色学派、经营管理理论学派等。

二、现代企业管理原理

原理是指在一定时期内为人们所相信的基本真理。管理原理是以丰富的管理实践为基础,以科学的管理理论为指导,运用辩证唯物主义和历史唯物主义的观点和方法,对管理活动的基本规律所做的科学抽象和概括。它反映了管理系统和管理过程的客观要求,是人们在管理活动中必须遵守的行为准则,是企业实现有效管理的基础。现代企业管理通常遵循如下原理。

1. 系统性原理

系统是指由若干彼此有关的、互相依存的事物所组成的复杂的具有特定功能的有机整体。现代企业本身就是一个高度复杂的开放系统,它具有集合性(它是许多子系统的集合)、相关性(系统中各要素之间、各子系统之间存在着某种必然的联系)、层次性(它有一定的层次结构)、目的性(每个系统必须有一个,且只能有一个明确的目标)、整体性(系统的各要素、各子系统必须以整体为主进行协调,必须以全局为重)、环境适应性(系统总是处于不断的运动和变化之中,它时刻和外部环境发生交互,系统必须适应外部环境,并与之保持动态平衡)等系统特征。系统原理就是运用系统论的观点和方法,对管理问题进行系统分析与处理,以达到最优化的目标。

2. 规律性原理

生产力、生产关系和上层建筑的发展运动都遵循一定的客观规律,企业管理必须运用辩证唯物主义来认识和掌握这些规律,才能实现企业的管理目标。

根据生产力的发展规律,企业必须按照专业化、协作化来组织社会化大生产,必须依据生产特点和生产类型采用不同的组织形式来组织生产过程;根据生产关系运动规律,企业必须使生产关系适应生产力的发展,必须符合社会主义基本经济规律;根据上层建筑发展规律,企业必须使企业管理的方针、政策、原则、方法符合国民经济和社会生产力发展的要求，做到政治与生产统一，精神文明与物质文明统一。

3. 控制性原理

现代管理的控制活动，就是通过不断接收和交换内外信息，依照一定的标准监督检查计划的执行情况，一旦发现偏差，就立即采取有效措施，及时调整生产经营活动，以保证达到预期目标的过程。企业的管理系统实质上也就是一个控制反馈系统，在管理系统中，控制和反馈是相互作用的、互为前提的、同时并存的。控制的基础是信息，信息传递是为了控制，而任何控制都是依靠信息反馈来实现的。从这个意义上讲，控制性原理，又称为控制反馈原理。有效的管理就是对变化的情况迅速、准确、灵活地做出判断，然后决策、执行、反馈修正、再决策、再执行、再反馈，不断循环，从而使管理适应外部环境的变化，实现有效控制，收到最好的效果。

4. 相对封闭原理

相对封闭原理是指企业系统及其管理系统的各种要素、各种管理机构、管理制度和手段之间必须形成相互补充、相互制约的关系，即形成一个严密的连续封闭的回路，以防出现漏洞，一旦出现漏洞，能够马上补救。构成管理系统封闭回路的有决策机构、执行机构、监督机构、运作机构、反馈机构等。所有的管理机构、管理方法和管理制度都必须形成封闭回路，才能使管理有效和持久。由于企业总是处于一个动态的系统之中，常常会受到外来干扰，因此封闭只能是相对的。在封闭管理的过程中，通过不断反馈、不断改进，使系统更加完善。

5. 弹性原理

有效的管理必须在坚持原则的基础上，保持充分的灵活性和很强的应变能力，及时适应客观事物各种可能的变化，使企业系统在不停的运动中保持相对稳定，达到管理的动态平衡，这就是企业管理的弹性原理。管理弹性按其范围分为局部弹性和整体弹性两类，局部弹性就是任何一类管理都必须在一系列管理环节上保持可以调节的弹性，特别是在关键环节上要留有足够的余地；整体弹性是指整个管理系统的可塑性或适应能力，即整个企业的生产经营活动对环境变化的适应能力。运用弹性原理就是要求我们在制定规划、进行决策时，要留有充分的回旋余地，以适应客观情况可能发生的变化。

6. 整分合原理

现代高效率的企业管理必须在整体规则下明确分工，在分工的基础上有效地综合，这就是管理的整分合原理。企业系统是由相互区别的若干要素组成的有机体，因此是可以分解的；而系统各要素又是相互联系的，因此又是可以综合的。为了提高管理效率，必须根据管理对象整体的内在联系进行明确的科学分工，使每项工作都规范化，建立岗位责任制，再采取适当的方法进行有效的组织综合。整体把握、科学分工、组织综合，这就是整分合原理的主要含义。

7. 动力原理

管理作为一种运转形式，必须依靠强大的动力才能持续有效地进行下去。人是企业系统中最基本的组成要素，人的积极性是企业实现目标的最重要的因素。企业必须采用科学的方法激发人的内在潜力，调动人的主观能动性和创造性，这就是企业管理的动力原理。

企业管理中有3种基本的动力，即物质动力、精神动力和信息动力。物质动力是指因物质刺激而诱发的积极行为，是促进社会生产力不断发展的根本动力。精神动力是指人们因精神需要得到满足而产生的积极行为，是促进人们追求理想、信念和目标的力量源泉。信息动力是指一个人掌握的信息和知识越多，就越会感到自己的不足，前进方向就越明确，工作的动力就越大。

企业管理者必须善于运用动力原理，遵循行为科学所揭示的规律，研究人的需要、动机和行为3者之间的关系，了解和研究职工的需要，采取各种手段，激励职工的工作动机，引导职工的行为，使之与企业的目标一致。

8. 效益最优化原理

企业是独立核算的商品生产和经营单位，其根本目标是发展商品生产、创造财富、增加积累。企业管理的根本任务在于创造最优的经济效益和社会效益,为社会提供有价值的贡献,这就是管理的效益最优化原理。

应用效益最优化原理必须坚持:(1)价值分析原则,即要将大价值、高效能、低成本作为管理工作的目标落实到每件事、每个人;(2)可行性研究原则,即对每件事、每个项目、每个方案获得成功的可能性进行认真研究,避免或减少失误;(3)整体优化原则,即企业效益的优化是整体效益的最优化,企业管理必须使各专业、各职能部门协调平衡,保证企业总目标的实现,使企业为社会做出更大的贡献。

9. 要素有用原理

在管理系统中,一切要素都具有一定的作用。各要素不仅有共性,还有个性,不同要素对管理系统所起的作用也各不相同。管理的任务和目的,就是通过对各要素进行合理、科学的组合和使用,充分发挥各要素的积极作用,使管理系统整体作用强度达到最大值,做到人尽其才、财尽其利、物尽其用。

三、企业管理现代化

1. 企业管理现代化的意义

企业管理现代化,就是企业为适应现代化生产力发展的客观要求,按照社会主义经济规律,积极应用现代科学思想和现代管理理论,对企业的生产经营进行有效管理,使之达到或接近国际先进水平,创造最佳效益的过程。

企业管理现代化的意义在于:

1)企业管理现代化是现代化生产技术的要求

现代科学技术的飞速发展推动了企业生产技术的快速进步,先进的生产技术必须要有先进的管理水平与之相适应,先进的科学技术和先进的经营管理是推动现代经济高速发展的两个车轮,二者缺一不可。

2)企业管理现代化是经济体制改革的一项重要内容

经济体制改革是推进企业管理现代化的重要力量;反过来,企业管理现代化又是经济体制改革的一项重要内容,是巩固改革成果的保证。改革和管理现代化的目的都是增强企业的活力,促进生产力的发展,两者紧密相关、相互促进。

3)企业管理现代化是提高企业经济效益的有效途径

目前,我国企业的设备条件、技术力量、人员素质并不差,但企业的经济效益水平却不高,这主要是因为管理水平低下。没有先进的企业管理,便无法推广先进的科学技术,无法让先进设备发挥应有的作用,无法挖掘优秀科技人才的潜力。因此,推进企业管理现代化是提高企业经济效益的有效的途径。

2. 国际企业管理的发展趋势

第二次世界大战以后,高新技术蓬勃兴起,极大地解放了生产力,它对人们的价值观、人生观乃至生活的各个方面都产生了巨大的影响。企业的经济与管理也正在经历着深刻的变化。

1)国际企业发展的总趋势

(1)企业集团化。虽然各国的社会制度不同,经济条件不同,但都力求通过国内外各企业间广泛的技术、资金的合作,进行多角化经营,形成集团化企业,以提高企业的竞争能力。

(2)分散化与专业化。在新技术革命的影响下,社会分工日趋细化,专业化生产日益深化,从初期的部类专业化到种类专业化,再发展到产品专业化,现在又进一步发展到零件专业化。分散化与专业化使微型企业得到了快速发展。

(3)产品与经营多元化。多元化经营是指企业经营的产品品种、规格或服务项目多元化。实行多元化经营是为了使企业适应社会需求的多样化,在竞争中取得主动而有利的地位。

(4)国际化。当前,企业为了发展,都在积极将产品推向国际市场,选择不同国家和地区投资办厂,使自己的产品成为多国共同生产和销售的产品,从而组成跨国公司。

2)企业内部管理的发展趋势

(1)由重视物的管理走向重视人的管理。现代企业管理越来越强调人的因素,强调创造良好的人文环境，充分发挥人的主观能动性、积极性，管理者要依靠每个人、尊重每个人、承认每个人。

（2）从生产导向变为市场导向的经营战略。以前，由于人们的生活水平还不高，企业生产的产品只要质量好、成本低，就不愁没有销路。现在，由于科学技术和生产力的迅猛发展，人们的生活水平大幅度提高，需求的多样化和企业间的竞争日趋激烈，市场对企业经营战略的影响已越来越显著，企业的生产经营活动必须适应市场的需要和变化，因此出现了经营战略从生产导向变为市场导向的局面。

（3）由集权走向分权再走向集权。管理权力由集权走向分权，主要表现在集中经营、分散管理，或者通过目标管理、事业部制、经济责任制使下级获得相应的权力，这在企业管理中表现出了一定的优势，在世界范围内得到了推广。但因为现代企业广泛使用计算机进行管理，高层可以直接获取各种信息，所以组织的重要决策再度集中到高层管理者手中，只是这种集权是有广泛基层参与的集权。

（4）由个人领导走向集体领导。企业的领导体制经历了家长制行政领导之后，现代企业正在走向企业家的个人作用和企业家的集体智慧实行最佳结合的集体领导体制，这就使得企业决策更加民主化、科学化，更加符合客观实际。

（5）由重视分工转向重视合作。传统的管理非常重视分工，分工带来了专业化，也带来了生产效率。而现代管理则强调在适当分工的基础上，为了达到组织目标进行主动的合作，由专业管理走向综合管理，强调个人一专多能、一人多责、互相参与，共同完成组织目标。

（6）从单纯追求利润走向追求利润与企业文化的统一。现代企业管理使企业由单纯地、片面地追求利润走向对内用企业文化统一职工的思想和观念，形成企业的内聚力，对外树立良好的企业形象，创建一流的产品、服务和信誉，形成经济效益与企业文化相统一的综合经营目标体系。

3）管理方法的最新发展

（1）高情感管理。20世纪80年代以来，为了应付剧烈的市场竞争，西方企业推行了超负荷工作制，尤其在高新技术领域，员工长期处于超负荷工作状态，身心压力倍增，身体健康水平下降，甚至心理发生扭曲。为了不给员工本人和家庭造成痛苦，不给企业带来损失，许多企业在管理上采取了"高情感"管理模式，提倡关心人、爱护人、安抚人、培养人、提高人，注重感情投资，为员工创造一个和谐、温馨的环境，把"高情感"注入企业组织，以保护员工的积极性，激励员工的斗志，提高企业组织的凝聚力，获得了良好的管理效果。

（2）危机管理。企业在实现其经营目标的过程中，难免会遇到各种意料不到的困难甚至危及企业生存的挫折，为了适应各种危机情境，可以设置一些可能存在的危机，并进行规划决策、运作调整、化解处理等活动，以消除和降低危机带来的威胁。

（3）FMS管理。自20世纪60年代以来，国际市场竞争越来越激烈，顾客需求趋于多样化、个性化，企业的竞争优势不仅仅取决于产品的质量、价格等因素，而且很大程度上取决于企业本身是否具有多品种、小批量的生产能力，是否具有快速的市场反应能力，也就是是否具有足够的生产柔性，于是柔性制造系统（Flexible Manufacturing System，FMS）也就应运而生了，它成为现代企业未来的生产模式和管理模式的发展方向。

（4）ERP技术。ERP（Enterprise Resource Planning）即企业资源计划系统，是将客户需求与企业内部的制造活动，以及供应商的制造资源整合在一起，并对供应链上所有环节进行有效管理的管理信息系统。ERP技术体现了企业管理多年来的理论和经验，它是由20世纪40年代的"订货点法"、60年代的物料需求计划（Material Requirement Planning，MRP）、70年代的闭环MRP及80年代的制造资源计划（MRPⅡ）发展而来的。ERP的核心管理思想：将企业各方面的资源充分调配和平衡，使企业在激烈的市场竞争中能充分发挥自身的潜力，从而取得良好的经济效益。

3. 企业管理现代化的内容及中国式企业管理现代化的基本要求

1）企业管理现代化的内容

（1）管理思想现代化：管理思想现代化是管理现代化的灵魂。管理思想现代化就是要求在思想观念上进行变革，以适应现代化大生产、现代化技术和现代经济发展的要求。现代化管理思想主要包括民主管理的思想、公开竞争的思想、重视人才的思想、激励创新的思想、系统管理的思想、效益最优化的思想等。

（2）管理组织现代化：现代企业管理应遵循生产关系适应生产力发展的原理，建立和健全企业的组织结构，现代企业组织应具有一定的弹性和适应性，结构应体现多样化和综合化，要有利于统一指挥，有利于信息沟通，有利于充分发挥职工的积极性、创造性，按照高效率、满负荷的原则合理配备人员，保证生产经营的良好秩序。

（3）管理方法现代化：管理方法现代化是指在管理方法上运用科学研究的成果对管理中的问题进行科学的分析，在总结和继承传统的行之有效的管理经验的基础上，积极推广应用先进的管理方法，如目标管理、市场预测和决策技术、价值工程、线性规划、网络计划技术、全面计划管理、全面质量管理等，以不断提高企业管理的现代化水平。

（4）管理手段现代化：管理手段现代化是指人们对管理对象施加作用的管理工具和管理措施要现代化。从"硬手段"方面来看，现代管理手段包括应用计算机建立企业管理信息系统，应用计算机建立国内外信息网络系统，应用计算机、电子设备和仪表对生产过程、供应和销售、人事、财务等进行科学管理；从"软手段"方面来看，应用价值观念、企业文化、战略管理等对员工实行管理和激励。现代化管理手段是"软硬兼施"的手段。

（5）管理人才现代化：企业管理现代化的核心是实现管理人才现代化。企业只有培养大批具有现代化文化知识、现代经济技术知识，并具有开拓创新精神和高尚道德情操，视野开阔、头脑敏捷、善于吸取国内外先进科学技术成果的经营管理人才，才能实现企业现代化。企业管理人才现代化包括：管理人才的结构、知识、观念、素质、培训和开发。

企业管理现代化是一个系统的、整体的概念，上述各项管理现代化的内容都存在着一定的内在联系，管理思想现代化是核心，管理组织现代化是保证，管理方法现代化是基础，管理人才现代化是关键，管理手段现代化是工具。

2）中国式企业管理现代化的基本要求

（1）必须是现代化的。实现企业管理现代化就是要在企业管理上赶上工业发达国家，在工业产品质量指标、物质资料消耗标准、单位资源所创造的经济成果等方面达到发达国家的水平，要尽量缩短由于历史原因造成的差距，研究现代经营管理技术，研究社会学、心理学、行为科学、政治经济学等，推动管理工作向着现代化方向不断前进，更好地促进生产力的发展。

（2）必须具有中国特色。中国的企业现代化管理必须从我国的国情和实际需要出发，按照我国的社会制度、民族传统、文化素质、经济水平等特点，确立符合我国社会主义经济发展规律的现代化管理。因此，我们必须认真总结自身有用的管理经验，同时在此基础上吸收和借鉴国外有用的管理知识，从而形成具有中国特色的企业管理现代化。

（3）必须坚持社会主义方向。我国是一个社会主义国家，我国的管理必然是具有社会主义性质的管理，在进行经济体制改革，企业管理现代化改革的过程中，必须坚持以马克思主义为指导，坚持社会主义的方向，努力建设社会主义精神文明。

4．企业管理现代化的途径

探索实现我国企业管理现代化的途径，应注意如下几点。

（1）应建立具有中国特色的企业管理现代化体系。在进行企业管理现代化改革的过程中，应坚持"博采众长、融合提炼、以我为主、自成一家"的原则，在吸收和借鉴各国先进的企业管理经验的同时，一定要结合我国的国情和成功经验，走自己的路。

（2）应全面规划，逐步实现。在实施企业管理现代化改革时，在其准备阶段就要统筹规划，做到有计划、分阶段地逐步实现。各企业的生产经营特点不同，企业的主观条件和客观条件也不同，如何实现企业管理现代化，没有一个统一的模式，各企业应从实际出发，选择合适的模式，讲求实效，不搞形式主义。

（3）实现企业管理现代化要与经济体制改革结合进行。经济体制改革是实现企业管理现代化的条件，实现企业管理现代化是经济体制改革的必然结果。企业只有通过转换经营机制，建立现代企业制度，调整和完善生产关系，才能适应市场经济的需求。企业管理现代化必须着眼于解放生产力，着眼于推动经济的快速发展。

（4）加强企业管理的基础工作。企业管理的基础工作包括两个方面：一是要保证数据信息资料的完整、准确、及时和有效；二是要采取多层次、多渠道、多形式的学习方式，努力提高企业管理干部队伍的素质，这是保证企业实现管理现代化的前提。

第四节 工业企业管理体制

一、工业企业组织形式的概念

工业企业的组织形式是指企业实际采用的管理组织结构。企业管理的组织结构主要是由生产力和科学技术的水平所决定的，它反映了一个企业的生产经营模式和与社会发生联系的方式。工业企业的组织形式一般受以下因素制约：

（1）企业的行业特点及生产分工与协作的关系；
（2）企业的生产规模及人员、设备的构成；
（3）企业生产技术的复杂程度和专业化水平；
（4）企业的地理位置及其生产经营场所的分布；
（5）企业产品的市场需求变化与市场竞争情况；
（6）企业的经营管理能力和管理水平。

在企业规模小、管理水平低、社会分工与协作关系简单的时期，一般采取比较单一的工厂制。随着社会化大生产的快速发展和科学技术进步的加快，企业的规模及协作关系、管理模式等发生了很大的改变，公司制也就应运而生了。之后又进一步发展成资本高度集中的垄断型企业、跨国公司等。

二、工业企业的组织结构及其演进

1. 企业组织与管理组织的概念

组织是在共同目标指导下协同工作的社会群体，是为了实现既定目标，通过人与人、人与生产资料及信息的有机结合而形成的社会系统。

企业组织则是为有效地向社会提供产品或劳务，将企业的各种资源按照一定形式结合起来的社会系统。

企业组织分为两大方面：一是由职工和生产资料紧密结合而形成的企业生产劳动组织；二是配备一定数量和能力的管理人员，按分工协作关系划分，具有明确职责、权限和义务的企业管理组织。管理组织通过其整体性的活动和信息传递，决定和影响企业生产劳动组织配置的合理性和效率。企业管理组织既要对直接生产过程进行组织、指挥、协调，又要对企业生产经营过程中出现的一系列问题负责。

2. 管理组织的构成要素

管理组织是由多种要素结合的整体。这些要素主要有管理人员、规章制度和企业信息。

1）管理人员

管理人员是企业组织的主体，其数量、素质和结合的方式决定性地影响着整个组织的效率。管理人员的主体作用主要表现在3个方面：

（1）管理人员的职务和素质相协调；
（2）管理人员的职、责、权保持一致；

（3）管理人员的素质在不断提高。

2）规章制度

规章制度是企业组织人员的行为准则，也是影响企业凝聚力的因素之一。企业组织系统的层次不同、岗位不同，生产人员和管理人员的素质各有差异，必须依靠共同的劳动纪律、操作规程、规章制度加以约束和协调，树立一个共同的规范的行为评价标准，从而使企业的每个成员的行为指向企业目标，并使企业的组织系统有序地、协调地运行。

3）企业信息

企业信息是企业组织系统正常运行、相互沟通的媒介。企业在生产经营过程中，只有及时、准确地吸收相关的外部信息，才能做出正确决策，采取适当措施，安排好自身的经营活动；企业组织的管理人员只有通过相互传递和交流信息，才能开展组织管理活动，才能贯彻落实生产经营计划，督促检查企业各项活动开展的情况，提高管理的效率。

3. 管理组织的工作内容

管理组织主要包括以下3方面的内容。

1）组织机构的设计

组织机构的设计是指从企业生产技术和经营特点及外部环境等客观条件出发，确定整个企业组织的框架结构，确定企业中各部门、各管理层次的联系和协调方式。包括：

（1）决策组织系统的设计；

（2）生产经营指挥系统的设计；

（3）职能参谋系统的设计；

（4）组织内各部门、各基层单位岗位职责的确定；

（5）组织信息沟通方式的选择。

2）组织规章制度的建立

为了从制度上保证管理工作的整体性、规范性和有效性，通常从总体和局部两方面着手，制定各层次管理部门的行为准则、岗位职责，以及协调、检查和信息反馈制度。

3）组织人事工作

组织人事工作指管理组织中干部和工作人员的配备。为了充分发挥管理组织的功效，必须按照组织的不同层次、不同岗位、不同职务和职责，从工作要求出发，合理选拔和配备管理人才。

4. 管理组织的作用

一般来说，管理组织有如下作用。

1）确定企业的生产经营目标

随着社会主义市场经济的发展，经营决策对企业起着越来越举足轻重的作用。对企业的经营目标和经营战略做出决策并加以贯彻落实，这是管理组织的重要职能之一。做出决策和制定目标，领导者个人的才智、能力和知识对组织整体固然有十分重要的影响力，但是只有与组织的力量和集体的智慧融合在一起，才能充分发挥其龙头作用。

2）组织生产经营，实现企业目标

企业只有经常不断地对企业的各种物质资源、劳动力、资金和信息做出适当安排和合理配置，才能形成持续发展的生产力，才能实现企业的经营目标。

3）协调各职能部门的工作

企业的人、财、物、产、供、销等各个环节，各个管理部门和生产部门之间，经常会出现各种脱节和不平衡的情形，管理组织的职能就是要发现和解决这种脱节和失衡的问题，使生产经营活动均衡发展，保持良性循环状态。

4）发挥组织的凝聚作用和群体效应

管理组织通过一定的组织制度和激励措施，能够将分散的企业员工凝聚成一个强大的整体，使全体员工紧紧围绕企业的总目标而开展活动，从而产生巨大的群体效应，促进企业不断发展。

三、现代工业企业的组织原则

1. 现代工业企业的组织原则

如何正确选择企业的组织形式，是企业投资者和决策人首先要考虑的战略性问题。合理组建现代企业，确定企业的组织形式，应遵守以下原则：

（1）遵守国家的法律、法规、政策、方针；
（2）适应社会化生产的需要和经济发展水平；
（3）有利于企业生产经营活动的开展和生产效率的提高；
（4）有利于充分利用各种社会资源；
（5）有利于技术进步和企业管理水平的提高；
（6）有利于保护股东和债权人的合法权益，有利于维护用户、供应商的利益等。

2. 企业组织设计的原则

企业组织设计是为了有效地实现企业生产经营目标。正确的组织设计是影响企业生产和服务效率的关键因素，应该从实际出发探索如何设计组织结构。设计和建立一个科学的、合理的、先进的企业组织，通常应遵循以下原则。

1）目标统一原则

目标统一原则是指企业组织的结构设计应使企业组织中每个部门或个人的贡献有利于实现企业的生产经营目标。企业组织应将人们承担的任务组成一个体系，通过将企业目标层层分解成子目标，落实到企业中的各部门直至个人，并以此来统一企业全体成员的行动。

2）有效管理幅度原则

管理幅度是指一个主管人员能够直接指挥的下属单位的人数。与之相对应、成反比的是管理层次。管理层次是指企业高层的决策、指令贯彻到基层所经过的环节的数量。管理幅度与管理层次是矛盾的统一体。为了保证企业组织的有效运行，必须使企业组织的管理幅度和管理层次相匹配，这主要由企业规模的大小、生产工艺过程和技术的难易程度决定。

3）分工协作原则

企业任务的完成和目标的实现，离不开企业内部的专业化分工和协作。专业化分工有利于提高工作效率，但也会使管理幅度增大，进而加大了协作的难度。在设计企业组织结构时，既要实行专业化分工、重视部门间的协作配合，又要使组织结构精炼、高效。

4）责权一致原则

在组织的结构设计中，职位的职权和职责越是对等一致，组织结构就越有效。作为企业各部门的主管人员，在组织中占据一定的职位，拥有一定的职权，就必须要负一定的责任，即职务、职权、职责3者是相等的。在实际工作中，常出现有人争夺职权而逃避责任的现象。为坚持权责对等，避免滥用职权，必须加强主管人员的个人修养，使之具备较高的道德修养。

5）精简高效原则

组织的结构设计应当在保证完成企业任务和目标的前提下，力求做到机构精简、用人少、效率高，用最少的人力、物力办最多的事，每个成员的职责和权限都必须从目标和任务的要求出发，将因事设职、因人设职的标准作为企业机构改革的目标。精简高效原则是社会化大生产的本质要求，是组织管理的重要原则。

6）专业化原则

现代企业的组织结构必须按照专业化原则建立，将企业的生产经营活动适当地分类与分配，以确定各个部门和成员的业务活动的种类范围和职责。企业内各部门和各个成员都应尽量按专业化的原则安排，以大大提高工作效率。

7）集权与分权相结合原则

集权与分权，在企业管理体制上主要表现为企业上下级之间的权力分配问题。集权形式就是将企业的经营管理权集中在企业的最高管理层，而分权形式则是将企业的经营管理权适当地分散在企业的中下层。企业在进行组织的结构设计和调整时，为了有利于组织的有效运行，必须科学地处理集权与分权的关系。在某些情况下，为了便于统一领导和指挥，有必要集中权力；在某些情况下，为了调动下级的积极性和主动性，则需要适当分权。两者是相辅相成的。

8）稳定性与适应性相结合的原则

为了保证生产经营活动的有序进行，企业组织应保持一定的稳定性，即保持相对稳定的组织结构、权责关系和规章制度。同时，环境条件的变化必定影响企业的目标、企业成员的态度和士气，因此企业组织的结构必须要有一定的灵活性和适应性，这样才能够在外部环境和内部条件发生变化时迅速做出调整。

四、工业企业组织结构的形式

1. 组织结构

随着现代大工业的产生和发展及领导体制的演变，企业的组织结构形式也经历了一个发展变化的过程。企业组织结构的主要形式有：

1）直线制组织结构

直线制组织结构又称为单线制组织结构，如图1-1所示。它是企业组织中最早使用的一种结构形式。其特点是企业各级行政部门从上至下实行垂直领导，下属部门只接受一个上级的指令，没有专门的职能部门，组织结构简单、权责分明、指挥统一、工作效率高。但这种组织结构的形式缺乏弹性，同一层次的部门之间缺乏必要的联系，主管人员独揽大权，职责繁重，一旦决策失误，就会造成严重损失；加之这种组织结构中没有专业的管理分工，主管人员必须具备多方面的业务管理能力。因此，它只能适用于技术简单、业务单纯、规模较小的企业。

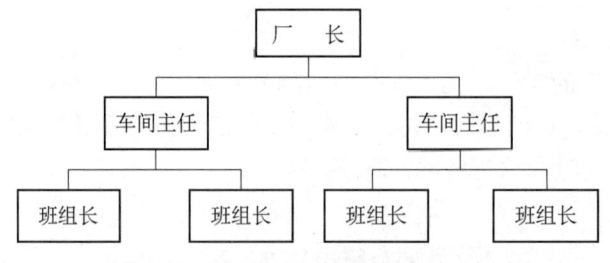

图1-1　直线制组织结构示意图

2）职能制组织结构

职能制组织结构又称为多线制组织结构，如图1-2所示。它是按照管理职能进行专业分工的组织形式。其特点是各级行政部门除主管负责人外，还相应地设立了一些职能机构和人员，各职能机构在自己的业务范围内可以向下级下达命令和指示，直接指挥下属，该组织结构能适应现代企业生产技术比较复杂和管理分工比较精细的情形，能充分发挥职能机构的专业管理作用，减轻企业高层领导的工作压力。但这种组织结构难以明确划分各行政负责人和职能机构的职责权限，容易出现妨碍集中领导和统一指挥、甚至生产秩序混乱的情况，因此采用职能制组织结构企业的高层领导必须具有较高的综合平衡能力。

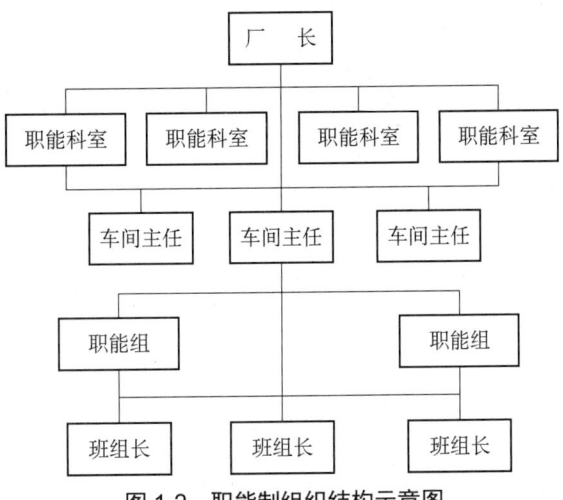

图 1-2　职能制组织结构示意图

3）直线职能制组织结构

直线职能制组织结构也称为生产区域制、直线参谋制。它是在综合了直线制和职能制特点的基础上，取长补短建立起来的，它是按照命令统一原则组织的指挥系统和按照专业化原则组织的职能系统相结合的组织结构，如图 1-3 所示。在这种组织结构中，只有直线机构的行政领导才有权向下发布命令，职能部门是直线指挥的参谋，只能对下级机构实行业务指导。其特点是既可以保证企业管理体系的集中统一，又可以在各级行政负责人的领导下，充分发挥各专业管理机构的作用，但这种组织结构使得职能部门之间的协作和配合较差，办事效率较低，上层领导的工作责任较重。这种组织结构适用于中、小型企业，规模较大的企业不太适用。

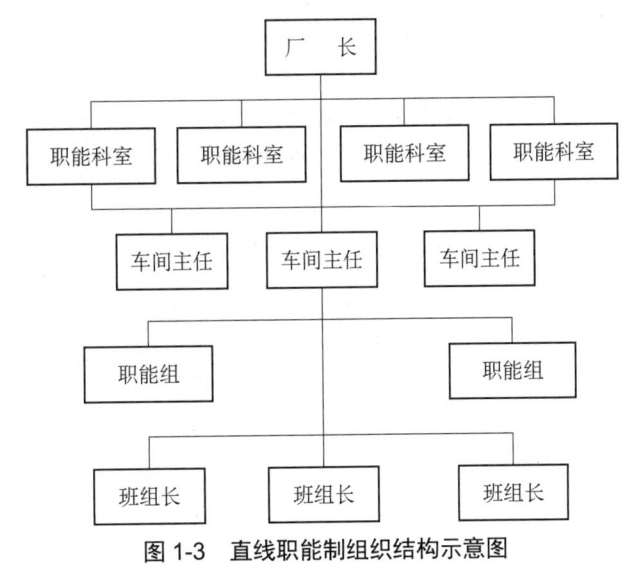

图 1-3　直线职能制组织结构示意图

4）事业部制组织结构

事业部制组织结构是一种采取"集中政策、分散经营"的分级管理、分级核算、自负盈亏的分权管理形式，其结构示意图如图 1-4 所示。在这种组织结构下，企业按产品、地区或经营部门分别设立若干个事业部，某种产品或地区的全部业务，从产品设计、原料采购，到产品制造，最后到产品销售，全部由事业部负责。企业的管理者只有人事决策、财务控制、规定价格幅度及监督等权利。这种组织结构的特点是管理者可以摆脱日常事务，集中精力考虑全局性的问题，可以充分发挥下属组织的经营管理积极性和展示个人才智，也便于组织专业化生产和企业内部协作，但该组织结构中的职能机构重叠，容易造成人员浪费，并且各事业部只考虑自身利益，容易引发本位主义，影响事业部之间的协作。事业部制适用于大型企业或跨国公司。

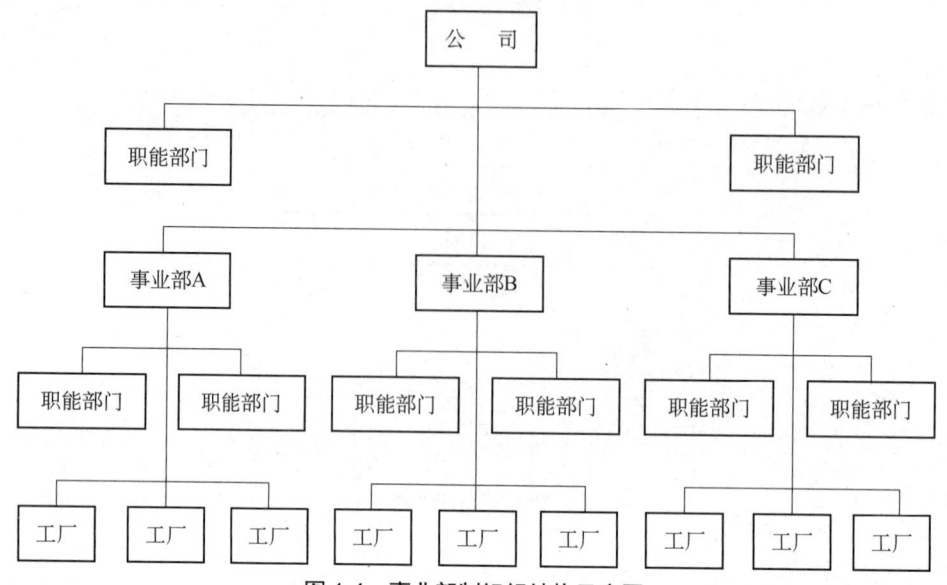

图 1-4 事业部制组织结构示意图

5）模拟分权制组织结构

模拟分权制组织结构是一种介于直线职能制与事业部制之间的组织形式。许多大型企业，如连续生产的钢铁、化工企业，由于产品品种或生产工艺过程的限制，难以分解成几个独立的事业部；又由于企业规模庞大，以致高层管理者感到采用其他组织形态都不容易管理，这时就出现了模拟分权制组织结构。所谓模拟，就是模拟事业部制的独立经营、单独核算，虽然不是真正的事业部，但却是一个个实际的生产单位，这些生产单位都有自己的职能机构，享有尽可能大的自主权，负有"模拟性"盈亏责任，模拟分权制组织结构可以调动高层管理者的生产经营积极性，达到改善企业生产经营管理的目的。由于这些生产单位进行的生产是连续的，因此它们之间的经济核算只能依据企业内部的价格，而不是市场价格。模拟分权制组织结构的特点：可以调动各生产单位的积极性，解决企业规模过大不易管理的问题，减少高层管理者的行政事务，但这种组织结构不易为模拟的事业部明确任务，在考核上存在一定困难，各个模拟的事业部较难了解企业全貌，在信息沟通方面也存在明显缺陷。

6）矩阵制组织结构

矩阵制组织结构是既有按职能划分的垂直领导关系，又有按产品划分的横向领导关系的组织形式，如图 1-5 所示。这种组织结构按照一定任务的要求，将具有多种专长的人员调集到一起，既便于沟通，又便于接受新观念、新方法；同时由于所有成员都了解整个组织的任务和问题，因此便于将自己的工作与企业的整体目标联系起来；并且还有利于将企业组织的垂直关系和横向关系更好地结合起来。这种组织结构的特点是灵活性强、适应性强。但由于组织成员要接受双重领导，当出现意见不一致的情况时，会感到无所适从，并且该组织结构的稳定性较差，容易出现成员责任心较差的情形。该组织结构适应于产品开发和一些重大项目的攻关。

7）企业集团（股份制）组织结构

企业集团（股份制）的组织结构形式，是在股东大会下产生董事会和监事会，由总经理全面负责经营管理的组织机构。这种组织结构实行的是三权分立制，即董事会行使决策权，职工代表委员会、监事会行使监督权，总经理行使执行权。这种组织结构的优点：集思广益，集体决策，避免个人专断，滥用权力；鼓励参与，便于协调，民主气氛较浓，有利于调动大家的积极性。其缺点：决策比较缓慢。其组织结构示意图如图 1-6 所示。

8）多维立体组织结构

在矩阵制组织结构的基础上再加上其他内容，就形成了多维立体组织结构，例如，在产品和职能部门之上增加一个市场经理，就构成了三维立体组织。如图 1-7 所示为按产品划分的事业部、按职能划分的管理机构和按地区划分的管理机构 3 个系统结合而成的组织结构。这种组织结构适合于跨国公司或跨地区的大公司。

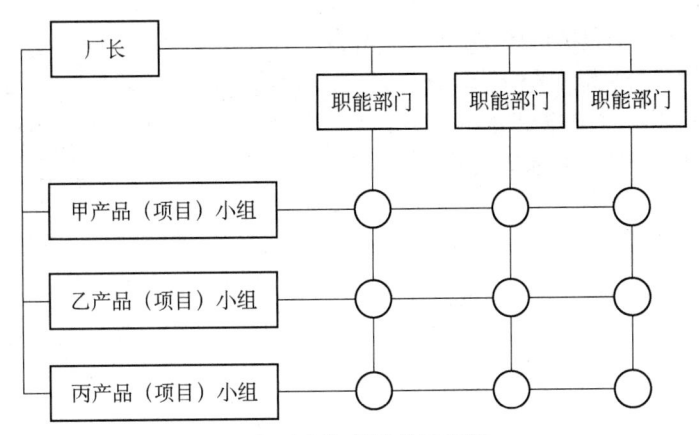

图 1-5　矩阵制组织结构示意图

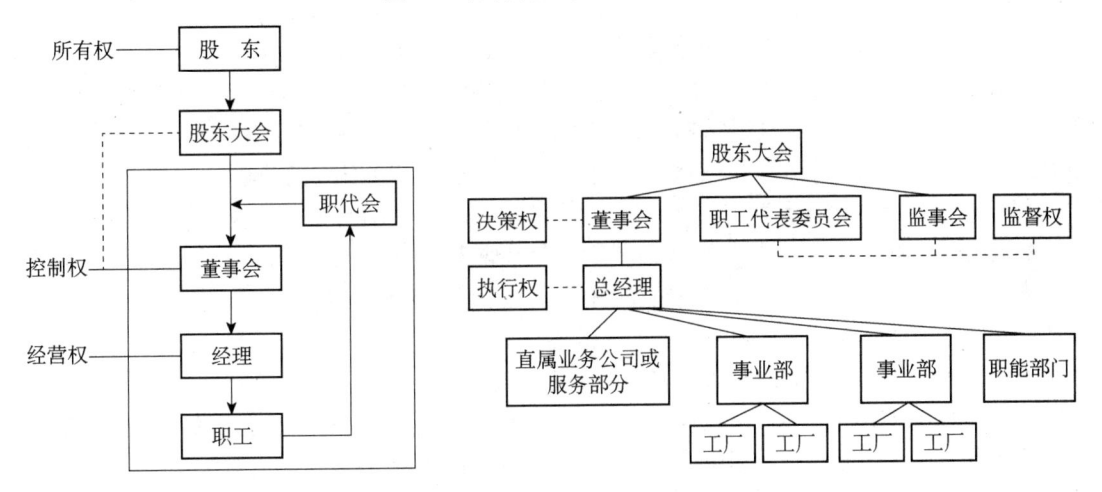

(a) 企业集团（股份制）组织结构纵向示意图　　(b) 企业集团（股份制）组织结构横向示意图

图 1-6　企业集团（股份制）组织结构示意图

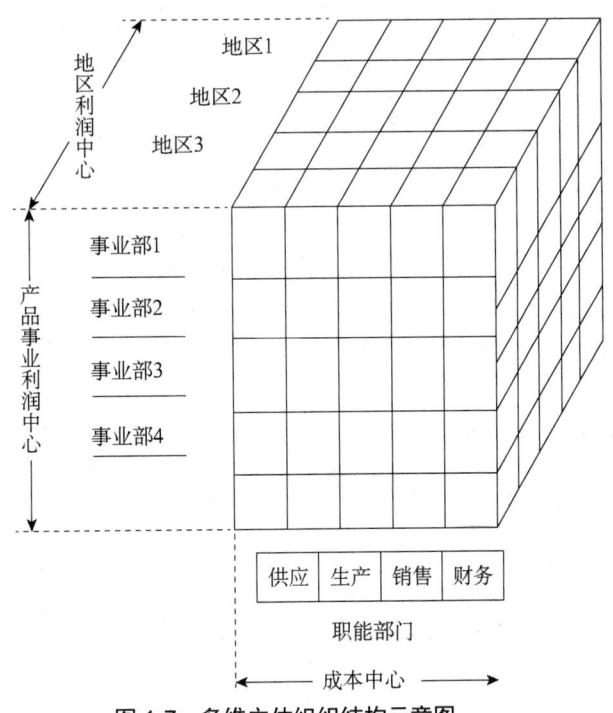

图 1-7　多维立体组织结构示意图

上述各种组织结构都有一定的使用条件和适用范围，企业应根据自身的实际情况，决定采取何种组织结构。一个企业也可以将几种组织结构结合起来使用。在不同时期，组织结构应适当调整，不能只采用某种固定不变的形式。总之，企业组织管理的基本问题是，既要使集权与分权得到相对平衡，又要使企业组织的稳定性与适应性得到相对平衡，要保证实现企业的生产经营目标，保证企业在激烈的市场竞争中得到发展壮大。

2. 企业组织的变化与发展

一个企业组织如果只想保持原有的组织结构，满足于过去在这种组织结构下取得的成就，那么这个企业必将丧失对未来的适应能力。因为一切事物都在变化之中，未来的组织结构如何变化，朝什么方向变化，这是每个企业家都十分关心，也都在认真探索的问题。

1) 企业组织变革的原因

（1）时代的要求：历来，人们都认为直线式的等级制度最有效，因为命令可以畅通无阻地层层下达，所以直线制组织结构是工业时代典型的管理形式。但是这种管理形式依赖的条件，一是现场要有大量精确的反馈；二是决策的性质大致相同。然而，今天它所依赖的两大条件都已难以为继了。随着经济全球化和知识经济时代的到来，企业组织结构正在发生深刻变化，公众参与势在必行，企业管理权正在从集中走向分散。任何企业管理组织都必须适应这种变化，改善自身的组织结构。

（2）外部环境的影响：外部环境主要有社会经济环境、科学技术水平、市场竞争力和社会价值观等。

（3）内部条件的影响：企业组织内部也有许多因素迫使企业进行组织变革，如企业目标、人员素质、技术水平、个人价值观、权力结构系统，以及管理水平、人际关系的变化等。

2) 企业组织变革的发展趋势

进入 21 世纪后，企业组织结构变化的趋势有如下几个方面。

（1）组织重心两极化。随着买方市场和竞争机制的形成，企业工作的重心已由过去的扩大生产逐渐转向产品开发和市场销售，从企业生产经营的过程来看，其组织结构的特征正在由"橄榄型"转变为"哑铃型"，即企业工作的重心出现两极化倾向。企业组织结构发生这种转变的主要原因是市场环境的变化。买方市场的形成、科学技术的进步、新技术特别是网络技术的发展，使得企业解决生存和发展的核心问题已不再是产品的生产问题，而是企业产品的创新速度和市场拓展能力。传统的大批量生产的工业经济时代企业取胜的法宝是高质量、低成本，而在知识经济时代未来企业竞争取胜的关键则是全新产品投放市场的速度。过去强调规模经济的企业组织模式，将会越来越受到未来利用新技术降低成本的灵活组织结构的冲击。同时，买方市场的形成，使得如何通过品牌竞争占领市场、扩大市场成为企业最重要的任务。因此，企业的研究开发和市场营销成为当今企业的中心问题，也是现代企业资源配置的重点。

（2）企业的组织结构由"金字塔型"向"大森林型"演化。所谓"金字塔型"的组织结构，就是企业的管理组织在结构上层层向上、逐渐缩小，权力逐级扩大，有严格的等级制度，是一种纵向体系。而"大森林型"的组织结构则有较少的管理层次，是一种扁平的、同一层次的管理组织之间相互平等、横向联系密切、像一棵棵大树组成大森林那样的横向体系。这种组织结构的特点是：①分厂制代替总厂制；②分层决策制代替集中决策制；③产品事业部制代替职能管理制；④分散的利润中心代替集中的利润中心；⑤研究开发人员的平等制代替森严的等级制。"大森林型"的组织结构可使管理层次大大减少，使管理效率大大提高。

（3）组织结构柔性化。企业组织结构的柔性化是指企业的组织结构必须具备一定的可调性，应具有一定的适应环境变化、战略调整的能力。因为在当今这个知识经济时代，企业将在一种动荡的环境中运作，外部环境的变化速度大大高于原来工业经济时代的变化速度，企业的经营战略必须随时对外部变化做出反应，及时调整，企业才能顺利发展。因此企业组织结构的柔性化成为企业未来发展的趋势。

（4）团队结构制的兴起。在知识型企业中，一种称为团队结构的组织形式正在被普遍推广采用。所谓团队，指的是由为数不多的团队成员承诺共同完成的工作目标和任务，并且互相承担责任。这是一种建立在自觉的信息共享、横向协调基础上的组织结构。这种团队由具有技术、决策能力和交际能力的成员组成，在团队中没有拥有制度化权力的管理者，团队成员是多面手，具有多重技能，分工并不那么明确、严格，相互协作、彼此激励、共同承担责任是团队结构制最重要的特征。采用团队结构制，可以消除因目标对立而引起的内耗，可以将竞争关系转化为合作伙伴关系。团队与群体不同，在工作群体中，成员共享信息，做出决策，群体绩效等于个人贡献的叠加，而工作团队则能通过成员的共同努力产生积极的协同作用，使团队的绩效远大于个人绩效的总和。

（5）企业整体形态不断创新。高新技术，特别是在网络技术的激励下，企业的组织结构正在经历一场深刻的、根本的大转变，企业的组织形态也在不断创新，以适应知识经济时代的要求。传统的、固定的、封闭的集权式结构正在逐渐改变为灵活的、开放的网络式结构，这种结构将协作伙伴、客户、雇员、经销商、供货商等以各种不同的合作形式联系在一起，彼此互相依存、紧密合作，形成一种无界限的组织。这种组织以被授权的多功能团队取代各种职能部门，取消组织的垂直界限以使组织趋于扁平化；通过经营全球化、实行组织间战略联盟等策略，致力于打破组织与客户间的外在界限及地理障碍。计算机网络使人们能够超越组织界限进行交流，远程办公方式也模糊了组织界限，使无界限的组织形式成为可能。在新世纪，成功将属于那些以合伙方式创造新未来的公司。

随着信息技术的迅猛发展，世界经济一体化的障碍被逐渐消除，将会进入一个空前竞争的时代。因此，越来越多的企业采用了现代的或新型的企业组织结构形式，以期带来更大的灵活性，力求对变幻莫测的外部环境做出迅速的反应，使企业在市场竞争中立于不败之地。

五、现代工业企业制度

1. 现代工业企业制度的概念

现代工业企业制度是以企业产权制度为核心，以企业法人制度为基础，按照产权明晰、责权分明、政企分开、管理科学的要求，建立的有利于社会资源合理配置，企业能高度自主经营并承担有限责任的企业组织和运营管理制度。现代工业企业制度是企业制度创新的产物，它是以完善的法人财产权为基础，以有限责任为基本特征，以专家为中心的法人治理结构为保证，以公司制为主要形态的企业制度。依据现代工业企业制度建立起来的有限责任公司是当今企业组织或制度的主流。

2. 现代工业企业制度的基本内容

现代工业企业制度的基本内容主要有以下4方面。

1）产权制度是现代工业企业制度的核心

产权指财产权，包括占有权、所有权、处置权和收益权等。现代工业企业制度主张终极所有权与法人财产权分离，即股东拥有公司股权，公司完全拥有法人财产权。现代企业制度既尊重股东的股权，也尊重公司的法人财产权。

2）企业法人制度是现代工业企业制度的基础

企业法人是得到法律承认，能以自己独立的人格化的组织名义享有法律赋予的权利，也承担相应义务的经济组织。企业法人依法享有充分的经营自主权，并以其全部财产对其债务负责。

3）有限责任制度是现代工业企业制度的重要标志

有限责任制度主要表现在出资者只以其出资额为限对企业承担责任；企业以其全部资产对其债务承担责任。有限责任制度解除了出资人对无限责任的忧虑，形成了激励人们出资办企业的机制，有利于企业的发展。

4）公司企业是现代工业企业制度的典型形式

现代工业企业以公司企业为最主要的形式，而公司企业中最为典型的企业形式又是股份有限公司和有限责任公司。当然，还有其他企业形式也属于现代企业制度，人类社会在企业制度方面将会永不停息地探索。

3. 现代工业企业制度的基本特征

现代工业企业制度的基本特征主要表现在：

1）产权明晰

产权明晰即出资人与企业组织的基本财产关系十分明确。在现代工业企业制度下，所有者与企业的关系变成了出资人与企业法人的关系。这种关系与其他企业制度下所有者与企业法人的关系的主要区别在于：将出资人的所有权与企业法人的财产权进行合理分解，使出资人与企业法人各自拥有独立的财产权。

2）权责分明

权责分明是指在产权关系明晰的基础上，企业通过法律确立了出资人与企业法人各自应履行的义务和应承担的责任。出资人应履行的义务是必须依法向企业注入资本金，并在企业的正常存续期内不得随意撤回其出资，但可以依法转让；企业法人的义务是依法自主经营、自负盈亏，以独立的法人财产对其经营活动负责，以其全部资产对企业的债务承担责任。

3）政企分开

政企分开是指在产权明晰的基础上，实行企业与政府的职能分离，理顺政府与企业的关系。政府可以通过经济手段、法律手段对企业的生产经营活动进行调节、引导和监督，但不能直接干预企业的经营管理活动；企业是营利性的经济组织，是市场活动的主体，它必须按照价值规律办事，按照市场的要求进行生产经营。

4）管理科学

管理科学指企业内部的管理制度必须既能体现市场经济的客观要求，又能体现社会化大生产的客观要求，形成决策权力机构、业务执行机构、监督机构这三者之间责权分明、相互分离、相互制约的权力运作系统。

4. 我国工业企业制度的改革

1）我国工业企业制度改革的方向

我国原有的国有企业是在高度集中的计划经济体制下形成的。国有企业只是国家实行统一经营管理的生产单位，是"工厂制"的企业制度。国有企业没有企业法人所必须具有的法人财产权，不具有法人地位，也无法以企业财产对其债务真正负责，更不是作为独立享有民事权利和承担民事责任的法人实体，这种企业制度，已不符合现代工业企业制度的要求，必须进行改革。《中共中央关于建立社会主义市场经济若干问题的决定》指出："继续深化企业改革，必须解决深层次矛盾，着力进行企业制度创新。"而建立"产权明晰、权责明确、政企分开、管理科学的现代工业企业制度"正是发展社会化大生产和社会主义市场经济的必然要求，是我国国有企业制度改革的方向。这是一场深刻的变革，其实质是调整生产关系，进一步解放和发展生产力。

2）我国工业企业制度改革的历程

1956年，毛泽东同志在《论十大关系》一文中便指出了苏联在建设社会主义过程中出现的一些问题，同时提出要正确处理好国家、生产单位和生产者个人三者之间的关系，正确处理好中央和地方的关系。自此，中国便开始了工业企业制度改革的漫长历程。

（1）我国工业企业制度改革的准备阶段。1956年5—8月的全国体制会议对中央集权过多的情况做了检查，对如何改革体制进行了讨论。此后经过一系列的中央工作会议和中央文件，对商品生产和商品交换做了专门论述，并明确了国营工业企业既是社会主义全民所有制的经济组织，又是独立的生产经营单位。

（2）我国工业企业制度改革的发动阶段。1978年12月党的十一届三中全会决定对国有企业进行恢复性整顿和建设性整顿，之后，我国开始以实行分配制度改革为切入点，按照发展商品经济和促进社会化大生产的要求，自觉运用经济规律，推行工业企业经济责任制，提出"企业财产属于全民所有，国家依照所有权和经营权分离的原则授予企业经营管理权"，"企业依法取得法人资格，以国家授予其经营管理的财产承担民事责任"。但这一阶段，理论上仍不提市场经济，行政对企业的干预仍然很强烈，市场的发展仍受到很多限制。

（3）我国工业企业制度改革的深入发展阶段。1992年1月18日至2月21日邓小平同志南巡时提出，"计划经济不等于社会主义，资本主义也有计划""市场经济不等于资本主义，社会主义也有市场""计划和市场都是经济手段"等论断。1992年10月，中共中央召开的十四大正式宣布，中国经济体制的最终目标是建立社会主义市场经济。国务院颁布的《全民所有制工业企业转换经营机制条例》赋予了企业14项自主权；《企业财务通则》《企业会计准则》从根本上确立了国有企业作为国家财政预算单位的地位，并且将国家行政部门由企业的所有者转变为投资者，由直接拥有企业的财产转变为拥有所有者权益，为进行国有企业制度创新做了充分的准备。

（4）企业探索和建立现代工业企业制度的阶段。随着我国经济体制改革的深入发展，我国工业企业特别是国有企业的改革进入了一个新阶段。1994年11月2日，国务院在北京召开了全国建立现代工业企业制度试点工作会议，拉开了实施制度创新的序幕，从此，我国工业企业进入了探索和建立现代工业企业制度的阶段。

六、现代工业企业的法律形式

现代工业企业主要是指公司制企业。何谓公司？我国公司法第2条指出："本法所称公司是指依照本法在中国境内设立的有限责任公司和股份有限公司。"该法第3条规定："有限责任公司，股东以出资额为限对公司承担责任，公司以其全部资产对公司的债务股承担责任。股份有限公司，其全部资本分为等额股份。股东以其所持股为限对公司承担责任，公司以其全部资产对公司的债务股承担责任。"

公司按照筹资方式与股东承担责任的不同，可分为无限责任公司、有限责任公司、两合公司、股份有限公司等。

1. 无限责任公司

无限责任公司指由两个以上股东出资组建、股东必须对公司债务负连带无限责任。这种公司由于股东承担的责任和风险过大，因此在国内外很少见了。

2. 有限责任公司

有限责任公司指由两个或两个以上股东共同出资组建、每个股东以其出资额为限，对公司承担责任，公司以其全部资产对其债务承担责任。

3. 两合公司

两合公司指由无限责任股东与有限责任股东共同出资组建的公司。公司中两种股东责任有别，无限责任股东必须对公司债务负连带无限责任，有限责任股东以出资额为限对公司的债务负有限责任。

4. 股份有限公司

股份有限公司指将注册资本分为等额股份。通过发行股票筹集资本，股东以其所持股份为限对公司承担责任，公司以其全部资产对公司的债务股承担责任。

有限责任公司和股份有限公司是国内外的常见企业形式，此外还有控股公司及其子公司、关联公司、跨国公司、股份合作制公司等。

思考与练习一

1. 何谓企业？一个企业必须具备哪些基本要素？企业的特征和目标是什么？
2. 简要说明现代企业的特征和类型。
3. 何谓工业企业？工业企业的基本特征是什么？简要说明工业企业的分类。
4. 何谓管理？简要说明管理的作用。
5. 什么是管理的两重性？试论述学习管理两重性原理的指导意义。
6. 为什么说管理既是一门科学又是一门艺术？
7. 何谓工业企业管理？工业企业管理的职能有哪些？

8. 简要说明企业管理的基本理论及其发展。
9. 简要说明现代工业企业管理的基本原理。
10. 何谓企业管理现代化？企业管理现代化的意义如何？企业管理现代化的内容有哪些？
11. 现代工业企业的组织原则是什么？其组织形式有哪些？
12. 何谓现代工业企业制度？现代工业企业制度的基本内容是什么？它具有哪些基本特征？
13. 现代工业企业的法律形式有哪些？

案例分析

【案例分析 1-1】

海伦、汉克、乔、萨利4个人都是美国西南金属制品公司的管理人员。海伦和乔负责产品销售，汉克和萨利负责生产。他们刚参加过在大学举办的为期两天的管理培训学习班。在培训班里主要学习了权变理论、社会系统理论和一些有关职工激励方面的内容。他们对所学的理论有不同的看法，现正展开激烈的讨论。

乔首先说："我认为社会系统理论对于像我们这样的公司是很有用的。例如，如果生产工人偷工减料或原材料价格上涨，就会影响我们的产品销售。社会系统理论中讲的环境影响与我们公司的情况很相似。我的意思是，在目前这种经济环境中，一个公司会受到环境极大的影响。在油价暴涨时期，我们还能控制自己的公司。现在呢？我们每想要在销售方面前进一步，都要经过艰苦的奋斗。这方面的艰苦，你们大概都深有体会吧？"萨利插话说："你的意思我已经知道了。我们的确有过艰苦的时期，但是我不认为这与社会系统理论之间有什么必然的内在联系。我们曾在这种经济系统中受到过伤害。当然，你可以认为这是与社会系统理论相一致的，但是我并不认为我们就有采用社会系统理论的必要。我的意思是，如果每个东西都是一个系统，而所有的系统都能对某一个系统产生影响，那么我们又怎么能预见这些影响所带来的后果呢？所以，我认为权变理论更适用于我们。如果你说事物都是相互依存的，那么社会系统理论又能帮我们什么忙呢？"

海伦对他们的讨论表示有不同的看法。她说："虽然我对社会系统理论还不是很了解。但是，我认为权变理论对我们是很有用的。我以前也经常采用权变理论，虽然我没有认识到自己是在运用权变理论。例如，我有一些顾客是家庭主妇，经常听她们讨论关于孩子和如何度过周末之类的问题，从她们的谈话中我就知道她们要采购什么东西了。顾客也不希望我们逼他们去买他们不需要的东西。我认为，如果我们花上一两个小时与他们自由交谈，那么肯定会扩大我们的销售量。但是，我也碰到过一些截然不同的顾客，他们一定要我向他们推荐产品，并要我帮他们决定买哪一种，当然这些人会和我有生意上的来往。因此，你们可以看到，我每天都在运用权变理论来对付不同的顾客。为了适应形势，我经常会改变销售方式和风格，许多销售人员也都是这样做的。"

汉克显得有点激动，他插话说："我不懂这些被大肆宣传的理论是什么东西。但是，关于社会系统理论和权变理论问题，我同意萨利的观点。教授们都把自己的理论吹得天花乱坠，虽然他们的理论听起来很好，但是他们的理论无助于我们的实际管理。对于培训班上讲的激励要素问题我也不同意。我认为泰勒在很久以前就对激励问题有了正确的论述。要激励工人，就是要根据他们所做的工作付给他们报酬。如果工人什么也没有做，那么就用不着付任何报酬。你们和我一样清楚，人们只是为钱工作，给钱就是最好的激励。"

【案例分析问题】

（1）管理理论真能解决实际问题吗？
（2）你同意哪个人的意见？他们的观点有什么不同？
（3）如果你是海伦，那么你如何使萨利信服社会系统理论？

【案例分析 1-2】

在一个充满浮躁情绪的大市场中，很多企业不顾实际地推行兼并、重组，最后导致消化不良不得已收缩战线，甚至轰然倒地。也许正是因为认识到盲目扩张只会将企业带入发展的"死胡同"，湖北金箭股份有限公司在一系列兼并重组中，始终保持着清醒的头脑，步步为营，稳扎稳打。

湖北金箭股份有限公司（金箭公司）最初是以经营五金水暖器材起家的，主要生产各类铸铁、铸钢、黄铜、不锈钢等多种材质的闸阀、截止阀、球阀、蝶阀、水表、PP-R 管材及管件。经过多年的发展，其年产各类铸铁阀门、水嘴达 500 万件，成为湖北省水暖行业最大的工业企业，销售量及市场占有率在全国同行业中均居领先地位，连续几年被评为荆州市经济效益型先进单位、湖北省经销工作先进单位。产品均为省优、部优产品，其中冷水嘴为国家 A 级产品，并获第五届北京亚太国际贸易博览会金奖及湖北省精品名牌产品展销会金奖。

奠定了在全国同行业中的领先地位之后，金箭公司从 1998 年开始着手做大的计划。碰巧的是，金箭公司的计划与湖北省松滋市打算通过重组盘活一部分中小企业的想法不谋而合。进入市场经济之后，大批不适应环境变化的企业惨遭淘汰，即便活着的也是负债累累、苟延残喘。湖北省松滋市的湖北仪表电磁阀有限公司、金箭厨具有限公司、灯头厂这 3 家企业，就是等待救助的"困难户"。为尽快让这 3 家企业脱困，松滋市委、市政府以企业资产所有者的身份，大胆地提出了要将这 3 家企业长期停产或半停产，并为它们物色重组的对象。

作为松滋市的国有企业，金箭公司不能不考虑政府的想法，但金箭公司的高层考虑更多的还是企业的长远发展。他们认为，资本要素是现代企业的最基本要素之一，资本积累是企业快速发展的根本保证，资产重组是实现资本快速积累的有效途径。但是，在进行资产重组的过程中，如果只注重资本的扩张，忽视其他要素的有效聚合，就只是资本的简单相加，并不能使多种要素共同作用产生 1+1>2 的整合功效。目前，许多经营困难的中小企业，一方面缺乏优势生产要素；另一方面自身所具备的优势生产要素由于缺乏其他要素的组合，又持续处于闲置和浪费状态，作用发挥不充分。因此，在资产重组的过程中，如果不充分分析企业的要素需求，而是简单地将各种要素相加，那么不仅达不到壮大的目的，而且会使优势企业背上沉重的包袱，使困难企业更加困难。

所幸的是，松滋市领导班子对金箭公司高层的想法给予了最充分的理解。为了达到最优化的重组，金箭公司对湖北仪表电磁阀有限公司进行整体接收式兼并，成立金箭仪表电磁阀有限责任公司。金箭公司的全资子公司金箭厨具有限公司对灯头厂实行整体接收式兼并，将金箭厨具有限公司整体搬迁至灯头厂，进一步扩大该公司的生产能力。被金箭公司兼并、重组的 3 家企业，其主业与金箭公司所经营的业务多有关联，因此其扩张是相关产业的多元化，能够将资源进行最优化的整合。

在对 3 家困难企业进行重组的过程中，金箭公司的高层还注重多条渠道分流，妥善安置职工，避免因重组而给企业造成大的影响。

由于历史原因，国有企业普遍存在人员包袱沉重的问题，人员的分流安置是国有企业改革中重要的一环。被金箭公司兼并的 3 家企业由于长期生产经营不正常，因此经常拖欠职工工资、养老保险不能按时发放、职工为生活所困、上访等现象时有发生，这也是促使松滋市下决心进行资产重组的一个重要原因。为此，金箭公司根据企业的人员结构，拿出了安置分流的办法。一方面，为湖北仪表电磁阀有限公司、金箭厨具有限公司两家参加了养老保险的企业筹措养老保险金，保证离退休职工养老保险金能按时发放；另一方面，对灯头厂这样没有参加养老保险的企业，拿出 30 多万元，按有关政策买断了原灯头厂下岗职工的身份，较好地解决了下岗职工的问题。

为进一步巩固重组成果，金箭公司还特别注意将自己先进的经营理念与经营机制注入新组建的公司中。过去，一些中小企业虽然实行了资产重组，但仍未能摆脱困境，其重要原因之一，就是在资产重组中只看重企业有形资产等"硬"要素的组合，忽视了经营机制等"软"要素的组合。要使资产重组后的企业灵活、高效的运转，就需要在理顺产权关系的基础上，大力转换企业的经营机制。为此，金箭公司对重组后的公司严格按公司制的要求明晰了产权，并对机构设置、劳动用工和工资分配等进行了大幅度的改革。金箭仪表电磁阀有限责任公司和金箭厨具有限公司原来的班子分别由一正五副和一正四副组成，现在两家公司都只设一名经理，未设副职；公司管理机构精减了60%；公司管理人员和车间用工实行竞争上岗、择优录用。在内部管理中，两家企业都引进了金箭公司"一定三挂"的管理办法，即从严制定工时定额，职工工资与原材料消耗、产品质量和生产任务挂钩，彻底改变了职工吃企业"大锅饭"的现象。另外在现场管理、营销管理及各项专业管理方面也借鉴了金箭公司严格、科学的管理机制，使新建的公司在运作之初便步入了良性发展的轨道。

【案例分析问题】

（1）金箭公司成功扩张的经验是什么？
（2）金箭公司的成功给了我们什么启示？

【案例分析 1—3】

有一天，产科护士长黛安娜给巴恩斯医院的院长戴维斯博士打电话，要求立即做出一项新的人事安排。从黛安娜急切的声音中，院长感觉到一定发生了什么事，因此要她立即到办公室来。5分钟后，黛安娜递给了院长一封辞职信。

"戴维斯博士，我再也干不下去了。"她开始陈述，"我在产科当护士长已经4个月了，我简直干不下去了。我怎么能干得了这份工作呢？我有两个上司，每个人都有不同的要求，并且都要求优先处理。要知道，我只是一个凡人。我已经尽了最大的努力来适应这种工作，但看来这是不可能的。让我给你举个例子吧，请相信我，这是一件平平常常的事，但像这样的事情，每天都在发生。昨天早上7：45，我来到办公室就发现桌上留了张纸条，是杰克逊（医院的主任护士）给我的。她告诉我，她上午10：00需要一份床位利用情况报告，供她下午在董事会上做汇报时用。我知道，这样一份报告至少要花一个半小时才能写出来。30分钟以后，乔伊斯（黛安娜的直接主管、基层护士监督员）走进来质问我为什么我的两位护士不在班上。我告诉她，雷诺兹医生（外科主任）从我这里要走了她们两位，说是急诊外科手术正缺人手，需要借用一下。我告诉她，我也反对过，但雷诺兹坚持说只能这么办。你猜，乔伊斯说什么？她叫我立即让这些护士回到产科部。她还说，一个小时以后，她会回来检查我是否把这件事办好了！我跟你说，这样的事情每天都会发生好几次，一家医院就只能这样运作吗？"

【案例分析问题】

（1）巴恩斯医院的组织结构是怎样的？
（2）有人越权行事了吗？
（3）这个案例中，你发现了什么问题？

【案例分析 1—4】

2002年1月29日，中央台新闻节目报道了一条新闻，说某乡镇企业三笑集团公司拿出4 000多万元修建了几十套别墅楼，无偿提供给当地农民居住。有人对此表示不理解，他们认为企业的目的就是赚钱，三笑集团公司应当把这4 000多万元用于企业的发展，而不是去给农民修别墅楼。三笑集团公司的总经理却说："许多人的认识都有一种误区，认为企业就是搞生产经营的，企业的唯一目的就是赚钱，除此之外不应该做别的事。其实不然，企业不是在真空中发展的，它总生存在一方土壤之中。我们的企业是在当地人们的支持下得到发展的。现在企业有了钱，拿点儿钱出来回报乡亲是应该的，也是值得的。"

【案例分析问题】

（1）人们的议论与三笑集团公司总经理观点的分歧是什么？
（2）你是否赞成三笑集团公司的这种做法？为什么？

【案例分析 1—5】

几位厂长凑到一起，谈起了过去一年中各自工厂的一些情况。老王很得意地炫耀说："我们厂去年获纯利60万元，比前年增加了10%，如果不是原材料提价，利润还会多些。照去年的势头，今年又引进了一条流水线，产量可增一倍，今年利润定会翻番。哎，你们厂怎么样？"

听到老王的问话，老赵放下手中的茶杯，并没有顺着老王的问话回答，却反问："老王啊，你说利润提高和翻番，这意味着什么？""当然意味着我们企业的工作进步了。"老赵对老王工厂取得的成绩表示祝贺后说："利润上去了当然是好的。但利润高不见得工厂工作真的做得好。利润是受许多因素影响的，比如价格，目前有些企业的利润不是因为经营管理好得到的，是因原材料价格低等其他因素得到的。国家的价格体系一旦调整，工厂很可能就会亏本了。当然，你们厂的工作，据我所知确实是做得比较好的，比如说很注意技术进步。"

老王听到这话后接着说："这倒是，但价格调整又不是只对我一家，全国都是这样做的，到时我们利润少了，其他厂的利润也会少呀。""所以利润并不能作为衡量企业经营状况的唯一标准。""我同意你的高见，那我要听听什么是搞好企业工作的标准呢？"

"依我看，企业应该追求经营管理合理化。只有具备稳固的管理基础，才能发挥良好的绩效，使企业的经营趋于稳健，不会因客观条件的变动而动摇根本。一味追求利润，如此舍本逐末，本者不固，利从何生呢？因此我们厂不着眼于该赚多少或赚钱多少，而只重管理绩效。"

老王说："老兄，什么叫管理绩效？"老赵并没有正面答复老王的话，继续说："正因为如此，在目前的经济环境下，我们反而担心赚钱的副作用，因为我们赚的钱，有些并不是通过我们努力得到的。这样的钱赚了，反而会促使我们的员工产生骄傲的心理。我认为，不景气倒能使工厂上下一心，不敢有丝毫懈怠。"老王显然不同意老赵的观点："按你的说法还是亏本好。一味追求利润固然不好，但是也不能说不要利润啊，不然企业吃什么？国家要你企业干什么？企业又怎样去生存、去发展？再说经营管理合理化也不是一个空泛的词，管理绩效也不是一句时髦用语，它也要通过利润来反映啊。现在企业实行承包制，承包什么？利润难道不是其中一个内容吗？"老赵说："老兄你误解我的话了，我的意思是要强调搞好企业工作经营管理合理化……"

老王不等老赵讲完话就说："什么是经营管理合理化？什么是搞好企业工作？搞好企业要做很多工作，国家要做工作，企业自身也要做很多工作。搞好企业正是要体现在资产增值力上的。"老赵争论说："搞好企业工作难道只表现在资产增值力上？"就这样，两位厂长热烈地争论着。

【案例分析问题】

（1）两位厂长争论的焦点是什么？
（2）你认为什么样的企业才是好企业？

【案例分析1—6】

美国联合包裹运送服务公司（UPS）雇佣了15万名员工，平均每天将900万个包裹发送到美国各地和其他180个国家。为了实现他们的宗旨"在邮运业中办理最快捷的运送"，UPS的管理者系统地培训他们的员工，使他们以尽可能高的效率从事工作。下面以送货司机的工作为例，介绍一下UPS的管理风格。

UPS的工程师们对每位司机的行驶路线都进行了研究，并对每种送货、暂停和取货活动都设立了标准。这些工程师们记录了红灯、通行、按门铃、穿院子、上楼梯、中间休息喝咖啡的时间，甚至上厕所的时间，并将这些数据输入计算机，从而给出每位司机每天工作的详细时间标准。

为了完成每天取送130件包裹的目标，司机必须严格遵循工程师设定的程序。当他们接近发送站时，松开安全带、按喇叭、关发动机、拉起紧急制动、把变速器推到1挡上，为送货完毕启动汽车离开做好准备，这一系列动作严丝合缝。然后，司机离开驾驶室，右臂夹着文件夹，左手拿着包裹，右手拿着车钥匙。他们看一眼包裹上的地址，然后快步跑到顾客的门前，先敲一下门以免浪费时间找门铃。送完货后，他们在回到卡车上的路途中完成登记工作。

这种刻板的时间表是不是看起来有点烦琐？也许是。它真能带来高效率吗？毫无疑问！生产率专家公认，UPS是世界上效率最高的公司之一。举例来说，联邦快递公司平均每人每天取送80件包裹，而

UPS 却是 130 件。在提高效率方面的不懈努力，对 UPS 的净利润产生了积极的影响。虽然这是一家未上市的公司，但人们普遍认为它是一家获利丰厚的公司。

【案例分析问题】

（1）UPS 所获得的最佳效率是依靠什么创造的？

（2）UPS 成功经验的实质是什么？

第二章　企业的经营管理与经营战略

学习目标

【知识目标】

1. 掌握经营、企业经营、市场、市场调查与预测、经营战略、经营决策等概念；
2. 熟悉企业的经营理念、经营要素、经营目标，熟悉企业的经营与管理；
3. 熟悉企业经营的外部环境研究、内部条件分析和企业经营资源的分析方法；掌握市场调查与预测的方法；
4. 熟悉企业的经营策略，掌握企业的经营决策方法。

【能力目标】

1. 能够初步开展企业经营环境和资源的分析，开展市场调查与市场预测；
2. 能够根据企业具备的经营要素和市场调查资料，初步制定企业的经营目标和经营战略，并能选用合适的决策方法进行初步的经营决策。

案例导读

【案例 2-1】坚持以客户为中心的经营理念

2006 年，丰田汽车的全球销量达 846 万辆，仅次于通用汽车的 911 万辆，居世界第二位。而在销售收入上，日本丰田汽车公司以 1 817 亿美元的销售额，超过通用汽车公司的 1 729 亿美元；在盈利上，日本丰田汽车公司更以 141 亿美元的净利润高居榜首。从各项统计数据的排名来看，日本丰田汽车公司已成为全球汽车业的霸主。

日本丰田汽车公司的成功是多方面的，包括其独特的生产方式、严格的质量及成本控制、稳固的供应商体系等，然而其成功的真正原因是始终坚持的以客户为中心的经营理念，以及由此而建立起来的产品管理、技术研发、销售管理体系等。

1. 生产满足客户需求的产品

从客户需求出发设计产品，并根据市场反馈不断完善产品，是日本丰田汽车公司一贯坚持的原则。日本丰田汽车公司的每款产品，都建立在严格的客户需求的分析基础之上，如 20 世纪 70 年代面对石油危机全力开发低油耗的小型车，20 世纪 90 年代面对节约能源与环保的要求推出油电混合动力汽车。而在开发雷克萨斯这款车型时，其认真分析了购买豪华车客户的需求及现有豪华车品牌的优缺点，从而使得这款车一经推出就受到市场欢迎，并逐步成为北美市场销量第一的豪华车品牌。

2. 建立以客户为中心的组织体系

除了树立一切以客户为中心的意识，还要在组织体系上保证整个公司的运营真正围绕客户进行。在产品研发上，日本丰田汽车公司设立了首席工程师职位作为产品开发的项目负责人，负责新产品开发的全面管理，其职责从早期的市场调研、概念开发到产品定型，以及最后的各种研发和验证过程，保证了其后期工程技术、成本控制与市场目标的一致性。

在技术研发上，日本丰田汽车公司也始终以消费者的需求为导向，不过度追求技术的领先，更关注技术的实用性。

3. 采取用户利益至上的销售管理方式

日本丰田汽车公司早在1935年即提出了"用户第一、销售商第二、客户第三"的销售方针，为贯彻其销售方针，日本丰田汽车公司于1950年实施产销分离，建立独立的销售公司，其目的在于使销售公司不偏重厂商和销售商任何一方，本着促进销售的立场开展经营活动。

为了保证销售商对客户的服务质量，日本丰田汽车公司视销售商为利益共同体，除了建立严格的销售商准入标准，还为销售商提供了一系列的支持。

与美国汽车相比，丰田汽车没有个性化的外形与宽大的空间，与欧洲汽车相比，丰田汽车没有突出的技术与更好的操控性，然而，丰田汽车却始终以客户为中心，关注客户的需求与利益，因此赢得了客户的信赖。

【案例2-2】K公司承包经营的失败

K公司是1988年年底成立的一家生产G产品的中法合资公司。公司的总投资额为800万美元，注册资金为400万美元。在当时，这是一个规模比较大的投资项目，历时一年多才完成了公司的筹建及全套设备的引进、安装、调试，于1990年年初正式投产。当时，在我国经济体制改革关于经营管理模式的讨论中，承包制受到了人们的广泛推崇，社会上甚至流传着"一包就灵"的说法。正是在这样的背景下，K公司最终采用了承包制的经营管理模式。

K公司的承包人张先生是该合资公司的外方董事，一位法籍华人。该公司在当时的Z省是第一家采用承包制的公司，因此十分引人注目，被认为是一种大胆的改革尝试。从张先生的个人背景来看，他定居法国三十多年，在欧洲开有自己的工厂，长期与G产品打交道，对于G产品的生产可称得上是行家里手，但由于长期旅居海外，对国内的经营环境并不熟悉。因此在承包前，他专门请欧洲有关专家，借助计算机对承包方案进行了详尽的测算与分析，最后在董事会内部签订了5年期的承包合同。

根据承包合同，公司的目标是投产第一年的利润是150万美元，以后每年递增10%。该目标是以对欧洲同行业厂家满负荷生产数据为基础提出的。为了达到这一目标，要求公司投产后的成本必须接近行业的平均水平，价格也要基本达到欧洲的市场价格。考虑公司建在国内，如果按此目标与国内同类厂家做对比，其资金利润率与投资回报率可分别达到25%与50%。这种水平的目标，通常只有在公司成长期的期末、成熟期的期初，或者市场环境比较宽松的情况下才能达到。

合同签订后，张先生自任公司总经理。由于自己在欧洲有许多业务需要照顾，很少有时间待在国内，因此只能专门从欧洲聘请了一位熟悉G产品的专家任常务副总，长驻中国，主管技术与市场；为了帮助常务副总克服语言交流上的困难，又在国内聘请了一位总经理助理。公司的员工主要是向社会招聘的。由于招聘到合资公司的员工一律采用合同制，招聘来的员工都十分年轻，公司的员工队伍在年龄上没有形成优化组合。因此，公司不得不从其他单位借用人员。这一办法虽然解决了员工队伍的年龄结构问题，却使得整个员工队伍的成分变得十分复杂。根据国家的有关政策，不同身份的职工在劳动保险、医疗保险、退休养老等方面待遇不同，因此不同身份的员工对于公司的发展状况有着不同的态度。K公司在管理上基本上采用欧洲同类公司的管理方式，即机构精简，职能集中，每个员工身兼数职，员工总数很少。公司的工作及工序责任分割十分清晰，谁的工作就由谁负责，既不允许相互推诿，也不主张相互帮助。凡完成不了本职规定工作的人，被视为不能胜任，均应撤换；而如果其他人来帮忙，出了问题就会职责不清。公司内部有一条不成文的规定，即不应该关心和知道的事，尽量不关心和不打听，包括公司的利润、产品价格、信用状况等。

在质量管理上，完全采用自检的方式，公司内不设专门从事质量监督及质量检测的岗位。公司生产线的工人到试验室自行操作，进行产品质量测试，在允许的范围内自己做出调整。公司只设一位产品入库及出厂的质量检验员。在分配制度上采取的做法是,与原工龄工资完全脱钩,按岗位技能的不同采取不同的工资制,其标准由总经理定,因此要求总经理对员工的工作情况必须做到心中有数。

在产品市场方面,公司考虑 G 产品在国内是一种新型产品,厂家和市场的接受都需要一个过程,但因为国际市场已进入成熟期,所以只要产品质量上乘、性能优良、富有特色,销售一般不会有什么问题。公司认为,只要价格适当,将产品销售定位在出口上肯定可行,因此不专设产品经营部,国内销售也只委托一家合作单位进行。完成员工招聘后,在常务技术副总的带领及培训下,员工很快掌握了操作要领。

经过试生产,仅花了两个月时间,产品质量就达到了设计要求。经过两个月的努力,第一只集装箱在阵阵鞭炮声中运出公司,成功地出口到欧洲。公司上下看到了希望,无不为之振奋雀跃。但好景不长,时隔不久,由于当时国内外情况的急剧变化,原来已下订单的几家欧洲客户频频传真要求暂缓供货,公司海外市场受阻。此时,另有几家海外客户提出降价要求。总经理助理请示远在欧洲的总经理,总经理觉得这与公司原定价格及利润指标有距离,没有同意。这使得公司接连数月没有订单。

在这种情况下,起初员工们还可以练练兵,或者做设备维修,但直至当年七八月份,外销仍无转机,再加上公司原来委托的内销单位的推销效果也不佳。为了加强公司的内销力量,总经理临时决定成立产品经营部,积极组织人员奔赴国内各地进行产品推销,但都为时已晚,回天无力。年终结算显示当年公司的亏损达 400 万元,实际生产量只达设计能力的 10%。看到这种情况,承包人张先生无奈地提出要求,希望提前终止承包合同,最后以承包人赔偿 100 万元告终。

【案例 2-3】 施玛尔时装店的经营策略

施玛尔是中国纺织大学服装系与静安服装公司联营的服装零售店,地处上海最繁华的商业街南京路。当初联营的宗旨是为了利用大学的研究能力和对服装流行趋势的理解与洞察力,以及静安服装公司的资源、制作技术力量、财务、物资、销售经验和千金难买的地段。另外,大学较高的文化层次及"穿在静安"也正符合一部分消费层次较高顾客的期望。两家联营的协议中写明由静安服装公司委派一名经理,由中国纺织大学服装系定期对服装店的管理及销售提出咨询意见。开业之前,两家将不大的门店内外装修一新,虽仍不尽如人意,但格调还算高雅。服装店采取开架服务,并且销售的款式与制作质量较好,顾客一进门总能留下一个深刻的印象。试营业期间,其门店顾客络绎不绝,生意兴隆。

然而,随着联营进入第二年,一些问题逐渐暴露。该店虽由双方经营,但实际上是静安服装公司在负责日常的管理与决策,双方在一些决策方面存在一些分歧:如店面的装潢设计,中国纺织大学服装系一方面更强调现代艺术情调与高档服装相匹配;另一方面则注重实际,偏向实用与节约;在产品线决策方面,静安服装公司委派的经理主张在销售中高档服装的同时,销售一些热销的利润额较高的产品,如中低档男衬衫,以保证完成利润计划,而中国纺织大学服装系则认为长期下去会降低企业形象。除此之外,员工都是原静安服装公司的,习惯于传统的售货方式,服务水平还不高,常常不能给顾客以恰当的指导,本身的风度与气质也有差距。中国纺织大学服装系曾建议派一部分学生利用业余时间来兼职售货员,但经理不同意,认为这会影响原来员工的士气。联营第二年,施玛尔服装店的销售额增长幅度不大,而这时的南京街上,国外和国内各种品牌的服装零售店越来越多,竞争日益激烈。

原经理认为目前营业额不错,而且条件又好,只要双方观点及时协调应变,前景乐观。而上级听取了部分专家的意见后,认为随着服装零售店的不断出现,竞争激烈和消费者水平的提高,潜在问题可能会表面化,影响企业的长远发展。

【案例 2-4】 "危机就是商机"的故事

危机常在,而巧渡危机的智慧并不是每个企业和经营者都具有的。作为一个优秀的企业或企业家不但要善于应对危机,化险为夷;还要能在危机中寻求商机,趁"危"夺"机"。古今中外,把危机变成商机的事例亦不在少数。

南宋绍兴十年七月的一天,杭州城最繁华的街市失火,火势蔓延迅猛,数以万计的房屋商铺置于汪洋火海之中,顷刻之间化为废墟。

有一位裴姓富商，苦心经营了大半生的几间当铺和珠宝店，也恰在那条街市中。火势越来越猛，他大半辈子的心血眼看将毁于一旦。但是他并没有让伙计和奴仆冲进火海，舍命抢救珠宝财物，而是不慌不忙地指挥他们迅速撤离，一副听天由命的神态，令众人疑惑不解。

然后，他不动声色地派人从长江沿岸平价购回大量木材、毛竹、砖瓦、石灰等建筑用材。当这些材料像小山一样堆起来的时候，他又归于沉寂，整天品茶饮酒，逍遥自在，好像失火压根儿与他毫无关系。

大火烧了数十日之后被扑灭了，但是曾经车水马龙的杭州，大半个城已是墙倒房塌一片狼藉。不几日朝廷颁旨：重建杭州城，凡经营销售建筑用材者一律免税。于是杭州城内一时大兴土木，建筑用材供不应求，价格陡涨。裴姓商人趁机抛售建材，获利巨大，其数额远远大于被火灾焚毁的财产。

这是一个久远的案例，然而蕴涵其中的经营智慧却亘古不变。

1995年年初，日本发生了阪神大地震。这次大地震使该地区几乎陷于瘫痪。当时，国内大多数报纸都对此做了较为详细的报道，但一般人只是从中看看"热闹"而已，而北京有位叫金萍的人却从中"悟"出了商机：大阪的新日本制铁所已完全停产，至少半年才能恢复，而该巨型钢铁厂生产出的优质冷轧薄钢板（包括冷卷钢板）每年向我国出口至少50万吨，在我国钢板市场上甚受欢迎。他预感到这场大地震必然会影响日本向我国出口钢材的份额，于是立即把该信息和以前掌握的有关数据资料，提供给江苏金坛市一家钢材销售公司。该公司的经理马上调集人力财力，吃进5千吨优质冷轧薄钢板，比其他公司抢先一大步。果不其然，一直冷清、频频降价的优质冷轧薄钢板因货源紧，每吨涨了100元至400元，该公司一下赚了近百万元。最后，该公司支付了金萍1万元人民币的信息费。

无独有偶，美国有位经营肉类食品的老板，在报纸上看到这么一则毫不起眼的消息：墨西哥发生了类似瘟疫的流行病。他立即想到墨西哥瘟疫一旦流行起来，一定会传到美国来，而与墨西哥相邻的美国的两个州是美国肉食品的主要供应基地。如果发生瘟疫，肉类食品供应必然紧张，肉价定会飞涨。于是他派人去墨西哥探得真情后，立即调集大量资金购买大批菜牛和肉猪饲养起来。过了不久，墨西哥的瘟疫果然传到了美国这两个州，市场肉价立即飞涨。时机成熟了，他趁机大量出售菜牛和肉猪，净赚数百万美元。

再如2001年，中美撞机事件发生后，新闻媒体大量的专题报道，进一步引发了读者对军事类图书的热切关注。一些出版社和书商纷纷抓住这一商机，巧打军事牌。光明日报出版社很快推出《中美俄新型尖端武器》一书，因其含有美EP—03E侦察机和我国歼—8Ⅱ飞机的图片和较为详细的装备性能介绍，为广大读者看好。海洋出版社的《美国海上力量——由海到陆》、国防科技大学出版社的《世界海军武器装备》亦很畅销。一些书商因大量订购军事图书而从中大获其利。

其实，世界上任何危机都孕育着商机，且危机愈重商机愈大，这是一条颠扑不破的商业真经。谁也不希望面对危机、遭遇危机，但灾难的降临是不可避免的。回避不足取，唯一的办法是像上述各例中的"智"商者一样，想办法度危机、捕商机。只有这样，我们的企业才能做强、做大，达到永续经营。

【案例2-5】厦华的7大失误及对策

厦华是一家具有15年历史、以彩电为主的企业，2000年刚刚获得全国驰名商标，2001年却不得不发表中报预亏公告，公司面临被ST（警示存在、终止上市风险的特别处理）的边缘。厦华究竟出了什么事？厦华的7大失误是致命伤。

失误之一：产品结构是致命伤。

厦华的5大产品彩电、手机、传真机、计算机、显示器缺乏特色，同行竞争越来越激烈，利润越来越低。

失误之二：贪大求全导致重复建设。

前几年，在产业上贪大求全，大家都比市场占有率，都要500强，完全把目的和过程倒过来了。500强是一个自然而然的过程，绝不是目的；企业的目的是效益，是为股东创造效益，为社会创造效益。但是大家都在扩大产量，要建全球最大的生产线，就进行了重复建设。

失误之三：迷恋旧的管理模式。

国外早就出现了很多先进的管理模式，而中国企业至今仍然迷恋旧的管理模式。在1998年之前，彩电销售的淡、旺季非常分明，但从1998年开始，中国的过剩经济时代实际上已经来临了，彩电已经处于供过于求的状态，再加上不断地降价，在消费者的心目中，彩电已经不是一项重大的投资，消费者在需要的时候就可以买到，因此淡季旺季也就不存在了，但是包括厦华在内的彩电业却还是迷恋以前的管理模式，大量囤货，试图在旺季的时候一下子卖掉，结果吃了大亏。

失误之四：自建迟钝的物流配送。

国外早就通过物流配送和电子商务运作了，而厦华忽视了社会力量，过多地靠自己的力量，到处去建自己的销售网点、自己的仓库、自己的运输队伍。其结果是产品销售的中转环节过多，开支过大，信息更新不及时，信息反馈速度太慢。

失误之五：交易成本失控。

厦华在传统的销售费用之外，还有几个交易成本失控：第一，存货变现损失失控；第二，应收账款损失失控；第三，串货运费损失失控。彩电的毛利在20%以上的时候，很少有人重视这个问题，当彩电价格不断下降、利润大幅降低时，就无法应付交易成本了。

失误之六：财务战略顾此失彼。

厦华在实行多元化的同时，忽视了财务战略。许多跨国公司最为头疼的两件大事，就是人才战略和财务战略。现在，中国的许多公司已经意识到人才的重要性，但是财务战略的重要性尚没有引起更多人的重视。厦华的资产只有15亿元，却有5大产业，根本无法与其他企业抗衡。

失误之七：靠高薪留住人才行不通。

厦华的计算机人才，包括开发人才、市场人才，无一例外都收到了国外计算机公司的聘请书，甚至厦华磨具厂的技术工人与专业技术人员都受到了合资企业的高度关注。在一段时间里，厦华认为外资企业的高薪聘请是导致国有企业人才外流的重要因素。后来，厦华进行了一次不记名的问卷调查，发现影响人才流失的第一大问题不是待遇问题，而是公司内部部门之间的不协调；第二大问题是对造成重大过失的干部没有给予处罚。这说明，留住人才光靠高薪是不行的。

面对上述失误及造成的损失，厦华的领导班子立下军令状，如果一年不扭亏，领导层全部下岗。为此他们采取了以下措施。

措施一：启动厦华版星火计划。

即对于那些高质量的技术研发人才，让他们参股成为某一个项目的股东，从而使这个项目得到快速、稳定、长远的发展；这样，技术人员的待遇问题既可以通过股东收益得到解决，也增强了企业的凝聚力；同时，不断衍生出的新项目也需要厦华派出更多的高质量的管理人才和优秀职工，这又需要不断地培养和从外部招徕人才。这种良性循环，最终将使厦华获得更好的发展。

措施二：推行管理流程再造。

首先是坚定不移地推行电子商务，其次就是实施物流配送。

措施三：调整产品结构。

通过一系列的改革和技术创新，厦华推出4大新产品，这4大新产品是厦华新的利润增长点。

措施四：进行资本结构和产业结构调整。

贯彻有所为有所不为的方针，把现有5大产业中需要大量资金的产业嫁出去，减轻财务上的压力，加强核心产品手机、彩电和电视导航器生产的资源保障力度。

第一节　企业的经营理念与经营目标

一、企业经营的概念

经营是指企业的经济系统在利用外部环境提供的机会和条件下，发挥自身的特长和优势，为实现企业目标而进行的综合性活动。

由此定义可知，企业的经营活动必须注意如下 4 个方面。

1. 企业是个受社会制约的开放的经济系统

现代企业如果要有秩序地开展生产活动，就必须建立一个适应生产需要、分层次的组织结构，该组织结构是一个由相互关联的子系统组成的整体系统。相对于国民经济来说，企业是下位系统，是社会经济的基本组成部分，是相对于宏观经济系统而独立存在的微观经济系统，企业从事社会化生产、开展经营活动时，必然与环境相互作用，受外界的影响和制约，因此是一个开放系统。

2. 企业经营要利用外部环境提供的机会和条件

企业是国民经济最基本的组成单元，在国民经济的大系统中开展活动，企业作为一个开放的经济系统，其经营活动与社会环境必然紧密相连。企业的外部环境总是在不断变化的，这种变化是不以企业的意志为转移的。环境的变化常常对企业形成新的制约条件，这些条件有的会给企业创造新的发展机会，因此企业在经营过程中必须善于捕捉和利用外部环境提供的机会与条件，开辟新的市场以求得生存和发展；但有的会给企业的发展带来阻碍，甚至威胁企业的生存，因此企业在经营过程中必须对这种情况有所预测，并早做准备，及时躲避困难的冲击。

3. 企业经营要发挥自身的优势和特长

企业对自身发展的长处要有充分的分析和认识，在生产经营活动中合理地利用人、财、物、技术、信息等内部资源，充分发挥自身的优势和特长，提高企业的竞争力。

4. 企业经营要为实现既定目标而开展综合性活动

企业经营的基本目标是向社会提供适销对路的优质产品，实现价值的增值，获得经济效益。只有实现了这一目标，企业才能使自身经济系统的循环顺畅地进行，为国家做出贡献，并为企业和职工的发展提供有利的条件。但企业的经营目标又是多元的，它必须承担许多社会责任，企业基本目标的实现是企业综合性活动的结果。

现代企业不仅要通过生产过程把产品生产出来，以形成产品价值和使用价值，而且还要让产品进入市场，并通过流通以最有利的条件将产品销售出去，在满足用户和市场需要的同时获取尽可能多的利润。企业从事产品生产和产品交换的全部活动，包括对市场的选择、对产品和价格的选择、对材料与设备的选择，以及对消费者和市场行情的研究、对竞争者的研究等，都属于经营活动。

二、企业的经营理念

企业的经营理念是贯穿企业经营活动全过程的指导思想。它是由一系列观念和观点构成的，是对经营过程中发生的各种关系的认识和态度的总和。企业的经营理念是企业生产经营活动的方向盘。

企业要实现现代化，首先必须实现经营现代化；要实现经营现代化又必须首先实现经营理念现代化。企业经营理念现代化的过程也就是企业从现代企业的要求出发，不断使经营思想科学化、系统化、战略化的过程。具体地讲，首先要学习现代企业经营管理理论，进行经营思想的变革，摒弃因循守旧的观念，然后大胆探索和创建全新的经营战略。具体表现为要树立 8 大观念。

1. 市场观念

市场是企业的生存空间。市场观念在企业经营理念中居于核心地位。市场观念是逐步发展的，大体分 3 个阶段。第一阶段为生产中心型，其特点是以产定销，卖方市场，企业的生产经营活动都以产量和成本为中心。第二阶段为消费中心型，其特点是以销定产，买方市场，卖方承担风险。第三阶段为动态均衡型，其特点是满足用户需要与创造用户需要相互作用，形成双重的市场运行机制。

树立正确的市场观念，一是要消除长期以来"以产定销"生产中心论产生的影响；二是要树立以创造性经营去创造用户需要的新思想。从某种意义上讲，市场观念也就是用户观念，企业只有通过向用户提供高质量、品牌知名、服务周到的产品，才能在激烈的竞争中赢得市场，才能发现潜在需求并扩大市场。

2. 竞争观念

在社会主义制度下，竞争的积极意义在于它是一种择优发展的经济手段，它能促进技术进步和经济繁荣，是发挥企业主动性和创造性的一种外部压力。竞争既是产品的竞争、服务的竞争，也是人才的竞争、技术的竞争、管理的竞争。企业要在竞争中求得生存和发展，就必须敢于竞争、善于竞争，充分发挥自身的专长和优势。

3. 创新观念

企业的生命力在于它的创新能力。创新既包括创造新的产品，也包括创造新的经营方式。要创新，首先，要有创新的意识，这种意识具体体现在永不满足于已经取得的成就；其次，要创造最基本的条件，这个条件就是有一批勇于探索、富有创造精神的人才；再次，创新要面向广阔的领域，就是要涉足别人尚未涉足的事业，要敢为人之不敢为、能为人之不能为。企业只有不断创新，不断改革经营战略和经营方式，不断采用新的科学研究成果和技术，生产出采用新工艺、新材料，具有新结构、新功能、新款式的新产品，不断开辟新的生产领域和新的市场，才能在市场竞争的环境中永远立于不败之地。

4. 效益观念

企业的生产经营活动必须以提高经济效益为中心。企业经营管理的中心任务就是要保证企业的生产经营活动能够取得良好的经济效益。但是提高经济效益并不是单纯为了盈利。社会主义企业的生产经营活动，首先要服从社会主义的生产目的，为提高整个社会的生产力水平和改善劳动人民的物质、文化生活提供优质的产品，为扩大社会主义再生产积累更多的资金。同时，还要有效地利用人力、物力、财力。评价一个企业的经济效益是否好，首先要看它是否有助于提高社会的综合经济效益。从这一观念出发，无论是生产资料还是消费品的生产企业，都要以其产品和服务给社会和消费者带来直接利益与间接利益为宗旨。

5. 全局观念

社会主义企业的经营理念与资本主义企业的经营理念的本质差别，首先在于社会主义企业必须树立全局观念。社会主义企业必须把国家和人民的利益放在第一位，认真执行国家的方针政策，接受宏观经济的指导；从系统的观点来看，企业是国民经济的子系统，企业的生产经营活动不能离开国家经济发展的总目标和总要求。因此，企业必须正确处理企业与国家的关系，当企业利益与国家利益有矛盾时，应自觉地以企业利益服从国家利益，这是由社会制度和基本经济规律所决定的。

6. 信息观念

当今是一个信息化的时代，随着科学技术的发展，各种信息的传播速度越来越快，信息量以空前的规模成倍地增长。以信息为先导、以信息为媒介、以信息为纽带已成为时代的特征，信息的作用已渗透到社会的一切领域，人们通过信息扩展了智慧，不断创造出更多的社会财富。能否及时掌握、准确传递各种技术和商业信息，关系到企业管理工作的成败。从工业企业管理活动的需要来看，管理者主要应注意以下信息：一是超前信息，即决策活动之前所需的有关信息，这是决策的前提和依据；二是反馈信息，即领导决策之后的相关信息，以便对决策进行验证，帮助决策者修正决策，完善管理；三是突发信息，即日常内部、外部突然发生的重大事件，这些事件如不及时处理，往往可能会干扰甚至影响企业的生产。

7. 权变观念

权变观念在当代管理哲学中又称权变方法论。现代管理学认为，没有一成不变、普遍适用的"最好"的管理理论和管理方法，有效的管理只能依照内外环境变化而实施随机应变的权变管理。特别是在当前改革开放的大潮中，要搏击时代的风浪，就必须不断分析企业所处的环境，不断改变经营策略和管理方法，使企业适应变化了的形势，才能立于不败之地。

8. 全球化观念

全球化观念要求企业经营国际化，使企业的产品符合国际标准，逐步走向国际市场，并在更大的范围内利用国外的资源、资金、技术、信息、人才来促进我国国民经济的飞速发展。全球化观念要求企业快速掌握与处理各种工业和商业信息，并对各个不同国家和地区的市场做出灵敏的反应，以参与竞争、扩大出口，形成世界性商情和销售网络。在科学技术日新月异的时代，随着我国国际交往的日益频繁，对外贸易的不断扩大，产品全球化已成为现代企业保持销路和开拓新市场的重要条件。企业要赶超世界先进水平，就必须树立能反映当代发达的产品生产和产品交换要求的全球化经营观念。

三、企业经营的要素与目标

企业是一个社会协作系统，这个系统是由若干个互相联系的要素构成的，这些要素构成企业的实体，也是企业运行的基础条件。各种要素及其互相结合的状况，影响和决定着企业的经营状况。因此，要搞好企业经营状况，首先必须研究经营要素。

1. 经营要素

1）人的要素

企业作为一个社会协作系统，是人们从事社会生产活动的场所。企业中的各类人员并不是作为自然人而存在的，而是作为一种经营要素发挥作用的。按企业中各类人员在生产经营活动中的地位和作用，可对其做以下分类。

（1）经营管理人员。指在企业的生产经营活动中，承担着决策、计划、组织、指挥、协调和控制等管理职能的人员。按其所承担的职责，又可将其具体分为经营人员、管理人员和监督人员。经营人员是指对企业的各项生产经营活动进行决策的人员，一般由企业的董事长、董事、经理（厂长）、副经理（副厂长）等构成。管理人员是对企业的各项生产、技术、经济活动等履行具体管理职能的人员，它由企业的各处（科）、室、部、车间等的负责人构成。监督人员是指直接向作业人员分配任务并具体组织和监督作业人员完成作业任务的人员，它由工段长、班组长等构成。

（2）工程技术人员。指在企业中从事技术研究和实践的人员。按其所承担的职责，又可具体分为与机械设备、产品设计与制造、工艺、材料、动力能源等方面有关的工程技术人员。

（3）作业人员。指在企业中直接从事或服务于各种产品加工和装配的人员，按其所承担的工作又可具体分为基本生产作业人员、辅助生产作业人员和生产服务作业人员。人作为企业的一种经营要素，其作用的大小，既取决于其数量的多少，又取决于其知识水平、业务能力和劳动技能的高低。所以，在研究人的要素及其作用时，不仅要对其进行数量构成分析，还要对其进行质的分析。

2）物质要素

企业作为从事物质生产活动的实体，不仅是人从事生产活动的场所，而且要为人从事生产活动提供各种技术手段、物质条件及其所作用的物质对象，即物质要素。企业的物质要素按其在生产中的作用可具体分为：

（1）手段要素。手段要素是指作为劳动手段发挥作用的物质要素。它是置于劳动者（人的要素）和劳动对象之间，把劳动者的劳动传导到劳动对象上去的物或物的综合体，是劳动者得以发挥作用的基本手段。手段要素主要包括各种加工装配用的机械设备、仪器、仪表、运输和保管工具等。这里应明确的是，没有进入生产过程的"劳动手段"，只是可能意义上的"劳动手段"，不能视为实际的手段要素；同样，那些已退出企业生产过程的"劳动手段"，也不能看成手段要素。

（2）条件要素。条件要素是保证企业的生产过程得以进行的物质要素。它又可具体分为特殊的条件要素和一般的条件要素。特殊的条件要素是为企业的个别生产过程或个别生产工具能够正常运行提供条件的物质要素，一般的条件要素是指为整个生产经营过程能够正常运行提供条件的物质要素。这里应明确的是，特殊的条件要素与一般的条件要素的区别是相对的，并不是绝对的。例如，对一个综合性的企业来说，热处理车间所提供的热能是特殊的条件要素，而对于一个专门从事热处理的企业来说，这种热能便成了一般的条件要素。

（3）对象要素。对象要素是指在企业的生产经营过程中被加工、运转并不断改变形状、性质和空间位置的物质要素，如原料、材料、半成品、成品等。值得注意的是，劳动手段、劳动条件、劳动对象等企业的物质要素是可以互相转化的。例如，作为电力企业对象要素的电能，在一般工业企业中便成了条件要素；土地对农业来说是对象要素，而对其他企业来说则是一般条件要素。

3）资金要素

企业要进行生产经营活动，不仅要有人和物，而且要有一定的资金。这是因为在商品经济条件下，劳动力与生产资料的现实组合、社会生产过程的进行、社会产品的实现，都离不开资金的运作。所以，资金也是企业重要的经营要素。企业的资金可以按不同标准进行分类。

（1）按资金来源可分为国家投资资金、借贷资金和自有资金。国家投资资金是指国家根据企业的规模和资金周转情况等条件调拨给企业长期使用的资金。借贷资金是指企业通过银行贷款而取得的资金。自有资金是指企业自身具有所有权的资金。对于我国国有企业来说，自有资金是指国家拨给企业长期无偿使用的流动资金和企业按国家的规定积累而形成的资金；对于集体企业来说，自有资金是指企业成员自筹的和企业积累形成的资金。另外，股份企业发行股票所取得的资金，也可视为自有资金。

（2）按性质可分为固定资金、流动资金和专项资金。固定资金是指企业一切固定资产的货币表现。流动资金是用于购买原材料、燃料、低值易耗品等物品、支付工资和其他生产费用的资金。专项资金是指除固定资金和流动资金外，为了满足某些专门需要而设置的资金。目前，我国企业的专项资金按其来源分为专用基金、专用拨款和专用借款3种。

4）信息要素

所谓信息，是指具有情报、消息性质的新知识、新概念、新做法等。在企业，信息则是指与企业生产经营活动有关的各种因素的动态反映。它一般是通过数据（包括字母、符号、数字）、图纸、报表、凭证、规章制度、指令等反映出来的。在科学技术迅猛发展、进入信息化社会的今天，信息、能源和材料已成为支撑经济社会的"三大支柱"，一些发达国家甚至认为经济信息是"第二能源""无形财富"。依据不同的标准可将信息进行分类。

（1）按来源信息可分为内源信息和外源信息。内源信息产生于企业自身的活动，如企业生产、销售、人事、财务、供应、制度等方面的情况。外源信息是指来自企业外部的信息。

（2）按取得的手段信息可分为直接信息和间接信息。直接信息（也称第一手信息）是企业的信息机构通过调查研究直接取得的信息。间接信息（也称第二手信息）是他人搜集、总结的信息。

（3）按内容信息可分为市场信息、政策信息、技术信息、生产信息和管理信息。市场信息是指有关市场情况的信息，如市场状况、市场占有率、市场潜力、竞争企业和用户情况、价格、流通渠道、销售服务等方面的信息。政策信息是指有关经济政策、技术政策、对外政策等方面的信息。技术信息是指有关技术发展情况的信息，如新产品开发、新技术发展、新工艺和新材料利用等方面的信息。生产信息是指有关生产技术情况的信息。管理信息是指有关企业管理制度和方法发展变化情况的信息，如先进的管理制度和方法的产生与使用方面的信息。

2. 经营目标

企业要制定企业战略，仅仅有明确的企业使命和经营领域还不够，还必须把企业使命转化为各种具体的经营目标。企业使命的表述一般比较抽象，在战略制定与实施中，通常需要用经营目标的形式将企业使命具体化与明确化。

经营目标是企业在一定时期，按照企业的经营理念，考虑企业内外条件的可能性，在完成企业使命的过程中所预期达到的成果。经营目标是企业战略的重要组成部分，它指明了企业努力与发展的方向。

1）经营目标的性质

（1）经营目标是企业在完成使命的过程中所追求的最终结果，是实现企业使命和衡量企业工作的标准。它必须是由"我们企业是干什么的"和"我们企业应该干什么"引导出来的。

（2）经营目标是一个体系，但不包罗万象，要突出重点，在各种需要和目标之间进行平衡。

（3）经营目标能集中用企业的各种经营资源和管理力量。

（4）在企业自下而上的各层次、各领域都需要有经营目标，以保证企业战略目标的实现。

2）经营目标的内容构成

（1）企业的盈利能力。盈利是企业经营活动的内在动力。企业的盈利能力通常以资本金利润率、销售利润率、成本费用利润率、营业利润率等指标表示。

（2）市场竞争地位。是指企业在市场上相对地位的提高，它通常以销售收入、市场占有率、市场覆盖率、实质增长率、市场扩大率，以及准时交货、售后服务项目、用户抱怨或不满意度、比率等指标表示。

（3）市场目标。企业的市场目标是发现用户，企业的基本职能是市场推销和创新，包括新市场开发和传统市场的纵向渗透。有条件的企业要走向国际市场。

（4）发展目标。包括通过资产流动、兼并、重组、组建企业集团等扩大企业规模；增加固定资产、流动资产，增加无形资产的投入，扩大经营能力；多产品或多产业经营发展企业；通过企业素质包括人员素质、技术素质、管理素质的提高来提高企业的经营能力。

（5）资源目标。企业需要依赖人力资源、资金资源和物质资源来从事经营活动，保证企业的生存和发展。

（6）社会责任目标。企业作为社会中的一个子系统，对社会负有一定的责任。企业不仅应有经济观念，还应有社会观念、公众利益观念及人类生存与发展观念。企业的社会责任包括两个层次，第一个层次是企业生产经营的直接关系，主要是指与企业直接发生的多种社会关系。主要包括企业与职工、企业与供应企业、企业与中间商、企业与用户、企业与竞争企业的关系等。企业要实现战略目标，要使自己的产品得到市场的认可，就必须调整好与供应企业、中间商、用户、竞争企业的关系。第二个层次是企业生产经营的间接关系，主要是指企业的社会影响或企业的非市场关系。主要包括企业与国家各级政府、企业与各种社会团体组织（如妇联、工会、消费者协会、环境保护组织、宗教团体等）、企业与传播媒介（如广播电台、电视台等）、企业与企业界赞助支持的组织（如体育界各种组织、残疾人组织、教育组织等）、企业与所在社区、企业与国际上的各种企业、团体组织的关系等。企业要在力所能及的范围内支持政府及各种社会团体组织的各项工作。

（7）职工福利目标。合理分配企业职工的福利，有利于调动并发挥职工的积极性。职工是企业经营的内在动力，也是战略目标的重要组成部分。职工福利包括职工的集体福利设施和职工的工资、奖金水平等。

四、企业的经营与管理

关于经营与管理的关系，国内外学者的看法并不一致。管理过程学派的创始人、法国的大管理学家法约尔认为，经营是比管理大得多的概念，企业的经营具有6种职能，即技术职能（进行生产、制造和加工）、营销职能（采购、销售和交换）、财务职能（筹措和运用资金）、安全职能（保护设备和人员）、会计职能（盘点货物，编制资产负债表，进行成本核算和各种统计等）、管理职能（计划、组织、指挥、协调、控制等），也就是说，管理只是经营的一个组成部分。日本的企业管理界则把企业的经营管理活动分为经营、管理和监督3个层次。与此相适应，把企业的经营管理人员也分为经营层、管理层和监督层。经营层是承担经营活动的主体，主要职责包括确定企业规模，决定最高人事任免，制定企业的基本目标和经营方针，编制长期计划和创办新事业计划等。管理层和监督层是承担管理活动的主体，主要职责包括编制实施计划、制定控制方法、报告生产技术活动情况、分配作业任务、指导监督作业计划的实施、改善作业环境等。可见，日本的企业管理界认为经营与管理是两个互相联系的并列的概念。美国的一些学者则认为，经营是管理的组成部分，"管理的重点是经营，经营的关键是决策"。

我们认为，在弄清了经营的含义后，如何理解经营与管理的关系，关键在于如何理解管理这一概念。广义的管理是指管理主体为了达到既定的目标，对管理对象所进行和所采取的一切活动和手段。这种意义上的企业管理就是指企业的经营管理人员，为使企业能生产出更多的符合社会需要的产品或劳务并取得最大的经济效益所进行的一切活动和采取的一切手段。狭义的管理是指管理主体对管理对象的业务活动的计划、组织、指挥、协调和控制。这种意义上的企业管理就是企业的管理人员对企业的生产技术活动的计划、组织、指挥、协调和控制。如果我们对管理和企业管理做广义的解释，企业经营便成了企业管理的一个组成部分；如果对管理和企业管理做狭义的解释，企业经营便成了与企业管理并列或比企业管理更广的概念了。

不论如何理解经营和管理，两者都既有联系又有区别。

1. 经营与管理的联系

（1）两者的目标是一致的。不论是开展经营活动，还是加强管理工作，目的都是确保企业能生存和发展下去，充分发挥企业各要素的潜力，以取得较好的经济效益。两者是相辅相成地对企业发挥作用的。经营决定着管理，管理服务于经营。没有正确的经营指导，管理会失去方向；没有科学的管理，经营会落空。

（2）经营是管理发展到一定阶段的必然结果。管理是共同劳动的产物，而当共同劳动发展到商品生产阶段时，企业与外界的联系越来越多，就要求不仅要进行管理，而且要开展经营。经营的产生标志着企业管理发展到一个新的阶段。

（3）经营活动与管理活动虽然有区别，但两者的区别并不是绝对的，而是相对的。经营中需要进行管理，管理中仍要开展经营。例如，企业的市场营销活动基本上属于经营活动，但也包括对销售业务的管理活动；生产管理活动基本上属于管理活动，但在实际工作中也有很多因客观情况变化而需重新决策的问题，这种决策也属于经营活动。

2. 经营与管理的区别

（1）经营是企业上层管理人员即经营层承担的业务活动；管理是企业的中下层管理人员即管理层和监督层承担的业务活动。因此，经营属于高层次的管理活动；管理属于低层次的管理活动。

（2）经营所解决的大多是与企业外部环境有关的问题；管理所解决的则大多是如何利用企业内部条件的问题。因此，研究外部环境，如市场需求、原料供应、竞争对手的变化情况及其规律等是经营的主要任务；而管理的主要任务是合理利用、组织企业内部各种要素的问题。

（3）经营侧重于研究企业中的全局性、战略性问题，如指导思想、发展方向、奋斗目标、基本方针的制定问题；管理的侧重点则放在企业中某些局部的、战术性问题的实施上。

（4）经营不仅要考虑企业当前的问题，而且要考虑企业长远发展的问题；管理则主要考虑如何组织当前的生产技术活动。因此，经营者要有远见卓识、远大的抱负、较大的魄力和勇于担风险的精神；管理人员要具有脚踏实地、埋头苦干的务实精神和较强的组织与实践能力。

（5）经营所涉及的问题主要是动态问题，它所要解决的是如何使企业适应不断变化的外部环境和内部条件，并在激烈的竞争中发展壮大起来的问题。管理所涉及的问题则主要是静态问题，它所要解决的是如何充分发挥企业现有的人力、物力和财力的问题。

（6）经营所接触的主要是非程序化问题；管理所接触的则主要是程序化问题。也就是说，经营所要解决的问题往往是没有现成的经验可遵循，多半要自己在实践中摸索的问题。因此，作为经营者必须具有创新精神。管理所要解决的问题往往是例行问题，只要认真研究他人或过去的经验和做法就可以了。因此，作为管理人员，虚心学习、一丝不苟的工作精神要比创新精神显得更为重要。

第二节 企业经营的环境与资源分析

现代企业是一个开放的经济系统，它的经营管理必然受客观环境的控制和影响。知己知彼，百战不殆，企业制定经营战略，环境分析是关键。把握环境的现状及未来的变化趋势，利用有利于企业发展的机会，避开环境威胁的因素，这是企业生存和发展的前提。企业经营的环境包括外部环境和内部条件两个方面。外部环境直接或间接地影响企业的发展，内部条件决定了企业的竞争能力和应变能力。

一、企业的外部环境

1. 企业外部环境的含义

企业是现代社会经济的基本单位,它是组成整个社会大系统的一个小系统,企业的生存和发展必须以外部环境为条件。外部环境是指来自企业外部,并影响企业生存与发展的各种因素的总称。企业系统的环境是社会,社会的政治形势、经济发展状况、市场变化情况、科学技术进步水平、文化教育状况及地理条件等,都会直接或间接地对企业产生影响,企业的生存与发展取决于企业对外部环境变化的适应程度、应变能力和驾驭能力。

2. 研究企业外部环境的必要性

环境是企业生存的土壤,企业从事经济活动时,所需的各种资源需要从外部环境的原料市场、能源市场、资金市场、劳动力市场中去获取。外部环境虽然为企业的生存提供了条件,但也会限制企业的生存。离开外部市场,企业经营便会成为无源之水、无本之木。与此同时,企业转换中用各种资源生产出来的产品或劳务也需要在外部环境中实现。没有外部市场,企业就无法销售产品,就无法得到销售收入,生产过程中的各种消耗就不能得到补充,经营活动就无法继续,更谈不上扩展规模了。

企业的外部环境总是在不断变化着的。科学技术在不断进步,人民的生活水平在不断提高,文化教育在不断发展,这种种变化将给企业组织带来两种不同的影响:一种是为企业的生存和发展提供新的机会,如新资源的利用可以帮助企业开发新的产品,执政者的变化可能导致经济政策的修订;另一种是对企业的生存造成某种不利的威胁,如技术条件或消费者偏好的变化可能使企业的原有产品不再受欢迎,企业要继续生存,就必须及时地采取措施,积极开展技术革新,努力改进产品性能。

企业外部环境的变化对企业的影响是不可忽视的。企业要利用机会,避开威胁,就必须充分认识外部环境;要认识外部环境,就必须研究它、分析它。这种研究不仅可以帮助我们了解现阶段外部环境的特点,而且可以帮助我们揭示外部环境变化的一般规律,并据此预测它在未来的发展和变化趋势,以增强企业的环境适应性,保证经营决策的正确性,提高企业的竞争能力。

3. 影响企业外部环境的因素

企业外部环境中的各种因素对企业都将产生一定的影响,只是影响的方式有直接和间接之分,程度有深浅之分。企业的外部环境大致可以归纳为政治与法律环境、社会与文化环境、经济环境、技术环境、自然环境、需求与竞争环境、国际环境 7 个方面。

1)政治与法律环境

一个国家的政治与法律直接影响企业的管理政策,它的稳定性也直接影响企业长期规划的制定。政治与法律属于上层建筑领域,政治与法律环境由当权的政府营造,企业必须在既定的法律构架下从事生产和经营活动。

企业的政治环境包括一个国家的政治制度、政党和政党制度、执政党和国家的方针政策、政治气氛、政权的稳定性、社会开放及民主程度、对工商企业的管制程度、对外国投资企业的管制程度等。企业的法律环境是指与企业相关的社会法律系统及其运行状态。企业的法律环境包括国家的法律规范、国家司法与执法机关、企业的法律意识等。不同的国家有着各自不同的政治与法律制度,不同的政治与法律制度对企业的经营活动有着不同的限制和要求。即使政治制度不变的同一个国家,在不同的时期,由于执政者的更换,政府的方针政策也会发生变化,企业对于这些变化通常难以预测,然而变化产生后对企业经营活动的影响则是可以分析的。企业必须通过对政治环境进行研究,才能了解国家和政府目前禁止企业干什么、允许企业干什么、鼓励企业干什么,才能使企业的经营活动符合国家利益,受到政府的保护和支持。

2)社会与文化环境

一个社会的价值观、审美观、宗教信仰、风俗习惯、社会成员接受教育的程度等因素也会影响企业的生产和经营。

社会是人群生活所组成的各种组织体及行为规范与态度的集合,企业只是社会大家庭中的一员,比较重要的社会组织有家庭、学术团体、公益团体、体育团体等社会团体。企业与这些社会组织同处共生，就不得不注意与它们之间的影响和关系。

文化是人类社会所拥有的知识、信仰、道德、习惯和其他才能与偏好的综合体。从总体来看，文化环境的变化是缓慢的，但就一段时间而言，其变化还是十分明显的。文化水平会影响居民的需求层次；宗教信仰和风俗习惯会禁止某些活动的举行；价值观会影响居民对企业目标、企业活动及企业存在的态度；审美观会影响人们对企业活动内容、活动方式及活动成果的态度。

3）经济环境

经济环境是影响企业经营活动的重要环境因素，包括宏观和微观两种经济环境。

（1）宏观经济环境。主要指一个国家的人口数量及其增长趋势，国民收入、国民生产总值及其变化情况，以及能够通过这些指标反映的国民经济发展水平和发展速度。人口众多虽然为企业经营提供了丰富的劳动力资源，但又可能因其基本生活需求难以充分满足，从而构成经济发展的障碍；经济繁荣显然会为企业的发展提供机会，而宏观经济的衰退则可能给企业的生存带来困难。

（2）微观经济环境。主要指企业所在地区或所需服务地区的消费者的收入水平、消费偏好、储蓄情况、就业程度等因素。这些因素直接决定着企业目前及未来的市场大小。假定其他条件不变，一个地区的就业越充分，收入水平越高，那么该地区的购买能力就越强，对某种活动及其产品的需求就越大。一个地区的经济收入水平对其他非经济企业的活动也是有重要影响的，例如，国民在温饱没有解决之前，就很难主动地去关心环保问题，或者去支持企业的环保活动。

4）技术环境

任何企业的经营活动都需要利用一定的物质条件，这些物质条件反映了一定的技术水平，社会的技术进步直接影响这些物质条件的水平，从而影响企业经营活动的效率。企业的技术环境就是指一个企业所在国家和地区的技术水平、技术政策、新产品的开发能力及技术发展的动向等。技术的影响体现在新产品、新机器、新工具、新材料和新服务上。企业的产品必须反映当时的科技水平。如果科学技术进步了，而劳动者的技术跟不上，生产作业人员的操作技能和知识结构就不能适应技术的发展；如果生产工艺得不到改进，企业的产品就必然会被采用新技术的产品取代，企业就得不到发展，甚至丧失生存机会。

5）自然环境

常言道，凡事得讲求天时、地利、人和。这里的地利就是指地理位置、气候条件及资源状况等自然因素。

地理位置、地形、地质、气候、资源等自然环境对企业厂址的选择、原材料及能源的供应、设备和生产技术的采用、劳动力和资金的来源等有密切的关系。如在不同的地域环境中，人口构成、收入、消费水平和传统习惯等都各不相同，对产品的需求也不一样，一般要求企业与相关供应者建立稳定、合理的交易关系，避免因资源的短缺而影响企业的生产效率，因此企业必须认真分析地域环境的特点，有针对性地开展活动。

6）需求与竞争环境

（1）需求环境。需求环境主要是指社会（市场）对企业的产品或劳务的需求状况，包括用户情况、购买力、需求容量、潜在需求等这些最主要的直接环境因素。

用户对产品的总需求决定着行业的市场潜力，并且影响行业内所有企业的发展边界；不同用户的价格谈判能力会诱发企业之间的价格竞争，从而影响企业的获利能力。企业必须从这两个方面研究用户的总需求、需求结构及购买力，从而判断社会上对企业产品购买量的大小、市场潜在购买力的大小，以及企业产品在人们生活中的重要性。

同时，企业对原材料及能源供应商也应进行一定的研究。企业生产所需的许多生产要素都是从外部获取的。提供这些生产要素的企业也需要生存和发展，它们也在研究自己的用户。所以，对供应商的研究也包括两个方面的内容，即供应商的供货能力或企业寻找其他供货渠道的可能性，以及供应商的价格谈判能力。

（2）竞争环境。竞争环境主要是指产品销售方面的竞争状况，包括竞争对手的状况、竞争态势、主要竞争策略和竞争领域、潜在的竞争因素等。

企业是在一定行业中从事经营活动的。美国学者波特认为，影响行业内竞争结构及其强度的主要环境因素有现有企业、潜在的参加竞争者、替代品制造商、产品用户及原材料供应者5种。企业在经营过程中，必须对现有竞争对手的基本情况、竞争对手的发展方向及潜在竞争对手、替代品生产厂家进行全面分析、深入研究，并且及时调整经营战略和竞争策略，才能在激烈的市场竞争中立于不败之地。

7）国际环境

国际环境是企业生存和发展的重要外围环境，它明显地体现了时代的特点和社会公众的需求。当前国际经济环境的特点是：

（1）信息全球化。互联网使得各国经济发展相互依存、相互渗透；信息的整合推动生产力的发展，促进生产力的突破；光纤传输极大地提高了信息传递速度和时间利用率；信息化一方面使世界空间缩小，另一方面又使发展空间变大，虚拟市场、虚拟银行相应出现；而且信息化使企业组织再次集权，中层管理功能减退，生产者与消费者距离缩短、界限模糊，消费者与生产者可以相互合作。

（2）经济全球化。其最突出的特点是跨国公司的发展，使得各个国家、企业、管理者之间的距离越来越近，关系越来越密切，形成了相互依赖、相互促进、相互制约的复杂关系。

（3）国际上企业之间的联合兼并出现高潮。由于竞争的需要，国际上许多大公司联合兼并已成为一种趋势，并正在出现高潮。

（4）知识经济正在崛起。知识经济以高科技产业为支柱，以智力资源为依托，使经济可持续化、资产投入无形化、决策管理知识化。

在当前的国际经济环境下，国际企业管理出现了如下特点。

（1）重视整体社会目标。企业不仅追求经济利益，还主动为社会进步承担责任。

（2）重视精神激励。信息化和知识经济尤其重视精神激励，不仅要给予表扬，更重要的是要赋予更大的责任和权利。

（3）重视知识和人才。企业要以人为本，重视专家的作用，发挥知识和团队的整合效应。

（4）重视企业文化建设。通过企业文化建设用共同的价值观凝聚全体员工。

（5）重视领导方式的转变。现代领导方式要求企业每个成员都有参与领导的机会，并且未来的领导是集体领导，是集中公众智慧、统一公众行为的领导。

4．在竞争环境中争取主动权

为了让企业在激烈的竞争中立于不败之地，并且在竞争中能够更快发展，企业必须能够在竞争环境中果断采取措施，争取主动权。

1）收集信息

积极收集外部经营环境的有关信息，以便在竞争中做到知己知彼，能够对经常变化的市场进行客观的、准确的预测。

2）做好预测

采用科学的方法，根据收集的信息，进行认真、深入地分析研究，然后对市场竞争形势做出科学的判断和预测，为企业决策者的合理决策提供依据。

3）主动向环境开放

唯有主动向外部环境开放，才能吸收新鲜营养，才能实现新陈代谢、择优汰劣，才能使企业在不断更新的环境中提高自身的适应能力。

4）主动适应和利用环境

对于客观的外部环境，特别是对于大环境，通常企业是无法改变它的，只能适应它；而外部环境中并非全是不利因素，往往有许多对企业有利的因素，企业应该在适应的过程中紧紧抓住它，并利用它发展自己。

5）主动选择和改善环境

在适应环境的过程中，在条件允许对环境做出选择时，企业应毫不犹豫地主动做出选择，选择适合自己生存和发展的环境；应在能力所及、政策许可的范围内主动改善环境，更好地发展自己的空间。

二、企业的内部条件分析

1. 企业内部条件分析的意义

企业的内部条件分析包括对企业所拥有的客观物质条件和主观经营状况的分析。通过对企业外部环境的研究可以得出对企业经营的有利机会或不利威胁,企业能否利用机会,避开威胁,要通过对企业内部条件的分析才能判断。具体来说,企业内部条件分析的意义在于:

(1) 有利于企业抓住外部环境提供的机遇发展自己。不断变化的外部环境给企业带来了许多潜在的可以利用的机会,但是只有具备了利用这种机会的条件并且能够果断抓住这种机会,才能真正利用这种机会来发展自己,而是否具备利用这种机会的条件,则必须通过内部条件分析才能得知。

(2) 有利于企业进一步认清自我,扬长避短。通过企业的内部条件分析,企业可以了解自身的优势、劣势,并通过与竞争对手的对比,制定出与自身实力相适应的经营战略。

(3) 有利于合理利用企业的有限资源。任何一个企业的资源总是有限的,实力也是有限的。企业的经营战略应该是,通过内部条件分析,了解自身的资源状况,将有限的人、财、物等资源用在刀刃上,从而使资源发挥出最大的效益。

(4) 有利于能动地改变企业的现状。通过内部条件分析,认真了解企业自身,既要了解物,也要了解人,了解全体职工,挖掘企业的潜力,能动地改变企业的现状,向更有利于打开局面的方向发展。

2. 企业内部条件分析的内容

1) 企业能力分析

企业能力分析主要是对企业素质(企业的技术素质、管理素质和人员素质)和企业活力(企业的凝聚力、适应能力、生长能力、竞争能力和获利能力)的客观分析。这些能力的总和构成了企业的经营能力体系。企业的经营能力体系越强,企业的竞争能力和抗风险能力也就越强。

2) 企业状况分析

企业状况分析主要是对企业系统及其子系统的运行状况和运营能力进行分析,包括以下内容。

(1) 基本情况分析:包括对企业经营目标与经营方针、经营战略与营销策略、企业改造等方面的分析。

(2) 销售分析:指对销售计划、产销衔接、销售渠道及营销业务开展状况等的分析。

(3) 生产分析:指对生产计划、生产过程、质量管理、文明生产,以及工艺、设备、运输、动力管理等的分析。

(4) 科技工作分析:指对科技人员的结构、科技开发情况等的分析。

(5) 财务分析:主要指对资金的筹措和财务状况、盈利能力的分析。

(6) 人力资源分析:着重于对人员结构和人员素质的分析。

3) 企业业绩分析

企业业绩分析是针对反映企业经营效果的重点项目进行分析。

(1) 产品营销能力分析:通过对企业的产品及其市场营销状况的具体分析,对产品的营销实力做出综合评价,明确其优势、劣势及潜力,内容包括产品竞争能力、产品经营寿命周期、市场容量与市场占有率、产品获利能力及经营实力。

(2) 财务状况分析:财务状况分析综合反映了企业生产经营的效果,主要是分析企业的盈利能力,包括盈亏分析、资金利润率分析等。

三、企业经营的资源

1. 分析企业资源的意义

企业资源是现代企业生存与发展不可缺少的前提,也是体现企业内在经营能力的一个重要因素。企业资源的多寡、资源质量的高低,对企业经营战略管理活动的成效具有重要影响,因为企业经营战略的本质就是建立相对于竞争对手的优势,而建立优势就要为企业寻找一个能够充分利用自身资源的合适条件,企业战略的制定必须建立在对企业资源能力结构全面系统认识的基础上，才能找出实施企业战略的优势和劣势。

2. 企业经营的主要资源

企业资源，泛指企业从事生产经营活动或提供服务所需要的人力、资金、物料、机器设备、组织管理、技术、信息等的能力与条件。一般企业中主要有 5 类资源，即财力资源、物力资源、人力资源、技术资源和管理资源。

1）财力资源

财力资源主要是指企业的资金实力。资金是企业财产和物资的货币表现，是企业的血液。为了发展经营事业，企业必须设法通过各种途径取得必要的资金，利用资金换取各项生产要素的投入，生产出社会需要的产品或劳务，并将这些产品和劳务在市场上销售，使之再转换成企业经营管理活动得以继续发展的资金，促进企业的发展。

研究财力资源的重点是建立中期和长期的财务优势，把更多的注意力放在长期的企业净收入及总资产的利用上；同时，还要计算出企业在计划期内为保持实施战略所要求的增长率而必须进行再投资的资金量，从而判断出企业能否单独依靠自身内部的财力资源来支持预期的资金需求。如果不能依靠自身内部的财力支持企业的发展战略，企业就必须设法从外部筹集资金。

2）物力资源

物力是生产的三要素之一，也是体现企业战略优劣的一个重要方面。厂房建筑、机械设备、储运工具及原材料、零部件、办公设施等，都与企业的生产经营有密切关系，是企业实施发展战略所必须获取的物力资源。

企业的物力资源主要分为生产制造、储运、销售及事务处理 4 部分。从战略角度看，物力资源研究主要包括分析物力资源的获得、配置、能力限度、运用、维护和重置等问题。企业需要根据战略目标，将物力资源投入的时间、种类、数量等进行周密地规划与调配，以便能够为有效地实施企业战略提供物质上的支持和保证。

3）人力资源

企业经营管理的全部工作，从环境分析、制定战略到实施战略，都必须由人去执行。因此，人力资源是企业经营管理中最重要的资源，是一种活资源。人力资源管理的最终目的是要提高员工的工作效率。企业的人力资源主要包括企业高层领导、企业管理人员、企业技术人员、企业员工等。

4）技术资源

科学技术是第一生产力。人类社会的发展历史，特别是近几十年来的实践，充分证明了科学技术进步是推动社会进步的强大驱动力。科学技术的进步对企业的生存和发展的影响是全面的、深刻的，因此考察技术资源是分析企业内部条件非常重要的一个方面。企业的技术资源主要包括企业的技术开发能力、技术开发的投资能力、技术创新应用能力、吸收外来技术的能力、技术专利数、技术开发人才结构与水平、高新技术的推广能力、相对于竞争对手的技术优势等，技术与市场信息，企业的产品质量状况及其保证体系等。

5）管理资源

管理是指利用各种企业管理职能，有效地运用人力资源、资金、物资、机器设备、市场营销 5M 要素，以获得最大的经济效益。充分挖掘企业的管理资源，对于企业的发展是至关重要的，因为一个企业的人力、物力、财力总是有限的，只有通过科学有效的管理才能使有限的资源发挥出最大的效力。企业的管理资源主要包括企业管理信息网络系统、各项企业管理规章制度、生产和技术管理文献与国家标准、企业的管理组织机构及其指挥系统等。

第三节　企业经营的市场调查与预测

随着我国经济体制改革的进一步深化，特别是确立了以市场经济作为我国经济发展的基本模式之后，企业界出现了一个"以销定产"的新格局，因此企业必须能够在变化的市场环境中，充分做好调查研究和科学预测工作，才能满足消费者的需要，实现企业目标。

一、市场研究

1. 市场的概念

市场是社会分工和商品交换的产物，随着商品经济的发展而发展。企业所需的生产资源来自市场，企业是通过销售市场需要的商品来获取经济效益的。因此，市场是企业存在和发展的首要条件。

随着商品经济的不断发展，市场的定义也在不断变化。一般包括如下3个方面。

（1）人们习惯性认识的狭义的市场：市场是商品交换和劳务转移的场所。

（2）从经济学角度理解的广义的市场：市场是商品交换关系的总和，即哪里有社会分工和商品生产，哪里就有市场。

（3）从市场营销学的角度来解释的市场：市场是一群用户的集体名称，或者说市场是商品购买者的集合。这里所说的用户必须具备3个要素：
- 具有某种需要满足的购买欲望；
- 具有一定的可供支配的购买力；
- 有获取某种商品的购买动机。

市场活动的中心内容是商品交易，它必须具备3个条件：即存在买方与卖方，有可供交换的商品，有买卖双方都能接受的交易价格和交易条件。

就企业而言，在研究市场时，主要应该按"用户即市场"的观念来分析。如果某种商品拥有大量的用户，也就拥有了一个广大的市场。

2. 市场的功能

市场的功能是指市场机体所具有的如下职能：

（1）市场是实现商品交换、连接生产与消费的纽带；

（2）市场是企业进行营销活动的舞台，也是经济竞争的场所；

（3）市场是企业获取信息的主要来源；

（4）市场是企业销售商品，实现利润的场所；

（5）市场是一个国家繁荣经济、发展生产的必经之道。

3. 市场的分类与特点

从购买者的市场需求和购买动机的角度出发，一般可将市场分为消费品市场、生产资料市场和服务市场3大类。

1）消费品市场

消费品市场也叫消费市场，是消费者购买以满足其物质和文化生活需要的最终产品的交换场所。

按照购销特点，消费品可分为日用消费品（如日用品、粮食、食盐等）、选购消费品（如玩具、服装、烟酒等）、高档消费品（如彩电、冰箱、空调等）。

消费品市场的特点主要表现在：

（1）需求的多层次性和多样性；

（2）非专家购买和购买的可诱导性；

（3）购买量小和多次性；

（4）市场的规模较小和分散性；

（5）购买的流动性大。

2）生产资料市场

生产资料市场又称为工业品市场，它是企业、团体或个人为制造目标产品而购买其他商品的市场。

生产资料市场的特点主要表现在：

（1）市场比较集中；

（2）购买者数量少且一次性购买量大；

(3) 需求具有引发性和波动性，价格弹性小；
(4) 专用性强，技术要求高，行家购买，决策慎重。

3) 服务市场

服务市场是通过提供各种服务来满足消费者需要的一种特殊市场，其本质是劳务经营。在这里，劳务是一种无形的商品。服务市场随着社会的进步得到了长足的发展，文化教育、金融保险、交通运输、医疗卫生、娱乐、旅游、广告等服务在人们的生活中越来越重要。

服务市场的特点主要表现在：
(1) 无形性；
(2) 直接性（服务过程同消费过程同时发生）；
(3) 品质差异性；
(4) 即时性（无法储存待用）。

4. 市场营销环境

市场营销环境也是企业经营环境的一部分，甚至可以说是企业经营环境的核心部分。任何企业都是在不断变化的社会经济环境中运行的。企业外部环境中的各种力量深深地影响着企业的营销活动。外部环境力量的变化，既可以给企业带来机遇，也可以对企业形成威胁。因此，全面、正确地认识市场营销环境，注意监测各种外部环境力量的变化，对于顺利开展营销活动具有十分重要的意义。

企业的市场营销环境由微观市场环境和宏观市场环境构成。

微观市场环境影响着企业服务其目标用户的能力。企业首先通过市场获得用户的需求信息，根据需求信息选择产品的生产方向和生产规模；然后通过供应环节取得人、财、物等资源组织产品生产；最后运用直接或间接销售的方式向用户提供适销对路的商品。在市场中，企业将面临争取用户和销售渠道、供应渠道等方面的竞争。

宏观市场环境由一些大范围的社会约束力量，如政治、经济、法律、人口、自然、技术、文化等构成，它影响企业的微观环境。企业必须认真研究宏观市场环境，才能适应这些环境因素的变化与影响。

二、市场调查

1. 市场调查的概念

所谓市场调查，是指运用科学的方法，有目的、系统地收集、记录、整理和分析与市场有关的信息资料，了解市场过去和现在的经营状况，为企业进行经营预测和制定经营战略提供依据。由此可知，市场调查有以下特点：

(1) 市场调查是一种管理手段，目的在于提高企业经营的效果；
(2) 市场调查具有协助解决问题的功能，从调查分析中可以得到解决问题的办法；
(3) 市场调查必须采取科学的方法。市场调查所采用的询问法、观察法、实验法等，都必须符合科学要求，在市场调查中必须保持客观的态度，对所有事实不抱成见，收集资料时应力求完整，并依据一定的设计和逻辑推理，进行系统地整理与分析。

2. 市场调查的重要性

市场调查是根据企业面临的市场问题，运用科学的方法，有目的、系统地收集、整理和分析市场信息，了解市场的现状和发展趋势，提出建设性的调查报告，为企业决策者提供决策依据的一项专业管理活动。

市场调查是企业了解市场、认识市场的一种行之有效的方法，它对企业的生产经营活动有着十分重要的作用，主要表现在：

(1) 通过市场调查，企业可以了解社会需要什么产品，什么人需要，为什么需要，需要多少，为企业生产符合市场需要的产品提供科学依据；
(2) 从市场调查提供的信息中，可以分析产品的寿命周期，为企业制定开发新产品、整顿或淘汰老产品、决定产品寿命周期中各个阶段的市场策略提供依据，市场调查是企业进行经营决策和制定经营规划的前提；

（3）市场调查可以帮助企业合理选择分销途径、流通渠道，是企业开拓市场的有效手段；

（4）市场调查有利于加强推销活动和售后服务，有利于降低销售成本，并且能帮助"矫正"决策和计划，是提高企业管理水平的有力措施。

3. 市场调查的内容

市场调查的内容相当广泛，包括一切对与企业有关的社会、经济、政治环境和日常活动范围内的各种现象的调查研究，凡对企业生产经营活动有直接或间接影响的信息资料都应搜集。市场调查可以是专题性调研，也可以是对广泛问题的调研。主要有：

1）对市场需求和销售趋势的调查

企业要对市场的现实需求和潜在需求做出量的分析，调查消费者的购买动机和购买行为及影响消费的各种因素，用数量表示出市场的需求状况及销售趋势，及时掌握市场的供求关系及其变化规律。

2）对本企业营销策略的调查

这主要是对本企业产品、价格、促销和销售渠道等方面的调查，通过市场调查了解企业营销策略的实施情况，以便提出改进措施，扩大市场或转换市场。

3）对竞争对手的调查

这主要是指调查竞争对手的数量、规模、市场占有率和竞争产品的质量、性能、价格、服务情况、市场信誉及采用新技术、开发新产品的情况等，还包括对潜在竞争对手的调查，了解同类企业生产技术水平和经营特点。只有这样，才能知己知彼，生产出竞争能力更强的产品来占领市场。

4）对其他不可控因素的调查

这主要是指企业还需要对无法控制的政治、经济、社会文化环境及科学技术等因素进行调查，要了解国家宏观政策和控制方式的变化对市场销售及产品生产的影响，以便对市场进行综合分析。

4. 市场调查的方法

市场调查的方法，按调查方式划分，有直接调查和间接调查；按调查范围划分，有全面调查和抽样调查。直接调查法中常用的有询问法、观察法、实验法及抽样调查法。

1）询问法

询问法是指调查人员将所拟的调查事项通过各种方式向被调查者发问或征求意见，以收集所需的市场信息。它分为面谈、电话、邮寄、问卷等方式。

2）观察法

观察法是指让调查人员在现场直接或借助仪器观察、记录被调查者的行为和表情，从而收集有关市场信息的方法。该方法并不会使被调查者感到正在被调查，因此调查准确度高，但观察不到被调查者的内在因素。

3）实验法

实验法是指调查人员通过设置或选择一定的环境条件，或者在具有代表性的实际市场上先试用或试销一部分产品，分析效果后再决定是否大规模营销的方法。该方法可用于新产品投放市场或老产品改变质量、包装、设计、价格等，也可用于市场饱和程度的实验。

4）抽样调查法

对一般生活资料的消费者通常采用抽样调查法。所谓抽样调查法，就是根据数学概率理论，在母体（全部）调查对象中，随机选择其中的一部分（样本）进行调查，以获得总体情况的方法。

5. 市场调查的步骤

市场调查的步骤通常由7个方面组成。

（1）确定问题。应让调查人员明确需要解决哪些问题及问题的重点所在，以便设计一个完备的调查方案。

（2）选择调查途径。在确定需要调研的问题之后，应根据调查目的，确定资料的搜索范围，并提出获得所需资料的途径。

（3）决定调查方式。根据资料的性质决定所采用的调查方式。

（4）抽样设计。如果选用抽样调查，就应根据调查的对象确定抽样的范围、选择样本的方式、决定样本的大小。

（5）现场搜集资料。包括对现场搜集资料人员的选择、训练、控制和考核等。

（6）资料分析整理。通过对搜集来的资料进行分析、鉴别、整理，使之系统化、简单化和表格化，从而达到准确、完整、实用的目的。

（7）编写调查报告。根据调查目的，突出重点、简明扼要地将调查过程和调查结果做成中肯客观的报告，供企业主管人员决策时参考。

三、市场预测

1. 市场预测的概念

预测是人们对未来不确定的事物进行推断和预见的一种活动。它是对客观实践中各种各样事物未来发展变化的趋势，以及人类实践活动的结果所做的预先分析和估计。人们研究未来，目的是探索客观事物的发展趋势和内在规律，指导人们的行为，按照客观规律办事，力求趋利避害，以便科学地改造客观世界。预测绝不是凭空想象和猜测，而是根据过去和现在的客观实际资料，运用科学的方法，探求事物发展的规律。同时，任何预测都不可能百分之百的正确，因此预测通常只具有一定的可信度。从这个意义上讲，预测就是指以一定的可信度，采用科学的预测方法，对事物未来趋势进行的估计或描述。

市场预测是企业经营活动中一项十分重要的基础工作。所谓市场预测，是指在市场调查的基础上，借助一定的历史资料，采用科学的预测方法，对未来一定时期市场的供需变化及其发展趋势进行估计、分析和推断，为企业选择目标市场和服务方向，制订生产经营计划和营销策略提供依据。

2. 市场预测的作用

市场预测具有以下作用。

1）市场预测是企业制订生产经营计划的重要依据

企业要生存，领导者只有时刻注意市场的变化，并对市场的变化趋势做出准确的预测，获得产品畅销或滞销的信息和资料，才能为企业制订出符合市场客观需要的生产经营计划，才能使制订的计划有效地贯彻执行，从而实现产销平衡，提高企业的经济效益。

2）市场预测是企业经营决策的依据

在瞬息万变的现代市场中，必须通过大量的市场信息及时做出正确的决策，才能确保企业在激烈的市场竞争中立于不败之地。

3）市场预测是企业转换机制的需要

在市场经济体制下，企业必须转换经营机制，因此只有通过做好市场预测，针对具体情况采取不同对策，才能提高企业的竞争力，从而使企业成为自主经营、自我发展的经济实体。

4）市场预测可以指导企业合理组织生产

通过市场预测，可以掌握市场需求变化的动态，以便合理地安排生产，及时地调整计划，从而使得在经营产品的品种、规格、数量和质量方面，以及在投资和新产品开发方面与市场需求相适应。

5）市场预测可以提高企业经营管理水平

加强市场预测有助于准确掌握市场供求变化的情况，指导企业的生产经营活动；有助于合理使用人力、物力和财力，提高生产效率。市场预测是提高企业经营管理水平的重要手段。

3. 市场预测的种类

（1）按预测的内容，市场预测可以分为市场需求预测、市场占有率预测、价格预测、消费者购买行为预测、促销策略预测等。

（2）按预测的时间，市场预测可以分为短期预测、中期预测和长期预测。

（3）按预测的方法，市场预测可以分为定性预测和定量预测。定性预测是指根据个人的经验和知识，判断事物未来的发展趋势和状态。定量预测是指利用一定的统计资料、凭借一定的数学模型来推算事物未来的发展趋势和状态。

4. 市场预测的程序

为了保证市场预测工作卓有成效地进行，必须按预测工作的程序加强组织工作。

1）确定预测目标

提出预测课题，确定预测课题应达到的目标及要求，有的放矢地去收集信息资料。

2）制订预测计划

明确预测工作的组织分工，确定收集信息资料的方式，做好经费预算等，保证预测工作有条不紊地进行，并在执行中及时修改和调整计划。

3）收集分析资料

根据预测对象、目标和计划，进行大量的市场调查，确保所收集信息资料的代表性、完整性和可靠性。对收集到的信息资料要进行严格的审校，以保证数据的准确性。

4）选择预测方法

为了获得可靠的预测结果，必须对信息资料进行动态分析，选择合适的预测方法并建立预测模型。

5）开展预测工作

根据已获取的信息资料，使用选定的预测方法与预测模型进行预测。

6）评价预测结果

预测结果是建立在预测模型的基础上的，所以存在一定的误差。预测结果的合理程度如何，需要通过分析评价，才能得到正确的结论。分析评价的内容有：（1）影响预测结果的内部因素和外部因素；（2）内部因素和外部因素对预测结果影响的范围和程度；（3）预测结果的可能偏差及偏差分析；（4）考虑是否需要对预测结果进行修正。如果预测结果未达到预测目标的要求，或者预测误差不在允许的范围内，就需重新确定预测目标，再次进行预测。

7）撰写预测报告

如果预测结果满足预测要求，就可以撰写预测报告，以供领导决策之用。

5. 市场预测的方法

市场预测的方法有很多，当可依据的信息资料不充分时，可以采用定性的预测方法；当信息资料比较充分而又可靠时，可以采用定量的预测方法。

1）定性的预测方法

（1）个人判断法。指由决策人凭个人经验对客观事物进行分析判断，预测未来的情况。

（2）综合判断法。也称专家会议法，是由企业负责人召集各部门负责人或营销人员，广泛交换意见，预测未来的情况，然后将不同人员的预测值进行综合，得出预测结果的方法。

（3）头脑风暴法。亦称畅谈会法，简称 BS（Brain Storming）法，是在组织专家会议的基础上，遵循以下两个原则：一是对别人的意见不允许反驳、批评，以创造一种畅所欲言的气氛；二是鼓励独立思考、开阔思路、自由奔放地提出方案，不能重复别人的意见，设想和方案越多越好，不受限制。

（4）使用者期望法。指以少数重要顾客的预期需要为基础做出有效预测的方法。

（5）专家调查法。专家调查法，也称为德尔菲法，是专家先对未来的发展做出判断，然后将专家的意见进行汇集、整理、分析，从而预测出事物未来的发展趋势。

使用这种方法时需要先把决策的项目写成若干个含义清楚且又能以十分明确的形式回答的问题；然后从不同的角度选定数十位甚至数百位专家，邮寄出第一轮意见征询表；接着进行汇总统计，将大多数人的意见整理成第二轮意见征询表；将第二轮意见征询表再分寄给各位专家，如此反复三四次，直到意见相对集中为止。

在整个预测过程中，参与预测的专家们互不见面，由主持人采用匿名的方式安排专家们独立地发表意见，进行交流和沟通，避免了专家之间权威、长者等因素的影响。同时，反复多次地交流与反馈信息，可以使专家们充分思考和修改自己的意见，因此预测结果有较大的可靠性和权威性。这种方法比较适用于新产品、新技术和新市场的开拓。

2）定量的预测方法

在经济活动中常见的定量预测方法大致如下。

（1）简单平均法。

简单平均法也叫算术平均数法，是以算术平均数作为预测值的预测方法。即求按时间顺序发生的历史数据的算术平均数，其计算公式如下：

$$\bar{x} = \frac{x_1 + x_2 + x_3 + \cdots + x_n}{n} = \frac{\sum_{i=1}^{n} x_i}{n} \qquad (2\text{-}1)$$

式中，$\bar{x}$——算术平均数；

x_i（$i=1,2,3,\cdots,n$）——总体各单位的标志值；

n——总体单位数。

（2）加权平均法。

加权平均法是先对距离预测期远近不同的历史数据赋予不同的权数，然后求加权算术平均数，以加权算术平均数作为预测值的预测方法。其计算公式如下：

$$\bar{x} = \frac{x_1 f_1 + x_2 f_2 + x_3 f_3 + \cdots + x_n f_n}{f_1 + f_2 + f_3 + \cdots + f_n} = \frac{\sum x_i f_i}{\sum f_i} \qquad (2\text{-}2)$$

式中，$\bar{x}$——加权算术平均数；

x_i（$i=1,2,3,\cdots,n$）——代表各组的标志值；

f_i（$i=1,2,3,\cdots,n$）——代表各组的频数或权数。

从公式中可以看出，加权算术平均数受两个因素的影响，其中一个因素是各组的标志值，另一个因素是各组的频数。在各组的标志值保持不变的情况下，频数越大，该组标志值对加权算术平均数的影响越大；反之，影响越小。因为频数具有权衡轻重的作用，所以又将其称为权数。

（3）移动平均法。

移动平均法是将按时间顺序发生的历史数据，先分段，再移动求每段的平均数，即按各期销售量的时间序列逐点推移，然后根据最后的移动平均数来预测未来某一期的销售量。利用这种方法可以看出数据变化的过程和演变趋势。其基本公式为：

$$\bar{Q}_t = \frac{Q_t + Q_{t-1} + \cdots + Q_{t-N+1}}{N} \quad (t=N, N+1, T) \qquad (2\text{-}3)$$

式中，$\bar{Q}_t$——第 t 周期的移动平均数；

Q_t——第 t 周期的实际销售量；

N——每个分段内的数据点的数目；

t——时间序列下标；

T——时间序列的最后一个时点。

在式（2-3）中，当 N 为 1 时，每个分段内仅有一个数据点，$\bar{Q}_t = Q_t$；

当 N 为所有数据点的总数时，所求的平均数就是算术平均数，即 $\bar{Q}_t = \frac{1}{N} \sum_{t=1}^{N} Q_t$。

为了使用计算机进行计算，还可以推导出计算移动平均数的递推公式：

$$\overline{Q}_t = \overline{Q}_{t-1} + \frac{Q_t - Q_{t-N}}{N} \qquad (2\text{-}4)$$

【例 2-1】 某企业 1998—2003 年的销售额统计资料如表 2-1 所示,试用移动平均法预测 2004 年和 2005 年的销售额。

表 2-1 某企业的销售额统计资料　　　　　　　　　单位:万元

年份	销售额	三期平均数 x_i	变动趋势值	年均趋势值
1998	40			
1999	44			
2000	48	44		
2001	46	46	2	
2002	50	48	2	2
2003	54	50	2	

【解】 预测过程如下。

第一步:计算相邻三年的销售平均数。一般来说,选择的期数少,预测误差大;选择的期数多,预测较为精确。前三年的销售额平均数为 $x_1 = \frac{40+44+48}{3} = 44$,以此类推,求出 x_1、x_2、x_3、x_4 并填入表中。

第二步:计算相邻两个平均数的差,即平均数的变动趋势,如 x_1 和 x_2 之差为 46-44=2。以此类推,计算其余变动趋势值,填入表中。

第三步:计算变动趋势值的平均数,即三期平均发展趋势 $\frac{2+2+2}{3} = 2$。

第四步:预测 2004 年和 2005 年的销售额。最后三年的平均销售额为 50 万元,加上最后一期平均发展趋势值与间隔期的积,即为预测期的预测值。因此,

$$2004 \text{ 年的预测值} = 50 + 2 \times 2 = 54 \text{(万元)}$$
$$2005 \text{ 年的预测值} = 50 + 2 \times 3 = 56 \text{(万元)}$$

(4) 加权移动平均法。

移动平均法虽然考虑了销售量增减的趋势,却没有考虑各期资料的重要性。加权移动平均法就是在计算平均数时,再把每期资料的重要性考虑进去,即把每期资料的重要性用一个权数来代表,然后求出每期资料与对应的权数乘积之和。计算公式:

$$Q = \sum_{i=1}^{t} C_i Q_i \qquad (2\text{-}5)$$

式中,Q ——销售量预测值;

Q_i ——资料第 i 期的实际销售量;

C_i ——第 i 期资料的权数。

权数的选择可按需要加以判断,一般情况下,越近期的资料权数越大,因为其实际销售额正是最近发生的状态。资料期中各期权数之和应等于 1。

(5) 指数平滑法。

指数平滑法实际上是加权移动平均法的特殊形式,也称指数移动平均法。指数平滑法为美国人 R.G. 布朗所创,多年来在美国得到了普遍采用,常用于工业企业的短期预测。其计算公式为:

$$Q_t = \alpha \cdot S_{t-1} + (1-\alpha) \cdot Q_{t-1} \qquad (2\text{-}6)$$

式中,Q_t ——本期预测值;

S_{t-1} ——前期实际销售量;

Q_{t-1} ——前期预测值;

α——平滑指数（$0<\alpha\leqslant1$）。

【例 2-2】 某拖拉机厂 1993—2001 年的造机马力如表 2-2 所示，试预测 2002 年的造机马力（设 $\alpha=0.90$）。

表2-2 某拖拉机厂近年来的造机马力

年　份	1993	1994	1995	1996	1997	1998	1999	2000	2001
造机马力/千匹	180	184	175	182	178	176	182	174	184

【解】 按式（2-6）计算，得：

$$Q_{1994}=180（千匹）$$
$$Q_{1995}=0.90\times184+(1-0.90)\times180=183.60（千匹）$$
$$Q_{1996}=0.90\times175+(1-0.90)\times183.6=175.9（千匹）$$
$$Q_{1997}=0.90\times182+(1-0.90)\times175.9=181.4（千匹）$$
$$Q_{1998}=0.90\times178+(1-0.90)\times181.4=178.3（千匹）$$
$$Q_{1999}=0.90\times176+(1-0.90)\times178.3=176.2（千匹）$$
$$Q_{2000}=0.90\times182+(1-0.90)\times176.2=181.4（千匹）$$
$$Q_{2001}=0.90\times174+(1-0.90)\times181.4=174.7（千匹）$$
$$Q_{2002}=0.90\times184+(1-0.90)\times174.7=183.1（千匹）$$

于是解得 2002 年该拖拉机厂的造机马力预测值为 $Q_{2002}=183.1$（千匹）。

平滑指数 α 是新旧数据在平滑过程中的分配比率，其数值大小反映了不同时期数据在预测中的作用高低。α 越小，新数据在平滑值中所占的比重越低，预测值越趋向平滑，反之新数据所起的作用越大。

确定 α 值时，应注意以下几点：

当对初始值有疑问时应取较大的 α 值，以便扩大近期数据的作用，减少初始值的影响，一般取 0.4～0.7；

当时间序列有迅速且明显的变动趋势时，宜取较大的 α 值，以使新数据对平滑结果有较大的作用，一般取 0.3～0.6；

当时间序列变化较小时，宜取较小的 α 值，一般取 0.1～0.3。

采用指数平滑法进行预测时需要考虑的另外一个问题是确定合适的初始值。一般来说，如果给定的时间序列足够长，如数据点在 20 以上，这时初始值要经过较长的平滑链，对平滑结果的影响很小，可令其等于时间序列的第一个数据值。另外，可取时间序列前几项的算术平均值作为初始值，而对较短的时间序列，则应该用统计估计法计算出初始值。

（6）因果关系法。

一般因果关系有两种：一种是确定型的因果关系，如函数关系；另一种是非确定型的因果关系，也称相关关系，回归分析讨论的就是非确定型的因果关系。由于回归分析法预测的基础是因果关系，因此预测的可靠性高，预测的适用性强，一般适用于长期预测。

（7）回归分析法。

回归分析法是一种典型的因果关系预测法，它是根据各种经济现象之间的相互关系来进行预测的方法。

由于任何事情的发生都有一定的原因，一定的原因才能引出一定的结果，因此回归分析法便是通过因果关系，利用数理统计学中的回归分析来找出事物变化的内在规律，从而进行预测的。工业企业中用得最多的是一元线性回归分析，即研究两个变量之间的相关关系。

用一元线性回归分析进行预测，要经过下列几个步骤。

第一步：建立通用的一元线性回归方程。

一元线性回归方程的基本表达式为：

$$\hat{Y}_F = a + bx \tag{2-7}$$

式中，$\hat{Y}_F$——对未来的预测值；
a——回归常数；
b——回归系数。

第二步：求出具体问题的一元线性回归方程。

所谓求出具体问题的一元线性回归方程，就是根据预测对象的有关资料求出回归常数和回归系数。其常用的方法有两种：一种是简易求法；另一种是最小二乘法。本书仅介绍简易求法。

简易求法亦称平均值法。具体求法：将自变量和因变量组成的成对数据平均分成两组，分别代入通用的一元线性回归方程得出两个方程组，再将各组内的所有一元线性回归方程分别相加得到一个二元一次联立方程组，解之即得到回归常数 a 和回归系数 b，最后将 a 和 b 的值代入通用的一元线性回归方程，即得到具体问题的一元线性回归方程。

【例 2-3】 某水泥厂发现其年利润与年调查费的支出额有关，已知过去 6 年的统计资料如表 2-3 所示，试用平均值法求一元线性回归方程。

表 2-3 某水泥厂的统计资料

年 份	1996	1997	1998	1999	2000	2001
年调查经费 x/万元	3	4	5	4	6	8
年利润总额 y/万元	180	260	320	280	370	420

【解】将表 2-3 中的 6 组 x、y 值平均分成两份分别代入通用的一元线性回归方程，然后分别相加，得：

$$\begin{array}{ll} 180 = a + 3b & 280 = a + 4b \\ 260 = a + 4b & 370 = a + 6b \\ \underline{320 = a + 5b} & \underline{420 = a + 8b} \\ 760 = 3a + 12b & 1\,070 = 3a + 18b \end{array}$$

由此得到二元一次联立方程组 $\begin{cases} 760 = 3a + 12b \\ 1\,070 = 3a + 18b \end{cases}$

解上述联立方程组得：

$$a = 46.65, \quad b = 51.67$$

将求得的 a、b 值代入通用的一元线性回归方程，即得到本问题所需的一元线性回归方程为：

$$\hat{Y}_F = 46.65 + 51.67x$$

第三步：检验回归方程是否有意义。

上述所得的一元线性回归方程是在假设两变量之间一定有相关关系的前提下求出来的，而实际工作中，有的问题可用回归直线来表示，有的问题则不能用回归直线来表示，因此求得的一元线性回归方程是否有意义，还要用相关系数来检验。

相关系数是描述两个变量线性关系密切程度的数量指标，通常用符号 r 表示，其估算公式为：

$$r = \frac{\sum x_i y_i - n\bar{x}\bar{y}}{\sqrt{\left(\sum x_i^2 - n\bar{x}^2\right)\left(\sum y_i^2 - n\bar{y}^2\right)}} \tag{2-8}$$

当 $0 < |r| < 1$ 时，$|r|$ 越接近于 1，x 与 y 的线性关系越密切，$|r|$ 越接近于 0，x 与 y 的线性关系密切程度越小。

第四步：预测。

将事先确定的自变量 x_i 代入求得的并经检验是有意义的一元线性回归方程中，即可得到所需求的预测值。

【例2-4】 在例2-3中，设2002—2005年的调查经费分别为9、10、13、15万元，试预测今后4年该水泥厂的年利润各是多少。

【解】 将该水泥厂预计的2002—2005年的调查经费分别代入一元线性回归方程 $\hat{Y}_F = 46.65 + 51.67x$ 中，即得到今后4年该水泥厂的年利润预测值：

$$\hat{Y}_{2002} = 46.65 + 51.67 \times 9 = 511.68 \text{（万元）}$$

$$\hat{Y}_{2003} = 46.65 + 51.67 \times 10 = 563.35 \text{（万元）}$$

$$\hat{Y}_{2004} = 46.65 + 51.67 \times 13 = 718.36 \text{（万元）}$$

$$\hat{Y}_{2005} = 46.65 + 51.67 \times 15 = 821.70 \text{（万元）}$$

（8）其他分析方法。

其他预测因果关系的方法还有结构比例法、边际成本法等。

因果关系法需要应用经济统计学和数学理论的线性代数、概率论等知识进行推导、计算及分析。由于篇幅的问题，这里就不重点推导了，希望读者自学并掌握这几种方法。

第四节　企业的经营战略与决策

面对瞬息万变的经营环境，面对世界范围内新技术革命浪潮的冲击和挑战，每个企业都会不同程度地感受到市场竞争的压力和风险。有的企业在强手如林的竞争中默默地退出舞台，有的企业却能适应动荡的经营环境，在竞争中得到生存和发展。究其原因，关键在于决策者能否纵观全局、高瞻远瞩、富有创新意识和战略眼光，能否在环境分析的基础上制定出合理的战略目标、选择好战略重点、制定战略实施方针及战略实施计划。

一、企业经营战略概述

1. 企业经营战略的含义

企业经营战略的产生是企业管理实践和管理理论两方面共同发展的结果。从实践来看，第二次世界大战以后，美国经济在二十世纪五六十年代进入空前繁荣的时期，新技术、新产品和新行业不断涌现，市场竞争日益加剧；随着生产力的发展，企业规模和经营范围不断扩大，急需一个整体的、综合的发展规划；面对资金需求和企业资金有限的矛盾，企业就要在业务构成上做出选择。上述问题都需要企业运用科学的方法做出正确的决策，以保护自己、发展自己。从理论上看，早在二十世纪五十年代末，在美国福特基金会和卡内基基金会的资助下，美国学者戈登与豪厄尔通过专题研究，提出了开设经营政策课程的建议，以提高学生对所学课程的综合应用能力。这里的经营政策课程，就是企业经营战略课程的前身。它主要研究企业长期发展规划问题。

关于企业经营战略的含义，至今尚无统一的、规范化的定义。通俗地说，企业的经营战略就是规划企业的未来，处理与企业发展有关的全局性问题。我国学者刘冀生归纳了中外学者对企业经营战略的论述，结合我国企业的具体情况，认为企业经营战略是企业在社会主义市场经济条件下，根据企业外部环境、内部条件及可取得资源的情况，为求得企业生存和长期稳定地发展，对企业发展目标、达成目标的途径和手段的总体谋划。它是企业经营思想的集中表现，是一系列战略决策的结果，同时又是制定企业规划的基础。

2. 企业经营战略的特征

企业经营战略不同于某一项具体的经营策略和措施，它具有如下特征。

1）全局性

企业经营战略以企业的全局发展规律为研究对象，是指导整个企业所有经营活动的大政方针，追求的是企业的总体效果。我国企业经营战略的全局性特征不仅表现在企业经营战略着眼于企业自身，而且表现在与国家的经济、技术、发展总目标的协调一致。

2）长远性

企业经营战略的目标通常是从根本上改变企业的面貌，因此，不能只考虑企业眼前的利益，而要立足于企业的长远利益，不能急功近利。

3）稳定性

企业经营战略是企业经过周密调查研究和科学分析制定出来的长期目标，是企业制定中、短期规划和方针政策的依据。实施企业经营战略需要创造条件、需要时间，如果企业经营战略朝令夕改，缺乏稳定性，企业的各个部门就不可能采取相应措施去实现企业经营战略。

4）竞争性

制定企业经营战略的目的就是要在激烈的竞争中壮大自己的实力，使本企业在与竞争对手争夺市场和资源的斗争中占有相对优势，因此企业经营战略就是为迎接各种挑战而制定的行动方案。

5）风险性

企业是社会环境变化的产物，作为资源的转换体，处在不确定的、变幻莫测的环境中，它将面对两大风险：一是加工前资源输入的失误，如信息误导，人、财、物的不足与偏差等；二是加工后资源输出的失误，主要是产品不能满足市场需要，或者策略不当导致成本过高等。企业的经营效果通常可以预测，但由于环境的变化是不可控的，因此企业经营战略实施的结果与企业的预期目标可能会存在差异，这就是风险。科学、合理的企业经营战略虽然不能保证一定会成功，但它使企业的经营增加了成功的可能性。

3. 企业经营战略的类型

企业经营战略的类型具有多样性和复杂性的特点，人们从不同的角度对企业的经营战略进行了分类，如下所示。

1）按照企业经营战略的目的性，可以划分为成长战略和竞争战略

（1）成长战略。指企业为了适应外部环境的变化，有效地利用企业的资源，研究企业如何选择成长基点（经营领域）、成长指向等成长机会，并为保证实现成长机会所采取的战略。成长战略的重点是产品和市场战略，即选择具体的产品和市场领域，并规定产品和市场开拓的方向和幅度。对于中小企业来说，成长问题是首要问题，因此中小企业多采用成长战略。

（2）竞争战略。指企业在特定的产品与市场范围内，为了取得差别优势，以及维持和扩大市场占有率所采取的战略。竞争战略要从企业所处的竞争地位出发，处于优势地位的企业要通过战略来维持这种优势并伺机扩大这种优势。处于劣势地位的企业要通过竞争战略去改变这种劣势或缩小同优势企业的差距。竞争战略的重点是提高市场占有率和销售利润率。大型企业多采用竞争战略。

2）按照企业经营战略的领域，可以划分为产品战略、市场战略和投资战略。

（1）产品战略。主要包括产品扩展战略、维持战略、收缩战略、更新换代战略、多样化战略、产品组合战略及产品线战略等。多样化战略又可分为垂直多样化、水平多样化、倾向多样化和整体多样化。更新换代战略又分为老产品性能改造战略、以基础产品为基础的系列化变型战略、全新同类用途产品发展战略等。

（2）市场战略。除了市场渗透战略、市场开拓战略、新产品市场战略和混合市场战略，还有产品寿命周期市场战略、市场细分战略、工贸结合战略、国际市场战略及市场营销组合战略等。

（3）投资战略。它是一种资源分配战略，也是一种扩展战略。投资战略可以分为产品投资战略、技术发展投资战略、规模化投资战略、企业联合与兼并投资战略，也可以分为扩大型投资战略、维持型投资战略及撤退型投资战略。

产品战略、市场战略和投资战略互相关联，形成了一个有机联系的战略金三角。在这个战略金三角

中，产品战略居于主导地位，市场战略是一种支持战略，投资战略是一种保障战略。

3）按照企业经营战略对市场环境变化的适应度，可以划分为进攻战略、防守战略和撤退战略。

（1）进攻战略。这种战略的特点是不断地开发新产品和新市场，掌握市场竞争的主动权，不断地提高市场占有率。主要分为技术开发战略，即以大量投资率先进行技术研究，发展高科技，占领技术制高点；产品发展战略，即以比同行企业更高的投资增长率去发展新产品，占领产品制高点；市场扩展战略，即增加投资以提高企业进入市场和提高市场占有率的能力，占领市场制高点；生产扩展战略，即可以采取扩大生产规模的战略、企业联合兼并战略和扩散生产战略等。

（2）防守战略，也称维持战略。这种战略的特点并不是消极防守，而是以守为攻，后发制人。主要包括在战略指导方针上避实就虚，乘虚而入，不与强劲对手正面竞争；在技术上实行拿来主义，以购买专利为主，不搞风险型开发投资；在产品开发方面实行紧跟主义，后发制人；在生产方面不盲目追求生产规模的扩大，努力采取提高效率、降低成本的集约方式。

（3）撤退战略，又称收缩战略，是一种战略性撤退。一般有4种情况：环境的突变对企业产生了严重的冲击，原定的战略已经失去了作用；战略转移，这是因为环境变化出现了更好的机会；局部撤退，积蓄优势力量，以保证在重点进攻方向取得胜利；先退后进，暂时退却，审时度势地进行战略调整，再图进取。

4. 企业的经营策略

1）成本领先策略

成本领先策略也称作低成本策略，是企业生产和出售的一种标准化产品，先在行业内确立和保持整体成本领先的地位，进而以行业的最低价格参与市场竞争的策略。成本优势因产业结构而异，专利技术、特殊的制造工艺、廉价的原材料可以帮助企业实现低成本。成本优势来自先进的管理体系、责任心强的员工、标准化的生产模式、不断优化的产品设计，以及其他可以影响产品成本的因素。低成本不是一朝一夕能实现的，成本也不会自动下降，企业在这方面必须持续努力。低成本的企业还会面临被赶超的威胁，因此要不断进步、不断变革。

成本领先策略的作用在于：

（1）低成本使企业有了价格竞争的实力，即使其产品的销售价格等于或低于其竞争厂商，但仍然存在利润空间，低成本会转化为高收益。成本领先策略与一般的削价竞争不同，没有低成本支持的低价格是以牺牲企业利润为代价的微利甚至亏本，这种经营是不会长久的。在价格战中，低成本的企业具有更强的压价能力，能够获取市场竞争的主动权。例如，中国的微波炉生产企业格兰仕，就是以低价将其他竞争对手挤出市场的。

（2）低成本的企业还能有效抵御来自竞争对手的威胁，特别是能在生产过剩、消费者购买力下降、行业进入者增加、发生价格战时，起到保护企业的作用。

（3）低成本的企业给行业的潜在进入者设置了障碍，减少了可能的竞争者。例如，我国的彩电行业通过大规模生产，在降低了产品成本的同时，也提高了行业的进入门槛。

（4）低成本的企业可以有效地应付来自替代品的竞争。当替代品出现时，低成本的企业仍然可以占领一部分对价格更敏感的消费者，或者通过进一步降价来抵御替代品对市场的威胁。

2）差异化策略

差异化策略是指企业向用户提供的产品和服务在行业范围内独具特色。差异化的着眼点应是用户、消费者所关心的产品的某些特殊性能和特殊功能，也可以是交货系统、营销做法等。这种特色会使产品溢价，并且会超过因差异化所增加的成本。

差异化策略的作用在于：

（1）差异化的产品和服务能够满足某些消费群体的特定需要，建立品牌信誉。

（2）为企业产品带来较高的溢价，增加企业利润，企业无须刻意追求低成本。

（3）差异化的产品和服务可以使企业占据主动地位，可以减弱用户的讨价还价能力，降低用户对价格的敏感度。

3）专一化策略

专一化策略又称为集中策略，它将目标集中在特定的用户或某一特定的地理区域，旨在行业中较小的竞争范围内建立独特的竞争优势。专一化策略是中小企业广泛采用的一种经营策略。

采用专一化策略的理由在于，企业能比竞争对手更有效地为其特定的用户群体服务，企业可以通过专门致力于为这部分消费者服务而取得竞争优势。

专一化策略有两种不同形式：成本专一化与差异化专一化。前者着眼于在市场上取得成本优势；后者着眼于在市场上取得差异化的形象。当企业试图通过差异化专一化策略取得竞争优势时，必须首先明确一般用户需求和不同用户群体需求之间的差异，只有这样，企业对其产品或服务所做的差异化才是有意义的。

5. 我国企业成长的战略选择

战略选择有两个层次：可能的战略选择和可行的战略选择。为分析中国企业成长战略的形成问题，有必要从理论上结合我国企业的实际情况，阐明其战略选择的前提、原则和范围。

1）中国企业成长战略选择的前提

中国企业的成长环境完全不同于西方企业，其战略选择依赖若干个前提条件，这些条件对于西方国家的企业而言是与生俱来的，但对中国企业而言却是需要努力争取的。中国企业若不具备这些前提条件，其战略选择就不可能实现。

（1）企业的经营自主权。企业必须拥有经营自主权才能进行战略分析、战略选择和战略实施。较低程度的企业经营自主权只能在职能战略、竞争战略层次上形成企业战略，充分且完整的企业经营自主权才能使企业在总体层次上形成自己的战略。

（2）企业家阶层的形成。企业战略是企业最高主管及其管理人员及员工集体思维的产物，其中企业最高主管的地位和作用是非常重要的，他们的命运与企业的发展密切相关，甚至是融为一体的。

（3）对外国企业成长战略了解全面。后发企业了解、分析、研究先发企业的成长历程无疑是非常必要的。中国企业绝大多数属于后发企业，当然需要了解外国企业的成长道路和战略。但应注意两个问题：一是应充分研究外国企业成长的理论与实践两个方面；二是外国企业各具特点，应该做到全面了解。

2）中国企业战略选择的原则

拥有上述三个前提条件的中国企业，如果想要长远发展就应该形成并选择自己的企业战略。中国企业在进行战略选择时应遵循以下原则。

（1）环境适应原则。企业战略必须适应企业的生存环境。值得注意的是：第一，环境是一个多层次的结构，企业战略应与其成长的环境层次相适应；第二，行业状况是企业战略环境中的一个非常重要的子环境，任何企业都是在某个行业或多个行业内经营的，其行业状况构成了企业战略的重要制约因素。

（2）能力匹配原则。企业战略是对企业从公司战略上的某一点向目标状态点的路径和方式进行选择，其起点是企业自身的能力，尤其是战略能力，企业战略的选择必须"量力而行"。

（3）适度超前原则。环境适应原则和能力匹配原则要求企业战略对外适应环境，对内匹配自身能力，然而企业要想成为同行业中的优秀企业，永远保持竞争优势，其选择的战略还必须适度超前，即必须充分挖掘企业内部的潜力，力争有所突破和创新。

（4）循序渐进原则。企业战略必须从战略起点状态开始，经过一定的时间区间逐渐达到一个相邻的目标状态点，然后进入更高的目标状态，由地方经营逐步走向全国范围经营，再进一步走向跨国经营，最终走向全球化经营。

3）中国企业战略选择的范围

企业战略选择的范围是"可能空间"与"现实空间"的交集。具体说来，针对不同类型的企业，其战略选择的范围如下。

（1）同行业的领先企业。在行业前景较好的情况下，应坚持专业化经营，并不断扩大经营规模，在经营地域上拓展，从多地到全国，从全国到跨国；在行业前景不太好的情况下，应选择多元化经营，选择进入相关性较高的目标行业，然后逐渐实现在目标行业内的领先地位。

（2）全国范围内的领先企业。这类企业的首选战略应该是跨国经营，将其在国内积累的能量扩展到可释放的国家和地区；同时，这类企业应在继名牌战略之后，切实地实施核心能力战略，以保持和提高自身的持续竞争优势。

（3）经营状况一般的企业。这类企业应该坚守自己现有的行业领域和地域范围，选择同行业中的领先企业作为标杆，主动地运用标杆瞄准策略，使自己在现有的行业领域和地域范围内获得较好的市场地位。

（4）面临困境的企业。这类企业的战略绝大多数是分离、重组、出售或破产清算。

二、企业的经营决策

自从世界著名的经济学家，1978 年诺贝尔经济学奖获得者，美国的赫伯特·西蒙教授在 1960 年发表了一部轰动世界的著作《管理决策新科学》以来，决策理论一直是管理学的热门课题，随后出现了现代管理科学中的决策理论流派，继而一门新学科"决策学"诞生了。

1. 经营决策的概念

经营决策就是企业的管理人员为了实现某一特定的目标，在掌握了大量信息资料和具备了丰富的个人经验，以及对市场做出正确预测的基础上，借助一定的科学手段和方法，从两个或两个以上的可行方案中，选择一个最优方案的分析判断过程。

决策是一种行为选择，它具有如下要素和特征。

（1）决策者。决策者是行为的执行者，是决策的灵魂，决策者的直觉、经验、素质、认识能力和判断能力等都将直接影响决策的合理性。

（2）决策目标。决策目标是决策者预期的目标，没有目标就无从决策。

（3）决策信息。通过市场调查和市场分析获得的信息资料是决策的基础。没有完整科学的信息体系，就无法进行决策。决策前，组织者必须提供几个可行的备选方案，供决策者评价、考量和选择。

（4）决策理论和方法。在正确理论的指导下用科学的方法开展分析，才能保证决策的可靠性和准确性。决策理论和方法的正确与否直接关系到决策的成败，甚至影响企业的发展方向。

（5）决策环境。决策总是在一定的环境下产生并被实施的，它受到政治环境、经济环境、社会环境和技术环境等的影响。

（6）决策活动是一个动态的过程，追求的是优化效应。在决策方案的实施过程中，要不断地进行追踪分析和再决策，也就是说，决策是一个动态过程，它要求决策的实施过程能动态地反映企业经营环境的变化，能及时对已有决策做出调整和改变，能实现决策目标，追求方案最优化。

2. 经营决策的作用

经营的核心在管理，管理的核心在决策，赫伯特·西蒙甚至认为"管理就是决策"。可见，经营决策在企业管理中起着举足轻重的作用。

1）经营决策是企业经营成败的关键

经营决策通常是关于企业总体发展方向、速度、规模和重要经营活动的决策，关系企业发展的全局，可谓"一步走错，全盘皆输"。许多企业的沉浮经历，无不与决策有着密切的关系。在我国当前的经济活动中，那些盲目建设、无序竞争也均与经营决策有关。

2）经营决策是各项管理职能顺利运作的前提

如果说计划是管理的首要职能，那么它要发挥作用还得依赖于正确的经营决策的指导和推动。经营决策为管理职能确定了方向，提供了依据乃至标准。没有正确的经营决策，各项管理职能就不可能发挥正常的作用。

3）提高经营决策水平是企业迎接未来挑战的根本保证

当今时代是一个现代技术飞速发展的时代，企业产品的更新换代速度和技术的更新改造速度均大大加快。产品和技术的更新都需要大量投资，但高投资、高收益必然伴随着高风险，科学地预测未来新技术和市场的发展趋势，并做出正确的决策，是引导企业在市场竞争的挑战中立于不败之地的根本保证。

3. 经营决策的分类

经营决策的种类很多，按不同的依据，可以做如下分类。

（1）按决策的重要程度，可以把决策分为以下3种。

① 战略决策。这是确定企业发展方向和远景的决策，重点是解决企业与外部环境关系的问题，包括对经营方针、经营目标、生产规模、发展速度、产品开发等方面的决策。

② 管理决策。这是为了实现战略决策对企业内部资源进行有效组织和利用，使生产活动正常进行的一种决策，如生产计划、销售计划的制订，资金的运用和设备的选择等方面的决策。

③ 业务决策。这是企业在日常生产活动中，为了提高管理效率和生产效率，更好地执行管理决策，对日常业务活动进行的安排，如生产任务的分配、作业计划的制订、物资的采购、库存控制、定额的制定等方面的决策。

（2）按决策者所处的管理层次，可以把决策分为以下3种。

① 高层决策。指企业的最高领导层所做的决策，即经营决策。

② 中层决策。指企业的中层领导层所做的管理决策。

③ 基层决策。指企业基层所做的作业性决策，技术性较强。

（3）按事件出现的重复程度，可以把决策分为以下两种。

① 程序性决策。需要决策的事件是经常出现的事件，已经有了处理经验、程序和方法，可以按常规方法来解决。

② 非程序性决策。是对不常出现的新问题、新情况做出的决策。对这些问题和情况，一般没有处理经验和固定的处理程序，完全要靠决策者的判断和魄力来解决。

（4）按决策目标与所用方法的类别，可以把决策分为以下两种。

① 计量决策。决策目标有准确的数量，宜采用数学方法做出决策。

② 非计量决策。难以用准确的数量来表示目标，主要依靠决策者的分析判断进行决策。

（5）按事件所处的环境条件，可以把决策分为以下3种。

① 确定型决策。一种方案只有一种确定的结果。

② 风险型决策。事件存在不可控因素，事件的发展会出现几个不同结果，其结果的概率可以估算。

③ 非确定型决策。影响事件的因素是不确定的，事件可能有几种结果，并且这些结果出现的概率又无法进行测定。

4. 经营决策的方法

经营决策的方法有两大类：一类是定性分析决策法，是充分发挥人的集体智慧和经验进行决策的方法，称为软决策技术；另一类是定量分析决策法，是建立在数学工具基础上的决策方法，称为硬决策技术。这里仅介绍几种最常用的定量分析决策法及其应用。

1）确定型决策

确定型决策的特点是决策事件所处的环境（或自然状态）是明确的，每个方案只有一种确定的结果。决策的任务是从备选方案中选择一个较满意的方案。确定型决策最常用的方法是盈亏平衡分析法。

盈亏平衡分析法也称为量本利分析决策法，它是综合研究产量、成本和利润三者之间的数量关系来进行决策的方法。这种方法的关键在于找到盈亏平衡点。盈亏平衡点是指在一定的销量下，企业的销售收入等于总成本，即利润为零。以盈亏平衡点为界，如图 2-1 所示，销售额高于此点则企业盈利，反之则企业亏损。企业若想在盈亏平衡的基础上获取一定的目标利润，则销售量必须实现

$$X_z = \frac{C_f + T_p}{P - C_v} ; \quad S = \frac{C_f + T_p}{1 - C_v / P} \tag{2-9}$$

式中，X_z——目标利润销售量；
　　　C_f——固定成本；
　　　T_p——目标利润；
　　　P——销售单价；
　　　C_v——单位变动成本；
　　　S——销售额。

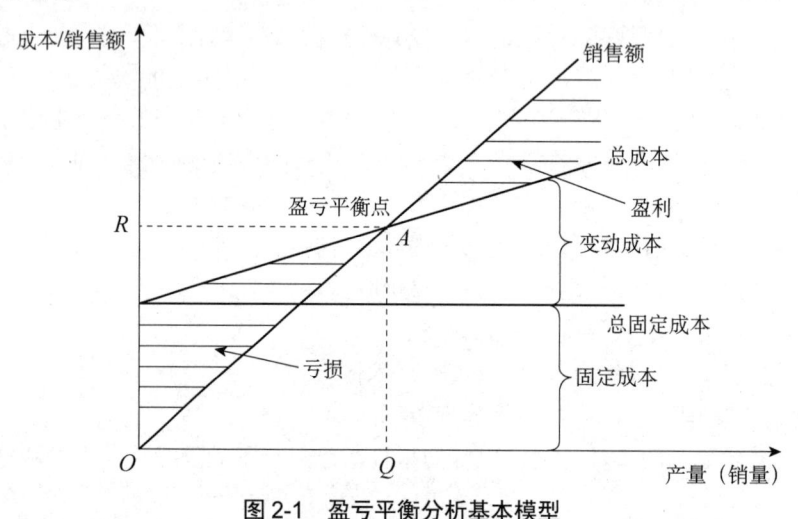

图 2-1 盈亏平衡分析基本模型

【例 2-5】 广州市某保健食品厂准备推出新产品。该产品的总固定成本为 200 000 元；单位产品变动成本为 10 元；产品售价为 15 元。求：

（1）该产品盈亏平衡点的产量为多少？
（2）如果要实现利润为 20 000 元，其产量应为多少？

【解】（1）$Q = \dfrac{C_f}{P - C_v} = \dfrac{200\,000}{15 - 10} = 40\,000$（件）

即当产量为 40 000 件时，该产品的经营处于盈亏平衡点上。

（2）$Q_z = \dfrac{C_f + T_p}{P - C_v} = \dfrac{200\,000 + 20\,000}{15 - 10} = 44\,000$（件）

即当产量为 44 000 件时，企业可获利 20 000 元。

2）风险型决策

风险型决策也叫统计型决策、随机型决策，是指已知决策方案所需的条件，但每个方案的执行都有可能出现不同的结果，多种结果的出现各有一定的概率，即存在"风险"，所以称为风险型决策。风险型决策必须具备以下条件：（1）存在决策者期望达到的目标；（2）有两个以上方案可供决策者选择；（3）存在不以决策者意志为转移的几种自然状态；（4）各种自然状态出现的概率已知或可估计出来；（5）不同行动方案在不同自然状态下的损益值可以估算出来。本书重点讨论期望值决策分析法。

所谓期望值决策分析法，即按各备选方案的期望损益值的优劣进行决策分析。按期望损益值类型的不同分为期望收益值决策法、期望损失值决策法和期望机会损失值决策法。采取期望值决策分析法分析事件比采取最大概率决策和最大累计概率决策更全面些，它考虑了各种自然状态对备选方案的影响。不过，这

种决策方法也掩盖了各备选方案风险的大小，不适合用于一次性决策事件。此外，自然状态概率估计的准确性也对决策结果有很大影响。

（1）期望收益值决策法。此方法依各备选方案的期望收益值的大小进行决策分析，一般选取期望收益值最大的备选方案。其分析过程为：

第一步：计算各备选方案的期望收益值 $\text{EMV}(A_i)$。

$$\text{EMV}(A_i) = \sum_{j=1}^{n} P_j a_{ij} \quad (j=1, 2, \cdots, n) \tag{2-10}$$

式中，$\text{EMV}(A_i)$——备选方案 A_i 的期望收益值；

P_j——第 j 个自然状态的发生概率；

a_{ij}——备选方案 A_i 在第 j 种自然状态下的收益值。

第二步：求最大期望收益值 $\text{EMV}_{\max}(A_k)$。

$$\text{EMV}_{\max}(A_k) = \max\{\text{EMV}(A_i) \mid i=1, 2, \cdots, m\} \tag{2-11}$$

则第 k 个备选方案为最佳方案。

（2）期望损失值决策法。这种方法的决策目标是求备选方案中的最小期望损失值 $\text{EML}(A_i)$。其分析过程与期望收益值决策法相似，只是选取期望损失值最小的备选方案为最佳方案。

（3）期望机会损失值决策法。该方法选取期望机会损失值最小的备选方案为最佳方案。在得到各备选方案在各种自然状态下的期望机会损失值后，决策分析过程如下：

第一步：计算各备选方案的期望机会损失值 $\text{EOL}(A_i)$。

$$\text{EOL}(A_i) = \sum_{i=1}^{n} P_i \cdot OL_{ij} \tag{2-12}$$

式中，$\text{EOL}(A_i)$——备选方案 A_i 的期望机会损失值；

P_i——第 j 个自然状态的发生概率；

OL_{ij}——备选方案 A_i 在第 j 种自然状态下的机会损失值。

第二步：求最小期望机会损失值 $\text{EOL}_{\min}(A_k)$。

$$\text{EOL}_{\min}(A_k) = \min\{\text{EOL}(A_i) \mid i=1, 2, \cdots, m\} \tag{2-13}$$

则备选方案 A_k 为最佳方案。

（4）完备信息期望价值。所谓完备信息是指可能获得对未来情况（自然状态）更完备的、准确的信息，从而能把最佳备选方案的期望收益值进一步提高或使其期望收益值的损失下降，这种由取得更多信息而使最佳备选方案期望收益值可能的最大增加量或其期望损失值可能的最大减少量，称为完备信息期望价值。完备信息期望价值会使决策分析更准确，若收集完备信息的期望费用超过完备信息期望价值，则将无期望收益。

（5）敏感性分析。敏感性分析是指在经济效果确定性评价的基础上，研究各种与经济效果有关的不确定因素的变化对经济效果值的影响程度。若因素变化不大而对目标指标影响大，则认为该因素很敏感，或者说敏感度很高。若因素变化大而对目标指标影响不大，则认为该因素不敏感，或者说敏感度很低。通过对影响决策目标的各种因素进行分析，测定各因素对目标的影响程度，从许多不确定因素中找出敏感因素，判定影响目标的主要因素是什么、敏感度如何，为经营者提供决策依据，并提出相应的控制对策，这就是敏感性分析的作用。

敏感性分析一般按以下步骤进行：确定分析目标，从多种经济效果指标中选定一个或两个重要指标进行分析；选定分析的不确定因素和变化范围；分析不确定因素的变动对经济效果指标的影响程度，并建立对应的数量关系，找出强敏感因素；做出敏感性分析结论，并判断其风险大小；对综合效益费用分析的结果做进一步评价，考虑是否选择既可靠又现实的替代方案。

（6）边际分析法。若某种备选方案集合与自然状态集合元数相同（均为 n 个的决策事件），则称为等状态备选方案决策事件。当 n 较大时，可采用边际分析法进行决策分析，其过程如下。

第一步：计算最佳积累过程 P。

$$P = \frac{ML}{MP + ML} \quad (2\text{-}14)$$

式中，MP——边际收入；
　　　ML——边际损失。

第二步：求出相应的最佳量 Q_0。

第三步：计算最佳方案在各自然状态下的收益值。

第四步：求出最佳期望收益值。

【例2-6】　某旅游服务公司在"五一"黄金周拟向游客推销冰激凌。从厂家进货后，每箱冰激凌售价180元，成本130元，利润50元。若每天积压一箱，则因电费、厂租、人工、融化等因素要损失30元。根据往年资料，每天销售量在100～130箱之间。现需决策：今年黄金周每日进多少箱冰激凌才能获得最大利润？

【解】根据往年同期销售资料进行统计分析，确定不同销售情况下的概率值，如表2-4所示。

表2-4　不同销售情况下的概率值

冰激凌日销售量/箱	达到此销售量的天数/天	概率值
100	18	$P(100)=0.2$
110	36	$P(110)=0.4$
120	27	$P(120)=0.3$
130	9	$P(130)=0.1$
合　　计	90	1

这是典型的风险型决策问题。

根据题意知，如果日销售量为100箱，那么概率 $P(100)=\frac{18}{90}=0.2$。

在本例中：

（1）目标是希望利润最大，即满足风险型决策的条件之1；

（2）有4种生产方案供选择，即满足风险型决策的条件之2；

（3）存在冰激凌销售的4种可能状态，即可能销出100箱、110箱、120箱和130箱，满足风险型决策的条件之3；

（4）已经知道4种销售状态的统计概率，即满足风险型决策的条件之4；

（5）4种方案在4种状态下的损益值可计算出来，即满足风险型决策的条件之5。

这里以120箱日销售量为例介绍期望收益值决策法。

若日销售量为100箱，则收益值为：

$$V_{100}=(100\times50)-(20\times30)=4\,400（元）$$

若日销售量为110箱，则收益值为：

$$V_{110}=(110\times50)-(10\times30)=5\,200（元）$$

若日销售量为120箱，则收益值为：

$$V_{120}=120\times50=6\,000（元）$$

若日销售量为130箱，则收益值为：

$$V_{130}=120\times50=6\,000（元）$$

依次类推，逐一填入表2-5。

表2-5 冰激凌生产决策收益表

决策方案/箱	日销售量/箱				期望利润/元
	100	110	120	130	
	0.2	0.4	0.3	0.1	
100	5 000	5 000	5 000	5 000	5 000
110	4 700	5 500	5 500	5 500	5 340
120	4 400	5 200	6 000	6 000	5 360
130	4 100	4 900	5 700	6 500	5 140

此外，还可以使用期望机会损失值决策法，即选择期望机会损失值最小的方案为最优方案。

计算不同方案的期望机会损失值：

100箱方案：0×0.2+500×0.4+1000×0.3+1500×0.1＝650（元）

以此类推，将结果依次填入表2-6的第6列中。

表2-6 不同方案的期望损失值

决策方案/箱	日销售量/箱				期望损失值/元
	100	110	120	130	
	0.2	0.4	0.3	0.1	
100	0	500	1 000	1 500	650
110	300	0	500	1 000	310
120	600	300	0	500	290
130	900	600	300	0	510

本例的决策技术为：

（1）如表2-5所示，若使用期望收益值决策法，则日销售量为120箱时可望获得最大期望利润5 360元。

（2）如表2-6所示，若使用期望机会损失值决策法，则期望损失值以290元为最小，所以应选对应的120箱生产方案。

3）不确定型决策

不确定型决策是指各种可行方案发生的后果是未知的，决策时无统计概率可依据的决策问题。与风险型决策相比，因为决策时无状态概率可依，无法应用期望值标准，因此对不同心态的人，进行决策时可以考虑如下准则。

（1）大中取大准则，又称为乐观准则，也叫作最大收益法。该方法以最大收益作为评价方案的标准，决策者总是认为收益最大的客观状态肯定会发生，所以会首先找出各方案的最大收益值，然后从中选出最大者所对应的方案为最优方案。

（2）小中取大准则，又称为悲观准则，也叫作最大最小收益法。它与大中取大准则相反，以最小收益作为评价方案的标准，决策者思想比较保守，总是认为收益最小的客观状态必然会出现，因此在决策时只求在最差的情况中找一个相对较好的方案，即先从每个方案中选择一个最小的收益值，再从其中选择最大值所对应的方案为最优方案。

悲观准则与乐观准则都是将不确定性问题转化为确定性问题进行处理的方法。

（3）最大后悔值准则，又称为最小最大后悔值法。所谓后悔值，可以看作一种机会损失，即由于某种选择而放弃了另一种选择可能带来的收益。在任何客观状态下，都会有一个可以达到本状态最大收益值的最佳行动方案,如果决策者没有采取这个方案,那么其收益值肯定小于本状态的最大收益值,这个差额就称为该方案的后悔值。后悔值现象普遍存在于经济活动之中,如炒股票等。采用此方法的具体步骤为:计算后悔值矩阵;找出每个自然状态下的最大可能收益值;求各方案在各自然状态下的后悔值;求每个方案在各自然状态下的最大后悔值;求各方案最大后悔值中的最小值。

(4) 折中决策准则,又称为折中系数决策法或乐观系数决策法。鉴于乐观准则和悲观准则都趋于极端,前者盲目乐观,后者一味保守,因此管理学家赫维茨提出"乐观系数"的概念,建议对乐观准则和悲观准则进行折中。其具体做法:决策者根据对形式的判断确定一个系数 α($0<\alpha<1$),然后像计算期望值一样,对各方案的最大收益值和最小收益值进行折中计算,得出折中的收益值,最后选择最大折中收益值对应的方案为最优方案。

思考与练习二

1. 现代企业的经营理念包含哪些?
2. 如何理解企业经营与管理的区别?
3. 现代企业经营环境与资源的含义是什么?
4. 某公司生产某产品的固定成本为 50 万元,单位可变成本为 400 元,单位售价为 500 元,试用盈亏平衡点法确定其产量。
5. 简述企业经营决策的含义及其程序。
6. 某企业在下半年度有甲、乙两种产品方案可供选择,每种方案都面临滞销、一般和畅销 3 种市场状态,各种状态的概率和损益值如表 2-7 所示。

表 2-7 各状态的概率和损益值   单位:万元

方案	滞销	一般	畅销
	0.2	0.3	0.5
甲	20	70	100
乙	10	50	160

试用决策树法选择最佳方案。

7. 市场预测的程序如何?
8. 市场预测有哪些定量方法?
9. 某企业预备在 5 年内生产某种产品,需要确定产品批量。根据预测估计该种产品的市场销售概率为:畅销为 0.3,一般为 0.5,滞销为 0.2。产品生产提出大、中、小 3 种批量的生产方案,怎样决策才能取得最大经济效益?有关数据如表 2-8 所示。

表 2-8 各方案损益值表   单位:万元

方案	畅销	一般	滞销
	0.3	0.5	0.2
大批量	30	25	120
中批量	25	20	140
小批量	18	16	15

案例分析

【案例分析 2-1】

长城高级润滑油公司的战略选择。

1. 长城高级润滑油公司面临的市场环境

长城高级润滑油公司(以下简称长城公司)是一家隶属于中国石油化工总公司的大型高级润滑油调和企业,其前身是 1958 年成立的六二一厂,1982 年成立长城高级润滑油公司,并以"长城"作为产品的注册商标。经过几十年的努力,"长城"牌润滑油已经成为国内广大润滑油经销商及用户公认的名牌产品。长城公司在紧紧抓住发展机会的同时,又要不断迎接严峻的挑战。一方面是来自国内润滑油厂商的挑战,除了正规润滑油生产企业开始打破地域、参与全国竞争,由于国内润滑油市场的开放,数以千计的非正规润滑油生产厂商也涌入市场,这些非正规润滑油生产厂商在利益的驱使下,制造低劣产品或仿冒名牌产品,冲击润滑油市场的正常秩序。另一方面是来自国外一些著名石油公司的挑战,它们看好中国润滑油市场的发展前景,在大量向中国出口成品油的同时,携带资金、技术、经营管理之优势,在中国各地建立独资、合资公司。

2. 长城公司存在的问题

1997 年,长城公司愈加突出地感觉到工作中面临的一些问题。包括:

- 面对复杂和激烈的竞争,公司从整体上如何面对?
- 如何能进一步提高销售量?
- 如何解决经销渠道混乱的现象?
- 如何抵御假油对长城公司销售和品牌形象的严重影响?

长城公司在外部调研机构的协助下,开展了大范围的市场调查,目的是进一步明确问题,找出原因及解决问题的办法。因此市场调查的主要任务是:

- 对长城公司面临的竞争形势做出整体评价,研究长城公司的竞争战略;
- 对营销渠道和顾客需求做出较为准确的评估;
- 找出市场增长点,找出完成销售目标的方法。

通过市场调查,长城公司得出了关于整体市场情况、用户情况、市场情况和企业内部工作的全面认识和判断。

- 关于公司的整体市场情况。

调查结果表明,高档润滑油市场存在较大的市场机会。这是因为汽车和其他使用润滑油的机械设备等每年都有较大的增长,同时不断有新的竞争者加入市场;低档润滑油的市场份额由于国家有关政策与用户的认识而逐渐下降。与此同时,高档润滑油的市场竞争也越来越激烈。具体表现在:外国品牌大举进入,国内企业数量增加,许多品牌的市场份额逐年下降,各企业在市场营销方面的投入也都在迅速增加;对于高档润滑油的消费者来说,品牌的作用正在加强,外国品牌奉行的都是全国性的市场开拓策略,国内的许多地方品牌也在向其他地区渗透。

- 顾客需求。

从调查分析中可以得出如下结论:消费需求发生了变化,顾客更加重视润滑油的质量和品牌形象,并希望对产品有更多的了解。长城公司的产品在中低档车用户中占有较大的市场份额,在高档车市场占有的份额较小,但在这两种市场中的份额都有下降趋势,长城公司的市场地位与用户对长城公司的认知是一致的。在不同地区,长城润滑油的市场地位差别较大,在用户重视的产品属性上,长城公司的产品既有优势又有劣势。但如果这些劣势得不到扭转,那么长城公司的市场份额将呈持续下降的趋势。基本结论是,长城公司需要从多方面改进自己的市场营销工作,包括产品质量、服务、销售渠道设计与管理、价格政策等。长城公司的产品有很好的用户基础,如果工作到位,那么未来的发展仍是乐观的;但是,如果不能认识到问题的严重性或不能及时采取措施,那么下滑的势头很可能会加快。

【案例分析问题】

试运用环境与资源综合分析的方法,分析长城公司应采取的经营战略。

【案例分析 2-2】

一项对美国近 2 000 家企业在 1979—1989 年间兴衰的调查表明,跨国企业比本土企业的存活率高 50%;销售额增长率和利润率,跨国企业分别为 8.8%和 9.4%,本土企业只有 5.5%和 7.1%。

生产剃须刀的美国吉列公司,在 1998 年 4 月宣布推出新一代电动剃须刀产品 Mach3。吉列用了三年多时间研制的这一新产品,共投入经费 7.5 亿美元,并准备了 30 亿美元的预算用于将它推向市场。吉列是位列世界剃须刀市场第一的企业,拥有全球化的生产基地和销售网络,这是它敢于如此大规模研究开发投入的基础,并因此形成良性循环,可进一步甩开竞争对手。

我国的联想电脑公司,它能扛起民族电脑工业大旗的一个关键举措就是技术外取。该公司于 1988 年在中国香港开设研究开发中心,后又在美国硅谷开设实验室,因此能不断设计出符合世界市场需求的新产品,使其与最先进水平的差距从 10 年左右缩小到 1~2 年。

从《幸福》杂志公布的 1995 年全球 500 家大企业榜的国别分析,一个国家的大公司在 500 强之中所占的份额和名次,与该国在世界 GNP 和世界贸易总额中所占的份额和名次大致相当。拿中国的 500 强工业企业与《幸福》杂志同年公布的全球 500 强工业企业比较,在全球 500 强中,中国工业企业无一入围。

【案例分析问题】

以上案例反映和说明了什么问题?试结合本章有关内容对上述案例进行分析。

【案例分析 2-3】

沃尔玛公司是全球规模最大的零售巨头,其年销售额超过 3 000 亿美元。如今它正面临着增长速度不断减缓的尴尬境地,并且公司在全球各地及美国东北部地区的转型历程也并非一帆风顺,于是它开始踏上改革之路。在 2006 年 8 月份召开的公司年度股东会议上,沃尔玛公司的首席执行官李·斯科特简要介绍了新战略的主要内容,他还引用了公司创始人山姆·沃尔顿(Sam Walton)的名言:"旧方法已经时过境迁,万事万物时刻都在变化。只有领先变化而动,我们才能获得成功。"

沃尔玛公司以前瞄准的目标市场是钟爱折扣商品的工薪阶层消费者,当这一市场已经达到饱和状态之后,沃尔玛公司开始将商品种类扩展到有机食品、中高档酒类、高端消费电子产品及流行服饰等领域,从而将其低价战略逐渐对准中高端顾客群体。沃顿商学院的教员及市场分析人士认为,虽然该战略蕴藏着一定程度的风险,但这也是沃尔玛公司在激烈的市场竞争及缺乏其他增长机遇的双重压力之下的必然出路。

【案例分析问题】

(1)沃尔玛公司在市场竞争中采用了何种新战略?
(2)从沃尔玛公司的经验中你得到了什么启示?

【案例分析 2-4】

乔森家具公司是乔森先生在 20 世纪中期创建的,开始时主要经营卧室和会客室家具,随着规模的扩大,自 20 世纪 70 年代开始,公司又进一步经营餐桌和儿童家具。1975 年,乔森退休,他的儿子约翰继承父业,不断拓展卧室家具业务,扩大市场占有率,使得公司产品深受顾客的欢迎。到 1985 年,公司卧室家具方面的销售量比 1975 年增长了近两倍,但公司在餐桌和儿童家具的经营方面一直不顺利。

乔森家具公司自创建之日起便规定,每年 12 月份召开一次公司中、高层管理人员会议,研究讨论战略和有关的政策。1985年12月14日,公司又召开了每年一次的例会,会议由董事长兼总经理约翰先生主持。约翰先生在会上首先指出了公司存在的员工思想懒散、生产效率不高的问题,并对此进行了严厉的批评,要求迅速扭转这种局面。与此同时,他还为公司制定了今后5年的发展目标。具体包括:卧室和会客室家具销售量增加20%;餐桌和儿童家具销售量增长100%;总生产费用降低10%;减少补缺职工人数3%;建立一条庭院金属桌椅生产线,争取5年内达到年销售额500万美元。

这些发展目标主要是想增加公司收入、降低成本、获取更大的利润。尽管约翰开始承接父业时,对家具经营还颇感兴趣,但后来他的兴趣开始转移,试图经营房地产业。为此,他努力寻找机会想以一个好价钱将公司卖掉。为了能提高公司的声望和价值,他准备在近几年狠抓一下经营,改善公司的绩效。

由于托马斯副总经理意识到自己历来与约翰董事长的意见不一致,因此在会议上没有发表什么意见。会议很快就结束了,大部分与会者都带着冷淡的表情离开了会场。托马斯有些垂头丧气,但他仍想会后找董事长就公司发展的目标问题谈谈自己的看法。

【案例分析问题】

(1)如何制定公司的发展目标?

(2)如何与公司领导进行沟通?

第三章　工业企业的市场营销管理

学习目标

【知识目标】
1. 掌握市场营销、产品、价格、用户关系等概念；
2. 熟悉市场营销的构成要素、市场营销的功能、市场营销的观念；
3. 掌握市场机会分析方法，掌握市场细分及目标市场选择方法；
4. 掌握各种市场营销策略；
5. 理解用户关系管理的作用，熟悉用户关系管理的方法。

【能力目标】
1. 具备开展市场调查研究，对市场机会进行分析判断的基本能力；
2. 能够运用现代市场营销观念和现代市场营销策略，积极开展市场营销活动，初步具备进行市场营销管理的能力。

案例导读

【案例 3-1】与消费者亲密接触，才能赢得竞争机会

最早将立体声引入商业领域的美国无线电公司在没有进行市场调查的情况下，投资了 5.8 亿美元，研发出了高质量的影碟，让消费者能够坐在家里看电影。如此先进的技术项目一投放市场却遭到了拒绝，原因十分明显，主要是研发部门未做市场调查，一厢情愿地假设大众消费者看中的是价格，不是产品的特征；产品销售商会像对待磁带录放机一样欢迎影碟系统；消费者希望拥有视频节目，所以会像热衷于唱片和录音磁带一样欢迎影碟。但是，美国无线电公司没有考虑市场环境的不确定性，没有对市场需求进行正确分析，所以对先进技术的投资失败了。最后，美国无线电公司在一家营销调研公司的帮助下，吸取失败的教训，找到了顾客，拥有了市场。

【案例 3-2】日本电视机厂商运用市场营销策略打入中国市场

20 世纪 80 年代中期，日本电子产品占据了中国进口同类产品市场的大部分份额，这主要得益于日本厂商的成功营销。首先他们分析了电子产品进入中国市场的可能性：一是中日关系在 1979 年正常化后，两国之间的经贸活动有了较大的发展，当时中国的电子工业相对落后，同时中国政府放宽了对家用电器的进口限制，并颁布了一些有利于进口的政策；二是日本电视机厂商认真分析了竞争对手的情况，认为欧美电视机厂商也想进入中国市场，但欧美电视机厂商一直以高收入消费者为销售对象，并不重视工薪阶层，欧美电视机厂商认为中国人收入低，购买能力差，而家用电器产品价格昂贵，因此认为中国电视机市场的潜力不大；三是日本厂商还进行了现实性分析，认为中国人口多，家庭数量相当可观，即使按中等收入以上家庭占 20% 计算,也有近5 000万家庭具有购买中低档家用电器产品的能力;四是中国人大多勤俭持家,有存钱的习惯,能形成一定的购买力。基于上述分析,日本电视机厂商认为其产品进入中国市场有广阔的前景。为此,他们制定了一套市场营销策略,具体为:

(1)产品策略。中国电力供应紧张,很多地区电压不稳,常停电,应给电视机配稳压装置;日本电力系统与中国不一致,需要将110V改为220V;中国的电视转播技术相对落后,电视频道数目不需要太多,但灵敏度要高;电视机还需要符合中国人的消费习惯,耗电量要低,声音应大,产品质量必须有保证。

(2)分销策略。考虑战争给中国人民造成的心灵伤害,决定通过中国港澳商人携带进入中国内地,由日本厂商用货柜直接运到广州流花宾馆发货。

(3)推销策略。在中国港澳电视台展开广告攻势,同时在各大报纸、杂志上做广告。

由于日本电视机厂商的成功营销,电视机产品很快就打入了中国市场。

【案例3-3】开拓市场应注意文化因素

在开展市场营销业务活动的过程中,如果忽视目标市场特殊的文化因素和文化背景,就不仅无法正常开展营销业务,还会闹出一些令人啼笑皆非的笑话。

中国的"山羊"牌闹钟进入英国市场后一直销售不畅,就产品本身而言,无论是质量还是价格都无懈可击,按理应该具有相当强的竞争优势。这是为什么?原来"山羊"一词的英译为Goat,而Goat还有"色鬼"之意,加之闹钟的主要消费者又基本上是男性,哪个男性愿意将"色鬼"摆在床头呢?

还有在中国极为畅销的"雪碧"饮料,其英文商标原名为Sprite,而译为中文就是鬼怪、妖精,试想有谁愿意去惹"妖精"?

再如"芳芳"牌唇膏在中文中本来为芳香无比之意,但音译为英文之后则变成了"毒蛇的毒牙",这样的产品品牌只会令人望而生畏。而"蝙蝠"牌电风扇在中文中是借用"福"的谐音,因此给人以吉祥如意之感,而意大利人则谈"蝠"色变,因为但丁早在13世纪时就在其著名小说《神曲》中将地狱魔王描写成长着蝙蝠翅膀的妖怪。

可想而知,即使产品质量再好、品质再优、价格再合理,也绝不会有人冒着"忌讳"将其买回家中。

【案例3-4】市场细分发现新市场机会

"黑加白"公司的老总去国外出差时,因患感冒买了一种感冒药,一般这类药都有副作用,白天服用不利于工作,而国外的这种药却不存在这种现象。他深受启发,回来后以"白天服药不用担心打瞌睡"和"晚上服用睡得香"为利益点,生产出"黑加白"这种感冒药。投放市场仅半年,就创下1.6亿元的销售额,分割了全国15%的感冒药市场。

有一次,日本的营销人员在一家饭店观察"老外"饮茶。由于欧洲人的鼻子较大,当茶水少于半杯时,鼻子便碰到杯沿上。若想喝完茶水,则必须仰起脖子。既不方便,又有失欧洲人的绅士风度。这位日本营销人员回国后,便研制生产出一种"斜口杯",果然风靡欧洲市场。

【案例3-5】关注购后行为

购后行为是消费者购买产品以后的一系列可能行为的总称。消费者可能对购买的产品满意或不满意,这是他们购后的认知或感受,而当他们把这种感受告诉周围的人(甚至建议别人购买或不要购买)、自己重复或不再重复购买、把买来的产品经常使用或搁置不用、买来的产品用于出租或退换其他产品等,都是购后行为的表现。所有的购后行为都和购后的满意程度有直接关系。当满意度高时,传播的正面语言就多,重购的可能性就大,多次使用产品的概率就高;反之则相反。

关注消费者的购后行为,能够帮助企业改进产品、创新营销。当海尔发现有消费者利用洗衣机洗土豆而弄坏了洗衣机后,他们改进了自己的洗衣机,推出了一款既适合洗衣、又适合洗土豆的洗衣机;当番茄酱公司的市场经理发现番茄酱的瓶口太狭小,消费者很难把汤匙伸进去时,就设计了瓶颈较大的包装,结果满足了消费者使用时求快求爽的心理要求,也就促进了产品的销售;宝洁公司就洗衣粉开展中国消费者调查,深入居民家中了解他们是如何洗涤衣服、如何使用洗衣粉或其他除污剂的，并推出了相应的新款产品和营销策略；某音像公司通过录像、拍照等方式了解消费者是如何陈列音像制品的，并了解他们是如何使用自己的产品的，通过这些调查研究，公司改进了音响的规格、色彩、性能等。类似这样的购后行为研究都将有助于企业更好地满足消费者的需求。

【案例3-6】品牌整合成就了海王

海王从没像今天这样引人注目，这主要得益于海王集团董事长张思民坚持把保健品当成企业品牌资产来经营。

其实，海王集团原本是一家制药企业，其开发的主要产品并非保健品，而是药品。1998年海王的技术开发中心被国家有关部委定为"国家级技术开发中心"，并被允许设立博士后工作站，同时顺利通过了国家GMP认证，从而拿到了生产新药的"许可证"。显然，其优势在制药。

但是，张思民发觉无论自己的研发能力和生产能力再强，也补不齐"市场营销能力不强"这块木桶短板。于是，他请来业内知名营销顾问做诊断，通过大家的分析，海王经营的主要问题便完整地显现出来了。

第一，全国每年的药品和保健品市场空间至少上千亿元，而海王2000年以前的销售业绩不过两三亿，这和海王的研发与生产能力在全国的位置极不相称；

第二，也是最关键的问题，就是缺少一个统一的品牌管理和规划。

海王找到了自己的"病根"之后，很快提出了自己的解决方案。

第一，提炼出企业品牌的核心价值理念——"健康成就未来"，让企业的所有产品都围绕这一主题进行整合，统一品牌形象；

第二，在促销上向非处方药和保健品倾斜，迅速提升品牌的知名度；

第三，集中优势兵力，主推最有市场前景的产品，塑造海王的品牌形象；

第四，整合媒介资源，提高广告投放效率；

第五，"上天"与"入地"必须同步进行，即一方面通过电视广告营销，另一方面到各个终端零售店去寻找问题。

从2001年起，海王根据以上策略开始了大规模的品牌整合和促销活动，无论是销售业绩、品牌知名度还是美誉度都有了一个质的飞跃。

【案例3-7】"二八"营销策略

"企业80%的利润来自20%的用户"，这个在众多企业都得到了验证的"二八"原理内容虽然简单，却蕴藏着深刻的内涵。

少量的用户为企业创造了大量的利润。由此可见，每个用户对企业的贡献率是不同的，这就说明企业不应该将营销资源平均分摊在每个用户身上，而应该充分关注少数关键用户，将有限的营销资源用在能为企业创造80%利润的关键用户身上，如大客户、老用户等。

1. 针对大量使用者的营销

大量使用者虽然在所有使用者中占的比例较小，但其消费量非常大。如在洗发香波市场上，大量使用者的消费量占全部使用量的79%，几乎是少量使用者的4倍。很多企业根据用户购买数量的不同给予不同级别的奖励制度以吸引大量使用者购买，如数量折扣等促销方式。有些企业还专门针对一些特殊的产业用户设立了大客户部，专门负责相关的营销工作。

2. 针对老用户的营销

长期以来，在生产观念和产品观念的影响下，企业营销人员关心的是产品或服务的销售，把营销的重点集中于争夺新用户上。其实与新用户相比，老用户会给企业带来更多的利润，精明的企业在努力创造新用户的同时，会想方设法培养现有用户的忠诚度，像对待新用户一样重视老用户的利益，着眼于企业与用户的长期关系。

（1）老用户可以给企业带来直接的经济效益。

首先，长期用户的重复购买是企业稳定的销售来源；其次，面向老用户的营销成本低，因为老用户对企业所提供的产品和服务都比较熟悉；最后，对企业具有忠诚度的老用户对待价格不像三心二意的新用户那么敏感，他们在重复购买中比新用户更愿意花钱。

（2）拥有大量忠诚的老用户有利于企业长期稳定的发展。

与用户建立长期的互利关系有助于提高顾客对企业的忠诚度，并增强企业在市场竞争中的抗变化能力，用户不会因为竞争对手的诱惑而轻易转向竞争对手。因为企业可以从用户的不断重复购买中获得丰厚的利润，所以盲目地争夺市场不如更好地维护老用户。

3. 针对关键用户的营销

企业不仅要对用户进行"量"的分析，还要进行"质"的分析，有些关键用户或许他们的购买量并不大，但对企业可以产生较大的影响，如国内颇具实力的名牌大企业或有国际排名的跨国企业，如果能成为他们的供应商，企业就会在市场推广、形象宣传和未来发展等方面获得许多难以估计的潜在"利润"。

"二八"营销策略的核心是在进行了全面的用户分析后，重新合理分配营销力量，以便对能够成为企业主要增长点的重要用户加强力量，并在全局的角度考虑企业未来的发展战略。

第一节　市场营销概述

一、市场营销的概念

从企业的角度研究现代企业经营管理活动，就是要在市场调查和商业机会选择的基础上，根据企业所拥有的资源制定符合组织发展需要的经营目标，并通过有效管理综合运用组织中的各种资源来实现企业的经营目标，也就是说，企业通过管理将资源转化为成果，将投入转换为产出，这就是市场营销活动。

市场营销作为一门学科起源于 20 世纪初市场经济发达的美国。美国市场营销协会对市场营销的定义是市场营销是引导货物和劳务从生产者流向消费者或用户的企业商务活动过程。美国管理协会对市场营销的描述是市场营销是为了促成满足个人和组织之目的的交换活动，而对主意、商品、服务的构思、定价、促销、分配行为所进行的计划与实施过程。菲利普·科特勒于 1984 年提出："市场营销是个人和群体通过创造并同他人交换产品和价值以满足需求和欲望的一种社会和管理过程。"根据这一定义，可以将市场营销概念具体归纳为以下几点。

（1）市场营销的最终目标是"满足需求和欲望"。

（2）"交换"是市场营销的核心，交换过程是一个主动、积极寻找机会，满足双方需求和欲望的社会过程和管理过程。

（3）交换过程能否顺利进行，既取决于营销者提供的产品和价值满足顾客需求的程度，又取决于交换过程管理的水平。

市场营销从一般意义上可以理解为与市场有关的经济活动。

二、市场营销的构成要素

市场营销活动存在 3 个基本要素。

（1）市场主体。包括工商企业、政治党派、各类组织，以及任何其他试图交换服务、主意或商品的团体或个人。

（2）市场客体。指在市场上出售的各种商品、劳务或主意等。

（3）潜在市场。包括最终的使用者或购买者，以及那些受市场行为影响或在其中发挥作用的人。

三、市场营销的功能及其带来的产品效用

市场营销在社会经济生活中的基本作用就是解决生产与消费的矛盾，满足各类消费需要，它能通过执行其功能来解决产销矛盾，创造出产品的 4 种效用，并提供第 5 种效用以证实这一结论。

1. 市场营销的功能

市场营销的功能可分为 3 类。
（1）交换功能：实现产品所有权的转移。
（2）物流功能：实现产品在空间位置上的转移，使产品完好、顺利地进入消费领域。
（3）便利功能：包括便利生产、便利交换、便利物流等各个环节。

2. 市场营销的产品效用

执行上述市场营销功能，可以创造出各种产品效用。
（1）形态效用：指产品能满足人们某种需要的使用价值。生产领域所创造的形态效用还只是潜在效用，只有通过营销活动使之进入消费领域后才能转化为实际效用。
（2）空间效用：让未来的用户具有获得产品和服务的便利性。
（3）时间效用：指使用户在想要某种产品的时候就能得到它。
（4）占有效用：当用户通过市场购买了某种产品或获得某种服务时，占有效用便产生了。
（5）形象效用：产生于某些人给特定的产品或服务赋予的超过其实际价值的感情或心理价值。

第二节　现代企业市场营销观念

一、市场营销观念的演变

市场营销是一种有意识的经营活动，是在一定的经营思想指导下进行的，这种经营思想就是所讲的营销观念。营销观念是随着社会经济和市场的发展而不断变化的，主要经历了以下演变过程。

1. 生产观念

生产观念产生于 19 世纪末。该观念认为，消费者喜欢买得到和买得起的产品，企业的任务就是组织所有的资源，降低成本、增加产量。这是一种典型的重生产、轻市场营销的观念，一般是在卖方市场下产生的。由于商品供不应求，企业生产的产品不愁没有销路，因此生产什么就卖什么，实行以产定销。

2. 产品观念

产品观念产生于 20 世纪 20 年代以前。该观念认为，消费者喜欢那些质量好、价格合理的产品，企业的任务就是要提高质量，只要价廉物美，就会顾客盈门。该观念过分注重产品本身，导致"市场营销近视症"。它是在卖方市场出现竞争的条件下产生的。

3. 推销观念

推销观念产生于第二次世界大战之前。该观念认为，消费者一般不会购买非必需品，但是企业如果采取一定的促销措施，消费者也会购买。该观念的实质是认为市场营销就是推销，它是在卖方市场向买方市场过渡的时期产生的。

4. 市场营销观念

市场营销观念产生于第二次世界大战之后。该观念认为随着人们生活水平的提高，消费者一般都喜欢赶时髦、求新奇，消费者的需求多变。企业的任务是了解市场信息，满足消费者的需求。这是一种以顾客的需求为导向的营销观念，是在完全的买方市场条件下产生的。

5. 社会市场营销观念

社会市场营销观念产生于20世纪70年代。该观念认为，市场营销观念忽视了消费者需要与消费者利益和社会长远利益之间的矛盾，从而造成了资源浪费和环境污染。如汉堡包虽然能满足消费者的需要，但是对老年人健康不利，并且浪费大量的纸；又如香烟虽然能满足消费者的需要，但是容易使他们患肺癌，且污染环境，对社会不利。因此，企业的任务是不仅要满足消费者的需求和欲望，并由此获得利润，而且要符合消费者自身利益和整个社会的长远利益。它是在西方资本主义出现能源短缺、通货膨胀、环境污染、消费者保护行动盛行条件下产生的。

6. 大市场营销观念

大市场营销观念产生于20世纪80年代，由美国的菲利普·科特勒教授首先提出。该观念认为，面对保护型的市场，企业的市场营销组合除了产品策略、价格策略、销售渠道策略和促销策略，还必须使用一定的政治手段和公共关系，从而形成了大市场营销观念。

二、现代工业企业市场营销观念

1. 现代工业企业市场营销观念的要点

从市场营销观念的演变可以看出，伴随着商品经济的发展，市场营销观念经历了一个与科学技术的发展相适应、与人民不断提高的生活水平相适应、由不完善到逐渐完善的发展过程。作为现代工业企业，在确定市场营销观念时，应坚持以下要点。

1）用户是企业生存的根本

"以消费者为中心"是现代市场观念的核心内容。企业从上至下必须承认并树立"用户至上"的观念，一切从满足用户需要出发，千方百计为满足用户需要服务，企业的所有营销活动只能从满足用户需要中获取利润。

2）扬长避短求发展

扬长避短是指企业要善于发挥自身优势，要把满足用户需要与发挥企业自身优势紧密结合起来，要实事求是地、客观地估计本企业与竞争者的各种能力，生产满足用户需求、比竞争者更有优势、又是自己擅长的产品，从而建立企业的竞争优势，树立企业的良好形象。一个企业的优势通常表现在诸多方面，如领先的技术、优质的产品；高产量、低成本、低价格；雄厚的人力、财力、物力资源；高超的促销经验和优秀的促销队伍；优越的地理位置和高效的分销渠道等。当然，一个企业不可能在所有方面都取得优势，只要选择一个或几个方面的优势加以充分发挥，就能取得良好的竞争效果。

3）全面组织企业的整体经营活动

企业为了开拓市场和满足用户需求，就要把企业的全部经营活动和各项工作，包括销售的各种策略及产品、定价、渠道等各种手段，都控制在企业的整体经营战略之中，并且与外部环境协调起来。因此要求企业内部有严密、灵活的科学管理流程，企业员工有较高的素质。

2. 市场营销观念的新发展

1）市场营销观念已拓展至国际市场领域

随着计算机、互联网、网上购物、空中快车等的出现，全球范围内地理和文化方面的差异已逐渐缩小，出现了一个对企业和消费者来说，都更加广泛、更加复杂的市场营销环境——全球化国际市场。企业不仅应注重在全球范围内采购原材料，还应重视生产符合不同区域市场需求的产品，同时还应在全球范围内确立自己的竞争地位或挑选战略伙伴。企业应谋求在国内和国际两个市场上的共同发展。

2）市场营销观念已应用于非营利性组织

市场营销活动不再只拘泥于生产企业的经营活动，而是已拓展至非营利性组织、事业部门及社会的各个部门。这里的市场问题当然不再是产品生产与销售，而是组织行为的社会认可及组织形象的提升。对于这些非营利性组织来说，同样需要通过某些手段，如发展公共关系和加强宣传等，来促进自身市场问题的解决。

3）市场营销观念呼吁更多的社会责任和道德

1992年6月，来自一百多个国家的代表参加了联合国在里约热内卢举行的环境与发展大会，商议如何解决诸如像热带雨林的破坏、全球变暖、物种濒临灭绝等环境问题及其他环境威胁。显然，将来的企业在生产过程及整个营销活动的每个环节中，都必须遵守不断提高的环境标准；人类文明的发展和信息沟通的不断完善，要求企业必须承担更多的社会责任，如不可向消费者提供残次品或可能造成身心伤害的商品，不断降低成本、不断提高服务质量以提供更高的消费价值等。

第三节 市场营销管理

一、市场机会分析

寻找、认识、分析和评价市场机会，是市场营销管理人员的主要任务，也是市场营销管理过程的首要步骤。

1. 市场机会分析的重要性

市场营销是一个动态管理过程，市场机会分析在这一过程中的重要性可从以下几方面体现出来。

（1）市场机会分析是企业市场营销管理过程的起点，它直接影响和制约着企业市场营销管理过程的各个环节。

（2）市场机会分析也是企业制定战略规划的重要依据。在企业制定经营战略时，其首要任务就是要确定企业的经营方向，即明确企业的经营目标，除了考虑其他因素，市场机会分析也是确定企业经营目标的重要依据。只有通过市场机会分析，企业的经营目标才能适应市场的变化。

（3）市场机会分析是企业产品决策的基础。在企业市场营销组合中，产品是关键的因素。市场机会分析将为产品开发指明方向，指出产品潜在的发展趋势。

2. 市场机会的分类

市场营销活动是以满足消费者需求为中心的，因此市场机会实质上就是指市场上所有存在的尚未满足或尚未完全满足的消费者需求。企业在寻找和识别市场机会时，必须对其进行深入研究，才能选择到最佳的市场机会。市场机会大致可以分为如下类型。

1）环境机会与公司机会

社会需求往往随环境的变化而变化，这种随环境变化而客观形成的市场机会称为环境机会。例如，城市人口增加、环境污染加剧、工业和生活垃圾的增加，引起了对垃圾处理新技术的需求。但环境机会对不同的企业来说，并不一定都是最佳机会，因为这些环境机会不一定都符合企业的经营目标，不一定都能取得竞争优势。只有那些符合企业经营目标，有利于发挥企业优势的环境机会，才是公司机会。

2）潜在的市场机会与显现的市场机会

在市场机会中，有的是明显没有被满足的市场需求，即显现的市场机会；有的是隐藏在现有某种需求后面的未被满足的市场需求，即潜在的市场机会。对于显现的市场机会，由于企业容易寻找和识别，抓住这一市场机会的经营者也多，一旦超过了市场机会的容纳度之后，就会造成供过于求，市场机会也就失去了它本身的价值。企业通常不容易发现潜在的市场机会，然而正由于难以发现，一旦企业找到并抓住这种市场机会，其竞争对手就会比较少，获得的效益也比较高。所以，企业应该努力设法将潜在市场作为企业的目标市场。

3）行业市场机会与边缘市场机会

一般来说，各个企业由于其拥有的技术、资源和经营条件不同，以及在整个市场营销系统中所承担的职能不同，通常都有其特定的经营领域。对于出现在本企业经营领域内的市场机会，称为行业市场机会；对于在不同行业之间交叉与结合部分出现的市场机会，称为边缘市场机会。

企业一般比较重视行业市场机会，因为它能充分利用企业自身的优势和经验，识别难度系数较低。但行业市场机会遭到同行业的激烈竞争时会失去或减弱机会效益，因此一般企业就应到本行业之外寻找市场机会。然而进入本行业之外市场的难度更大，因此这并不是很好的机会。但是在企业与行业之间有时会出现"夹缝"，在这些边缘区域，行业会出现交叉、重合，并且这些边缘区域一般是容易被企业忽视的地方，在这些边缘区域中消费者的需求常常得不到满足，甚至还会出现一些新的需求。因此，企业在本行业之外寻找市场机会时，其主要目标应该是边缘市场机会。

4）目前市场机会与未来市场机会

人们通常所讲的市场机会都是指目前市场上存在的未被完全满足的需求，这些在目前环境变化中出现的市场机会，统称为目前市场机会。从环境变化的动态性来分析，其实还存在一种未来市场机会。这种市场机会，在目前的市场上并未表现为大量需求，而仅仅表现为一部分人的消费意向或极少量的需求，但通过市场研究和预测分析，它将可能在未来某一时期内表现为大量的需求或大多数人的消费倾向，成为在未来某一时期内实现的市场机会，所以这种未来市场机会为企业提供了良好的机遇。

5）全面市场机会与局部市场机会

市场从其范围来说，有全面的、大范围的市场和局部的、小范围的市场之分，因此市场上出现的机会也就有全面市场机会和局部市场机会之分。全面市场机会是在大范围市场（如国际市场、全国市场）出现的尚未满足的需求，局部市场机会是在一个局部的市场（如某个特定地区）出现的尚未满足的需求。

全面市场机会对参与市场经营的企业有普遍意义，它代表环境变化的一种普遍趋势。局部市场机会则对在该地区从事市场经营的企业和打算进入该局部市场的企业有特殊意义，它代表该地区市场环境变化有别于其他市场的特殊发展趋势。

3. 企业如何寻找和识别市场机会

对于企业来说，可以通过多种途径、多种方法寻找和识别市场机会。在寻找和识别市场机会时，必须注意以下几个方面。

1）最大范围地采集信息，广泛收集意见和建议

企业内部的各个部门是发现市场机会、提出新观点的一大来源，但更为广泛的来源在企业外部，如中间商、专业咨询机构、教学和科研机构、政府部门，特别是广大消费者，他们的意见直接反映市场需求的变化方向。因此，企业必须注意和与企业相关的各方面保持密切的联系，经常听取他们的意见，并对这些意见进行归纳和分析，以期发现新的市场机会。

2）采用产品矩阵或市场扩展矩阵来发现和识别市场机会

这种产品矩阵或市场扩展矩阵除了用于企业战略计划中发展战略的研究，也被用来作为寻找和识别市场机会的主要工具。对现有产品和现有市场来说，企业需要分析需求是否得到了最大满足，有没有渗透的机会，如果有这种市场机会，企业应及时采取市场渗透战略；对现有产品和新市场来说，企业需要分析在其他市场是否存在对企业现有产品的需求，如果存在，企业就应抓住这种市场机会，采取市场开发战略，如果现有市场上还有其他未被满足的需求存在，经过分析和评价，企业就要发挥自身的能力，开发出新产品来满足这种需求，这就是产品开发战略；对新产品和新市场来说，企业需要分析新市场中存在哪些未被满足的需求，这些市场机会大多在企业原有经营范围之外，因此企业应采取多角化经营战略。

3）进行市场细分

市场细分是寻找和发现市场机会非常有效的方法，企业应予以特别重视。这部分内容在后面将详细论述。

4）建立完善的市场信息系统和进行经常性的市场研究

寻找和发现市场机会，不能只靠主观臆断或偶然性的分析预测，企业必须建立完善的市场信息系统和进行经常性的市场研究，以便能够及时发现市场机会并将其成功地转变为企业的产品市场，这是企业寻找和识别市场机会、开展营销活动的基础和关键。

4. 市场机会的特征

一般来说，市场机会具有以下特征。

（1）公开性。任何市场机会都是客观存在的，也都是公开的，每个企业都有可能发现它。

（2）时间性。人们常说"机不可失"指的就是机会的时间性。

（3）理论上的平等性和实践上的不平等性。所谓理论上的平等性，是指任何企业均可利用某一市场机会展开竞争；所谓实践上的不平等性，是指竞争结果的分布是不均衡的。因此，企业在分析评价市场机会时，既要考虑在竞争中取胜的可能性是存在的，要敢于参加竞争，又要选择对企业竞争结果有利的市场机会。

企业发现了某种市场机会后，必须对其进行分析和评价，在此基础上才能决定是利用还是放弃该机会。

分析市场机会是否属于有利于企业的机会，可以按照如下步骤进行：首先，确定该市场机会获得成功所必须具备的条件有哪些；其次，分析本企业在该市场机会上所拥有的优势；再次，将公司拥有的竞争优势同潜在的竞争对手拥有的竞争优势相比较，以确定企业在这一市场机会上是否拥有差别利益，以及这种差别利益的大小；最后对该市场机会是否属于企业机会做出决策。此外，还应结合市场机会的类型进行研究，特别是对于全新的市场机会，各企业都可能只拥有部分的竞争优势，因此必须确定该机会属于哪一类市场机会，机会的潜在吸引力与成功的可能性，企业的适应能力，以及如何抓住该机会实施发展战略。

二、市场细分及目标市场

1. 市场细分的定义

市场细分的概念是美国著名的市场学家温德尔·史密斯于1956年在《市场营销战略中的产品差异化与市场细分》一书中首先提出的，它以消费者的需求特性为内在基础。消费者对市场的需求有时存在明显的差异性，有时也存在一定的相似性，即消费者的需求存在异质和同质两种特性。当消费者对某一产品的需求大致相同时，企业可生产一种产品和采用一种营销策略加以满足，即同质市场。当消费者对某一产品需求的差异很大，形成几个购买群时，企业就要分别生产不同的产品和采用不同的营销策略以满足不同的消费者。市场细分就是指企业通过对市场的调查研究，按照消费者的需求特性，把原有市场按照一定的标准分解为两个或两个以上的子市场，用于确定目标市场的过程。

2. 市场细分的意义

在市场营销中，通常以整体市场为对象进行营销活动，这样可以取得规模经济效益，而以子市场进行分销活动时，企业的经营成本往往会上升。但是，市场细分能够帮助企业正确地认识市场，使企业选择到合适的目标市场，因此合理的市场细分总是利大于弊。市场细分的意义在于：

（1）市场细分有利于发掘最新的市场机会，形成新的目标市场；

（2）市场细分有利于企业发挥竞争优势；

（3）市场细分有利于企业集中使用资源；

（4）市场细分有利于调整市场营销策略。

3. 市场细分的依据

由于消费者的需求千差万别，任何商品市场都是由许多子市场组成的，这些子市场通常都是依据一定的标准划分的，并且影响消费者需求的因素是多方面的，因此细分市场时必须综合考虑以下因素。

1）地理因素

地理条件不同，消费者对商品的需求也不同；居住在不同气候条件下的消费者，需求也有一定的差异。细分市场时，必须考虑消费者所在的地理位置、当地气候、人口密度等情况。

2）人口因素

如年龄、性别、职业、教育程度、种族、宗教信仰、寿命周期、家庭大小、收入等都是影响市场细分的人口因素。

3）心理因素

影响消费者心理的因素有社会阶层、生活方式和个性等。不同社会阶层的消费者，其需求的差异性往往会很大。人们的生活和消费理念决定其生活方式，具有不同生活方式的消费者的市场需求往往大相径庭，如讲求时髦的人对商品的需求往往重豪华，讲求朴素的人对商品的需求往往重实用等。不同个性消费者的需求的差异性也很大，如外向型的消费者追求潇洒，内向型的消费者讲究稳重等。

4）行为因素

行为因素是指消费者对产品的态度、使用情况或反应等。企业可按消费者对产品的使用情况、使用量、购买兴趣和欲望、对品牌的信赖度、对营销行为的态度等行为因素细分市场。企业只有针对性地研究消费者的各种行为因素，才能顺利开展营销工作。

4. 目标市场

1）目标市场的含义

目标市场是指企业在市场细分的基础上，选择一个或几个子市场作为企业所要进入并占领的市场，例如，服装市场可以选择儿童服装市场或职业女装市场等。

2）目标市场策略

（1）无差异市场策略。无差异市场策略是指企业在市场细分的基础上，虽然认识到产品有不同的细分市场，但权衡利弊，不考虑各子市场的特性差异，只注重各子市场的共性，把所有子市场作为一个大的目标市场，只设计一种产品，运用一种营销组合。

（2）差异市场策略。差异市场策略是在市场细分的基础上，选择多个细分市场作为目标市场，分别设计不同的产品，采取不同的营销策略，以满足各子市场的需要。这种市场策略不仅能满足不同消费者的需求，扩大企业的销售量，还能分散企业的经营风险。但这种市场策略的成本较高。

（3）集中市场策略。集中市场策略是指企业集中全部力量，只选择一个或少数几个性质相似的子市场作为目标市场，开发一种产品，制定一套营销策略，集中力量在目标市场上占有较大的市场占有率。

3）影响目标市场策略的因素

选择目标市场策略时，通常应考虑以下5大因素。

（1）企业资源。对实力雄厚，管理能力强，拥有足够人力、物力、财力的大型企业，可根据企业生产产品的特性采取差异市场策略或无差异市场策略；对实力不强，资源不足，人力、物力、财力资源有限的中、小企业，无力把整个市场作为目标市场，也无力将市场进行细分，面对不同的市场，因此采取集中市场策略最佳。

（2）产品同质程度。对产品差异小的企业，适宜采用无差异市场策略；对产品差异大的企业，适宜采用差异市场策略或集中市场策略。

（3）产品市场生命周期。处在投入期的产品，企业一般先推出单一产品，此时可以采用无差异市场策略或集中市场策略；进入成长期或成熟期的产品，采用差异市场策略最有效；进入衰退期的产品，企业为保持原有市场，可以采用集中市场策略。

（4）消费者的偏好与需求。当消费者的偏好与需求相似时，可以采用无差异市场策略或集中市场策略；当消费者的偏好与需求差别较大时，可以采用差异市场策略或集中市场策略。

（5）竞争对手战略。当竞争对手采用无差异市场策略时，企业可以采用差异市场策略或集中市场策略；当竞争对手采用差异市场策略时，企业应对市场进行更进一步的细分，寻找良机，因此可以采用差异市场策略或集中市场策略。

5. 市场定位问题

1）市场定位的概念

市场定位的概念是1972年两位广告经理艾尔·里斯和杰克·特劳塔首先提出来的。所谓市场定位，就是在市场细分、目标市场选择的基础上，根据目标市场上竞争者产品的地位，结合企业自身的条件，从各方面为企业和产品创造一定的特色，树立一定的市场形象，以求在消费者心目中形成一种特殊的偏好。这种特色和形象可以是实物的，也可以是心理的，或者是两者的有机结合。如廉价、售后服务是实物的；豪华、高贵是心理的；优质是实物与心理的有机结合。

2) 市场定位的依据

（1）根据产品本身的属性及消费者由此获得的利益进行定位。

（2）根据产品的质量、产品的档次和产品的价格定位。

（3）根据产品的用途、有关竞争利益的属性定位。

（4）根据使用者定位，把产品指引给某些适当的消费者或某些细分市场。

3) 市场定位的策略

（1）抢占市场空位。当企业进行市场细分后，发现自身的产品难与竞争者抗衡，但目标市场并非为竞争者充斥，存在一定的市场空隙，因此可将自己的产品定位在目标市场中的空白处。

（2）与竞争者同坐一席。当企业进行市场细分后，发现目标市场为竞争者充斥，但该产品的市场需求潜力还很大，企业就应设法进入市场，与竞争者同坐一席。

（3）取代竞争者的席位。当企业进行市场细分后，发现目标市场已座无空席，如果企业自身的力量雄厚，就可设法将竞争者赶出现有市场，由本企业取而代之。

（4）重新定位。所谓重新定位，是指企业通过改变产品的特色，使消费者对产品的形象有一个新认识，以期占领目标市场的策略。当本企业市场定位的附近出现了强大的竞争者，侵占了本企业产品的部分市场导致本企业产品的市场萎缩，市场占有率下降，或者当消费者的偏好发生变化，从本企业的产品转移到其他竞争者的产品时，应考虑重新定位。

4) 市场定位的步骤

市场定位时，一般应遵循以下 3 个步骤。

（1）分析目标市场的现状，确认潜在的竞争优势。

（2）准确选择竞争优势，对目标市场初步定位；如果企业多种竞争优势并存，就应选择适合本企业的最具优势的项目，初步确定企业在目标市场上所处的位置。

（3）对目标市场正式定位，并有效地向目标市场传播企业定位的理念，以便让消费者更好地理解和支持。

第四节 市场营销策略

一、产品策略

1. 产品的概念

产品是市场营销活动的核心，是市场营销组合因素中的首要因素。按照传统观念，产品是指具有某种特定物质形状和用途的劳动产物，如服装、家具、电视机等。但是从现代经营观念来看，市场营销不单是推销产品，而是首先满足消费者的需求。消费者的需求是多方面的，不但有生理的、物质的需求，而且有心理的、精神的需求。因此，现代产品概念是一个包含多层次内容的整体概念，即产品＝实体+服务。一般认为，产品整体包含 3 个层次：核心产品、形式产品和延伸产品。核心产品是指向消费者提供的基本效用或利益；形式产品是指借以实现的形式，在市场上表现为质量水平、特色、式样、品牌和包装；延伸产品是指消费者购买形式产品时所能得到的全部利益，即形式产品所提供的基本效用或利益和随同形式产品提供的附加服务的总和，如安装、保修、运送及售后服务等。

2. 产品生命周期策略

产品生命周期是指产品的市场寿命（与产品自然寿命或使用寿命无关），即一种产品从进入市场到退出市场的全过程。典型的产品生命周期包括 5 个显著的阶段。

1) 开发期

开发期是产品生命的培育阶段，始于企业新产品的构思形成之时。在此阶段，销售量为零，企业的投入与日俱增。此阶段在战略上主要突出一个"准"字，即看准了该产品有市场发展前途，就要尽快开发，组织批量生产。

2）引入期

引入期指新产品引入市场，知名度低，销售量增长缓慢，并且宣传费用高，企业几乎没有利润，甚至亏本的时期。在此阶段，企业要让新产品在市场上站稳脚跟，并扩大市场占有率，在战略上要突出一个"快"字，即尽快为该产品打开销路，及时将产品投放市场。

3）成长期

新产品上市后经受市场的检验，销路迅速打开，即进入成长期。这个时期产品已经定型，销售量迅速增长，利润也显著增长，竞争也随之加剧。在此阶段，企业在战略上应突出一个"优"字，即保证产品质量，扩展产品品种。

4）成熟期

产品经过成长期后，便进入大量投产和大量销售的相对稳定时期。此时，销售量和利润的增长速度渐缓，市场趋于饱和，甚至开始呈下降趋势，由于竞争激烈，价格逐渐下降，成本开始上升。在此阶段，企业在战略上应体现一个"扩"字和一个"改"字，即巩固原有市场并使其扩大，同时注意改进产品，使产品在新性能的基础上进入新的生命周期。

5）衰退期

产品已失去对消费者的吸引力或被新产品替代，产品销售量明显下降，利润日益减少，最后甚至无利可图。在此阶段，企业在战略上应突出一个"转"字和一个"撤"字，在适当时机退出市场。

3. 产品组合策略

在现代社会化大生产和市场经济条件下，企业从满足市场需求和获取利润的角度出发生产和销售多种产品。所谓产品组合，是指一个企业生产和销售的全部产品项目的结构。产品组合通常包括若干个产品系列，每个系列又包括若干个产品项目。产品系列是指产品类别中具有密切关系的一组产品。产品项目是指产品系列中由型号、外观等属性决定的具体产品。企业在调整和优化产品组合时，依据情况的不同，可选择如下策略。

1）扩大产品组合，也称为多样化生产

通过增加新的产品系列或在原有的产品系列中增加新的产品项目来扩大经营范围，即选择比较宽、比较长的产品组合。这种产品组合策略能充分发挥企业的资源潜力，降低生产总成本；有利于扩大市场面，提高市场占有率，从而使销售量和利润有所增长；有利于分散企业的经营风险，增加企业的应变能力。

2）减少产品组合，也称为专业化生产

通过减少产品系列或减少产品系列中的产品项目来缩小经营范围，即选择比较窄、比较短的产品组合。这种产品组合策略可以使企业集中力量提高产品质量，降低产品成本，增加企业盈利。

3）高档产品组合，也称为高档化生产

通过增加高档产品系列，使产品趋向高档化。这种产品组合策略有利于提高企业声誉，增加企业盈利。

4）低档产品组合，也称为大众化生产

通过增加低档产品系列，使产品趋向大众化。这种产品组合策略能吸引众多消费者，扩大市场占有率。

5）改良产品组合

对某些产品进行整体改进。这种产品组合策略能给消费者更多实惠，增强企业的应变能力。

4. 新产品开发策略

新产品是指结构、性能、材料、外观等某一方面或几个方面与老产品有显著差别或创新的产品。新产品包括新发明的产品、更新换代的产品、改革后的产品、仿制的新产品。

新产品开发绝非易事，不仅需要投入大量资金，而且具有很大风险，所以制定正确的新产品开发策略是企业开发新产品的关键。新产品开发策略包括：

1）防御性策略

防御性策略指企业针对市场的需求或竞争者投放市场的新产品开发出某种新产品，但一般不主动投放市场，而是开发成功后作为技术储备，以防突发性变化。这种策略旨在维持企业目前相对较好的市场占有率和销售额。

2）改进性策略

改进性策略指企业通过提高现有产品的质量，包括改进其性能、结构、包装等来开创市场的新局面，提高市场占有率。这种开发策略对新产品投放市场的时机要求较高，对于时间要求紧迫的产品，企业大多以自己开发为主，以保证改进性策略的按时实施。

3）仿效性策略

仿效性策略指技术力量薄弱的企业利用其他企业已开发的新产品进行仿制。由于产品的开发费用和可能盈利的关系极不确定，一些技术力量比较薄弱、在新产品开发上没有把握、不愿意投入大量资金进行产品开发的企业常常采用这种策略。

4）风险性策略

风险性策略指企业积极开发新产品，并积极投入市场，同时利用产品的独特功能吸引消费者购买。这种开发策略的成败在很大程度上取决于产品的扩散速度。应用这种开发策略时，企业必须认真进行科学的市场调查和预测，进行成本—效益分析，按产品的获利能力这一指标进行决策，因为这种开发策略一旦成功，企业将获得很大的经济效益，但容易失败。

二、价格策略

1. 影响价格的因素

价格是商品价值的货币表现，影响价格的因素主要有以下 4 个方面。

1）成本因素

成本包括生产成本、销售成本和储存成本。成本是决定价格的主要因素。企业一般通过增加产量降低成本来降低价格。

2）市场需求因素

一般季节性商品的价格弹性大，当商品供不应求时，价格上涨；当商品供过于求时，价格下降。

3）市场环境因素

在现代市场经济中，市场环境对价格有直接影响。不同市场环境中的同一商品，其价格有显著的差异。

4）其他因素

除了成本、市场需求及市场环境因素，还有其他一些影响价格的因素。商品在竞争中的地位、竞争优势，一般竞争地位高、优势明显的商品，价格高；反之，价格低。社会经济繁荣与否，经济繁荣时，需求量大，价格高；反之，价格低。货币流通状态，一般通货膨胀时，价格高；币值稳定时，价格低。

2. 定价方法

价格是市场营销组合中最活跃的因素。企业的产品定价对于企业的生存和发展至关重要。产品定价是否合理，往往决定着产品能否被市场接受，并直接影响产品在市场中的竞争地位及占有份额，关系企业的兴衰存亡。因此，企业必须综合考虑各方面的因素，对产品进行合理定价。定价方法归纳起来大致如下。

1）成本导向定价法

成本导向定价法是依据产品成本进行定价的方法。

（1）成本加成定价法。销售价格＝单位成本×（1+成本利润率），这种定价方法不用经常根据需求的变动调整价格，便于企业之间的价格竞争达到最小，以本求利，买卖公平。

（2）收支平衡定价法。这是依据损益平衡原理实行的一种保本定价的方法。当收支平衡时，价格＝固定成本÷销售量+单位变动成本。当市场不景气或订货量不足时，保本生产比停工损失少，若价格定在保本价格之上，则企业盈利；若订货量在保本量之上，则企业也会盈利。

（3）变动成本定价法。指定价时在考虑对变动成本补偿的同时争取用更多的边际成本补偿固定成本，即价格≥单位变动成本。当市场不景气或订货量不足时，采用变动成本定价法，可以减少损失，保住市场；

同时由于采用此法价格低，有利于市场竞争。

2）竞争导向定价法

竞争导向定价法是企业为减少市场竞争的一种定价方法。

（1）随行就市定价法。指企业参照同行业平均价格水平，为本企业的产品定价。这是一种避免竞争的定价方法。采用此定价方法，可减小经营风险。

（2）追随龙头企业定价法。这种定价方法以行业中势力最雄厚或影响最大的企业（龙头企业）的价格为基准，为自己的产品定价。其目的也是避免市场竞争。

3）需求导向定价法

需求导向定价法是依据消费者需求定价的方法。

（1）理解价值定价法。该定价方法认为决定商品价格的关键因素是消费者对商品价值的理解程度，而不是商品的成本，因此定价时要估计和预测商品在消费者心中的价值水平定价。这种定价方法以消费者的理解定价，可避免与竞争者直接对抗。

（2）需求差异定价法。指同一质量、功能、规格的商品或劳务，对待不同需求层次的消费者时采用不同的价格。可以以消费者的需求为基础，以产品的款式、外观、式样为基础，以地域为基础，也可以以季节、气候为基础。

3. 定价策略

1）新产品定价策略

（1）高价策略，也称为撇脂定价法。指在新产品刚刚上市时，将价格定得很高，尽可能在新产品的投入期获得较高收益。一般适用于价格高但市场需求大、市场需求弹性小的产品。高价策略可以利用消费者的求新心理来抬高产品定价。

（2）低价策略，也称为渗透定价法。指新产品定价时，将价格定得很低，以吸引消费者购买。适用于产品潜在市场巨大、产品需求弹性大、存在类似的替代品、企业促销能力差的情况。低价策略可以使产品迅速占领市场，薄利多销，让竞争者望而却步。

2）心理定价策略

（1）尾数定价。产品定价时留有尾数，给消费者以精确计算的感觉。此策略适用于日用消费品。

（2）整数价格。产品定价时取整数，给消费者高质高价的感觉。此策略适用于高档、优质商品。

（3）威望价格。将产品的价格定得很高，可以满足消费者求新、求名的心理。此策略适用于名牌商品。

（4）特价品价格。将产品的价格定得很低，接近于产品的成本，能起到招徕消费者的作用。此策略适用于购买频率较大的日用消费品或生活必需品，以及名目繁多的大规模零售商品。

3）折扣定价策略

（1）数量折扣。企业为了鼓励买主大量购买或集中向一家购买，根据购买的数量或金额给予一定的折扣。有累计折扣和一次性折扣两种。

（2）交易折扣。将中间商为企业提供的职能省下来的成本费用以折扣的形式转让给中间商。

（3）现金折扣。为了鼓励消费者尽早在一定限期内偿还货款，从售价中出让给消费者一定数额的折扣额。这种策略可以减少企业呆账，减轻企业对外部资金的依赖。

（4）季节折扣。企业给那些购买过季商品的消费者的一种优惠。此策略可鼓励消费者早日订货或在淡季订货，从而使企业一年四季都能保持相对稳定的生产，同时减少企业的资金负担和仓储费用。

三、分销渠道策略

1. 分销渠道的定义

分销渠道是指某种商品和服务在从生产者向消费者或用户转移时，取得这种商品和服务的所有权及帮助所有权转移的所有企业和个人。分销渠道的起点是生产者，终点是消费者或用户，中间经过若干中间商将商品和服务的所有权或实体进行转移。

2. 分销渠道的作用

（1）商品的集中与再分配。并不是所有的生产者都有能力直接进行营销，这就是中间商存在的原因和价值。即便是那些有能力建立自己分销渠道的厂家，也可以借助中间商的资源及其高度专业化的优势扩大自己的市场覆盖率。中间商最直接和最主要的作用就是将商品从制造商那里集中起来，再根据客户的具体要求将其进行重新包装、组合和分配。

（2）市场信息的收集和反馈。在商品的流通过程中，中间商最接近市场，可以获取有关客户、市场和竞争者的信息，并将其收集整理反馈给生产者。

（3）资金的流动。分销渠道的另一个重要作用就是实现资金在渠道中的流动，这可以缓解生产者在资金上的压力。

3. 分销渠道的类型

分销渠道的类型是由分销渠道的长度和宽度决定的，体现了分销渠道的强度和整体构架。消费品分销渠道的类型有4种，如图3-1所示。

（1）生产者—消费者。由生产者直接将商品销售给消费者。主要有生产者派人上门推销、邮寄销售、电话购货、开设自销门市部等形式。

（2）生产者—零售商—消费者。由生产者先将商品销售给零售商，零售商再将商品销售给消费者。这种类型的分销渠道在生产者和消费者之间设置了一层中间环节。

（3）生产者—批发商—零售商—消费者。由生产者先将商品销售给批发商，批发商再将商品销售给零售商，零售商再将商品销售给消费者。这种类型的分销渠道有两层中间环节。

（4）生产者—代理商—批发商—零售商—消费者。在生产者和消费者之间，有代理商、批发商、零售商3层中间环节。

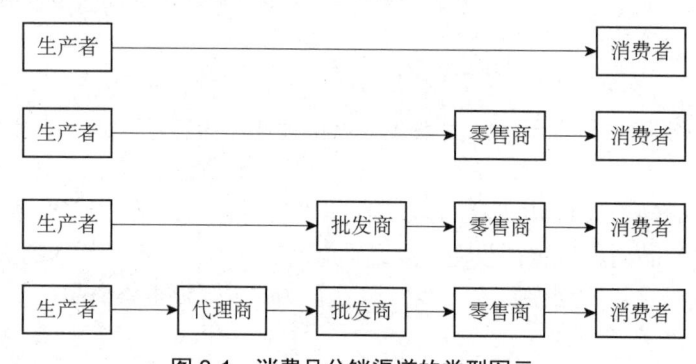

图3-1 消费品分销渠道的类型图示

工业品分销渠道的类型有4种，如图3-2所示。

（1）生产者—用户。由生产者直接将产品销售给用户。

（2）生产者—批发商—用户。由生产者先将产品销售给批发商，批发商再将产品销售给用户。这种类型的分销渠道在生产者和用户之间设置了一层中间环节。

（3）生产者—代理商—用户。由生产者先将产品销售给代理商，代理商再将产品销售给用户。这种类型的分销渠道也是在生产者和用户之间设置了一层中间环节。

（4）生产者—代理商—批发商—用户。在生产者和用户之间设置了代理商、批发商两层中间环节。

4. 分销渠道的设计

为使分销渠道策略顺利实施并取得预期效果，必须认真做好以下工作。

1）分析影响分销渠道设计的因素

设计分销渠道时，必须分析市场因素，考虑目标市场的大小、目标消费者的集中程度；分析产品因素，考

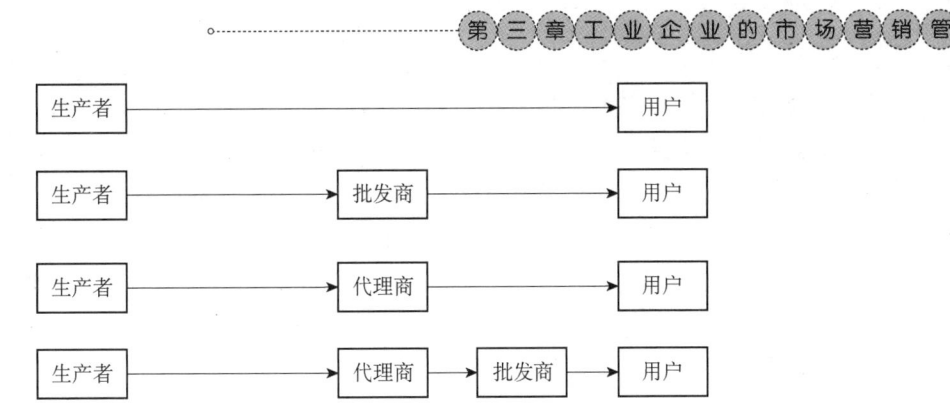

```
生产者 ──────────────────────────────────────→ 用户

生产者 ──────────────→ 批发商 ──────────────→ 用户

生产者 ──────────────→ 代理商 ──────────────→ 用户

生产者 ──────→ 代理商 ──────→ 批发商 ──────→ 用户
```

图 3-2　工业品分销渠道的类型图示

虑产品的易毁性和易腐性、产品单价、产品的体积与重量、产品的技术性；分析生产企业本身的因素，考虑企业的实力、企业的管理能力、企业控制分销渠道的能力；考虑政府的有关立法及政策规定；估算中间商的数目和消费者的购买数量；分析竞争者的状况。

2) 明确分销渠道的目标与限制

所谓分销渠道的目标是指生产者预期达到的服务水平及中间商应执行的职能等。生产者必须考虑影响分销渠道设计的上述每个影响因素，并在此基础上确定分销渠道的目标。

3) 拟订分销渠道的可行方案

研究了分销渠道的目标和限制条件后，即开始拟订分销渠道的可行方案。一个分销渠道的方案主要涉及 3 个基本因素，即中间商的类型、中间商的数量、分销渠道成员之间的交易条件和责任。同时，价格是关系生产者和中间商双方经济利益的一个重要因素。生产者应当编制一个价目表和折扣计划，并且应让中间商认为此计划是公平合理的，这样才能保证分销渠道方案切实可行。

4) 评估各种可能的分销方案

评估分销方案的标准主要有 3 个：经济性标准、控制性标准和适应性标准。判别一个分销方案的好坏，应以是否取得最大利润为标准；为了对分销渠道实行有效控制，应使分销渠道尽可能短；为了使企业对分销渠道的选择具有一定的灵活性，企业与中间商不应签订时间过长的合同。

四、促销策略

1. 人员推销

人员推销是指企业的销售人员为达到促销的目的，主要以对话的方式直接与消费者或潜在消费者接触，介绍并宣传商品，帮助消费者实现购买的活动过程。人员推销必须具备推销人员、商品和推销对象 3 个要素。推销人员是关键，推销对象是目标，商品是基础。

人员推销的策略包括以下几种。

(1) 试探性策略。当推销人员不了解消费者需求时，可以分别对消费者提出不同的话题，采用试探性策略，当消费者对商品感兴趣时，再展示商品图片加以推销。

(2) 针对性策略。当推销人员已基本掌握消费者的需求情况时，推销人员可以采用针对性策略，即根据消费者的需求推销相应商品。

(3) 诱导性策略。当推销人员根据消费者的一些档案资料，预测到某些消费者具有一些可被诱发的需要时，可以采用诱导性策略，即运用一些技巧诱发消费者的需求。

2. 广告推销

所谓广告是指广告主通过特定的广告媒体，向传播对象传播商品、劳务、观念等方面的信息，以期达到一定目的的一种信息传播活动。

广告可以按不同的标志分类。按广告覆盖地区划分，广告可以划分为国际性广告、全国性广告、区域性广告和地区性广告；按广告对象划分，广告可以划分为消费者广告、工业用户广告、商品批发广告和专业广告；按广告的内容划分，广告可以划分为商品广告、企业广告和观念广告；按广告的设计制作形式划分，广告可以分为报道式广告、劝告式广告、指名式广告、心理式广告和比较式广告；按广告媒体划分，广告可以分为印刷品广告、电波广告、邮政广告、网络广告、户外广告和交通广告等。

广告在促销中有着特殊的功能和效用：（1）广告是最大、最快、最广泛的信息传播媒介；（2）广告能激发和诱导消费；（3）广告能较好地介绍商品知识、指导消费；（4）广告能促进新商品、新技术的发展。

广告通常有报纸、杂志、电视、广播、网络和销售现场广告6种媒体。

3. 公共关系促销

所谓公共关系是指一个组织以公众利益为出发点，通过有效管理与双向信息沟通，建立和完善各种社会关系，塑造本组织的良好形象，以实现组织的最终目标。可见公共关系的主体是社会组织，公共关系的客体是公众，公共关系的目标是通过双向信息沟通建立和完善各种关系。它实际上是一种管理职能，是一种有计划、有组织的活动。

公共关系之所以能够成为市场营销的一种促销策略，是因为公共关系不仅有利于提高企业的知名度，让更多的人了解企业，扩大影响，争取更多的潜在消费者；而且有利于增强消费者对企业的好感与信任，使他们经常惠顾企业，并愿意花高价购买企业的产品；同时有利于企业充分了解市场供求信息，不断推出符合消费者需求的新产品；还有利于处理好与公众的关系，为促销排除一切竞争障碍。

公共关系促销的方法主要有：

1）传播

传播是指企业利用各种媒介，将信息或观点有计划地与公众进行交流的沟通活动。传播的主要内容一般有企业本身的情况和产品的情况。传播采用的方式有公关广告、新闻报道、日常接待、沟通性会议、样品陈列、示范表演、举办培训班等。

2）利益调节

采用利益调节进行公共关系促销的方法包括：通过给公众在物质和精神上的满足来达到关系协调平衡的补偿性趋向；通过对公众在物质和精神上的要求予以压制和剥夺来解决关系的不平衡问题的惩治性趋向和既给予表扬又给予一定批评的补偿惩治性趋向。

3）支持与赞助社会公益事业

支持与赞助社会公益事业包括支持与赞助体育事业、文化事业、教育事业、精神文明建设、各种专业奖及各种特殊赞助等。支持与赞助既可以是物质的支持，也可以是主持或组织的一些社会公益活动。

4. 营销推广

所谓营销推广是指人员推销、广告推销和公共关系促销以外的，用于增进消费者购买和交易效益的促销活动，如订货会、展销等不固定的、非周期性发生的促销活动。

1）订货会

订货会是由厂商或批发商独立举办或联合举办，由众多消费者参加，通过直接展示产品交易条件来促进销售的一种营销推广的方式。举办订货会在于能在短时间内汇聚大量消费者，有利于节省推销费用，但举办者及其产品应有较高的知名度。

2）展销

展销是由零售商举办，面对广大消费者，通过增加产品的选择性和在展销期间的某些优惠来吸引消费者的一种营销推广方式。展销的产品既可以是某一生产厂家的系列产品，也可以是多种品牌、多种系列的同类产品。展销期一般选择在产品需求的旺季或节假日。

3）特殊陈列

特殊陈列是零售商为了促进销售，通过某种陈列方式，如开架售货、出门摆摊等来进行营销的一种营销推广方式。特殊陈列可以让消费者更方便地接近产品、观赏产品、了解产品，从而增加客流量和销售额。

4）演示

演示是在销售现场对产品的使用方法进行展示，激发消费者对该类产品的兴趣或增加对该品牌产品功能的信任感，从而促进销售的一种营销推广的方式。

5）代销

代销是生产企业委托代理商、经销商销售产品，并按规定进行利益分配的一种营销推广方式。它对迅速扩大分销渠道和销售网络十分有效。

6）赠送样品

赠送样品是企业向目标市场的重点消费者或随机选择的消费者免费提供产品的一种营销推广方式。它有可能使受赠者成为下一次该产品的真正购买者，提高惠顾率；还可以使受赠者成为企业的义务宣传者或他人的参考群体，促进他人购买。

7）试用

试用是企业有选择地给一些消费者免费提供产品试用，满意后再付款的一种营销推广方式。企业一般会规定一个试用期，同时要求消费者不要人为损坏产品。

8）租赁

租赁是企业将产品租赁给消费者，并收取一定的租赁费的一种营销推广方式。租赁对于减小需求方的资金风险、技术风险或解决需求方的资金不足问题有很大帮助，对供应方来说可以让消费者尽早了解产品或加速产品周转，因此常受供需双方的欢迎。

9）服务促销

良好的服务给人方便、给人好感、给人经济上的优惠，因此必然有助于促销。服务促销包括售前服务与购物环境、售中服务与购物方式及售后服务。售前服务与购物环境主要指停车场、导购牌、照明、音响、温度等一系列软件和硬件条件。售中服务主要指良好的服务态度与质量。购物方式主要指方便的购物方式，如订购、邮购、信用卡等。售后服务主要指交易结束后至产品使用寿命结束前所发生的各项服务，如送货、安装、培训、维修、包退、包换等。

10）折扣

折扣是在原有产品价格的基础上，根据消费者的购买情况予以一定价格优惠的促销方式。严格地说，它属于价格策略范畴。具体有数量折扣、现金折扣、季节折扣、展销期间折扣等。

第五节　客户关系管理

一、客户关系管理的含义

随着社会经济的发展，产品的种类日益丰富，市场格局发生了深刻变化，由卖方市场过渡到买方市场，市场竞争也逐步升级，这就推动了营销观念和营销方式的变革。市场的变化源于客户行为的变化，因此企业必须把注意力集中于客户的需求，客户被作为一种宝贵的资源纳入到企业的经营管理之中。

面对诸如哪些产品最受欢迎、原因何在、有多少回头客、客户购买产品时最关心什么、产品的售后服务有哪些问题、广告播出后的反应如何等问题，大部分企业往往只能凭经验推测，这就使得企业的市场营销活动缺乏针对性和准确性。企业的经营管理应该逐步从"以产品为中心"的模式向"以客户为中心"的模式转移。一切从客户的利益出发，维持客户的忠诚，因为只有长期忠诚的客户才是企业创造利润的源泉。企业必须将关注的焦点从内部运作转移到客户关系上来。

客户关系管理简称 CRM（Customer Relationship Management）。从物理结构上说，客户关系管理是一套智能化的信息处理系统；从功能上说，它是将企业的经营、管理导向"以客户为中心"的一套管理和决策方法；从处理信息的软件上说，可以理解为是与客户信息管理有关的软件模块。

从企业管理的角度理解客户关系管理的含义，是通过对客户详细资料的深入分析，来提高客户的满意度，从而提高企业竞争力的一种手段。主要包含以下几个主要方面，这就是 CRM 中的"7P"。

（1）客户概况分析（Profiling）——包括客户的层次、爱好、习惯等；

（2）客户忠诚度分析（Persistency）——指客户对某个产品或商业机构的忠实程度、持久性、变动情况等；

（3）客户利润分析（Profitability）——指不同客户所消费的产品的边缘利润、总利润额、净利润等；

（4）客户性能分析（Performance）——指不同客户所消费的产品按种类、渠道、销售地点等指标划分的销售额；

（5）客户未来分析（Prospecting）——包括客户数量、类别等情况的未来发展趋势、争取客户的手段等；

（6）客户产品分析（Product）——包括产品设计、关联性、供应链等；

（7）客户促销分析（Promotion）——包括广告、宣传等促销活动的管理。

二、客户关系管理的作用

（1）通过提供更快速和周到的服务帮助企业吸引更多的客户。

CRM 不仅是一套管理软件，还是一种全新的营销管理概念。利用 CRM 系统，企业能够从与客户的接触中了解他们的姓名、年龄、家庭状况、工作性质、收入水平、通信地址、个人喜好及购买习惯等信息，并在此基础上进行一对一的个性化服务。通过搜集、追踪和分析每个客户的信息，知其所需，为其量体裁衣，并将客户想要的产品和服务送到他们手中。这就是随着市场不断细分而出现的大规模定制的市场营销原则的精髓，即根据不同的客户建立不同的联系，并根据其特点和需求提供不同的服务，从而真正做到"以客户为中心"，赢得客户的忠诚。

（2）通过信息分析和调查帮助企业搞好市场营销活动。

有了 CRM，可以大规模、全方位地收集分析客户信息，为市场营销提供越来越丰富的数据资源；通过 CRM 的调查、测试结果，能够使企业对新产品、新广告策略、新兴市场等进行准确定位，从而在适当的时机以合理的价格向急需的客户及时地销售称心的产品。

（3）通过对业务流程的全面管理来降低企业的成本。

CRM 通过对客户信息的管理和挖掘，不仅有助于现有产品的销售，还提供了对历史信息的回溯及对未来趋势的预测，能够很好地实现企业与客户之间的互动。例如，企业能够依据不同客户过去的购买行为，分析他们的不同偏好，预测他们未来的购买意向，从而分别对他们实施不同的营销活动，以避免大规模广告的高额投入，可以使企业的营销成本降到最低，使营销推广的成功率最高。

（4）通过电话呼叫中心能够提供故障申报、业务受理、客户投诉等服务的完全自动化。

有了 CRM，客户只需拨打一个统一的电话号码即能得到"直通车"式的服务，一改以往拨打多个电话，问题仍得不到解决的局面。电话呼叫中心将每个事件从申报、受理、调度、处理的每个环节完全控制在事先编排好的计算机逻辑处理系统中，并通过计算机进行跟踪、控制。一方面，避免了人为因素，提高了服务质量；另一方面，明确了每个相关部门、每个员工的职责，将工作纳入了一个统一的管理轨道。电话中心的每个客户应答电话均通过同程录音方式详细地记录在系统中，做到了有据可查、责任明确。

三、客户关系管理的内容

为了赢得客户的高度满意，建立与客户的长期良好关系，在客户管理中应开展多方面的工作。

1. 进行客户分析

该项工作主要分析谁是企业的客户、客户的基本类型、个人购买者和中间商与制造商的不同需求特征和购买行为，并在此基础上分析客户差异对企业利润的影响等问题。

2. 对客户进行承诺

承诺的目的在于明确企业要提供什么样的产品和服务，如何让客户满意。在购买任何产品和服务时，客户总会面临各种各样的风险,包括经济利益、产品功能和质量风险等,因此要求企业做出某种承诺,以尽可能降低客户的购买风险,获得最好的购买效果。

3. 客户信息交流

从实质上说,客户管理过程就是与客户交流信息的过程,实现有效的信息交流是建立和保持企业与客户良好关系的途径。

4. 以良好的关系留住客户

为建立和保持与客户的长期稳定关系,首先要取得客户的信任,其次要采取有效措施,例如,通过建立客户组织等方法保持企业与客户的长期友好关系。

5. 客户信息反馈管理

客户信息反馈对于了解企业承诺目标实现的程度、及时发现为客户服务过程中的问题等方面具有重要作用。投诉是客户信息反馈的主要途径,如何正确处理客户的意见和投诉,对于消除客户的不满、维护客户的利益、赢得客户的信任是十分重要的。

四、客户关系管理实施的步骤

客户关系管理的实施一般要遵循一定的程序,下面是实施客户关系管理的9个步骤。

1. 拟定战略目标,统一思想认识

实施CRM首先必须要有明确的远景规划和近期目标。制定规划和目标时,既要考虑企业内部的现状和实际管理水平,也要看到外部市场对企业的挑战与要求。规划和目标必须符合企业的长远发展计划,同时还应得到企业内部人员的一致认同。

2. 建立CRM项目实施团队

明确了CRM规划和目标并且获得各相关部门认可后,就可着手挑选CRM项目实施团队的成员。这个团队是项目实施的核心,负责做出重要决策,并将CRM实施过程中的细节和优点介绍给企业中的所有人员。CRM项目实施团队应包括来自销售和营销、信息服务、技术部门、财务部门的相关人员和企业高层管理人员,以及客户代表;另外,还可寻求外部CRM的专家加入,一般是专业咨询公司的CRM顾问。

3. 进行商业需求分析

项目实施团队成员应就一系列的问题向销售、营销和客户服务高级经理进行调查和需求分析。在需求分析过程中,可吸收外部CRM顾问参与,外部CRM顾问站在第三方立场参与调查并协助进行需求分析时,可以更加客观、公正地确认需求分析的准确性,并提供CRM解决方案所需要的技术支持。

4. 制订CRM实施计划

有了较完善的CRM蓝图后,还必须制订具体的实施计划,实施计划应包括将CRM构想变成现实所需的具体程序,并充分考虑以下要素:(1)CRM解决方案的来源;(2)判断CRM解决方案是否适合企业需求;(3)考虑CRM项目的成本。

5. 选择CRM软件

选择CRM软件时应考虑企业当前的技术基础和实际需求。CRM软件至少需要提供以下功能。
(1)联系与账户管理;
(2)销售管理;
(3)远程营销管理/远程销售管理;
(4)客户服务管理;
(5)营销管理;

（6）商业智能；

（7）领导管理；

（8）电子商务。

6. 选择实现技术

选择实现 CRM 的技术时必须注意技术的灵活性，同时企业还要根据自身的需要和自身的条件选择合适的实现技术。

7. 挑选供应商

供应商的选择非常重要。企业可以将复杂的 CRM 计划委托给一个拥有丰富 CRM 经验和行业经验的咨询服务商，以帮助选择一个可信赖、拥有强大技术支持、便于沟通并对所提要求有所反应的供应商。

8. CRM 系统的实施与安装

CRM 的最终成功取决于 CRM 系统的实施。实施 CRM 系统要分阶段进行，包括分析与确定 CRM 项目的范围和系统规范；选择一名专业咨询公司经验丰富的顾问人员担任项目管理者和一名来自企业的系统管理员；重新配置和定制 CRM 软件系统，以适应企业的具体商业需求；最终的实施和推广等。

9. CRM 系统的持续管理

CRM 系统实施与安装后，还需要对 CRM 系统进行持续管理，以保证 CRM 系统的有效性。

CRM 是一项复杂的系统工程，要想成功地规划一项 CRM 工程，必须同时重视整个 CRM 项目的计划、实施和管理等所有子项目。

思考与练习三

1. 什么是市场营销？
2. 市场营销的功能如何？市场营销能带来哪些产品效用？
3. 为什么要进行市场机会分析？企业如何寻找和识别市场机会？
4. 何谓市场细分？为什么要进行市场细分？市场细分的依据是什么？
5. 市场营销策略有哪些？
6. 产品定价策略有哪些？
7. 试举例说明如何开展产品促销。
8. 怎样理解现代企业的客户关系管理？

案例分析

【案例分析 3-1】

健力宝品牌自从 1984 年创办以来，就一直与体育、运动、全民健身、中国人走向世界、国家繁荣富强等联系在一起。提起健力宝这个品牌，不少中国人都对它有着很深的感情——这是中国人自己的知名品牌，而且有着很长一段时间的辉煌。但是，在潮流和时尚不断变换的今天，健力宝渐渐被遗忘了，在两乐（可口可乐、百事可乐简称"两乐"）文化的影响下，很多年轻人根本就不知道健力宝曾经被称为"中国魔水"，昔日辉煌的健力宝节节败退，慢慢从一线城市里被挤了出来，仅在二三线城市和农村固守有限的尊严。健力宝衰落的原因不是一两句话就可以解释清楚的，其中有企业内部管理问题，更有品牌老化问题。在认真分析了存在的诸多问题后,健力宝又重返市场。2002年5月,健力宝集团推出了定位在"健康的休闲饮料"的全新品牌"第五季"。之后又力邀日本当红明星滨崎步作为品牌形象代言人,领导多品种产品上市,这些产品包括果汁、茶、水和碳酸饮料4大系列三十多种产品。8月,为了解决健力宝主品牌形象保守、老化的问题,健力宝主品牌进行了品牌重塑,推出以"超凡竞赛、超凡动力"为核心的新形象。健力宝一改以往所注重的大批发、大流通渠道,全面实行经销商合作伙伴制,通过零售终端大面积品牌旗舰店的建设实施深度覆盖,迅速树立了健力宝"第五季"的品牌形象。

健力宝集团原旗下针对不同产品系列拥有不同品牌,但多品牌经营必然会带来投资重叠和市场推广的浪费。因此健力宝进行了品牌资源的整合,集中优势对市场作战,将原不同系列的产品统一在一个全新品牌"第五季"之下,并通过区隔品牌形成市场区隔,让健力宝和新品牌形成互补之势,以期获取更大的市场份额。事实上,以一个品牌将多个产品系列涵盖的做法在国内饮料市场是极其少见的。一般做法都是强调产品本身的概念,如"鲜橙×""××红茶"等。无论是统一,还是康师傅等品牌,在进入某一饮料领域时,都是采取创造一个新品牌的策略。这种策略一方面强调了产品特征;另一方面也有降低品牌风险的考虑。缺点是品牌本身缺乏扩张力,只能作为阶段性的战术占领市场。而"第五季"则是"项庄舞剑,意在沛公",意欲以一个抽象概念——游离于春、夏、秋、冬四季之外的时空概念"第五季"涵盖产品,使品牌的涵盖力更强,不为流行口味所左右,同时也能实现渠道、广告等多种资源的共享。可以看到,从"第五季"的品牌定位到品牌策略,"第五季"都采取了很多突破常规的做法。借助这一策略引发起市场的突破性进展,正是健力宝集团所期望的效果。

【案例分析问题】

(1)"第五季"的市场定位如何?"第五季"能改变健力宝的传统形象吗?

(2)当代年轻人的消费观是什么?在营销中如何把时尚与年轻消费者有机地融合在一起?

(3)老品牌在步入一段低迷时期后,如何重新打造品牌价值?老品牌能为企业带来哪些方面的优势?它又有哪些负面影响?

(4)"第五季"对健力宝来说是一个正确的选择吗?说明理由。

(5)健力宝的症结到底是产品、品牌、渠道?还是别的方面?

【案例分析3-2】

商家打折大甩卖是常有的事,人们绝不会大惊小怪。但有人能从中创意出"打1折"的营销策略,实在是高明的枯木抽新芽的创意。

日本东京有个银座绅士西装店,就是首创"打1折"销售的商店,曾经轰动了东京。当时销售的商品是"日本GOOD"。

具体的操作是这样的:先定出打折销售的时间,第一天打9折,第二天打8折,第三天、第四天打7折,第五天、第六天打6折,第七天、第八天打5折,第九天、第十天打4折,第十一天、第十二天打3折,第十三天、第十四天打2折,最后两天打1折。

商家的预测是:因为是让人吃惊的销售策略,所以前期的舆论宣传效果会很好。抱着猎奇的心态,客人们将蜂拥而至。当然,客人可以在打折销售期间随意选定购物的日子,如果你想要以最便宜的价钱购物,那么你在最后的那两天去买就行了,但是你想买的东西不一定会留到最后那两天。

实际情况是:第一天来的客人并不多,如果来也只是看看,一会儿就走了。从第三天就开始一群一群地光临,第五天打6折时客人就像洪水般涌来开始抢购,以后就连日客人爆满,当然等不到打1折,商品就全部卖完了。

【案例分析问题】

(1)商家究竟赔本了没有?理由何在?

(2)"打1折"是一种什么营销策略?

【案例分析 3-3】

据悉,史玉柱原来想盖一幢 18 层的自用办公楼,设计一变再变,楼层节节拔高,一直长到 70 层,投资从 2 亿元涨到 12 亿元。他是怎样做出这项决策的呢?史玉柱说:"这是我一个人一夜之间做出的决定,我只打了个电话给香港的设计所,问加高(楼层)会不会对大厦基础有影响,对方说影响不大,我就拍板了。"他进军生物工程的决策也是这样的。生物工程对史玉柱来说是一个完全陌生的领域,他是如何做出这个决策的呢?他自己是这样说的:"当时只是隐约意识到生物工程是一个利润很高的产业,其实,我们对这个新市场是不甚明白的,不了解这个领域的消费者,尤其是对这个领域的资金运作和营销策略及队伍管理不熟悉,现在想起来,进入生物工程领域时我并没有一个全盘考虑,也没有成熟的计划。一两个产品的成功,就让我们头脑发热。"

【案例分析问题】

就以上案例谈谈你对市场预测必要性的认识。

第四章　工业企业的生产管理与技术管理

学习目标

【知识目标】
1. 熟悉现代工业企业生产的形式与特点；掌握生产管理的概念，生产管理的内容和基本任务；了解工业企业生产管理的发展趋势；
2. 熟悉生产过程的构成及合理组织生产过程的要求；掌握合理控制生产过程的空间组织、时间组织、流水生产组织的方法；
3. 熟悉生产计划工作的内容及编制生产计划的原则；
4. 熟悉JIT、看板管理和5S活动等现代生产管理方式；
5. 熟悉企业管理中技术管理的内容，熟悉技术革新、技术开发、技术引进、技术改造等技术管理活动；
6. 了解新产品开发的意义及原则，熟悉新产品开发的程序及新产品开发的策略。

【能力目标】
1. 初步具备组织和控制企业生产过程的能力；
2. 初步具备开展企业技术管理的能力。

案例导读

【案例4-1】上汽集团适应信息化所创造的生产管理方式

最近几年，特别是近两年，上海汽车集团股份有限公司（上汽集团）顺应全球信息化的发展，积极地创新生产模式。

上汽通用汽车有限公司（上汽通用）在积极推行柔性生产方式、满足快速变化的市场需求的同时，还要最大限度地降低汽车成本。为此，他们从供应链整体优化角度出发，重组企业现行管理模式和业务流程，运用信息网络平台主动与两百多家零部件供应商实行有效的沟通与协调，形成了一个完整、有效的供应链体系，从而使上汽通用在将车型从"别克"切换到"君威"时的库存成本控制在20万元以内，而此前仅把"赛欧"的内饰件颜色由灰色换成米黄色时，库存切换成本就高达近千万元。

上汽大众汽车有限公司基于信息系统对原有产品管理模式和业务流程进行重组，并建立起新的具有目标明确、快速反应、职责清晰和有效沟通等特点的产品管理体系。从而使该公司产品改进流转时间由原来的平均102天缩短到平均71天，迅速提升了企业产品的管理水平和市场竞争力。

可见推进企业信息化建设，离不开企业管理模式与业务流程的重组。当今世界，企业与企业之间的单体竞争正在逐渐弱化，取而代之的是供应链与供应链之间的群体竞争。

【案例 4-2】柔性化架构的汽车制造企业管理系统

与其他行业相比，汽车制造业在先进管理思想和先进技术应用方面最为迅速、最有成效。如JIT（准时生产）就发源于汽车制造业；BPR（业务流程重组）也是在汽车制造业率先获得了堪称经典的成功例证；信息化需求最为旺盛的产业也是汽车制造业。

大众汽车公司在巴西成立了一家商用汽车制造厂。与传统汽车装配厂不同的是，该厂汽车零部件供应商直接在大众汽车公司的装配厂区内建立自己的零部件装配场所，就近向总装配线供货。每个供应商提供的零部件都是一个比较完整的单元，并由各自的工人直接往汽车上安装。大众公司只委派一名有经验的 Master（类似中国工厂的技师、工段长或车间主任）监督、检查和指导总装生产线上各供应商的工人进行装配作业。这种装配模式意味着企业的装配零部件库存基本为零，也没有什么分装作业区，大大减少了自身的工作量和资金占用量，生产成本大幅度下降。

整车制造企业的生产管理正在走出"厂墙"的包围，正在将供应商的生产车间、供应商在整车厂的协配作业区及整车厂的装配生产线有机地结合起来。在这种情况下，如果系统结构过于刚性，只能响应传统的组织结构，就会成为企业发展的阻碍。

一个开放的柔性的生产管理系统，应该由整车订单需求驱动，从组装车间"拉动"至涂装、焊装和冲压车间，直至供应商及其协配作业区。由于功能架构是柔性的，因此可以根据企业的情况灵活调整，从而将JIT"拉动"生产的理念与SCM（供应链管理）"链接"的理念在信息化领域更紧密地结合起来，以满足整车装配企业协同制造的需求。

上面提到的是生产管理的例子。其实，这种柔性管理的需求在各个领域都有所体现。例如，在物流管理方面，由于供应商直送工位及第三方物流的出现，库存管理的概念发生变化，需要物流管理系统做出响应；在质量管理方面，召回制度的实施，使得质量管理系统需要更为全面地考虑如何以最简单而经济的方式实现全面质量责任追溯。

可见，柔性的信息管理系统可以大大提高汽车制造企业的应变能力，使企业能够更经济、更深入地持续获得信息化效益，为企业的发展打好基础。

【案例 4-3】新产品开发有利可图

新产品开发虽然有风险，但一旦成功，企业可迅速占领市场，甚至垄断市场，并且有较高的附加值。广东三水市酒厂原是一个濒临倒闭的小型企业，成功开发健力宝饮料这一新产品后，迅速占领全国市场获得了巨额利润，这个小型企业在短短的几年内一跃成为全国乃至世界具有影响的大型知名集团型企业。杭州的"娃哈哈"、长沙的"远大中央空调"、青岛的"海尔"等许多企业的成功都是靠新技术和新产品的开发取得的。众所熟知的微软公司总裁比尔·盖茨，在短短二十年里便成了亿万富翁，其原因就是他开发了电脑所需的视窗软件这类高新产品，此外，在新产品开发有利可图的刺激下，企业进一步增加投资用于新技术的应用和新产品开发，形成良性循环。

【案例 4-4】价值分析在新产品开发中的应用

20世纪70年代初，石油危机爆发以后，西方各国石油供应短缺，汽油价格上涨，汽车用户的交通负担显著加重，汽车销售量锐减，整个资本主义世界的汽车销售市场面临严重的危机。

日本汽车工业为了应付这场危机，对汽车设计和生产进行改革，大量生产廉价而节能的小汽车，适应石油涨价后变化的市场需求。因此，日本汽车工业不但顺利地渡过了危机，而且很快打入了欧美汽车市场。1980年日本汽车总产量已经超过美国，跃居世界第一位。日本汽车工业应付这场危机采取的行动策略称为"不变负担准则"。这种准则站在用户的立场上，很好地解决了产品寿命周期总成本的问题。

美国第三汽车公司克莱斯勒公司在这场危机中则掉以轻心，认为美国人讲究阔气，不在乎多花汽油费，于是照样生产耗油量大的豪华型汽车，结果跌了跟头，几乎陷入倒闭。日本人则改变生产方针，改革汽车设计，生产廉价而节能的轻型轿车，使得用户在石油涨价后所支付的交通费用仍维持不变；实行"不变负担准则"，从降低汽车造价和节约用油两条途径努力。日本汽车轻巧实用，每辆售价3 000美元，耗油比美国汽车节省40%，因此占领了市场。

【案例4-5】美菱保鲜冰箱的成功开发

长虹美菱股份有限公司（美菱集团公司）是安徽合肥一家以电冰箱生产为主的集团企业，大约在国内冰箱市场接近饱和时才步入冰箱产业，起步较晚。但是，经过多年的奋斗，美菱集团公司已经成为与国内数家冰箱名牌企业并存的冰箱市场中的一朵"红花"。

美菱集团公司的发展道路并不平坦。在严酷的冰箱市场饱和的现实面前，美菱集团公司没有沉沦，而是坚持走企业技术开发的道路，大胆更新产品观念和市场观念，在刚性的市场需求面上找出一道"缝隙"——保鲜冰箱。

美菱保鲜冰箱应用了6招"保鲜"技术：（1）透湿过滤，控制蔬菜和瓜果水分的散发，使食物始终保持鲜嫩效果；（2）冰温保鲜，冷藏室特设冰温室，既能保持食物原有营养成分及鲜美味道，又能避免解冻带来的食物组织结构的破坏；（3）消霉除臭，不仅能够去除冰箱中的异味，而且能分解并吸收冰箱中的乙烯气体，大大减缓水果、蔬菜的熟化过程，使其在相当长的时间内保持新鲜；（4）杀菌内胆，内胆采用具有杀菌作用的新材料制造，食物既能迅速摆脱细菌活动的破坏，又能保持营养成分及鲜美口味；（5）速冻保鲜，使食物快速通过"易污染及变温区"，大大减少污染，从而达到保鲜效果；（6）深冷保鲜，在食物表皮形成大量微小晶体，使其细胞结构不被破坏，始终保持新鲜。

美菱集团公司从开发保鲜技术入手，通过两次技术创新，并将创新技术转化为新产品——保鲜冰箱，从而开拓出一个新市场。美菱集团公司由小到大，由弱变强，由赶"末班车"到进入中国家电队伍中的第一个方阵。据统计，1998年上半年，全国冰箱销量比1997年同期下降7%，而美菱冰箱销量却上升了12%。

【案例4-6】微软公司加快实施企业技术创新

微软公司创立近三十年，现已成为举世瞩目的超大型企业。进入21世纪后，微软公司加快实施企业"核心技术"战略创新，不懈追求技术领先市场一步的策略。比尔·盖茨认为，企业能否不断创造出未来技术优势，将决定企业竞争与发展的命运。新的核心技术竞争力是企业特有的技术创新能力，是向消费者提供比竞争对手更大的利益，拉开竞争差距的经营新方式。微软公司针对IT产业18个月为一个产品服务周期的特点，曾以"18个月后微软将倒闭"来增强企业危机感，加速创新产品的进程；着力于不断创造出微软高技术平台产品，创造了科技经营的微软神话。

第一节 生产管理概述

生产是社会生活中最为普遍的活动，生产一般是指将一系列的输入按照特定的要求转化为某种输出的过程。这是一个增值的过程，通过物态、功能和价值的转化而实现增值。生产管理是研究如何提高生产过程的有效性和效率的。

科学技术的进步和社会的发展使得现代生产的概念逐渐扩展为既包括有形产品的生产，又包括提供劳务、知识及信息等无形产品的活动，大部分的制造厂商都兼有服务功能，许多产品都是硬件、软件和服务的集成。因此，在探讨、学习生产管理时，必须了解现代生产的形式和特点，并明确现代生产管理的内容和任务。

一、现代工业企业生产的形式与特点

生产不仅追求低成本、高效率，更强调多品种、适应性和对市场变化反应的迅速敏捷。生产必须是一个增值的过程，如果生产的产品不能满足市场的需求，不能实现其商品价值，生产就不仅是没有意义的，还是一种浪费和破坏。现代工业企业生产面对的生产环境有以下几个特点。

1. 面对的市场是一个买方市场

买方市场的特征在于消费者是起支配作用的一方，生产者必须根据消费者的需求来安排生产，提供消费者所需要的产品，否则企业的生产将无法获得效益。

2. 企业提供的产品其寿命周期变短

由于市场的激烈竞争，企业都在努力将自己的产品在越来越短的时间内推向市场，因此产品的再设计在不断发生，产品在市场的有效寿命周期内常常遇到融入最新设计特征的改进品种的冲击，产品的寿命周期变短。

3. 企业的生产应用技术在不断更新

科学技术成果转化为生产力的速度在不断地加快，形成了工业产品的更新换代正以前所未有的速度向前发展。如果说一个新产品从构思、设计、试制到商业性投产在19世纪大约需要70年左右，如蒸汽机技术从理论到产品开发大约花了80年；而现在只需花3年甚至更短的时间，如晶体管的应用就只花了3年，激光器的应用仅仅用了1年。

现代工业企业生产所处的新环境，形成了生产市场导向化、生产柔性化、产品独创化、经营多角化的现代生产形式和特点。

生产市场导向化的生产环境要求企业以市场需求、消费者需求为产品设计、生产的始点，以消费者满意为设计、生产的终点，表现为采用多品种、小批量的生产方式和从单纯的产品生产转向产品、服务的双重生产。

生产柔性化的生产环境要求企业能随机应变，适应市场的多元化需求并能快速交货，采用具有柔性、弹性、适应性的生产形式，以精益生产方式为代表，其特点是既突破"批量小、效率低、成本高"的生产管理逻辑，又改变大量生产的刚性，使成本更低、质量更好、品种更多、适应性更强。

产品独创化的生产环境要求企业生产具有竞争力的产品，如生产知识化的产品。如果说机器化生产的特征是高的生产效率和大的生产能力，那么知识化生产的特征则不仅是高的生产效率还是高科技含量，一方面表现为产品含有大量的知识与技术；另一方面表现为使用高技术水平的生产设施和高素质的生产人员。在现代市场中，决定产品竞争能力的因素不仅是价格，更多的是产品中包含的技术和知识，靠"模仿"的产品往往是缺乏竞争力的，企业必须有研发能力，才能生产出在市场上具有竞争力的产品。

二、生产管理的内容和任务

1. 生产管理的概念

生产管理是以企业内部生产活动为中心、以提高效率为目标的执行性管理活动，是现代企业管理大系统中处于重要地位的主要子系统之一。其定义有广义与狭义之分。

广义的生产管理是指对生产活动进行计划、组织和控制，以保证能高效、低耗、灵活、准时地生产合格的产品和提供使消费者满意的服务，也就是指与产品制造或服务提供密切相关的各个方面管理活动的总称。

生产管理作为一个有效的转化过程，其系统可由图4-1表示，包括资源输入子系统、加工转换子系统、产品输出子系统和反馈控制子系统。生产管理系统就是对生产系统的输入、转换、输出和反馈进行科学的计划、组织和控制，以达到生产目的的管理活动系统。现代有效的生产管理，应该使生产系统不仅是一个单纯的产品输出系统，还是一个自行完善的系统，即在完成转化之后得到有效输出的同时，还应该得到有用的经验和更好的方法，使之成为学习型的系统。

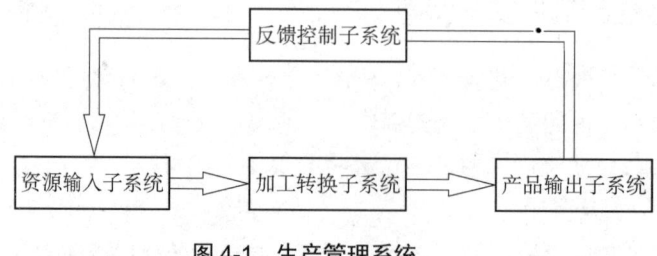

图 4-1 生产管理系统

狭义的生产管理是指以生产产品或提供服务的过程为对象的管理，如生产技术准备、生产过程组织、生产调度、生产进度控制等。本章主要介绍狭义的生产管理。

2. 生产管理的内容

生产管理作为现代企业管理系统中的一个子系统，与经营管理、技术管理、销售管理等其他子系统有着密切的、相辅相成的关系。生产管理主要是保证和维持企业的生产活动与企业内部的人力、材料、设备、资金等资源的静态平衡与动态平衡，并充分利用企业内部的条件，按要求、按计划、最经济地完成生产的转化。生产管理的内容，按其概念可概括为以下5项工作。

1）计划管理

计划管理主要是根据预测和经营计划制订生产计划和生产作业计划。如确定产品的品种、产量、质量、产值计划；生产进度计划；具体的生产作业计划等。

2）生产准备

生产准备主要包括工艺技术方面的准备、人力的准备、物料和能源的准备、设备及运输方面的准备等。

3）生产组织

生产组织主要是进行生产过程与劳动过程的组织。生产过程组织主要是解决产品生产过程中各生产阶段、各工序之间在空间和时间上的衔接协调问题；劳动过程组织是在此基础上正确处理劳动者之间、劳动者与劳动工具、劳动对象之间的关系。它们既要保持相对稳定，又要适应市场需求的变化。

4）生产控制

生产控制是围绕生产计划对生产过程实行的全面控制，包括对生产作业进度、产品质量、物资消耗、成本、资金占用和设备运行等各方面的控制。

5）现场管理

现场管理主要是对从事产品生产、加工的场所进行现场调度、质量分析、安全监督等。现场管理是生产控制的重要手段，是收集反馈信息的重要来源。

3. 生产管理的基本任务

生产管理的基本任务就是通过计划、组织、控制等管理功能对生产系统进行有效的管理，根据生产过程的要求，把生产过程的人力、材料、设备、资金和信息等要素进行有机的、最佳的整合，经济、合理、按时地生产出使消费者满意、适销对路的产品，从而满足社会的需求和获取企业发展所需的经济效益。主要包括以下3个方面。

1）按需生产

按需生产指根据市场需求和订货合同，制订计划和组织生产，保质、保量、按期提供消费者所需的产品和服务。

2）均衡生产

均衡生产指按照生产计划规定的进度，使各个环节和各个工序均衡生产，以建立正常、高效的生产秩序，提高设备利用率和工时利用率，降低消耗，减少在制品占用，加速资金周转，提高经济效益。

3）安全文明生产

安全文明生产指建立各项科学、合理的生产管理制度和良好的生产秩序，做到文明生产、安全生产，保证生产过程顺利进行。

简而言之，生产管理的基本任务就是使产品的质量、生产成本和交货期达到企业的预期目标。这是衡量企业生产管理成效的三大指标。

三、工业企业生产管理的发展趋势

1. 工业企业生产管理的历史沿革

世界范围内生产管理技术的发展与生产管理模式的创新可概括为3个阶段。

1）19世纪后半叶形成的师傅带徒弟的经验管理阶段

此阶段的生产模式是单一品种或少品种的小批量生产方式，其特点是工人具有高超的操作技术，生产过程是分散组织。

2）20世纪初开始逐渐形成的泰勒的科学管理阶段

此阶段的生产模式是以流水线生产技术和生产的标准化、系列化为基础的大量生产方式，生产管理强调的是高效、低耗及产品的质量。

3）20世纪60年代以后产生的准时、柔性管理阶段

以美国的订货点法、日本的准时生产制等为代表，这些新的生产管理模式均以多品种、灵活性、适用性为目标。

由于我国科学技术和生产技术的发展，以及工业化进程相对落后，生产管理技术和模式的发展也滞后于发达国家，此外，企业之间生产管理的水平也参差不齐。但自20世纪80年代初开始，随着我国经济体制的改革和新技术革命的兴起，先进的生产管理技术不断引入，企业的生产管理逐步进入了现代科学管理阶段，现在有的企业已进入准时、柔性管理阶段。

2. 工业企业生产管理的发展趋势

1）制造资源计划

制造资源计划（Material Requirement Planning Ⅱ，MRP Ⅱ）是适应市场经济需要的生产管理模式，其基本思想是把企业作为一个有机整体，通过运用科学的方法和信息集成，对企业各种制造资源，如人员、物料、设备、资金、信息、技术、能源、市场、空间、时间等，以及产、供、销、财各个环节进行有效的计划、组织和控制，即依照主生产作业计划、根据产品的材料单及库存状况制订出物料需求计划，使物料得以高效利用，旨在提高企业的竞争力。

2）准时生产制

准时生产制（Just in Time，JIT）是日本丰田汽车公司在20世纪60年代为了追求零库存而创造的采用看板系统和倒流水拉动方式的生产管理模式。它能够按照用户的订货要求用必要的原料、在必要的时间和地点生产出必要的产品，既减少了制造过程中的种种浪费，提高了效率，同时又使系统增强了对客户订货的应变能力。这种生产方式又被称为一个流的生产方式：在生产过程中，零件（毛坯或半成品）投入时不停顿、不堆积、不超越、按顺序、按节拍一个一个地产出，整个生产线如同一台设备的劳动集成同步化均衡作业。

3）敏捷制造

敏捷制造（Agile Manufactuning，AM）是一种以先进生产制造技术和动态组织结构为特点，以高素质与协同的工作人员为核心，采用企业间网络技术以快速适应市场的社会制造体系。它是基于以信息技术和柔性智能技术为主导的先进制造技术和柔性化、虚拟化、动态化的组织结构，能全面满足现代工业企业生产管理目标的要求，被称为21世纪的生产管理模式。

4）计算机集成制造系统

计算机集成制造系统（Compater Integrated Manufacturing System，CIMS）已成为现代工业企业进行生产管理的主要趋势。它是从产品设计、工艺制造、生产过程、生产控制全过程一体化的制造系统。它建立在与之相适应的生产经营综合管理体制基础上，并进一步朝着经营与生产一体化的高度集成方向发展。CIMS的应用和发展将给企业带来巨大的效益。

第二节　组织生产过程

生产过程是工业企业最基本的活动过程，组织生产过程是工业企业生产管理的重要内容，用于研究工业企业怎样从空间上和时间上合理地组织产品生产，怎样投入的人、财、物、信息等各种生产要素有机地结合起来

形成一个协调的系统,从而使产品的运行距离最短、花费时间最少、耗费成本最小,能够获得最好的经济效益。

一、生产过程及其构成

1. 生产过程的概念

任何一个工业产品的生产都必须经历一定的生产过程。一般来说,生产过程是人们对社会经济资源不断加工,使其转换成社会所需资源(产品或劳务)的过程,是一系列相互联系的劳动过程和自然过程相结合的全部过程。生产过程的概念有广义和狭义之分,广义的生产过程是指从生产准备开始到把产品加工出来的全部过程;狭义的生产过程是指从原材料投入生产开始到产品加工出来的全部过程。

2. 生产过程的构成

由于企业的专业化水平和技术条件,以及生产性质和产品特点各不相同,生产过程的具体构成会存在较大的差异,根据生产过程各阶段对产品所起的作用,一般由4个部分构成。

1)生产技术准备过程

生产技术准备过程指产品投入生产前所进行的各种生产技术准备工作,如产品设计、工艺设计、标准化工作、定额工作、设备布置,乃至新产品试制和工人的培训等。

2)基本生产过程

基本生产过程指直接对劳动对象进行加工处理,把劳动对象变成基本产品所进行的生产活动,如机械制造企业的铸锻、机械加工、装配,轻纺企业的纺织、织布等。

3)辅助生产过程

辅助生产过程指为保证基本生产过程的正常进行所提供的各种辅助产品和劳务的生产过程,如生产所需动力的供应、工具和刀具的制作、设备的维修、水质的处理等。

4)生产服务过程

生产服务过程指为基本生产和辅助生产提供的生产服务活动,如原材料、半成品、外协件的供应、运输、储存、检验等。

以上是构成生产过程的4个子过程,它们之间有着密切的联系,基本生产过程是主体,其他过程都围绕基本生产过程进行。基本生产过程又由若干个工艺过程组成,而每个工艺过程又可细分为若干个工序。工序是组成生产过程的基本单位。

二、合理组织生产过程的要求

不同企业的生产过程不同,但任何产品的生产都是由一定人员、设备按一定的工艺进行加工的,任何生产过程都要求各要素得到合理的组织,使生产过程始终处于最佳状态。合理组织生产过程是指把生产过程在空间上和时间上很好地结合起来,使产品以最短的路线、最快的速度通过生产过程的各个阶段,并且使人力、物力和财力得到充分利用,达到高产、优质、低耗的效果。合理组织生产过程是保证企业获得良好经济效益的前提,因此应考虑以下几个方面的要求。

1. 生产过程的连续性

生产过程的连续性指产品在生产过程各阶段、各工序之间的流动在时间上紧密衔接,形成一个连续不断的过程。也就是说产品在生产过程中始终处于运动状态,没有或很少有不必要的停顿和等待时间。生产过程的连续性是提高生产效率、降低生产成本的基础,但需要有相应的生产技术要求。

2. 生产过程的比例性

生产过程的比例性也称为生产过程的协调性。指生产过程中的各个生产阶段和各工序之间在生产能力上保持适当的比例关系。生产过程的比例性是保证生产平衡进行、保证生产连续性的基础,也是充分利用生产能力、减少人员和设备等的浪费、提高劳动生产率和设备利用率的前提条件,它取决于生产的设计及组织水平。

3. 生产过程的平行性

生产过程的平行性指生产过程的相关阶段、相关工序应尽可能实行平行作业。生产过程的平行性可充分利用时间和空间，大大缩短产品的生产周期，提高生产效率。生产的平行性取决于生产的连续性和生产的组织方式。

4. 生产过程的均衡性

生产过程的均衡性也称为生产过程的节奏性，指产品在生产过程的各个阶段，在相同的时间间隔内大致生产相同的数量或递增数量，使各个工作地的负荷保持均衡，避免前松后紧。生产过程的节奏性是充分利用生产能力的基础，能使人员、设备等要素得以最合理的利用，有利于提高产品质量，缩短产品的生产周期。

5. 生产过程的适应性

生产过程的适应性指生产过程对市场需求的适应性，就是生产过程能在短时间内，以最少的资源消耗，从一种产品的生产转换为另一种产品的生产，这就要求生产加工的组织必须具有灵活性、可变性、多样性，这是变化的市场需求对企业生产过程柔性化的要求。

以上各项要求是相互关联、相互制约的。对不同企业及在不同条件下的同一企业，各有不同的指导意义，企业应根据自身的实际情况加以综合应用，合理地组织生产过程，以求得系统的整体效益。

三、生产类型

生产类型是企业根据产品结构、生产方法、设备条件、生产规模、专业化水平、工艺和技术水平等方面的情况，按照一定标志所进行的分类。生产类型是影响生产过程的主要因素之一，是研究生产管理首先要明确的重要问题。按工作地的专业化程度划分，企业的生产类型有大量生产、成批生产和单件生产3种。

1. 大量生产

大量生产是指生产产品的产量大而品种少、生产条件稳定、专业化程度较高、经常重复生产同样产品的生产类型。其优点是可以采用高效率的专业设备和专用工艺装备，生产过程的机械化、自动化水平较高，可采用流水作业线等生产组织形式，在生产效率、生产成本、技术水平等方面具有一定的优势，但生产的应变能力较弱。

2. 成批生产

成批生产是指相对大量生产而言，产品产量较小而品种较多、生产相对稳定、经常成批地轮换生产几种产品的生产类型。这种类型的生产虽然稳定性和重复性不如大量生产，但仍保持了定期重复、轮番生产的特点；在生产效率、生产成本、技术水平等方面的优势虽然不如大量生产，但应变能力却略有提升。

3. 单件生产

单件生产是指产品品种繁多，且每种产品的数量小，工作地要从事多道工序，工序很少重复，即使重复也不定期，工作地的专业化程度很低的生产类型，如生产大型发电设备、重型机械的企业。

不同的生产类型对设计、工艺、生产组织和生产管理，以及企业的技术经济指标有不同的影响。采用何种生产类型应由企业主导的产品生产过程来确定，一个企业内可同时存在3种不同的生产类型。

四、生产过程的空间组织和时间组织

产品的生产过程既要占用一定的空间，又要经历一定的时间。合理组织生产过程，就需要将生产过程的空间组织与时间组织有机地结合起来，充分发挥它们的综合效率。

1. 生产过程的空间组织

生产过程是在一定的空间内，经过许多相互联系的生产单位完成的。生产单位包括生产技术管理部门、基本生产部门、辅助生产部门和生产服务部门。基本生产部门是从事基本产品生产的单位，包括生产车间、工段、班组等。合理的生产过程空间组织应使生产单位及其设施在空间布局上形成一个有机的整体，能够经济、合理地完成各项生产任务。生产过程的空间组织有 3 种形式。

1）工艺专业化

工艺专业化也叫工艺原则，是按照生产过程中各种工艺的特点来设置生产单位的一种形式。其特点是在生产单位内设置相同的生产设备，配备相同工种的工人，按照相同的工艺加工不同的产品。

这种空间组织方式能适应产品品种变化的需要，增强企业对市场变化的应变能力；有利于专业化的技术管理，有利于同工种工人的技术交流；便于充分利用设备和生产空间；但由于只能完成一种或部分工艺的加工，因此在生产过程中会出现频繁运输、待机待料的现象；并且一般生产周期较长，资金占有量大，产品成本较高。

2）对象专业化

对象专业化也叫对象原则，是按照产品的种类来设置生产单位的一种形式。其特点是在生产单位内设置不同的生产设备，配备不同工种的工人，按照不同的工艺对同一产品进行加工。

这种空间组织方式具有运输距离短、运输量小、等待时间短、生产连续性好、易于采用先进高效的专用设备和先进的管理组织方式等优点，有利于提高经济效益。但由于对象专业性很强，因此也存在市场变化适应能力差、不能充分利用生产设备的问题。

3）综合形式

综合形式是综合运用工艺专业化和对象专业化形式来设置生产单位的一种形式。具体分为在对象专业化的基础上采用工艺专业化设置生产单位，或者在工艺专业化的基础上采用对象专业化设置生产单位。两种形式各有侧重，企业可视自身情况进行选择。综合形式可以取两者之长而补各自之短，是一种较为灵活的生产专业化形式，有较强的实用性。

采用何种空间组织形式，应根据企业的生产类型、具体的生产技术条件、产品的结构及工艺复杂程度、企业的专业发展方向等因素确定。

2. 生产过程的时间组织

科学、合理地组织生产过程，不仅要对企业内部各生产单位在空间上进行有效的组织，还要对加工对象在不同车间和不同工序之间从时间上进行有效的控制，以提高产品在生产过程中的连续性和平行性，实现有节奏地生产，缩短生产周期，提高劳动生产率和设备利用率。

缩短产品生产周期的第一步是合理确定加工对象在生产过程中的移动方式。加工对象的移动方式有 3 种。

1）顺序移动方式

顺序移动方式是一批加工对象在一道工序全部加工完毕之后，整批进入下一道工序继续加工的。此时，加工对象的加工周期为：

$$T_{顺} = n\sum_{i=1}^{m} t_i \qquad (4-1)$$

式中，$T_{顺}$——顺序移动方式的加工周期；

n——批量；

m——工序数；

t_i——第 i 道工序的单件加工时间。

采取顺序移动方式，可以减少加工对象的运输次数，设备对加工对象的加工不间断，组织管理工作简单；但生产过程的平行性差，加工对象的等待时间长，因此加工周期长，资金周转速度缓慢。这种移动方式适合加工对象的批量不大、单件加工工时较短、加工对象的重量较轻和价值较小的情况。

2）平行移动方式

平行移动方式是每个加工对象在上一道工序完成之后，立即转到下一道工序继续加工的。也就是说，一批加工对象在各道工序上同时加工、平行作业。此时，加工对象的加工周期为：

$$T_{平} = n\sum_{i=1}^{m} t_i + (n-1) t_{长} \qquad (4-2)$$

式中，$T_{平}$——平行移动方式的加工周期；

$t_{长}$——所有工序中的单件工时最长者。

采取平行移动方式时,由于各工序间的加工是平行进行的,因此加工对象的等待时间短,加工周期短,资金的周转速度快。但是,由于运输次数多,运输工作量大,因此部分工序的部分设备在加工时有间歇,且间歇时间分散,不易利用。这种移动方式适用于加工对象的单件工时较长、批量较大、重量较重和价值较大的情况。

3) 平行顺序移动方式

平行顺序移动方式是以能使下一道工序连续加工为前提来组织平行作业的。此时,加工对象的加工周期为:

$$T_{平顺} = n\sum_{i=1}^{m} t_i - (n-1)\sum_{j=1}^{m-1} t_j \tag{4-3}$$

式中,$T_{平顺}$——平行顺序移动方式的加工周期;

t_j——相邻两道工序中的单件工时较短者。

比较3种移动方式可知,企业应根据其生产特点、生产过程的空间组织形式等因素来选用移动方式。加工对象在工序间的移动方式是在加工对象有了一定的批量且存在两个以上的工序时才需要研究的问题,如果整个加工过程只有一道工序,就不存在加工对象在工序间移动的问题。

3. 流水生产的组织与控制

1) 流水生产及其特征

流水生产是指加工对象按照一定的工艺路线和统一的节拍,连续不断地按顺序通过各个工作地的一种生产组织方式。流水生产具有以下特征。

(1) 工作地专业化程度高。在一条流水线上只固定生产一种或几种产品,每个工作地只固定完成一道或几道工序。

(2) 生产过程连续性高。流水线上的在制品像流水般由一道工序运送至下一道工序,工序间的运输都采用传送带,加工对象做单向连续移动,极少有间歇现象。

(3) 生产的节奏性强。加工对象的各道工序按一定的时间间隔投入和产出,各工作地完全按节拍生产,保证了流水线的连续性和均衡性。

(4) 设备和场地按工艺过程顺序排列。流水线上的设备和场地均按加工对象的工艺过程顺序排列,加工对象在各道工序间单向移动,保证了运输路线最短。

(5) 产品的工艺过程是封闭的。各工作地按加工对象的加工工艺顺序排列,并能在流水线上完成某个工艺过程的全部或部分工序。

(6) 流水线上各工序间的生产能力是平行成比例的。

2) 组织流水生产的条件

实现流水生产需要具备一定的条件,最主要的有:

(1) 产品品种相对稳定,产量足够大,产品可以保证流水线有足够的负荷。

(2) 产品结构比较先进,工艺性相对稳定,确保专用设备和工艺装备能发挥其潜在效益。

(3) 工艺过程能划分为简单的工序,便于按照工艺同期化要求进行工序的分解与合并,以使各工序的工时相差不大,满足生产节拍的要求。

(4) 产品必须标准化、系列化,原材料、协作件也必须标准化、规格化,并能及时供应,以保证工作地的正常运转。

(5) 生产场地必须足以容纳流水线上的机器设备和运输装置,以保证生产顺利进行;机器设备必须完好,保证产品符合质量标准。

3) 流水线的分类

企业的生产条件不同,组织流水生产的形式也会不同。根据不同的标准可将流水线做如下分类:

(1) 按生产对象是否移动，可分为固定流水线和移动流水线；
(2) 按生产过程的连续程度，可分为连续流水线和间断流水线；
(3) 按生产对象是否轮换，可分为不变流水线和可变流水线；
(4) 按流水线上生产对象的品种数目，可分为单一对象流水线和多对象流水线；
(5) 按流水线节拍的性质，可分为强制节拍流水线和自由节拍流水线；
(6) 按流水线的机械化程度，可分为手工流水线和自动化流水线。

第三节 生产计划与控制

一、生产计划的概念与作用

生产计划是企业在计划期内应完成的产品生产任务和进度的计划。它明确规定了企业在计划期内应完成的产品品种、质量、产量、产值、利润和进度等指标。

生产计划应通过市场调查和市场预测的需求结果来确定，应根据销售计划来编制，生产计划是企业生产联系市场需求的纽带。企业的生产计划是企业经营计划的重要组成部分，是企业年度综合计划的核心，是编制其他企业计划的依据，也是企业全体员工在计划期内实现生产目标的行动纲领，它对于挖掘企业内部潜力、合理利用企业资源、科学组织生产活动、生产适销产品、提高企业经济效益有着十分重要的作用。

二、生产计划的内容和编制原则

1. 生产计划的内容

生产计划的内容主要包括：调查和预测社会对产品的需求；核定企业的生产能力；确定企业的经营目标，制定经营策略；选择制订计划的方法，正确制订生产计划、库存计划、生产进度计划和计划工作程序。

生产计划一般为年度计划，它是企业年度经营计划的重要组成部分，是编制物资材料采购计划、供应计划、库存计划、外协计划、人员计划、设备计划和资金计划的主要依据。

2. 生产计划编制的原则

生产计划是企业计划管理工作的一部分，生产计划的编制必须遵循企业计划管理工作的基本原则，同时还应结合生产计划自身的特点，贯彻以下原则。

1) 以需定产、以产促销原则

以需定产，就是企业在制订计划、安排任务时，应按照市场调查与预测的结果，根据市场对产品品种、质量、数量和交货日期的要求来进行。由于市场的需求是不断变化的，因此企业的生产计划也必须根据市场的变化而不断调整，这样才能满足市场和用户的需求。

企业既要以销定产，又要以产促销。也就是说，企业应该结合自身的特长，充分发挥企业人才、技术和管理资源的优势，开发新产品和生产具有一定特色的优质产品，唤起社会的新需求，指导用户的需求方向。只有这样，企业才能扩大销售，扩大生产，增加企业收益，提高企业的经济效益。

2) 合理利用生产能力原则

生产能力是指企业在一定时期内，在一定的组织技术条件下，投入一定的资源所能获得的最大产出量。生产能力代表企业内部的生产条件，因此生产能力是编制生产计划的一个重要制约因素。

企业的生产能力划分为设计能力、查定能力和计划能力3种。设计能力是指企业设计任务书和设计技术文件中规定的生产能力，是按照企业规划设计中规定的产品方案和各种设计数据来确定的；查定能力是指由企业重新调查核定的生产能力，是根据企业现有生产技术和生产组织，以及可能采取的各种先进技术和改进措施来确定的；计划能力又称为现有能力，是指企业计划年度内实际可达到的生产能力，是根据企业现有的生产技术条件和企业在计划年度内所能实现的各种改进措施的效果来确定的。

企业的生产计划必须与企业的生产能力相适应，才能合理、充分地发挥和利用企业的生产能力。因此，企业的生产计划必须做到：

（1）计划产品的工艺过程与企业设备的性能相一致；

（2）计划产品的产量与企业设备的能力相一致；

（3）生产进度的安排合理，设备的负荷均衡；

（4）生产计划必须与销售计划、人力资源计划、物资供应计划、库存计划、设备计划、资金计划等相互衔接和协调一致。

3）综合平衡原则

生产计划指标的确定会受到各方面因素的制约，既涉及产、供、销，又涉及人、财、物，因此必须对它们进行综合平衡。综合平衡的一个方面就是要弄清楚企业内部生产的可能性和潜在能力，以生产任务为中心，与设备能力、技术准备、物资供应、资金和劳动力等方面进行综合比较，发现存在的不足和困难，及时采取措施加以解决，以保证生产计划的顺利完成。综合平衡的另一个方面就是要对产品品种、产量、质量、成本、消耗、利润、资金等各项经济指标进行综合比较，要在尽可能提高经济效益的目标下，对生产计划的各项指标予以合理调整，以使确定的生产计划指标能够保证企业经营目标的实现。

4）生产计划安排最优化原则

所谓生产计划安排最优化是指在一定的资源条件下，对生产进行合理安排，以求得最佳经济效益。生产计划安排最优化包括企业生产各产品的产量最优配合和计划安排的动态最优化，也就是根据企业的有限资源，既使生产数量满足成本与利润指标的要求，又使生产成本与存货成本最少且设备负荷率最大。

三、生产计划的指标体系

生产计划的指标体系由产品品种、产量、质量、产值等指标构成。

1．产品品种指标

产品品种指标指企业在计划期内应当生产的产品品种和品种数。这项指标反映了企业向社会提供多样化产品、满足不同消费需求的能力，也反映了企业的生产技术水平、专业化协作水平和管理水平。

2．产品产量指标

产品产量指标指企业在计划期限内应当生产的合格产品数量和工业性劳务的数量。这项指标不仅反映了企业生产经营有效成果的数量和规模，还反映了企业的生产能力及生产发展水平，它是企业编制生产计划和组织日常生产活动的重要依据。

3．产品质量指标

产品质量指标指企业在计划期内生产的每种产品应该达到的质量标准。这项指标反映了企业在使用价值上满足社会需要的程度，是衡量企业工作质量的综合指标之一。它不仅反映了企业的技术水平和管理水平，也从侧面反映了一个国家的工业技术水平。

4．产品产值指标

产品产值指标是综合反映企业在计划期内生产成果的价值指标，实质上是用货币表示企业生产的产品数量。该项指标由商品产值、总产值、净产值等指标表示。商品产值是指企业在计划期内生产的、可供出售的合格产品及工业性作业的价值，由企业自备原材料生产的成品价值、用供货商的原材料生产的成品的价值和已完成的工业性作业的价值3个部分组成。总产值是指在企业计划期内以货币形式表现的产品总量，由计划期内完成的成品价值和对外出售的半成品价值、工业性作业的价值和自制半成品、在制品、工艺装备等期末与期初结存量的差额价值3个部分组成。净产值是指在企业计划期内工业生产活动创造的价值，是从总产值中扣除生产过程已消耗的物化劳动的价值之后的余额，它反映了企业的生产成果。

上述各项指标相互依存，构成了生产计划的指标体系。确定以上指标时必须遵循价值规律，依据客观数据资料，力求适应市场发展需要和符合企业的实际情况。

四、生产计划的编制

编制生产计划一定要根据企业经营目标的要求，遵循以销定产的原则，合理安排企业在年度计划内生产的产品品种、质量、产量、产值和出产期限等指标。

编制生产计划通常按以下步骤进行。

1. 进行市场调查，收集市场信息

通过市场调查全面收集与企业经营有关的各种信息资料，为编制生产计划提供全面、准确、可靠的依据。

2. 核定生产能力

通过对生产能力的核定，初步认定企业在计划期内直接参与产品生产的全部生产性固定资产，以及在一定的组织、技术条件下能够生产合格产品的能力。

3. 拟定计划指标，制定备选方案

根据掌握的信息和数据，初步拟定各项生产计划指标，提出几个备选方案。

4. 综合平衡，优选计划方案

从企业的实际出发，按照生产经营活动中各种比例关系的要求，对企业的生产活动进行系统分析、统筹兼顾，合理考虑企业生产任务与销售计划、财务计划、设备能力、物资供应计划、劳动力资源、产品成本的综合平衡，从备选方案中选出最佳的生产方案，确保生产计划任务与企业经营目标的实现。

5. 修改完备，批准实施

通过综合平衡后选出来的生产计划方案，必须征集有关部门、各生产车间等各方面的意见，通过反复修改、协调，使之成为正式的生产计划，经企业最高决策机构批准再组织实施。

五、生产计划的执行与控制

生产计划的执行与控制是计划管理工作的主体，具体有以下几方面的工作：一是通过生产作业计划将生产计划指标分解落实；二是通过建立考核制度、全面经济核算制度和计量工作制度，科学、客观、全面地对企业的生产计划执行情况进行监督和控制，及时发现问题并采取措施纠正偏差，确保企业生产计划的全面实施；三是计划期结束后对生产计划进行重新评价和整理，总结经验，修正错误，并使生产计划更加标准化、规范化，为下一期计划的制订与执行提供依据。生产计划的执行与控制主要是通过生产作业控制来实现的。

生产作业控制是指在生产作业计划执行过程中，对产品生产数量和进度方面的控制。它主要包括投产前控制、生产过程控制和生产调度工作等几项内容。

1. 投产前控制

投产前控制是生产作业控制的首要环节，应着重抓好投产前的准备工作。投产前的准备工作包括：原材料及其他物资的准备情况、生产设备的准备情况、劳动力的准备情况、技术文件的准备情况。将这些工作逐项落实后才能投产。

2. 生产过程控制

生产过程控制是指对原材料投入生产到制成品入库的全过程所进行的控制。这对于按时按量投入生产和出产产品、保证生产过程各个环节的紧密衔接、均衡生产是十分有效的手段。生产过程控制主要应做好以下两方面的工作。

1）生产进度的时间控制

时间控制是指从时间上控制生产进度，一般包括投入进度控制、出产进度控制和工序进度控制。可以通过线条图和加工工艺过程卡加以控制。

2）生产进度的数量控制

数量控制是指根据某个"时点"各生产环节结存的在制品、半成品的品种和数量变化来掌握和控制生产进度，通常采用 ABC 法和看板法。

3. 生产调度工作

生产调度工作是企业对各个生产环节、有关生产部门的日常生产活动进行全面检查和指导，组织并落实生产计划的工作。

1）生产调度工作的任务

生产调度工作的任务是以生产计划为依据，合理组织企业的日常生产活动，检查、掌握计划的执行情况，及时处理生产过程中已发现的或可能发生的问题，维持生产过程中各个环节的均衡进行，使生产计划得以实施。

由于企业的产品实现过程是一个由许多过程组成的网状系统，会受到许多因素的影响，因此生产计划在实施中会遇到各种不可预知的问题。生产调度工作的作用是不断地清除干扰，克服各种由此产生的不平衡现象，使生产过程中的各个环节和各个方面能相互协调，保证各生产计划的完成。

2）生产调度工作的内容

（1）及时、准确地将管理层有关生产的指令、调度命令及调度通知传达到相关的车间、作业班组，并协助贯彻执行。

（2）检查生产计划的执行情况。检查前一天的生产完成情况，了解当天的生产进度，做好次日的生产安排（企业中称作"一天三调度"）。对检查中发现的问题应立即分析原因，并采取措施尽快解决。

（3）检查生产准备工作。督促并协助各车间、作业班组及时做好各项生产准备工作，为生产的顺利进行创造条件。

（4）检查设备的运行情况。检查并督促各生产单位合理使用生产设备，了解设备的完好率，做好设备的管理工作。

（5）检查劳动力的配置情况。检查各个生产单位人员的配置情况，协助进行必要的调整和补充。

（6）检查对轮班、各种作业及作业进度情况的检查记录和统计分析工作，及时向上汇报生产进度和存在的问题。

生产调度工作的基本要求是要有计划性、预见性、及时性，要能及时发现各种偏差和问题并向有关部门反映，要能准确地分析原因并采取措施进行处理。

3）生产调度工作的方法

为了满足生产调度工作的基本要求，常采用以下方法。

（1）生产调度会。生产调度会是由企业主管生产的负责人召集，各部门的负责人及调度人员参加的会议。在生产调度会上，各部门应汇报对上次生产调度会决议的执行情况、生产任务的完成情况，提出需要解决的问题，对当前生产中关键的、急需解决的问题进行讨论、分析，做出本次生产调度会的决议并安排各部门贯彻执行。生产调度会按一定的间隔期定期召开。

（2）现场调度。现场调度是在生产现场讨论和解决问题的调度方法，由企业主管生产的负责人到现场与一线操作人员、技术人员和调度人员一起讨论研究生产中急需解决的问题，然后由企业主管生产的负责人做出决定，最后由有关部门贯彻执行。现场调度用于有特殊需要的情况。

（3）班前、班后会议。利用交接班前后简短的班组会议，在班组内沟通应完成的生产任务及生产任务的完成情况、生产中存在的问题及应注意的事项等，有利于调动员工的工作热情和及时解决问题。

（4）调度值班制度。生产调度工作应与生产同步进行，对全天生产的企业，白天和晚上总调度室都应设专人值班。为了能够及时处理企业生产中出现的问题，调度人员要深入生产车间、作业班组进行生产调度工作。

六、JIT 生产方式

1. JIT 生产方式的产生和发展

JIT（Just in Time）生产方式即准时化生产方式，是日本在 20 世纪 50 年代研究和实施的新型生产管理方式。丰田汽车公司于 1961 年在全公司推广实施 JIT 系统，到 1976 年，该公司的年流动资金周转率高达 63 次，为日本平均水平的 8.85 倍，为美国的十倍多。日本企业在国际市场上的成功，引起了西方企业界的浓厚兴趣。西方企业家认为，日本在生产中达到 JIT 是其在国际市场上竞争的基础。20 世纪 80 年代以来，西方一些国家很重视对 JIT 的研究，并将其应用于生产管理。

2. JIT 生产方式的目的与主要内容

1）JIT 生产方式的目的

JIT 的核心目的就是消除生产过程中的无效劳动和浪费，具体目标包括：

（1）废品率最低（零废品）；

（2）库存量最低（零库存）；

（3）准备时间最短；

（4）生产提前期最短；

（5）零件搬运量最低；

（6）机器损坏率低；

（7）批量小。

2）JIT 生产方式的主要内容

为了达到降低成本和消除浪费的目标，JIT 生产方式形成了一种生产组织与管理的新模式，JIT 生产方式所要表达的含义就是适时适量生产，即"在必要的时间内按照必要的数量生产必要的产品"。JIT 生产方式的主要内容包括：

（1）在生产制造过程中，实行生产的同步化和生产指令的后工序拉动方式。为了实现适时适量生产，首先要实现生产同步化。而生产同步化又通过"后工序领取"的方式实现，即"后工序只在需要的时候才到前工序领取所需的零部件，前工序只按照被领取零部件的数量和品种进行生产"。这样，生产计划只下达到总装配线，以装配为起点，在需要之时向前工序领取必要的零部件，而前工序提供该零部件后，为了补充生产被领取的零部件，必然向更前一道工序去领取所需的零部件，如此一层一层向前工序领取，直至原材料部门，实现了同步化生产。

（2）为了实现生产的适时适量，要求实现生产均衡化。生产均衡化是指总装配线在向前领取零部件时，应均衡地使用各种零部件来生产各种产品，以便协调生产产业。

（3）根据生产任务配置作业人员和设备，使生产资源得到合理利用。JIT 生产方式要求尽量做到"少人化"，即用尽量少的员工完成较多的生产任务。这就需要培养多面手员工，发展多功能设备。

（4）在生产的组织结构上，采取专业化和协作化的方式。公司只生产关键部件，其余通过委托或协作方式由其他公司进行生产，从而简化了公司的生产任务。

（5）在产品的设计和开发方面，采用项目负责人负责与并行工程结合的方式。这样既可以提高开发质量，又可以缩短开发周期。

（6）保证产品质量。JIT 生产方式将质量管理贯穿于每道工序中，在降低成本的同时保证产品质量不会下降。

（7）提倡采用对象专业化布局，用于减少排队时间、运输时间和准备时间。在工厂采用基于对象的专业化布局，以使各批工件能在各操作时间和工作时间内顺利流动，减少通过时间；在流水线和工作中心采用微观对象专业化布局和工作中心布局，以减少通过时间。

3. JIT 生产方式的主要控制手段

JIT 生产方式的主要控制手段有以下几种。

1）零库存管理

JIT 生产方式要求将库存减少到最低限度，目标是实现无库存生产。因为库存量太大，会占用大量资金，降低资金的利用率；库存的搬运和管理需要消耗人力、物力和财力；库存还存在巨大的市场风险，如果该产品被淘汰，就意味着生产该产品的资源全部损失；并且库存最大的弊端在于掩盖了管理中存在的问题。

2）生产同步化，缩短工作周期

生产同步化就是机械加工的过程和装配线的过程几乎同时作业，并且这种作业是平行的。为了缩短生产周期，JIT 生产方式还要求每道工序不设库存，即前一道工序加工完成后立即送往下一道工序，该方法又称为"一物一流"。

3）弹性作业人数

弹性作业人数要求按照每月生产量的变动对生产线和工序上的作业人数进行调整，保持合理的作业人数，从而通过减少多余人员来实现成本的降低，同时还通过不断减少原有的作业人数来实现成本的降低。因此要求有特定的设备来安排和配置，要求作业人员能胜任多方面的工作。

4）看板管理

丰田汽车公司在 20 世纪 50 年代发现超级市场按照一定的看板来发布和表示生产信息是一种很好的现场管理和控制手段，于是衍生出现代的看板管理。JIT 生产方式之所以能风靡整个世界，并且取得如此成就，是因为与看板管理有着密切的联系，看板管理使得整个生产过程的零库存管理成为可能。

第四节　生产现场管理

一、生产现场管理的概念

生产现场是指从事与产品生产、加工活动有关的场所，是劳动者利用劳动手段对劳动对象进行加工的场所。生产现场管理是合理地组织生产现场的人、机、料、信息、环境等生产要素，旨在营造一个生产环境整洁有序、生产设备正常完好、生产信息准确及时、生产物料平衡有序、生产过程顺畅安全的生产现场，以保证高质量、低消耗、准时按量地完成生产任务。主要工作包括：

（1）生产作业的准备；

（2）生产现场的布置；

（3）生产任务的临时调配；

（4）鼓励职工的劳动热情。

生产现场的有效管理是实施生产作业计划和实现均衡生产的重要保证。

企业不同，生产现场的情况也不相同，生产现场管理的具体方法也不同，但都具有基础性、整体性、群众性、规范性和动态性等特点。看板管理和 5S 活动就是现代企业正在积极推广和开展的一项卓有成效的现场生产管理方法。

二、看板管理

看板管理是实现 JIT 生产方式的一种很好的现场管理和控制手段。在生产过程中，管理人员可以通过看板发布生产信息，与现场的员工进行及时的信息交流与沟通。看板管理在现场管理中主要有如下功能。

1. 传递生产与运送的工作指令

生产管理部门将根据市场预测与订货信息制定的生产指令下达到各有关工序，各工序的生产都根据看板上发布的产量、时间、顺序，以及运送数量、运送时间、运送目的地、搬运工具等信息来进行，以便实现适时适量生产。

2. 防止过量生产和过量运送

看板管理必须按照"没有看板不能生产、不能运送"的原则来操作。一般看板所表示的只是必要的过量，因此通过看板可以自动防止过量生产与过量运送。

3. 进行"目视管理"的工具

看板管理必须遵循的另一条原则是"看板必须在实物上存放，前工序按照看板取下的顺序进行生产"。因此，作业现场的管理人员对生产的优先顺序一目了然，只要一看看板，就能知道后工序的作业进展情况，非常易于管理。

4. 改善生产管理机能

看板上在制品数量的减少，意味着某工序设备出了故障，生产出不良产品，下一道工序的需要将得不到满足。根据看板显示的数据及时发现生产过程中的问题，便于管理人员及时采取措施解决问题。

实际生产管理中使用的看板形式很多。按照功能和应用对象分类，可以分为生产看板和取货看板。生产看板是指在工厂内，指示某工序加工制造规定数量工件所用的看板。取货看板是指后工序的操作者按照看板上所列型号、数量等信息，到前工序或协作单位领取零部件的看板。

生产流水线在看板的联系和"拉动"下协调地运转。在一条生产线上，无论生产单一品种还是多品种，如果均按这种方法规定的顺序和数量进行生产，就既不会延误生产，也不会产生过量的库存，就能做到按照JIT生产方式进行循环。

三、5S 活动

众所周知，质优价廉的产品是在现场形成和实现的，因此认真抓好现场管理具有十分重要的意义，5S 活动就是用于现场管理的一种有效方法，它在许多国家得到了推广应用。

1. 5S 的含义

5S 活动源自日本。所谓 5S，就是整理（Seiri）、整顿（Seiton）、清扫（Seisou）、清洁（Seiketsu）、素养（Sitsuke），因为这 5 个词在日语罗马拼音中的第一个字母都是 S，所以把这一系列活动简称为 5S 活动。

1）整理

整理指明确区分需要的和不需要的物品，在生产现场保留需要的物品，清除不需要的物品。目的在于充分利用空间，防止误用无关物品，塑造清爽的工作场所。

2）整顿

整顿指对保留的有需要的物品进行合理、有序的固定摆放，使工作场地的物品整齐、有条理，创造整齐的工作环境。

3）清扫

清扫指对生产现场看得见与看不见的地方进行清扫，清除垃圾、废物及污垢，使工作场地干净、明亮，使生产现场始终处于无垃圾、无灰尘的整洁状态，减少对工人健康的伤害。

4）清洁

清洁指持之以恒地进行整理、整顿和清扫，保持整理、整顿和清扫的效果，整洁的工作场地可以使人产生愉快的心情，有利于提高工作效率。

5）素养

素养指养成认真、规范、主动工作、自觉执行工厂规章制度的良好习惯，要求全体员工高标准、严要求维护现场的环境整洁和美观，自觉进行整理、整顿、清扫、清洁活动。

这 5 项平常、简单的内容组合起来，循环、连续而持久地进行，就能实现优质、高效、低成本和安全生产。

2. 5S 活动的特点及开展 5S 活动的方法

将 5S 活动运用于生产的现场管理之中，对提高企业的生产效率是很有成效的，但是要真正实现 5S，不是一朝一夕能够实现的事，需要长期、大量、细致地做好多方面的工作，必须抓住 5S 活动的特点，实实在在地开展活动。

1）5S 活动的特点

（1）整体性。5S 活动是由整理、整顿、清扫、清洁和素养 5 项内容组成的，必须依照顺序逐一实施，切不可简化或跨越其中的任何一项内容。破坏了 5S 活动的整体性，就违背了这种方法的原理，是不可能取得提升员工品格、提升企业形象、提高效率、减少浪费和降低成本的。

（2）持续性。5S 活动不是阶段性、突击性的活动，而是与日常工作融为一体，连续、持久进行的活动，是一个不断循环的过程。要在持续中循环，在循环中提升；要由形式化到制度化再到习惯化。

（3）关键性。5S 活动的 5 项内容中，前 3 个 S 是基础，第 4 个 S 是关键，第 5 个 S 是核心。

只有充分认识 5S 活动的这些特点，实实在在地开展 5S 活动，才能真正取得成效。日本及我国众多企业的实践经验表明，5S 是进行生产管理，特别是进行生产过程现场管理的一项行之有效的活动，也是企业成功的重要活动之一。

2）开展 5S 活动的步骤

5S 活动可按以下步骤逐步深入开展，并将目视管理、"红牌"方式、检查表等方法与技巧运用其中。

（1）领导重视，认识正确，充分发动群众；

（2）建立机构，落实职责，细心做好策划工作；

（3）大声造势，耐心做好宣传工作，使 5S 活动成为群众的自觉行动；

（4）组织实施，开展竞赛；

（5）检查评比，总结经验；

（6）持续循环。

第五节　技　术　管　理

技术管理是企业管理的一个重要组成部分，它与企业的经营管理、生产管理等有着密切的关系。技术管理为企业的经营提供发展后劲，为企业的生产过程提供技术上的保证。

一、技术管理的内容

技术管理是指在市场经济竞争环境下，企业以创新思维为导向，对技术革新、技术开发、技术引进、技术改造等进行管理，使得企业的技术水平在原有基础上获得改进和提高的管理工作。企业技术管理工作具体来说，主要有以下几项。

（1）建立知识创新和技术管理体系，完善技术创新体制，密切联系科研院所为企业的产品开发和技术攻关创造条件。

（2）制定技术创新政策，为企业塑造一个良好的创新环境。

（3）积极收集科技信息，注重吸收和引进外来经验，用别人的先进经验来弥补企业自身的不足，促进企业不断发展。

（4）开发创新人才资源，积极招聘和培养技术人才，建立一支思想素质和业务素质都过硬的科技队伍；开展企业内部的技术教育和多种形式的岗位培训及科技人员的继续教育，以适应技术进步的需要。

（5）对企业的技术革新、技术开发、技术引进和技术改造等工作进行有效的管理。

二、技术革新

技术革新是指应用新知识和新技术改造生产工艺和生产设备,以提高产品质量、提高生产效率、降低生产成本的技术活动。

企业要开展技术革新,必须树立创新观念,投入适当资金,创造良好的创新条件,重视创新人才,充分发掘全体员工的创造潜能。企业的技术革新必须围绕产品进行,以提高产品质量、提高生产效率为宗旨,以增加企业的社会效益和经济效益为目标,以提高企业的技术水平、增强企业的市场竞争能力为动力。

三、技术开发

所谓技术开发,是指将科学研究成果转化为生产力的技术活动。对于企业而言,技术开发是指本企业以产品为主要对象,围绕产品展开的首次应用或出现的新技术所开展的一系列活动,包括从研究、试制开始,直到新产品大量生产的全过程。技术开发是实现企业技术进步,提高企业科技水平的重要途径。

工业技术开发按技术创新的程度和规模大小划分,可分为技术创造发明、局部革新和小改小革。技术开发,特别是技术创造发明,需要耗费相当的资金,因此企业必须周密部署,按照一定程序来实施。

四、技术引进

技术引进是指通过各种方式和渠道从国外获得先进技术。它是国际间技术交流和转移以及企业进行技术创新的一条途径。

随着科学技术的迅猛发展和生产社会化程度的大幅度提高,技术引进就显得越来越重要。

(1)技术引进是科学技术本身发展的客观要求。任何一个国家不可能拥有现代科学技术的一切成就,科学技术是人类的共同财富,大胆吸收、消化别国的科学技术精华,为己所用,可以促进本国科学技术水平的快速提高和本国经济的快速发展。

(2)技术引进可以填补技术空白、增强经济竞争力。技术引进初期,企业确实需要进行一定的投资,然而引进本企业所需要的技术后,便能及时填补自己的技术空白,为自己的发展打下良好的基础,提高企业的技术水平,然后可以在新的起点上继续增强企业的市场竞争能力。

(3)技术引进可以为企业的发展争取时间和节省费用,加快企业的技术进步。企业自己开展研究,获得一项科研成果,从酝酿、研究、试制到投产,需要好几年甚至数十年的时间,并且要耗费大量的资金,承担较大的风险。而引进技术一般只要1~2年就可以投产,既可以节约研制经费,又不需要承担研制失败的风险。

因此,许多企业甚至许多国家在谋求自身发展时,经常采取技术引进的方法,学习和吸收国外的先进技术。

技术引进涉及双方国家的政治、经济、技术、贸易、法律、外交等各个方面,企业在技术引进的过程中,必须坚持做到:实事求是,适合国情;相互平等,互惠互利;精心选择,讲究效益;消化吸收,发展创新。

技术引进可以采取引进先进设备、通过购买专利或购买专有技术引进先进技术、引进技术与利用外资相结合等方式。

五、技术改造

技术改造是指用新技术、新设施、新工艺装备对企业原有技术、设施、工艺装备进行改造。主要包括采用新工艺、新设备提高劳动生产率、节约原材料和能源消耗;开发新产品,提高产品性能和质量,使产品升级换代;合理利用资源,提高资源综合利用水平。

技术改造是企业生产管理中的一项常规性活动,它对于企业的生存和发展有着十分重要的意义。

(1)技术改造是企业实现经济增长方式转变的重要对策。当今衡量企业生产能力的标准已不再是简单的数量增长,而是由粗放型向集约型转变,要求产品技术含量高,产品结构能满足社会需要。因此企业只有通过技术改造才能赶上和适应形势的发展。

（2）技术改造是提高企业经济效益的主要途径。实践和统计数据表明，利用原有企业进行技术改造，可以实现投资少、见效快、经济效益高的效果。

（3）技术改造是企业开拓国际市场的客观要求。在世界经济日趋一体化的今天，企业要发展，必须设法使自己的产品早日进入国际市场。企业要进入国际市场，就必须通过技术改造改善生产条件，提高生产效率，降低生产成本，增强竞争优势，为企业开拓国际市场提供技术保证。

技术改造的内容十分丰富，一般来说包括改进产品性能和结构、改造原有生产设备、改进工艺过程和操作方法、合理使用自然资源和保护自然环境。

总之，企业的技术改造，要立足长远，着眼当下，抓好那些花钱少、收效大、见效快的项目，紧紧围绕提高产品质量、增加产品品种、提高劳动生产率、提高经济效益和社会效益来开展。

六、信息资源的开发与管理

1. 信息资源开发与管理的作用

1）信息是企业的宝贵资源，是现代企业提高经济效益的重要条件

随着社会的进步和科学技术的发展，现代企业生产经营活动的成功不仅仅取决于人、设备、能源、原材料和技术等传统资源，更取决于企业对相关信息的占有程度和处理能力。正确、适用、及时的经济信息是增强企业竞争能力和应变能力的重要手段，是企业生产经营活动的科学技术支持，是企业进行技术创新、开发新产品的依据，经营信息决定企业生产经营活动的成败，信息是无穷的资源、是无形的财富、是现实的效益，已经成为人们的共识。

2）信息是现代企业计划和决策的基础

在现代经济社会中，企业为了适应外部环境的变化，必须广泛收集各种信息，通过及时、科学地处理各种信息，对企业的发展战略、经营计划及产品市场面临的各种问题做出正确的决策。信息是企业进行科学决策的基础，是决定企业在市场竞争中兴衰存亡的关键。

3）信息是有效控制企业经济活动有秩序进行的组织手段

在企业的生产经营活动过程中，始终贯穿着实物流、资金流和信息流，企业的信息流对实物流、资金流起主导作用，从一定意义上讲，现代企业管理过程就是利用信息进行控制的过程。通过信息的这种控制作用，才能使管理系统中的各子系统协调一致、有秩序地正常运行，才能有效保证企业目标和计划的实现。

4）信息能帮助企业适应全球化的市场竞争

世界经济全球化趋势极大地提高了信息在企业中的使用价值，市场信息能够让企业及时了解广大用户对产品的性能要求和质量要求，以及市场上产品的变化及产品价格的变化，为企业的发展提供了新的机会，使企业能够适应时刻变化的全球化市场竞争，并在竞争中获得更高的效率和利润。

5）信息管理是现代企业管理的核心

现代企业管理以物流和信息流的管理为主要对象，实现科学的、系统的信息管理是现代企业管理的标志。各种经营管理活动都在信息流的引导下进行，同时还会经过信息流的反馈得到调整和控制，因此信息管理是现代企业管理中的核心工作。

6）信息管理现代化是企业管理现代化的重要组成部分

现代化的企业必须要有现代化的管理与之相适应。企业管理现代化除了管理思想现代化和管理方法现代化，最重要的是管理手段现代化，管理手段现代化中最重要的就是信息管理现代化。信息管理现代化水平已经成为衡量一个国家、一个企业科学技术水平与经济实力的重要标志之一。

2. 信息资源开发与管理的要求

随着我国科学技术的发展和市场经济体制的不断完善，现代企业的生产经营活动对信息资源的开发与管理提出了越来越高的要求。具体概括为：

1）信息处理要及时

主要是指要对已经发生的信息进行及时的记录，以及对信息的加工、检索和传递要快、要及时。只有将企业生产经营的状态和瞬息万变的市场需求信息及时地提供给各级管理部门的决策者，才能保证企业的高效率运行。

2）信息资源要适用

不同企业、企业的不同部门和领导，对信息的需求在范围、内容、精度和使用频率上各不相同，信息管理者必须针对性地提供适用的信息资源，才能使他们节省大量的精力和时间，从而抓住时机做出相应的决策。

3）信息数据要准确

计算机是信息处理的必要工具，只有原始数据准确、可靠，计算机才能加工出准确的信息，才能保证使用相关信息的决策者能够依此做出正确的判断，以使企业的生产经营活动得到有效控制，避免不应有的损失。

4）信息内容要精练

为了让信息的使用者能够迅速、准确地查找和应用信息，信息资源的开发者应尽可能使信息的内容既全面又简洁，避免浪费时间。

5）信息管理要经济

虽然信息技术在现代企业管理中具有十分重要的作用，但是信息处理是一项劳动量大、耗资多、历时长的复杂工作，因此企业在进行信息资源开发与管理时，必须进行技术经济分析，不能盲目地追求信息化，信息管理的经济性是信息资源开发的前提，否则将失去其意义。

3. 信息资源管理的内容

信息资源的开发与管理是一项技术性极强、要求极高的系统工程，因此信息资源管理的内容也十分丰富，主要包括以下几个部分。

1）合理确定信息资源管理的目标

信息资源管理是企业管理的重要组成部分，管理的实质是信息处理，因此信息资源管理的目标就是通过科学的管理提高企业的管理水平，为实现企业的经营目标提供可靠的信息保障。

2）开发和建立信息资源管理系统

为了实现有效的管理，充分履行管理职能，企业必须进行信息的收集、存储、传输和处理，这就要求开发和建立一个完善的信息资源管理系统，以保证生产活动有秩序、高效率地进行。由于各企业生产方式、管理体制、管理模式不尽相同，因此必须结合企业的具体实际，合理开发、及时调整、不断完善信息资源管理系统。

3）组织培训信息管理队伍

信息资源管理系统的应用与管理内容繁多，技术性较强，为了保证信息资源管理系统有效地运行，必须在管理业务、计算机基础知识和管理信息系统知识等方面，对有关人员进行全面教育和培训。一方面要求企业全员参与；另一方面必须对其进行专门的技术培训，还要培训专门的技术人员和管理人员，只有拥有一支强有力的信息资源管理队伍，才能实现信息资源管理系统的功能，达到应有的效果。

4）认真开展经济信息分析

提高企业的经济效益和竞争力是开发和实施信息资源管理的目的，因此必须要充分利用信息资源管理系统的功能，积极开展经济信息分析，为企业的经营决策提供可靠依据。

5）制定信息管理规范和规划

信息管理是一个不断开发和不断完善的过程，必须要制定一个较长远的规划，包括技术方案、投资规模、资金来源和开发进度等，力争投资省、见效快、结构科学合理。信息资源管理系统对企业的管理有着至关重要的影响，为了迅速、及时地向各部门、各环节提供真实、准确、完整、可靠的信息，信息资源管理系统必须有合理的管理体制、健全的规章制度和科学的操作规范。

6）信息资源管理系统的运行维护与更新

为了提高信息资源管理系统的可靠性和先进性，必须制度化地对信息资源管理系统进行维护保养，同时要不断对系统进行更新改造，以适应科学技术发展的要求，保持信息资源管理系统的先进性。

第六节　新产品开发

人们越来越认识到，科学技术是第一生产力，是经济振兴和社会发展的强大杠杆。因此，新技术和新产品的开发，越来越受到世界各国的高度重视。企业产品的技术含量和先进程度从侧面反映了一个企业技术力量的强弱，许多企业早已将其当作自己的生命线和兴业之道。企业生产管理的任务，就是生产品质优良、能满足市场需要的产品。要实现这个任务，企业就要不断开发新产品、改造老产品，不断提高产品的质量和品质。

一、新产品的概念、特征及分类

1. 新产品的概念

新产品是指对现有产品在原理、用途、性能、结构、材质等某一个方面或几个方面改进后的产品。新产品是一个相对概念，在不同时期、地点、条件下具有不同的含义。从企业的角度来看，只要产品整体概念中任何一个方面有所创新、改革或改进，都属于新产品。

2. 新产品的特征

新产品一般具有先进性、创新性、经济性和风险性。

（1）先进性。指由于产品采用新原理、新技术、新材料、新工艺，从而具有新的结构、新的性能、新的质量、新的技术特征等，因此和老产品相比，新产品具有先进性。

（2）创新性。指新产品在一定程度上运用了新的科技知识，吸收了新的科技成果。

（3）经济性。指新产品能给企业带来更好的经济效益和社会效益，有较高的推广价值。

（4）风险性。指新产品的开发与研制可能会给企业带来一定的风险，如新产品由于采用的新科技成果并不成熟而存在技术风险，由于用户对新产品的用途和性能缺乏了解而存在市场风险，新产品在市场开发时可能遭遇困难以致达不到销售额而存在盈利风险等。

3. 新产品的分类

根据新产品创新和改进的程度，一般可以将新产品分为4类。

（1）全新新产品：指市场上从来没有出现过的，具有明显技术优势，采用了新原理、新结构或新材料的产品。

（2）换代新产品：指在原有产品的基础上，采用了新技术、新材料，使产品的功能、性能、品质等有明显改善的产品。

（3）改进新产品：也称老产品改造，指在原有产品的基础上采用各种新技术，对产品的性能、材料、结构等方面进行改进而得到的产品。

（4）仿制新产品：也称改进型产品，指对市场上已有的产品进行模仿制造或对原有产品稍做改变。

以上4种类型的新产品的科技含量也许会相差悬殊，但它们都有一个共同点，即都能给消费者带来新的满足和新的利益。

二、新产品开发的意义与条件

1. 新产品开发的意义

企业的产品开发一般包括开发新产品和改进老产品。在市场经济条件下，尤其是在经济全球化的趋势下，企业的产品开发无论是对企业的生存与发展，还是对国民经济的发展都具有十分重要的意义。

1）新产品开发是满足市场需求的途径

随着人民生活水平的不断提高，人们对生活消费品的要求也越来越高。不断推出新产品，丰富物资市场，满足人民日益增长的物质文化生活的需要，是现代企业必须首先考虑的。企业必须尽量采用先进的技术手段，不断提高产品性能，增加产品品种，调整产品结构，使产品更新换代，只有发展适销对路的产品，才能赢得消费者的信赖，满足社会的各类需求。

2）新产品开发是企业生存和发展的支柱

在经济全球化的今天，产品在市场中的寿命周期越来越短，产品更新换代的速度越来越快，市场竞争越来越激烈。在这种环境中，企业要生存和发展，就必须在竞争中取胜。在市场竞争中，成败的决定性因素是企业能否生产出性能好、质量可靠、物美价廉的产品来满足消费者。企业要增加产品的销售额，提高经济效益，就必须不断调整产品结构，力争做到产品"人无我有、人有我优、人优我新""生产一代、试制一代、研究一代、构思一代"，保持和扩大企业产品的市场占有率，提高企业的竞争力。

3）新产品开发是科学技术进步的反映，是社会经济发展的需要

最近二三十年来，科学技术在各个领域出现了新的飞跃，世界范围内正在掀起的新技术革命，促进了高科技产品的诞生和应用。新材料、新工艺、新技术的应用对于节约资源和能源、提高产品质量和生产效率、开拓国际市场、促进经济快速发展，都有着十分重要的意义。

4）新产品开发是不断提高企业技术水平，增强企业竞争能力的要求

近年来，科学技术发展迅速，并且以更快的速度和更广泛的范围应用于各个领域。企业要适应科技发展的潮流，就必须不断使用新技术，尤其是高新技术来改造老产品，开发新产品。产品开发对提高职工的技术水平，提高工程技术人员的技术能力，促进企业技术进步，提高企业的竞争能力，无疑将产生积极的影响。

5）新产品开发是提高企业社会效益和经济效益的途径

一般说来，开发的新产品总会比老产品具有更好的结构、更优良的性能、更可靠的质量。使用新产品可以提高效率或节约能源，可以给消费者带来经济效益，并产生良好的社会效益；新产品的开发必然会降低原材料消耗，提高劳动生产率，降低成本，提高企业的经济效益；开发的新产品不仅扩大了企业产品的销路，增加了产量，也为企业带来了经济效益，并使企业进入良性循环。

2. 新产品开发的条件

开发新产品是企业成功的必由之路，能给企业带来巨大的效益，但也存在较大的风险，必须具备以下条件才能保证新产品开发成功。

1）必须有市场需求

新产品必须适销对路。企业开发新产品前必须做好市场调查研究，做到有的放矢，才能研究开发出有特色、式样新、性能好、功能全、能让消费者产生购买欲望的新产品。

2）必须具备开发能力

企业必须根据自身的科技队伍、技术设备、生产条件、原材料供应和经济实力等，研制力所能及的新产品，这是开发新产品的保证。

3）必须能带来经济效益

提高经济效益是企业经营的目标，也是新产品开发的动力。开发新产品，必须尽可能利用原有的生产能力，综合利用生产资源，设法降低产品成本，增加企业盈利。

4）必须采用国际标准

新产品开发从产品的技术指标到产品的包装都必须采用国际标准，争取得到ISO（International Organization for Standardization，国际标准化组织）的认证，使企业的产品顺利进入国际市场，这是企业战略发展的需要。

三、新产品开发的原则和方式

1. 新产品开发的原则

企业为了开发适销对路的产品，在开发时必须遵循以下几项原则。

1）社会需求原则

任何一项产品要想占有市场，要想有较长的市场寿命，就必须以社会需要为出发点，适应国内外目标市场的国情、消费习惯、社会心态和产品价值观，以市场为导向，才能立于不败之地。

2）技术优势原则

新产品要占领市场，不仅在产品质量和性能上要比竞争对手高，而且成本要低、价格要适中。显然，这都取决于企业是否具有技术优势。企业在技术上有优势，产品质量胜人一筹，成本比别人低，就能在产品开发的激烈竞争中取胜。

3）快速开发原则

由于市场竞争激烈，一般来说新产品的开发可能会同时在几个企业中进行。因此，要想抢先占领市场，就必须加快开发的速度，否则刚开发出来的新产品可能就成了落后的淘汰产品。当然，快速开发并非单纯速度快，而是好中求快，新产品有性能优势和质量优势才能占领市场。

4）经济效益原则

经济效益最大化是市场经济条件下企业经营活动的基本原则。开发新产品必须利用价值工程等技术方法进行技术经济分析，充分考虑经济上的合理性。企业应当以输入最少的劳动力和消耗最少的物资能源获得最大的有用价值和利润为新产品开发的经济原则。

5）标准化原则

新产品开发必须提高产品的通用化、标准化、系列化水平，必须采用国际标准，以便让产品顺利进入国际市场。

6）良性循环原则

产品开发的良性循环，是指产品能正常更新换代，也就是说企业开发新产品要有连续性。当开发的第一代新产品投入生产时，应做到第二代新产品已开始小试，并且开始第三代新产品的规划。这样才能保证企业不断有新产品问世，以使企业越来越兴旺发达。

2. 新产品开发的方向

随着科学技术和经济的高速发展，产品开发的趋势主要表现为以下几个方面。

1）高效化和多功能化

高效化和多功能化指增加产品功能，实现一物多用、一机多能；产品向高效率、高质量方向发展。

2）微型化和简易化

微型化和简易化指在不改变产品基本性能的前提下，开发小巧轻便的产品；在产品性能要求越来越高的前提下，向结构简单、操作方便的方向发展。

3）多样化和系列化

多样化和系列化指产品品种、型号增加，并将相关产品组成系列，以满足人们多层次的需求。

4）舒适智能化

舒适智能化指开发的产品科技含量高，用户可以根据需要选择其功能，使用起来方便、舒适，能给人们带来健康、愉快和美的享受，满足消费者精神上和心理上的需求。

5）节能化和环保化

节能化和环保化指开发的产品应节省能源和原材料，新产品在生产和使用过程中不产生环境污染和公害。

3. 新产品开发的方式

新产品开发的方式很多，企业可根据自身情况适当选择。

1）独立研制

独立研制也称为自行研制，是指企业完全依靠自己的科研力量，密切结合企业的实际，研究开发具有企业自身特色、在某方面具有领先地位的新产品或产品系列。独立研制分为3种情况。

（1）从基础理论研究到应用技术研究，再到产品开发研究的全部过程都由企业独立进行；

（2）利用社会上基础理论研究的成果，企业只进行应用技术研究和产品开发研究；

（3）利用社会上应用技术研究的成果，企业只进行产品开发研究。

显然第一种研制情况如果成功，可使企业独占新产品，但需要企业拥有雄厚的实力，且风险较大，必须有强有力的盈利产品作为财力后盾。

2）技术引进

技术引进是指从国外或其他地区引进市场已经成熟的技术为企业开发新产品，或者是直接引进生产线生产新产品。这种方式可以利用有限的资金和技术力量，较快地掌握先进的生产技术，缩短与国外产品的技术差距，提高企业的竞争力，也利于进入国际市场。

3）联合开发

联合开发是一种将企业内外技术力量结合起来开发新产品的技术协作方式。这种方式通常由企业提供经费，由科研单位和大专院校的专家提供技术支持，联合开发有利于发挥企业内外各方面的优势，加速新产品的开发进程。这是一种双赢的开发策略。

4）独立研制与引进技术相结合

企业也可以坚持两条腿走路的方针，采取独立研制与引进技术相结合的策略，在充分消化引进技术的基础上，结合企业的技术特点进行某些创新。这种方式既能很好地发挥引进技术的作用，又能促进企业自己的技术开发，保证产品的先进性，能适应市场需求的变化。

5）模仿制造

仿制国内外的新产品是迅速赶上竞争对手的一种有效的新产品开发方式。一般说来，仿制费用低，成功率高，但上市总是落后一步，市场占有率较低。采取这种方式时必须注意维护知识产权，仿制时如果能有所创新，就可收到后发制人的效果。

企业应根据自身的情况选择新产品开发的方式，可结合使用，也可并行使用，以利于产品的推陈出新。

四、新产品开发的程序

新产品开发是一项投资大、风险大的复杂工作，为了提高开发新产品的成功率，必须按照科学程序循序渐进地进行。一项新产品的开发通常要经过以下几个阶段。

1. 市场调研

对市场信息进行系统地收集与分析是开发新产品的基础，也是新产品开发能否成功的关键。市场调研主要用于了解市场需求和技术信息，为制定新产品开发方案提供依据，主要包括以下几个方面。

（1）消费者喜欢什么样的产品，购买倾向如何，潜在需求量有多大；

（2）消费者的收入水平及购买能力；

（3）本企业原有产品的销售情况及用户对原有产品的意见；

（4）竞争对手的产品状况；

（5）当前可用于新产品的新技术、新材料、新工艺有哪些。

2. 构思创意

构思的来源可能有以下几种。

（1）消费者的建议；

（2）高等院校或科研机构的成果；

（3）本企业市场调研后做出的市场预测，以及针对竞争者的产品调整企业所做出的新设计或对策等。

企业在寻求构思创意时应确定的内容包括以下几个方面。

（1）企业重点投资的领域是什么，应该发展到什么程度；

（2）开发新产品要达到的目标是什么；

（3）计划投入多少资金和其他资源；

（4）要确保有多高的市场占有率；
（5）采用什么样的开发策略。

3. 价值分析

价值分析（Value Analysis，VA）又称为价值工程（Value Engineering，VE），是一种以提高对象价值为目标的技术经济分析方法。价值分析最初由美国通用公司的工程师麦尔斯于1947年提出。他指出，用户需要的不是产品本身，而是它的功能，并且用户是按照与实现这些功能相适应的代价来支付金额的；企业必须认真研究用户对产品功能的要求，用不同的材料满足相同的功能，以达到代替短缺物资和降低产品成本的目的，设计和生产出物美价廉的产品。

价值分析中的价值是产品功能与其成本的比值，可用如下公式表示：

$$价值（V）＝功能（F）÷成本（C）$$

由此可知，提高产品价值的途径主要有：
（1）增加功能，降低成本；
（2）保持功能不变，降低成本；
（3）保持成本不变，增加功能；
（4）小幅度提高成本，大幅度增加功能；
（5）功能稍有减少，但成本大幅度降低。

因此，麦尔斯还指出，产品功能与成本比值低的原因在于人，必须把负责功能方面的技术部门和负责成本方面的经济、采购等部门联合起来，有效地运用有关信息资料来提高产品功能与成本的比值。

为了保证新产品开发能获得较好的效益，企业必须对新产品的构思创意进行价值分析，力求以最低寿命周期成本实现新产品所要求的功能。

4. 筛选创意

筛选创意是指对已经征集的若干个创意方案通过价值分析后进行评估，研究其可行性，并挑选出可行性高的创意方案。构思方案的筛选是新产品开发过程中的一次重要决策，关系到产品开发的成败，也关系到新产品开发能否获得经济效益。企业应有专门部门负责新产品开发方案的评估和规划，按照科学的评估程序对构思方案进行认真的筛选，以减少决策的失误，提高成功的几率。

5. 概念形成

新产品构思经过筛选后，需要进一步发展成更具体、更明确的产品概念，用文字、图像、模型将其阐述出来。然后将形成的产品概念提交到目标市场中有代表性的消费者群中进行测试、评估，使构思方案更完善、更先进、更能被消费者接受。

6. 制定营销规划

制定营销规划是在对产品需求、投资效益、成本和盈利等方面进行研究、考评的基础上，根据市场分析的结果，草拟一个将新产品投放市场的营销战略报告书，主要内容包括：描述市场的规模、结构、头几年的市场占有率等；描述新产品的计划价格、分销战略及促销预算；长期销售额、利润目标及不同时期的市场营销组合策略。

7. 产品研制

新产品概念通过市场分析得到确认之后，企业即可将文字、图表、模型等描述的产品概念通过设计、试制变成物质产品，即新产品样品。与此同时还要进行包装的研制和品牌的设计。产品试制一定要严格把关，一切工艺文件和工艺过程都要经过鉴定，合格后才能正式投入小批量生产。

8. 市场试销

将试制的新产品在有代表性的市场试销。通过试销，了解产品的性能改良、结构创新等被用户接受的情况，了解产品的销售状况及市场前景，发现产品及其包装等方面的缺陷，为正式上市做好准备。

9. 投放市场

试销成功以后，就可以大量投产上市。新产品在正式投入大量生产和投放市场前，企业应对产品投放市场所需的资金、投放市场的时间和地点、销售市场的目标用户和营销策略等做好统一规划。

五、新产品开发的策略

由于新产品的类型、品种不同，企业的实力和特长各异，因此新产品开发的策略是多种多样的。这里仅介绍几种常用的策略。

1. 产品寿命周期策略

产品寿命周期是指一种产品从投入市场开始到被淘汰退出市场为止所持续的时间。根据产品寿命周期理论，研究和预测产品寿命及其发展趋势可以采取以下策略。

（1）通过改进产品质量、性能、包装、实用性，或者扩大其用途、降低产品的成本和价格等来延长产品的寿命周期。

（2）加强售后服务，做好产品的更新换代，保持销售的增长势头，力争在现有产品进入衰退期之前将新产品投入市场，以免让市场销售出现空白区。

2. 产品组合策略

产品组合是指将两种以上产品的功能、效用巧妙地组合在一件产品上，使产品的功能向纵横两方面延伸和扩展，这样可以大大增加产品的附加值和吸引力。它可以是性能组合、用途组合、配套组合等多种形式，可以是多种产品或一种多功能、高性能产品。

3. 产品延伸策略

产品延伸是指以某种产品及其生产工艺为基础，上下延伸、左右扩展的产品开发策略。它可以是品种延伸、功能延伸、材料延伸等多种形式。该策略投资少、见效快、收益高，特别是以某种名牌产品为龙头开发系列产品时，更能扩大产品阵容，增强市场渗透力和竞争力。

4. 进攻—防御策略

进攻策略又称为抢先策略，目的是让企业保持技术上的领先地位。采取这种策略的企业一般都有较强的科技研发能力，有雄厚的财力，肯冒风险。防御策略又称为紧跟策略。采取这种策略的企业并不投资抢先研制新产品，而是当市场出现新产品时，就立即进行仿制或加以改进。这样，既不需要长期大量投资，又可在产品处于萌芽状态时加以改进，消除其缺陷并后来居上，但它要求企业有高水平的科技专家，能不失时机地发现和解决别人尚未考虑或尚未解决的问题，并有能力高效率地研制出新产品。

5. 最低成本策略

一种产品能否占领广大市场，其诀窍在于产品是否具有较强的实用性、较高的质量和较低的价格。在实用性和质量相当的情况下，产品价格就成了竞争的主要目标。决定产品价格的主要因素就是产品的成本，成本低就是企业开展市场竞争的优势和本钱。

新产品开发绝不是一件容易的事情，制定正确的新产品开发策略是企业成功开发新产品的关键，因此备受企业重视。

思考与练习四

1. 解释下列术语：生产过程、生产类型、工艺专业化、对象专业化。
2. 简述广义的生产过程的构成并举例说明。
3. 简述合理组织生产过程的要求。

4. 简述JIT生产方式的特点及意义。

5. 分析比较3种生产类型在产品品种、产品产量、专业化程度、工艺装备、劳动生产率、设备利用率、应变能力、生产控制、产品成本等方面的特征。

6. 举例说明工艺专业化与对象专业化在生产过程空间组织中的应用。

7. 简述JIT生产方式的目的与主要内容。

8. 简述生产现场管理的内容及现场管理的方法。

9. 技术管理的内容有哪些？

10. 新产品开发有什么意义？

11. 如何开发新产品？

12. 新产品开发的程序包括哪些主要内容？如何选择新产品的构思方案？

13. 简要介绍新产品的开发策略。

案例分析

【案例分析4-1】

近年来，美国数万家公司纷纷推行一种叫作"恰逢其时"的管理方式。这种管理方式的大体内容是：在电脑的辅助下，大刀阔斧地简化生产过程，减少零件库存。在从原材料进厂到成品上市的整个过程中，每个环节要十分紧密地衔接，杜绝"停工待料"和"停料待工"现象。在通用汽车公司生产"土星牌"汽车的生产车间，新安装了101扇自动门。这些门平时是关闭的，人力打不开，只有到了该门所管辖的那道工序需要某种零件的时候才会自动打开，把零件送进去。

例如，在流水线上缓缓运行着的汽车到了需要装配坐椅的时候，另一家生产坐椅的公司从电脑主机上收到送货指令，随即用卡车把坐椅运到通用汽车公司的工厂里，此时，靠近装配坐椅工段的那道门自动打开，坐椅被直接送上装配线，这就叫"恰逢其时"。

这种管理方式的好处是减少了仓储费用，缩短了从仓库到装配线的运输时间和距离，从而可以降低生产成本。此外，这样也能促使装配线不出任何事故，保证准确无误，迫使生产部门提高工作质量和产品质量。

推行这种新的管理方式的关键是提高工人的素质，把工人培养成掌握多种技能的多面手，为此，已经或准备实行这项管理制度的美国企业都不惜花费巨款培训职工。通用汽车公司规定，每个工人每年都要抽出5%的工作日参加培训班，学习各种专业技能。

【案例分析问题】

（1）通用汽车公司的这种简化生产过程的管理方式反映了什么组织原则？

（2）同时追求杜绝"停工待料"和"停料待工"的目标是否有风险，会在什么情况下出现？

（3）所谓"恰逢其时"的管理方式的实施需要具备何种条件？

【案例分析4-2】

1. 背景分析

HK公司是一家由上市公司"中储股份"控股的国家高新技术企业，现有资产三千多万元，员工二百多人，其中大专以上学历超过70%，主要从事称重、计量、包装、自动控制等方面的产品开发和生产制造，是雄厚资金和高新技术的有机结合体。现有的主导产品是无线传输式电子吊秤。

20世纪80年代，国内第一台替代进口产品的电子吊秤诞生于HK公司的前身——Z厂，并且受国家技术监督局之托，起草了电子吊秤的国家标准。公司拥有国内规模最大、检测及生产设备最完善的吊秤生产基地。中国衡器协会历年统计数字表明，ORS 系列产品在国内市场的占有率一直高于 50%，市场总量已达八千台。公司立足国家专利产品 ORS 系列电容式电子吊秤，现已发展成为一个专业生产研究现代计量、测力、电子称重、自动化包装、自动化控制等机电一体化高科技产品的现代化高新技术企业。

根据公司组织机构的划分，由生产部负责对整个公司的产品生产进行规划。一般的流程为，每月的 25 号，生产部程经理根据下月销售预测和库存情况制订下个月的生产计划，属于典型的以销定产。但是最近公司引入了全面预算管理的制度，要求每个部门都要以实现公司利润最大化为工作目标，生产部作为公司的利润中心，实行预算管理势在必行。因此如何合理安排生产计划实现利润最大化成了程经理面临的新问题。

公司现有 3 种主要产品：ORS 吊秤、OCS 吊秤和直显式吊秤，每台最终产品包括秤体和仪表各一台，秤体和仪表是分开入库的，仪表是互相通用的，区别在于秤体各不相同。仪表生产全部在仪表车间完成，秤体生产则分为零部件生产和装配两个步骤，分别由机加工车间和装配车间完成。由于机加工车间目前生产能力有限，不能满足全部套件的生产，因此部分零部件采用外包形式完成。因为自己生产套件的成本低于外包，公司也曾考虑要把外包零活收回，但这在厂房、设备上的投资很大，故一直没有实行。

2．现状分析

今天已经是 24 号，明天就要拿出下个月的生产计划了，程经理面对摆在桌上的一些报表正在苦思冥想，要怎样制订生产计划才能满足公司提出的利润最大化目标呢？按照以往的老办法显然不能做到心中有数，他想起正在读 MBA 的经理助理小刘，便打电话求助。

小刘很快就过来了，他根据最近学的知识，建议程经理构造一个线性规划模型，以求出最优解。

基础数据列表如表 4-1～表 4-7 所示。

1）月初成品库库存

如表 4-1 所示是月初成品库库存表。

表 4-1　月初成品库库存表

	ORS 吊秤/台	OCS 吊秤/台	直显式吊秤/台	仪表/台
月初库存量	11	20	12	48

2）本月销售预测

如表 4-2 所示是本月销售预测表。

表 4-2　本月销售预测表

	ORS 吊秤/台	OCS 吊秤/台	直显式吊秤/台	仪表/台
预测销售量	40	48	9	10

注：①每台吊秤配一台仪表。②仪表除配吊秤外也作为配件零售。

3）月末安全库存量

如表 4-3 所示是月末安全库存量统计表。

表 4-3　月末安全库存量统计表

	ORS 吊秤/台	OCS 吊秤/台	直显式吊秤/台	仪表/台
安全库存量	10	12	10	40

4）平均售价

如表 4-4 所示是平均售价表。

表4-4 平均售价表

	ORS吊秤	OCS吊秤	直显式吊秤	仪表
平均价格/（元/台）	34 800	24 680	18 980	1 900

注：吊秤售价含仪表。

5）生产成本

如表4-5所示是生产成本表。

表4-5 生产成本表

	ORS吊秤		OCS吊秤		直显式吊秤		仪表
	机加	外包	机加	外包	机加	外包	
材料成本/元	19 200	22 080	14 560	17 472	12 046	14 060	1 440
加工工时费/元	100		75		62		15
装配工时费/元	20		16		14		

6）人工成本

各车间实行计件工资制度，即按照完成的工时数量提取工资，记入人工成本，工时单价定为3.5元/工时。

7）各产品盈利能力

综上所述，可知HK公司生产的各类吊秤从其规格和生产来源来看可分为6种：机加ORS、机加OCS、机加直显、外包ORS、外包OCS、外包直显，其区别在于吊秤零部件来源不同而引起的成本不同。但由于在销售时以相同的价格出售，因此造成了在核算利润时的复杂性。我们无法区分卖出的吊秤的零部件是由谁生产的，应该以哪种成本核算，也无法区分库存中一批同规格吊秤的成本有哪些不同。因此在这里引入了加权平均成本的概念以方便计算。

所谓加权平均成本，即以一个月为周期，生产入库的同一批吊秤按其零部件的来源不同做加权平均计算，核算出统一的成本入库。这个成本显然是按月度浮动的，但能更真实地反映盈利情况。

通过以上数据，计算出各产品的总成本和盈利能力。如表4-6所示是各产品的总成本和盈利能力汇总表。

表4-6 各产品的总成本和盈利能力汇总表 单位：元

	总成本	价格	获利能力
机加ORS	19 620	34 800	15 180
机加OCS	14 878.5	24 680	9 801.5
机加直显	12 312	18 980	6 668
外包ORS	22 150	34 800	12 650
外包OCS	17 528	24 680	7 152
外包直显	14 109	18 980	4 871
仪 表	1 492.5	1 900	407.5

注：加权平均成本计算方法为若机加和外包产量分别为X_1和X_2，各自成本分别为C_1和C_2，则加权平均成本为$C = \dfrac{C_1 X_1 + C_2 X_2}{X_1 + X_2}$。

8）车间生产能力约束

如表4-7所示是车间生产能力约束表。

表4-7 车间生产能力约束表

	仪表车间	机加工车间	装配车间
工人数量/人	8	25	13
每月可完成工时数/工时	1 600	5 000	2 600

注：按每名工人每月可完成200个工时计算。

9）假设下列条件成立

生产计划的制订一般基于以下假设：假定售价不变；必须满足销售预测的需求；月末保证安全库存量；因设备、厂房所限需尽量发挥机加工生产能力的98%以上；装配车间能力不足可随时得到补充（有充足的后备），因此其产量总可满足销售；满足上述条件的同时实现利润最大化。

【案例分析问题】

根据上述条件，应该怎样制订该企业的最优生产计划？

【案例分析4-3】

权智集团成立于1993年，1998年在香港联合交易所上市，为香港少数拥有强大科研实力的电子辞典及翻译机、个人数码助理、通信产品、数码录音器等的生产厂商之一。产品品牌包括快译通和快驿通，都已深入民心。除自建品牌外，集团还利用其科研实力，替海外极具规模的公司做合约生产，产品包括各种类型的掌上电子产品，满足了用户对数据处理、通信及信息的需求。

权智集团的生产基地在东莞，业务遍及东亚、东南亚、中东、欧洲和北美。

长期以来，权智集团对品质的要求都是精益求精的，自1994年开始，即推行各种提高品质的活动，包括ISO 9001系统、品质改善小组、业务自我评审、员工提案计划、品质管理圈及全面品质管理。毫无疑问，提高品质对业务发展是非常重要的。

权智集团自1998年起，采用了5S活动，在香港公司及东莞厂部的现场管理中全面实施，目的就是要将不断提高品质这一目标再提高一步。管理层希望通过5S活动的推行，提高公司的效率和生产力，从而提升公司的形象和客户的满意度，并使所有员工工作得更愉快、更投入。

因为东莞厂部涉及的员工较多，楼层面积也较大，所以投放到5S活动的资源也较多。首先，集团采用了民主的方式，经过投票，选出了一个5S活动推行委员会，成员来自不同部门，以确保全面参与。

其中主要的措施包括：

聘请精于5S活动的专家为员工进行培训；

在公司内部刊物上刊登关于5S活动的文章；

在公司醒目的地方增设5S活动专栏，刊登有关消息；

举办标语及口号比赛；

在文娱节目中加入5S活动的内容，力求使5S活动进入生活的各个层面。

判断活动成功与否最有效的方法是进行检查。集团的检查工作有以下3个层次。

每月一次或两次的定期检查；

推行委员会连同公司高层进行复查；

由外聘专家进行检查。

在香港，虽然5S活动的推行规模比较小，但认真程度毫不逊色，每月举行的5S活动比赛，员工都非常投入。

经过一年多的实施，5S活动带给权智集团以下好处：工作环境干净、整齐，增加了员工的工作投入感；工作事故大大减少；员工的效率得以提高；工作程序更为顺畅，减少了时间和金钱的损失；给参观者以良好的印象。

1998年10月，该集团荣获香港特区政府颁发的品质和生产力大奖，对此成就，5S活动可谓功不可没。

【案例分析问题】

（1）权智集团采取了哪些措施来推行5S活动？

（2）权智集团实施5S活动达到不断提高品质这一目标了吗？

【案例分析4-4】

20世纪80年代，为了提高日产公司的产品竞争力，日产公司开展了一项技术革新运动。它的新技术智能车身装备系统是一项十分伟大的长期开发计划。智能车身装备系统的核心是51个机器人组成的群体,这些机器人能抓起车身部件,并把它们排列起来,精确度在0.1mm以内,然后进行焊接和检查。这些工作都在46s内完成。从原则上说,它可以组装各种车型。不过,日产公司现在平均每个智能车身装备系统只制造3种车型的汽车,其中有些车身又有几种不同的款式。

日产公司生产一种新车型的汽车需要3个月的准备时间(过去需要12个月),主要是在生产持续运转的情况下为机器人编制程序和建立周边作业。日产公司负责工程设计的经理关根良忠说:"总有一天可能会做到,在日本建立的数据通过电话或卫星传送出去,在世界各地的工厂同时开始生产某一新车型的汽车。"

日产公司把自己的战略目标总结为"五任何":该公司的任何人,可以在任何时间、任何地点,生产出任何批量和任何车型的汽车。这位经理说:"智能车身装备系统朝这个目标迈进了一大步。"他还说:"一个智能车身装备系统每月可以处理大约20 000辆汽车,至于是哪些车型占用了生产能力,这无关紧要。当美国汽车制造商正在考虑放弃整条汽车生产线的时候,日产公司正在加速用更多的生产线来填补市场的空隙。"

【案例分析问题】

(1) 日产公司的生产方式有何特点?
(2) 日产公司的生产方式与传统的模式相比先进性表现在何处?

【案例分析4-5】

自1997年以来,中国作为持续多年的卖方市场已悄然离去,商品零售价格总指数长期出现负增长,通货紧缩的魔影已经逼近,对那些需求弹性并不十分大的生活必需品来说,在这种市场状态中,通过降低价格刺激市场需求显得日益困难。

冰箱一度是中国国内的奢侈消费品,但它的需求价格弹性却随着中国市场经济的深入运作而变得越来越小,由非一般耐用消费品成为一般耐用消费品,进而成为家庭生活必备品。冰箱市场的饱和亦在前几年形成,冰箱的品牌也由"春秋战国"转入"万绿丛中一点红"的市场格局。

美菱集团是安徽合肥的一家以电冰箱生产为主业的企业集团,大约在国内冰箱市场接近饱和阶段时进入冰箱产业,起步较晚。但经过多年的奋斗,已经成为与国内另外数家冰箱名牌企业并存的冰箱市场中的几朵"红花",并受到严酷的冰箱市场饱和与需求刚性的市场挤压。

可是,美菱集团并没有沉沦,而是坚持走企业技术创新的道路,大胆更新产品观念和市场观念,硬是在刚性的冰箱需求面上找到了一条需求"缝隙"——保鲜冰箱,并从开发保鲜技术入手,将创新成果转化成新产品——保鲜冰箱,从而开拓出一个新市场,得到了一份新的市场份额。

美菱集团首先看到了冰箱的"冷"观念是随市场经济的变化而变化的,他们发现,中国冰箱的消费者已从以前所追求的"大容积、深制冷,以冷为佳",转向渴望将时令的蔬菜瓜果存放于冰箱、随时尝鲜饱口福的愿望。对此,美菱集团认为"不用天天上菜市,就能天天吃新鲜"的愿望是冰箱主要目标市场——都市人的消费心态。

长期与美菱集团合作进行保鲜技术开发的中国农业大学食品研究院院长南庆贤教授强调:"在冰箱上提出保鲜这个概念非常新颖,因为食品质量的关键就是保鲜。""保鲜"是一个很有诱惑力的概念,和保质这一惯性概念有着根本的不同。保鲜比保质更上一个档次,保鲜的食品肯定能保质,但保质的食品未必能保鲜。保质是保鲜的基础,保鲜是保质的升级。

美菱集团的保鲜冰箱应用了6招保鲜技术:透湿过滤,控制蔬菜和瓜果水分的散发,使食物始终保持鲜嫩效果;冰温保鲜,美菱保鲜冰箱的冷藏室特设冰温室,既能保持食物原有的营养成分及鲜美味道,又避免解冻带来的食物组织结构的破坏;消霉除臭,不仅能够去除冰箱中的异味,而且能分解并吸收冰箱中的乙烯气体,大大减缓水果、蔬菜的熟化过程,使其能够在相当长的时间内保持新鲜;杀菌内胆,内胆采用具有杀菌作用的新材料制造,食物既能迅速摆脱细菌活动的破坏,又能保持营养成分及鲜美口味;速冻保鲜,使食物快速通过"易污染及变温区",大大减少污染及变质的可能性,从而达到保鲜效果;深冷保鲜,在食物表皮形成大量微小晶体,使其细胞结构不被破坏,始终保持新鲜。

事实上,美菱集团在冰箱业中开展的技术创新活动分为两个阶段:一是率先在国内推出181升大冷冻室冰箱,使冰箱由冷藏室发展到冷冻;二是推出保鲜冰箱,使冰箱保质有了绿色革命的意义。

这两次技术创新,使美菱集团由小到大,由弱变强,由赶"末班车"到进入中国家电队伍中的第一方阵。

依靠丰富冰箱技术创新的内涵,美菱集团在买方市场的格局中,寻找到了又一个保鲜冰箱市场。1998年上半年,全国冰箱销量比1997年同期下降7%,而美菱冰箱销量却上升了12%。冰箱市场的这种逆势变化,证明了美菱的技术创新的成功。

【案例分析问题】

(1) 简述美菱保鲜冰箱技术创新成功的主要原因。

(2) 在知识经济条件和保鲜技术加快传播的大环境下,美菱冰箱依靠保鲜这一技术创新成果,是否能继续经受市场的考验,并有效获得保鲜冰箱产生的超额利润?

【案例分析4—6】

从19世纪80年代到20世纪80年代,柯达公司在世界照相机领域中的霸主地位一直没有动摇。"创新技术、突破生活"是柯达公司的座右铭,也是柯达公司的成功之本。

柯达公司的创始人乔治·伊士曼20岁时就对照相机感兴趣,虽然没有积蓄,他却开始着手研究照相干板。为了实现这个梦想,1881年1月,他把自己极度珍视的5 500美元的积蓄作为准备资金,在罗契斯特创立了照相干板制造公司。这个公司便是伊士曼·柯达的前身。当年乔治·伊士曼27岁。乔治一边制造照相干板,一边对照相机的全部构造及性能进行研究,他一直想制造出一种操作简单的照相机。经过7年的苦苦研究,终于研制出一种小型口袋式照相机,命名为"柯达第一号"。

此后,柯达公司还连续推出了"袖珍型全自动照相机"和"立即显像摄影机",可以说是在世界照相史上具有划时代意义的两次突破。

柯达公司认识到,某种类型的照相机若能长期销售则可持续盈利,但同时又要顾及业余摄影爱好者玩腻某种类型的照相机之后就减少购买软件的倾向。因此,柯达公司的策略就是每隔一段时间就推陈出新,让新一代的青年接触到新型的柯达相机。在这样激烈的竞争中,柯达公司的首脑们并不过分紧张,在位于罗契斯特的柯达公司总部,主管们显得异常沉稳和镇定,他们总是善于控制业务变动的步伐,从容地开发与发展多种新产品,掌握每种产品的寿命以获得最大的利润。这也是柯达公司一贯的管理领导艺术。

柯达公司享誉世界的声誉,除以上业绩外,还跟它改良影印机的成功分不开。20世纪50年代后期,柯达公司就在光电照相机方面进行了一定的研究,但在影印机市场上,有技术领先、实力强大的世界影印机巨头金禄和万国商业机器公司与之竞争。金禄早在1960年就以914型影印机首先进入市场获得成功。多年来金禄的影印机畅销全球,几乎独占市场,并且万国商业机器公司当时也有10%的市场份额。柯达公司是迟来的新手,因此遇到了许多巨大的难题。

柯达公司并没有甘拜下风,而是以其稳健的作风做出抉择,要制造一种最新的产品。通过对影印机市场的调查,了解到用户的兴趣在于产品的品质、可靠性与便捷性。在对市场的需求进行科学预测后,经过综合考量,柯达公司决定生产专门为大公司服务的新产品。柯达公司要夺取市场,必须使自己的新产品在技术性能方面超过其他公司,于是制定了新产品开发的优质战略。1967年,一个名叫沙莱的人发明了一种新的文件重组反馈器,这种装置能自动处理一堆需要复印的原件。沙莱给各大影印机公司致函,寻求被采用的机会。金禄公司寄了一张空白表格让他填写,但柯达公司却立即委托专利律师打电话和沙莱直接洽谈。当时,尽管柯达公司没有马上使用沙莱的发明,却很快取得了这项发明的专利权。几年后,柯达公司影印实验室对沙莱的文件重组反馈器进行了研究改进,并使它圆满运行。于是柯达公司的影印机可以一边复印,一边装订。这就比其他要等复印全部结束之后才能装订的影印机多了令人羡慕的优越性。

当一系列难题终于得到解决之后,柯达公司的EK影印机开始上市。这种影印机由于能一边复印,一边装订,得到用户的一致好评。它的多功能性,即使是老牌的金禄公司和万国商业机器公司也望尘莫及。

【案例分析问题】

（1）柯达公司在新产品开发中运用了怎样的模式?

（2）柯达公司值得我国企业借鉴的地方有哪些?

（3）柯达公司稳步求胜的战略与公司注重产品创新的战略是怎样有机结合在一起的?

第五章　工业企业的质量管理

学习目标

【知识目标】
1. 掌握质量、质量管理、全面质量管理等概念；熟悉全面质量管理的原则及其基础工作；
2. 熟悉质量管理体系、ISO 9000 族标准及质量保证体系；熟悉质量波动的规律及过程质量控制的方法；
3. 掌握产品质量检验的方法及常用的质量管理工具和技术。

【能力目标】
1. 学会在企业中实施全面质量管理；
2. 能够运用常用的质量管理工具和技术对产品质量进行客观分析和过程控制。

案例导读

【案例 5-1】从破产到异军突起，皆源于质量

据报道，我国一家生产电冰柜的公司曾因负债 2 500 万元，已被母公司视为"包袱"，决定宣告破产并"一卖了之"。其原因是，当时生产的产品质量低劣，出现了在某市一天售出 200 台，又在 6 天内全部退货的罕见窘况。那时，不合格产品堆满了工厂大院，职工放假长达 8 个月之久，讨债者强行封库，企业负责人 37 次被传上法庭。在公司走投无路的情况下，上级母公司只好忍痛将其出售，以卸"包袱"。

几年后，该公司却在全国家电市场竞争中异军突起，成了国内生产电冰柜企业中的佼佼者，市场占有率达到 18.4%，产量增长 63 倍，销售收入增长 61 倍，利润增长 2 351 倍，税金增长 210 倍，总资产增长 15 倍，全员劳动生产率提高 6.18 倍。该公司从 1992 年起，连年被评为采用国际标准和国家标准的先进单位。面对如此巨大的变化，该公司的广大职工说，公司发展、壮大的事实充分说明，一个企业的悲剧在（产品）质量，成功也在（产品）质量。

【案例 5-2】海尔人永恒的魅力

企业的出路在市场，然而激烈残酷的市场竞争使每个企业都认识到市场就是战场。海尔集团以张瑞敏为首的海尔人更认识到，市场的竞争主要表现在质量的竞争，因此他们选择和制定了"唯一"和"第一"的战略理念，并为之奋斗。高起点的"唯一"理念使海尔人坚定了争"第一"的决心和信心。他们看到，在 1954 年就诞生了第一台电冰箱的中国土地上，三十多年来，国优金牌的称号却始终空缺。为了争取中国冰箱史上的"第一"这块金牌，海尔人下决心一定要生产出质量第一的产品。他们制定了严密的质量保证体系，实行高标准、严考核、重处罚的管理制度，如生产一台合格冰箱，计件奖为 0.4 元；而出现一台废品，则重罚 40 元。"宁可出一台一等品，也不出十台二等品"的格言成了他们的质量标准。1998 年，海尔冰箱终于问鼎国优金牌宝座。

海尔集团以高质量的产品赢得了千百万用户的心,使自己在激烈的市场竞争中占据了有利地位。在1989年市场出现疲软,电冰箱销势猛跌之际,海尔电冰箱却独领风骚,成为唯一价格上调、产销两旺的冰箱产品。他们不但荣获了全国企业改革创新奖"风帆杯",还通过了国家一级企业预考评和国家质量管理奖的资格审定,是优良的产品质量使海尔人获得了永恒的魅力。

【案例5-3】得利斯集团的质量管理

山东得利斯集团公司的管理者们认为,产品质量是生产出来的。要保证产品质量,就必须坚持把质量问题解决在产品的生产过程中,并且要求员工在生产过程中树立"换位意识"。

所谓"换位意识",就是上一道工序把下一道工序当用户,下一道工序把上一道工序当卖主,用上一道工序的产品质量保证下一道工序的产品质量,直至保证最终产品的质量。为此,他们为各道工序都制定了严格而详细的作业标准。例如,检查原料肉质量是否合格;及时把有问题的原料肉报告给班长处理;按照分割肉的时间先后顺序提运,严禁顺序颠倒,以免造成原料肉污染;制定绞肉工序作业标准,挑选好的原料肉要严格按比例搭配;放入绞肉机前,要认真检查绞肉机内是否清洁卫生;严禁把带有污物、异物、色不正不匀的不合格品装入箱内;标签要注明日期和批号等。

得利斯集团公司就是用这种"换位意识"在上一道工序与下一道工序间建立了双保证机制,从而保证了产品的质量。

【案例5-4】奔驰成功的原因

人们对一辆现代轿车的各种期盼可追溯至奔驰。对于许多人来说奔驰车的知名度是最高的,奔驰车成了"高级车"或"豪华车"的标志。确实也是这样,因为奔驰车的乘坐舒适度是世界公认第一的。探讨奔驰车成功的原因,一个不能被忽视的秘诀在于对质量的执著。

1. 奔驰车的经久耐用

在德国十大名牌产品中,奔驰名列第一位;在世界十大名牌产品中,奔驰排名第三。奔驰甚至成了德国产品的代名词。如果你稍加留意就会发现,奔驰车很少做广告,对此奔驰人的解释是:"我们的质量就是最好的广告。"

2. 也许坐椅最能说明一些问题

人们在审视一辆汽车时,往往只注意它的外观、性能,却很少留意它的坐椅。尽管这是一个那么不引人注意的地方,但奔驰人也没有放过它。奔驰车坐椅的面料大多是用新西兰进口的羊毛纺织而成的,纺织时还要根据需要掺进从中国进口的真丝和从印度进口的羊绒。至于用来制作皮革坐椅的面料,他们考察了世界各地后,认为还是南德地区的最好,于是专门在那里设立了供应点。

3. 世界上第一家汽车安全工程部

为了保证生产出高质量的产品,奔驰早在1939年就成立了世界上第一家汽车安全工程部,由著名的"安全之父"巴仁尼先生主持。巴先生一生共发明了2 500多项安全专利,其中有许多直到今天仍然是汽车安全的标准;1959年,奔驰开始进行整车撞击试验,每年大约进行7 000多次模拟撞击试验,100余次真车撞击试验。在西方人眼里,人的生命是最宝贵的,汽车撞坏了可以修,也可以再买新的,而人的生命只有一次。

第一节　质量与质量管理

随着经济的发展和社会的进步,以及市场经济体制的日趋完善和经济全球化进程的发展,"质量是企业的生命"这一理念已为我国企业界所认同,质量管理在企业管理中的地位日渐重要,质量管理理论也不断发展和完善。企业已由重视产品质量和服务质量进一步提升为重视整个经营管理的质量,以及追求卓越的经营质量。

一、质量概述

1. 工业产品质量的含义

何谓质量?随着社会和经济的发展,人们对质量概念的认识经历了一个不断发展和变化的历史过程,以下几个质量的概念很具有代表性。

(1)质量就是意味着对规范或要求的符合,即合格就是质量;

(2)质量是反映实体满足显性和隐性需要的能力,即适用性;

(3)质量是"一组固有特性满足要求的程度"。

其中,"一组固有特性满足要求的程度"是 GB/T 19000—2000《质量管理体系 基础和术语》中对质量的定义。这是迄今为止在世界范围内影响最广泛,也是最广为接受的,其表明质量所描述的对象已不仅是产品、服务,还包括过程、活动、组织及它们的组合;质量的含义也从符合性发展为适用性,适用性的内涵是要重视用户,将质量的重心和评定的权力移向用户,即形成用户满意这一新的质量观。

2. 工业产品的质量特性

质量是对用户需要的反映,为了使用户需要的质量得以实现,就必须将用户的需要进行变换,即将其用理性的、技术的或工程的语言明确地表述出来,这就是质量特性。这种变换的准确与否,直接影响用户的需要能否得到满足。变换越准确,用户的需要越能得到准确的反映;反之,变换越失真,质量特性就越与用户的需要脱节,这样即使所提供的产品能够百分之百地符合质量特性指标,也并不意味着用户的需要得到了满足。用户的需要是多方面的,质量特性可分为以下几种类型。

(1)技术性或理化性的质量特性;

(2)心理方面的质量特性;

(3)时间方面的质量特性;

(4)安全方面的质量特性;

(5)社会方面的质量特性。

以有形产品为例,产品的质量特性可以从以下几个方面描述。

1)性能

性能指产品满足使用目的所具备的技术特性,如产品的理化性能、电视机的清晰度、钟表的走时准确度等。性能是最基本的质量特性。

2)耐久性

耐久性指产品在规定的使用条件下完成规定功能的工作总时间,即产品的使用寿命,如电冰箱的使用年数。

3)可靠性

可靠性指产品在规定时间和规定条件下完成规定任务的能力,即产品实现满足用户要求的能力,如电视机平均无故障工作时间、电冰箱在使用中的无故障率等。

4)安全性

安全性指产品在操作或使用过程中对周围财产或环境安全、卫生的保证程度,如电器设备的用电安全、食品的食用安全性等。

5)经济性

经济性指产品在寿命周期内的总费用的大小,包括产品的设计、制造及使用过程的维持费用。

6)外观

外观指产品的造型、色泽、包装等外观质量特性,如手机的造型等。

质量特性一般用量化的指标来规定,即质量特性值。质量特性值是反映产品质量特性水平的数据,也就是质量数据。

3. 现代工业企业提高产品质量的意义

"质量是企业的生命",它关系着国计民生和企业的生存与发展,加强质量管理、提高产品质量有着十分重要的意义。

1) 产品质量与人民的生活水平休戚相关

美国的质量管理专家朱兰博士曾用"质量大堤"这一比喻生动地说明了产品质量与人们的生活、健康、安全等息息相关。只有构筑牢固的"质量大堤",人民生活水平才能提高,才能过上健康、舒适、安乐的生活,社会才会安全、稳定。

2) 产品质量关系企业的生存与发展

现代企业的竞争,其实质是产品质量的竞争。产品质量好的企业在竞争中将会赢得社会信誉,将会不断发展、不断壮大,竞争能力也将不断得到提高。

3) 提高产品质量可以给企业节能降耗

产品质量好、废品少可以使企业降低材料和能源的消耗,提高劳动生产率和经济效益;产品性能好、使用寿命长就等于增加了产量、节约了资源、增加了社会财富。

4) 提高产品质量将加速国民经济的发展

提高产品质量就能节约社会资源、提高经济效益,显然这对于加速国民经济的发展十分有利。

由此可见,产品质量是一个国家科学技术水平、管理水平和其他各项工作的综合反映,因此必须把提高产品质量作为我国的一项长期战略任务来抓。

二、质量管理

质量管理是确定质量方针、目标和职责,通过质量体系中的质量策划、质量控制、质量保证和质量改进使其实现的具有管理职能的全部活动。质量管理在现代企业管理中不但日趋重要,而且已与企业的生产经营管理融为一体。

1. 质量管理的发展阶段

质量管理是伴随着产业革命的兴起而逐渐发展起来的,系统的、独立的质量管理形成于18世纪的欧洲工业革命,其发展过程大体经历了以下3个阶段。

1) 单纯质量检验阶段

单纯质量检验阶段出现在20世纪初,随着企业规模的扩大和分工专业化程度的提高,企业中设立了专职的检验人员,负责将生产出来的产品按事先规定的质量标准分类,区分合格品与不合格品。但质量检验只能阻止不合格品的流通而不能预防不合格品的产生,属于"事后把关"。

2) 统计质量控制阶段

统计质量控制阶段出现在20世纪40年代,主要特征是,将概率论与数理统计的原理和方法应用于质量管理之中。一方面,通过对工序质量进行分析,及时发现生产过程中的异常情况,确定产生质量波动的原因,从而迅速采取措施加以消除,使之保持稳定的状态,防止不合格品的产生,将"事后把关"转变为"事前预防"的质量控制。另一方面,采用抽样检验的方法,解决了需要做破坏性试验来进行检验的那些产品最终检验的难题,使检验的工作量既合理又有可靠的判断依据。但这种管理方法纯粹依靠统计分析和对生产过程的控制,忽视了组织的管理和"人"这一因素的作用。

3) 全面质量管理阶段

全面质量管理阶段出现在20世纪60年代,随着科学技术和生产力的迅速发展,对产品质量的要求越来越高,因此对产品安全性和可靠性的控制单纯依靠概率论与数理统计的方法已无法满足要求。这时美国通用电气公司的阿曼德·费根堡姆及朱兰博士等专家提出了全面质量管理的概念,把质量管理从工序控制进一步扩展到产品的设计、制造和销售等各个过程,突出了"人"这一因素在质量管理中的作用。此后,全面质量管理的概念在全球范围内得到了广泛的应用和实践,逐步将质量管理从质量职能的领域,演变和发展为以质量为中心的综合、全面的管理方式和管理理念。至今，全面质量管理的理论仍在实践中不断地完善和发展。

2. 全面质量管理的概念与原则

全面质量管理的概念自 20 世纪 60 年代提出后，经过各个国家在实践中的不断创新，到目前为止，应以 ISO 9000 族标准中对全面质量管理的定义作为标准。ISO 9000 族标准中对全面质量管理的定义为：一个组织以质量为中心，以全员参与为基础，目的在于通过让顾客满意和本组织所有成员及社会受益而达到长期成功的管理途径。

全面质量管理具有以下特性。

1) 全过程性

全面质量管理要求从全过程的角度认识质量，产品质量取决于设计质量、制造质量、销售及售后服务质量等。这一特性强调全面质量管理应以预防为主，将预防与检验结合，消除各种产生不合格品的隐患，向顾客长期、稳定地提供合格的产品；要求企业所有岗位都必须形成为顾客服务的意识，将下一道工序视为顾客，让内部顾客满意是实现让外部顾客满意的重要基础。

2) 全员性

全面质量管理要求从决策者、职能人员到第一线岗位的操作人员等全体人员都关心质量，对质量负责。要实现全员的质量管理，首先要抓好全员的质量教育和培训，提高全员的质量意识和参加质量活动的能力；其次要建立质量管理责任制，明确职责，增强责任感，激发创造力；最后要通过多种形式的群众性质量活动，充分发挥质量管理中"人"这一因素的重要作用。

3) 全方位性

全面质量管理提出了让顾客满意的新的质量观，这就给质量下了一个广义的定义，它不仅包括产品质量、服务质量，还包括成本质量、供需质量、工序质量及企业生产经营各方面的工作质量。工作质量是产品质量的保证，产品质量是企业一切工作质量和供需质量的综合反映。因此，全面质量管理也就是对产品质量、工序质量、工作质量的全方位管理，全面质量管理与企业的生产经营管理是一体化的。

4) 多方法性

全面质量管理把管理方法、经济分析方法、生产技术方法、数理统计控制方法等结合起来，形成了一系列管理方法。采用多种方法的全面质量管理体现了用数据说话、遵循客观规律、实事求是的管理特点，提高了全面质量管理工作的科学性和准确性。

ISO 9000: 2000 版的标准中提出了全面质量管理的八项原则，这八项原则是在总结全面质量管理的实践经验和提升质量管理理论的基础上概括出来的全面质量管理的最基本、最通用的规律，是现代质量管理的理论基础，也反映了全面质量管理的基本思想。这八项原则包括：

原则一：以顾客为关注焦点。

"组织依存于顾客。因此，组织应当理解顾客当前的和未来的需求，满足顾客需求并争取超越顾客期望。"这一原则说明了企业要实现长期的成功，其经营就必须以顾客为中心，把顾客的需求放在第一位，即全面质量管理要始于识别顾客的需要，终于满足顾客的需要并争取超越顾客的需要。

原则二：领导者的作用。

"领导者确立组织统一的宗旨及方向。他们应当创造并保持使员工能充分参与实现组织目标的内部环境。"这一原则说明了企业的领导者在全面质量管理中的作用是举足轻重的，领导者应当使质量方针、质量目标与企业的经营宗旨统一、一致，并创造一个全体员工能够充分参与实现组织目标的内部环境。

原则三：全员参与。

"各级人员都是组织之本，只有他们充分参与，才能使他们的才干为组织带来收益。"企业的质量管理是通过产品实现过程及支持过程来实施的，所有这些过程的有效性都取决于各个岗位人员的意识、能力和主动性。人人充分参与质量管理活动，既是企业实现质量方针、目标的必要条件，又是提升质量水平的充分条件。

原则四：过程方法。

"将活动和相关的资源作为过程进行管理，可以更高效地得到期望的结果。"这是现代企业进行管理与控制的特点之一，也是全面质量管理发展的一个标志。

原则五：管理的系统方法。

"将相互关联的过程作为系统加以识别、理解和管理，有助于组织提高实现目标的有效性和效率。"系统方法的特点是：以顾客的需求确立企业的质量方针和目标，确定实现质量方针和目标的活动，识别由这些活动构成的过程，分析过程之间的相互作用，并将这些过程有机地组合成一个系统进行管理，以使之能够有效、协调地运行。

原则六：持续改进。

"持续改进总体业绩应当是组织的一个永恒目标。"事物总在不断地发展，顾客的需求也在不断地变化和提高，企业要想适应外界环境的变化，就应建立一种机制增强自身的适应能力和提高自身的竞争力，这种机制就是持续改进。持续改进是当今社会对企业的要求，也是全面质量管理发展的一个新标志。

原则七：基于事实的决策方法。

"有效决策是建立在数据和信息分析的基础上的。"基于事实的决策方法强调遵循客观规律，在广泛收集信息并用科学的方法加以处理、分析的基础上进行决策，这将决定企业的各项活动能否达到预期的目标。

原则八：与供方的互利关系。

"组织与供方是相互依存的，互利的关系可增强双方创造价值的能力。"随着生产社会化程度的提高，企业的专业化程度越来越明显，因此在当今的经营环境中，企业与企业既是"竞争对手"，也是"合作伙伴"，只有致力于双方共同发展的互利关系，才能最终确保顾客满意，企业才能获得自身的发展。

3. 全面质量管理的基础工作

全面质量管理的基础工作是指标准化工作、计量工作、质量教育工作、质量信息工作、质量责任制等为全面质量管理提供共同准则、基本手段、前提条件和资料依据的必不可少的工作。

1）标准化工作

标准是对重复性事物和概念的统一规定，它以科学技术和实践经验的综合成果为基础，经有关方面协商一致，由主管机构批准以特定形式发布，作为共同遵守的准则和依据。标准化工作是指在经济、技术、科学及管理等社会实践中，对重复性事物和概念通过制定、发布和实施标准，达到统一，以获得最佳秩序和社会效益的活动。

在全面质量管理中，标准是衡量产品质量和各项工作质量的尺度，也是企业进行生产技术活动和经营管理工作的依据。企业标准化工作的基本任务是执行国家有关的法律、法规，实施相关的国家标准、行业标准和地方标准，制定并实施企业标准，并对标准的实施进行监督检查。企业从原材料进厂到产品生产、销售等各个环节都要有标准，不仅要有技术标准，还要有管理标准、工作标准等。要建立一个完整的标准化体系。

2）计量工作

企业的计量工作是指，在保证量值统一的条件下，依据标准技术文件并运用测试技术，通过提供具有一定准确度的各种数据信息，为企业各项工作提供的计量保证。计量工作在全面质量管理中，不但是测量、判断产品质量的基本手段，而且是为各项工作提供可靠客观数据的基础，可以说没有科学的计量工作，就没有定量分析的依据，也就无法判断质量的优劣，从而就无法进行全面质量管理了。

计量工作是保证产品质量的重要手段，做好计量工作、保证计量量值的准确和统一、确保技术标准的贯彻执行等均是全面质量管理的重要基础工作。计量工作中所需的量具和化验、分析仪器仪表等要配备齐全、完整无缺、质量稳定、示值准确，此外，应根据不同情况选择正确的测定计量方法。

3）质量教育工作

企业的产品质量及一切工作质量都与"人"这一因素有着非常强的正相关关系，人的质量意识、能力水平等素质是保证产品质量的关键。企业员工的素质，特别是质量意识和技能水平，是由企业的质量教育和培训决定的，故有"质量管理既始于教育，又终于教育"的说法。

企业的质量教育工作，主要是正确地识别教育、培训的需求，提供适宜的质量意识教育和岗位技能培训，并建立完善的管理制度来有效地评价、监督教育与培训的效果。企业的质量教育和培训工作必须制度化、系统化，并与全面质量管理同步发展。

质量教育是全面质量管理中的一项重要基础工作。通过质量教育可以不断增强职工的质量意识，并使之掌握和运用质量管理的方法和技术；可以使职工牢固地树立质量第一的思想，明确提高质量对于整个国家和企业的重要作用，认识到自己在提高质量中的责任，并自觉地提高自身的管理水平、技术水平和工作质量。

4）质量信息工作

质量信息是指质量活动中的各种数据、资料、报表、文件及企业外部的有关情报资料，不仅包括产品实现过程及各支持过程的相关活动的原始记录、基本数据及分析整理后的统计数据与资料，也包括顾客需求与满意程度和指导质量活动的各种文件。质量信息是质量管理的耳目，也是一种重要的资源。通过收集有关质量信息的情报可以及时掌握经营活动的动态、产品的使用状况、国内外产品质量及市场需求的发展动向。它是改进产品质量、改善各环节工作质量最直接的原始资料和信息来源。

质量信息工作是企业有效、及时、全面、准确地收集、整理、分析内部与外部的质量信息，使之能及时了解企业内部与外部各种因素的变化及规律，真实地反映产品质量与各方面工作质量的状况，为全面质量管理提供必要前提条件的工作。

5）质量责任制

质量责任制是指，在企业中以文件的形式规定各职能部门和各岗位人员在质量工作中的职责和权限，并有相应的机制做保障的一种制度化的管理手段。质量责任制的核心在于明确职责、落实责任，以使各岗位人员工作前有"标准"、工作后有"考核"，有助于提高各岗位人员的质量责任感。

建立质量责任制是企业加强质量管理、保证产品质量的行之有效的措施。它是企业经济责任制的重要组成部分，要求明确规定企业中的每个人在质量工作中的具体任务、职责和权限，以便做到质量工作事事有人管、人人有专责、办事有标准、工作有考核。要把与质量有关的各项工作和广大职工的积极性结合起来，组织起来，形成一个严密的质量体系。因为质量工作关系到企业的各个部门、各个岗位和每个人，所以若没有明确的责任制度，则职责不清，不仅不能保持正常的生产秩序，还会出现质量无人负责的现象。因此，要搞好质量，就要有一个明确的职责和权限，要建立一套相适应的质量责任制度，并与经济责任制紧密结合起来，使企业中的每个人都知道自己该做什么、怎么做、负什么责任、做好的标准是什么。做到人人心中有数，为保证和提高产品质量（或服务质量）提供基本的保证。

三、质量管理体系

质量管理体系是在质量方面指挥和控制组织的管理体系，是企业内部建立的、用于保证产品质量或实现质量目标的质量活动。它根据企业特点选用了若干体系要素加以组合，加强了设计研制、生产、检验、销售、使用等过程的质量管理。企业通过建立质量管理体系来进行质量管理是当今质量管理的发展趋势，ISO 9000族标准为组织建立、运行、评价质量管理体系提出了国际范围内通用的规范。

1. ISO 9000 族标准简介

1994 年 ISO 9000 族标准一经颁布，就迅速被许多国家的标准化机构和企业认可并采用，成为 ISO 制定的标准中在国际上应用最广泛、最成功的一个范例。

ISO 9000 族标准是指由 ISO/TC176（国际标准化组织质量管理和质量保证技术委员会）制定的所有标准。2000 版 ISO 9000 族标准包括了 6 个核心标准和几个支持标准与文件。6 个核心标准是：

ISO 9000: 2000 质量管理体系：基础和术语。该标准表述了质量管理体系的思想和基本理论基础，规定了质量管理体系术语。

ISO 9001: 2000 质量管理体系：要求。该标准规定了质量管理体系要求，用于证实组织具有提供满足顾客要求和适用法规要求的产品的能力，目的在于增进顾客的满意度。

ISO 9002: 2000 质量管理体系——生产、安装和服务的质量保证模式。该标准阐述了从采购开始直到产品交付的生产过程的质量体系要求。该标准强调预防为主，要求把对生产过程的控制和对产品质量的最终检验结合在一起。当需要供方质量体系管理部门提供具有对生产过程进行严格控制的能力的足够证明以保证生产和安装阶段符合规定的要求时，应选择和使用这种标准。

ISO 9003: 2000 质量管理体系——最终检验和试验的质量保证模式。该标准阐述了从产品最终检验到产品交付的成品检验和试验的质量体系要求。该标准强调检验把关，要求供方建立一套完善而有效的检验系统。当需要供方质量体系管理部门提供具有对产品最终检验和试验进行严格控制的能力的足够证据以保证最终检验和试验阶段符合规定要求时，应选择和使用这种标准。

ISO 9004: 2000 质量管理体系：业绩改进指南。该标准提供了考虑质量管理体系的有效性和效率两方面的指南，目的是促进组织业绩改进和使顾客及其他相关方满意。

ISO 19011: 2000 质量和（或）环境管理体系审核指南。该标准提供了审核质量和环境管理体系的指南。

2000 版 ISO 9000 族标准的应用反映了当今世界科学技术、经济贸易和社会发展状况，该标准的内容与思想也标志着全面质量管理的发展趋势。

2. 质量管理体系的特点

在 ISO 9001: 2000 标准指导下建立的质量管理体系有以下 6 个特点：
（1）突出"满足顾客需求"；
（2）增强了质量改进机制；
（3）以八项质量管理原则为导向；
（4）采用过程模式；
（5）更注重科学性、实用性；
（6）采用改进后的供应链管理制度。

四、质量保证体系

工业企业质量保证体系是根据产品质量形成与发展过程中各个环节的质量活动要求而确定的企业各个部门在质量管理方面的任务与职责，以及为执行和协调各方面的任务与职责所建立的组织机构。

1. 准备过程的质量控制

1）设计过程的质量控制

设计过程是产品投产前的全部技术准备过程。用户的质量要求首先通过设计来体现，质量好的产品，必然在设计上是先进的、合理的，因此抓好设计过程的质量控制是搞好全面质量管理的起点。

2）材料设备准备过程的质量控制

原材料、辅助材料、机械设备等的质量对产品质量的影响很大，因此对外购的原材料、辅助材料、机械设备等一定要严格把好验收关，将各种质量隐患消灭在进厂前。

2. 生产过程的质量控制

生产过程是将劳动对象变成产品的过程，因此生产过程质量控制工作的重点和场所是车间。

1）抓好每道工序的质量

产品是经过一道道工序生产出来的，而每道工序都有自己的质量标准，所以只有每道工序都严格按照质量标准进行生产，一环扣一环，才能从整体上保证产品质量。

2）合理选择检验方法

产品生产是一个复杂的过程，生产过程中必须包含一个同时存在的检验过程。在检验过程中，一要设置好检验点；二要选择合适的检验方法。做到预防为主，确保质量。

3）充分发挥检验队伍的作用

为了保证产品在生产过程中的质量，必须建立一支职工和技术人员相结合的检验队伍，贯彻在生产过程中半成品和成品以专职检验为主、以自检为辅的原则。

4）掌握质量动态，进行工序控制

为了充分发挥生产过程质量控制的预防作用，必须掌握生产车间、班组在一定时间内产品质量和工作质量的情况，及时通过原始记录进行质量状况的综合统计与分析。

3. 辅助生产过程的质量控制

辅助生产过程包括物资供应、动力供应、工具供应、设备维修、物料运输等部分。

（1）辅助生产过程必须为生产过程提供良好的生产条件；

（2）辅助生产部门应提高服务质量，做到及时供应、及时维修、方便生产；

（3）抓好辅助生产部门的各项工作质量，为生产优质产品提供可靠保证。

4. 使用过程的质量控制

产品的使用过程是考验产品实际质量的过程。产品质量的好坏主要看用户的评价，因此质量管理必须从生产过程延伸到使用过程。因此，必须做好以下工作。

（1）对用户开展技术服务工作；

（2）对用户的使用效果与使用要求进行调查；

（3）认真处理出厂产品的质量问题。

总之，为了切实保证产品质量，必须认真做好准备过程、生产过程、辅助生产过程、使用过程等各个环节的质量控制工作。

五、质量体系认证程序

ISO 9000: 2000 质量管理体系正式发布后，由于该系列标准澄清并统一了质量术语的概念，综合反映了世界上技术先进、工业发达国家质量管理的实践经验，既符合逻辑又注重实际，因此很快就受到了世界各国的普遍重视和采用，成为国际上被广泛认可的质量保证体系。目前世界上已有 150 多个国家和地区等同或等效采用该系列标准，为了拓展产品市场，提高企业信誉，增强企业的市场竞争力，数以万计的企业通过了 ISO 9000 认证。质量体系认证大致可分为两个阶段：一是认证的申请和评定阶段，其主要任务是受理申请并对接受申请的供方质量体系进行检查评价，决定能否批准认证和予以注册，并颁发合格证书；二是对获准认证的供方质量体系的日常监督管理阶段，目的是使获准认证的供方质量体系在认证有效期内持续符合相应质量体系标准的要求。质量体系认证的具体程序包括：

（1）供方向认证机构提出质量体系认证申请。

（2）认证机构对企业进行非正式访问，并根据需要从质量保证标准系列中选定一种质量保证模式。

（3）认证机构提出关于评定费用的报价。

（4）供方准备质量手册、质量体系评定附件，以及与申请认证有关的全部文件及相应的执行记录。

（5）认证机构评审供方提供的有关认证文件，并将意见反馈给供方，要求其做必要的修改与补充。

（6）认证机构进行现场评审，并将意见反馈给供方。供方在规定期限内修改体系后，认证机构再对修改过的体系做部分或全部的评审。

上述评审通常称作内审。

（7）经内审机构推荐，由法定的认证管理机构确认，批准注册，并颁发注册证书。

（8）在质量体系评定和注册的有效期（3 年）内，接受法定认证管理机构的监督。以后，每隔 3 年需要对供方质量体系重新评定一次。

第二节 质量波动与质量控制

质量管理的一项重要工作就是控制产品质量的稳定性,也就是找出产品质量的波动规律,消除由系统原因引起的质量波动,并把由随机原因引起的质量波动控制在合理的范围内。

一、产品质量的波动

在实际的产品加工中,同一批产品的产品质量特性值并不完全一样,也就是说采用同一种工艺、由同一个操作者、使用同一台设备和同一种原料加工同一种产品,产品的质量特性值却不完全相同,这就是产品质量的波动。产品质量的波动既是客观存在的,具有普遍性,又服从一定的分布规律,具有规律性。一般可以把产品的质量波动分为正常波动和异常波动两类。

1. **正常波动**

正常波动是指由随机原因引起的产品质量波动。所谓正常波动是指产品质量的特性值虽然存在差异,但其差异往往较小,对产品使用性能的影响在允许范围内的产品质量波动。公差就是承认这种波动的产物,仅有正常波动的生产过程,我们称为处于控制状态的生产过程,表示所生产的产品质量处于稳定状态。

产品质量的正常波动是由随机原因引起的,随机原因是指,在产品加工制造的过程中经常、大量存在且在当前技术条件下难以消除或消除成本太大的原因。例如,由于加工温度或压力的微小变化造成的原材料成分或性能的微小差异、加工过程操作的微小变化等。

2. **异常波动**

异常波动是指由系统原因引起的产品质量波动,表现为产品质量特性值的差异较明显,并且对产品使用性能所产生不良的影响已超出允许范围的产品质量波动。

产品质量的异常波动通常是由系统原因引起的。系统原因是指,对产品质量波动的大小和作用方向产生影响的、具有一定倾向性和周期性的原因,这类原因在产品加工制造的过程中并非大量、也不经常,但一旦存在就会使产品质量特性值产生较显著的差异,如原材料的质量或规格不符合要求、机械设备存在某项异常、操作的习惯性错误等。因此,异常波动在生产过程中是不允许存在的。统计控制的质量管理方法能识别生产过程中的这类质量波动,并通过消除异常波动使生产过程处于稳定状态。

3. **产品质量波动的主要影响因素**

对引起质量波动的原因,从质量控制的角度可分为上述的随机原因和系统原因两大类,这有利于掌握产品质量波动的规律,但这两大类原因在生产加工的过程中,可以在不同的环节中出现,因此产品质量波动的影响因素还需按产品的提供过程做具体分析,以便在质量控制中采取有效的措施。

按产品提供过程来分析,产品质量波动的影响因素可归纳为以下6个主要因素。

(1)人:指操作者的质量意识、技能水平、知识水平及各方面的素质等。

(2)机器:指机器设备及相关部件的装备水平、精度及保养维护状况等。

(3)材料:指原材料的化学与物理性能、外观质量及完好程度等。

(4)方法:指生产流程、加工工艺、作业指导书指定的程序等。

(5)测量:指测量方法、测量仪器及手段等。

(6)环境:指工作地的温度、湿度、照明及卫生条件等。

这6个影响产品质量波动的主要因素可用于所有产品的质量状况分析与控制。人们必须通过在产品加工过程中分析和控制这些因素,才能有效控制质量波动,提高产品质量和保证产品质量稳定。

二、过程与过程质量

由质量环可知,产品质量伴随产品实现的全过程,由于影响产品质量的主要因素来自于产品实现的过程,因此过程、过程质量、过程能力是产品质量的基础。

1. 过程与过程质量的概念

1) 过程

过程的定义:一组将输入转化为输出的相互关联或相互作用的活动。过程由输入、输出、活动和资源4个要素组成。输入是实施过程的依据和要求;输出是过程完成后转化的结果;活动是将输入转化为输出的动因;资源是转化的条件。

过程是一个活动的系统,一个过程的输入可能是几个过程的输出,一个过程的输出也可能是一个或多个过程的输入,因此一个过程会与其他过程相互关联,过程会形成过程网络。为实现过程中的活动,必须配置适当的资源,对过程的输出应进行相应的测量。企业实现产品的过程,就是由许多过程所组成的过程网络所完成的,因此对质量管理来说,企业应该系统地识别、组织和管理这些过程,确定这些过程之间的顺序和过程之间的相互关系。

2) 过程质量

对于制造业企业,过程质量也称为工序质量,即这里的过程不是广义上的过程,而是产品加工制造的过程。过程质量用该过程输出的产品质量的波动幅度表示。产品质量特性值的波动越小,说明产品质量越稳定;反之说明产品质量越不稳定。在企业中常用生产过程输出的合格率、废品率、返修率等表示过程质量的高低。

如上所述,人、机器、材料、方法、测量、环境是影响产品质量的6大因素(简称5M1E),也是影响过程质量的6大因素,控制好影响过程质量的因素,可保证过程的质量;过程质量得到保证,产品质量也就可以得到保证。因此,控制过程质量是产品质量管理的一项重要工作,控制过程质量可以通过对人、机器、材料、方法、测量、环境这6大因素的控制来实现。

2. 过程能力与过程能力指数

在制造业企业中,过程能力是指生产加工过程处于稳定状态时过程的质量水平,即过程中人、机器、材料、方法、测量、环境等因素均处于规定的条件下,生产加工过程呈稳定状态时所具有的质量水平,可用产品质量特性值的波动幅度(分散性)来描述。

过程能力的高低并不能直接表明其输出产品的质量状态,因为过程能力仅表明了在过程稳定状态下的产品质量特性值波动的幅度大小,但不同的产品质量标准所允许的质量特性值的波动范围不同,另外还存在质量特性值的分布中心与期望值的偏移问题。因此,过程能力应与所加工产品的公差范围要求结合起来。

过程能力与公差两者的关系可用过程能力指数来表示。过程能力指数是公差范围和过程能力的比值,表示过程能力满足公差范围要求的程度,一般用符号 C_p 表示,即:

$$C_p = \frac{T}{6\sigma} \approx \frac{T}{6s}$$

式中, T ——公差范围;

   σ ——总体的标准偏差;

   s ——样本的标准偏差。

由公式可知,过程能力指数 C_p 与过程能力 6σ 的含义有明显的区别。过程能力指数的大小与该过程的不合格品率有着定量的关系,如表5-1所示。通过用过程能力指数评定过程等级,有利于对过程进行有的放矢的管理和控制,如表5-2所示为过程能力等级评定表。

表 5-1 过程能力指数对应的不合格品率

C_p	不合格品率	C_p	不合格品率
1.67	6/1 000 万	1.1	1/1 000 万
1.5	7/100 万	1.0	3/1 000 万
1.33	6/10 万	0.67	4.55/100 万
1.2	3/1 万	0.33	31.75/100 万

表 5-2 过程能力等级评定表

范围	等级	判断	措施
$C_p>1.67$	特等	工序能力过高	为提高产品质量，对关键或主要项目再次缩小公差范围；或者为提高效率，降低成本而放宽波动幅度，降低设备精度等级
$1.67 \geqslant C_p > 1.33$	1级	工序能力充分	当不是关键或主要项目时，放宽波动幅度；降低对原材料的要求；简化质量检验，采用抽样检验或减少检验频次
$1.33 \geqslant C_p > 1$	2级	工序能力尚可	必须用控制图或其他方法对工序进行控制和监督，以便及时发现异常波动，对产品按正常规定进行检验
$1 \geqslant C_p \geqslant 0.67$	3级	工序能力不充分	分析分散幅度大的原因，制定措施加以改进，在不影响产品质量的情况下，放宽公差范围，加强质量检验、全数检验或增加检验频次
$0.67 \geqslant C_p$	4级	工序能力不足	一般应停止生产，找出原因，改进工艺，提高过程能力指数值，否则进行全数检验，挑出不合格品

3. 现场质量管理

现场是指完成工作或开展活动的场所。对企业来说，现场质量管理是指以产品加工制造和服务等过程引起质量波动的 6 个主要因素（5M1E）为管理对象的质量管理。客观事实表明，产品质量是设计和制造出来的，产品的适用性质量取决于产品的设计质量，产品的符合性质量取决于产品的制造质量。品质一流的产品是在一流的生产现场加工制造出来的。现场质量管理是减少不良品损失、提高产品符合性质量的基础与保证，是实现产品零缺陷的基本手段，是全员参与质量管理的根本途径，是全面质量管理的重要组成部分。

现场质量管理的任务是对产品加工、制造、服务等过程实施质量控制和质量改进，目的是不断减小产品质量的波动，提高产品的合格率。现场质量管理是通过控制影响产品质量的人、机器、材料、方法、测量、环境 6 个主要因素来实现的。

在市场的作用已充分为企业所重视的今天，企业应重新认识现场的作用和重要性，现场是开拓市场、赢得市场、稳定市场的基础，要想用一流品质的产品去参与市场竞争，就必须要有一流的现场做保证。

三、过程质量控制方法

1. 识别关键过程与特殊过程

加工一个产品往往需要多道工序，即一个产品的加工过程往往是由多个子过程组成的；一个产品的质量也是由多项质量特性指标构成的，如理化指标、外观指标和安全性指标等，虽然每项指标是否符合规定的要求都关系到产品能否合格，但不难理解各项指标对产品使用性能的影响是不相同的，即有关键指标和特殊指标之分；显然，过程也是如此。因此，在过程质量的控制中，要善于识别关键过程与特殊过程。

关键过程是指，产品在生产加工过程中形成产品关键特性的过程。所谓关键特性是指那些不符合规定要求则会导致产品的安全性或功能性丧失的质量特性。例如，电器的绝缘强度指标、包装材料的强度指标、化妆品的卫生指标等属于关键指标，形成这些关键指标的过程就是关键过程。

特殊过程是指，对生产和服务过程所形成的结果不能或难以通过其后续的测量和检验来证实是否达到了规定的要求，其隐藏的缺陷可能在使用过程中才会凸显出来，如焊接、铸造等过程。

在产品生产过程的策划中，应通过对产品的质量特性、产品生产所需的过程一一进行分析，识别出关键过程和特殊过程。

2. 确定过程质量控制点

确定过程质量控制点是为了在过程质量控制中突出控制的重点和特点，以充分有效地对过程质量进行控制。过程质量控制点应由各方面的人员在充分分析产品生产过程中有关流程、工艺、生产及市场反馈信息的基础上，依据以下特征进行确定。

（1）形成关键质量特性的关键部位；
（2）工艺上对后续过程有重大影响的部位；
（3）不符合规定要求就会造成严重经济损失的部位；
（4）现时产品质量的薄弱部位。

3. 过程质量控制文件

过程质量控制的有关技术与工具将在后面做详细介绍，这里仅介绍过程质量控制文件。过程质量控制文件主要有两类：一类是作业指导书，如工艺规程、产品示意图、操作规程等；另一类是过程原始记录，如设备检查记录、工艺实施的原始记录等。

作业指导书主要是明确过程质量控制中具体作业实施的规范要求，为其作业特别是控制点的作业提供正确的指导，保证作业结果符合规定。企业应根据过程的重要性和复杂程度及作业人员的素质情况，确定应对哪些过程编写作业指导书；对所编写的作业指导书要发放到每个需要使用的部门、作业地，并保持作业指导书的清晰度和有效性。

过程原始记录是过程质量状态和结果的记载，是重要的质量信息。企业应对过程建立各种必要的记录文件，并按要求对记录进行控制。

第三节　品质检验与质量改进

一、产品质量检验

现代质量管理的范围已扩展到全企业、全过程和全体员工，强调对设计质量和制造质量的控制，强调预防为主并不等于对质量检验的否定，质量检验仍是质量管理活动中的一个重要环节。质量检验是符合性质量的评价活动，是质量信息的重要来源之一。

质量检验是运用一定的方法，对实体的一个或多个质量特性进行的如测量、检查、试验或量度，并将结果与规定的质量要求进行比较，以保证每项质量特性符合规定质量标准所进行的活动。

1. 产品质量检验的作用

1）把关

将产品质量特性符合规定要求的称为合格，不符合规定要求的称为不合格。通过质量检验可以识别不合格的原材料、半成品、成品要做到，不合格的原材料、外协件不投入生产，不合格的半成品不转入下一道工序，不合格的成品不交付使用，从而在产品实现全过程层层把关。这是质量检验最基本的职能和作用。

2）反馈

通过质量检验可获得产品实现过程的各类质量信息，这些信息可反映产品实现过程中各个环节的质量状态，将各个环节的质量实现状况反馈到有关管理部门，对于组织生产、控制质量都是十分有益的。

3）监督

通过对质量检验过程中获得的质量数据和资料进行分析与整理，可以为过程质量控制提供依据，起到质量监督的作用,并为在质量管理过程中采取的必要预防措施和纠正措施提供基础。质量检验的监督作用无论是在企业内部,还是在市场中都是相当重要的。

质量检验是企业质量管理的重要组成部分,是维护市场经济正常秩序的保障,是维护国家安全和利益的一条"看不见的战线"。

2. 产品质量检验的分类

(1) 按检验对象特征分类。

进货检验:对外部购进的原材料、零部件及外协件进行的检验,也称为验收检验,其作用是确保只有合格的原材料才允许投入产品的生产加工过程,这是产品质量的第一道关;另外,进料检验的数据信息也是评鉴原材料、零部件及外协件等供应商的重要资料。

过程检验:对某加工过程的半成品进行的检验,特别是对关键过程的检验,其作用是及时发现品质不良的半成品,防止不良的半成品进入下一道工序。

最终检验:在产品加工终了时对成品的检验,也称为成品检验,其作用是检验成品的质量是否符合要求。

(2) 按检验的数量分类。

全数检验:对一批待检验品逐一进行检验。适合于待检品的数量少而价格高的情况。

抽样检验:根据数理统计的原理,从交付检验的待检品中抽出部分样品进行检验,以这部分样品的检验结果,按照抽验方案的判断规则做出该批待检品合格与否的结论。适合于破坏性的检验、待检批次和批量大的检验,能提高检验效率和降低检验成本,是最常用、最实用的检验方式。

免检:产品质量的稳定性好,得到了有关部门颁发的免检证书,可以免于检验。

(3) 按检验的手段分类。

感官检验:指依靠人的感觉器官进行的质量特性评价活动。适用于质量特性判断基准不易量化的情况,如对颜色、气味、口感、表面缺陷等的检验。

理化检验:指可依靠检测仪器,应用物理或化学方法进行检验,以评价其几何尺寸、物理强度、化学成分含量等内在质量特性的活动。这些质量特性都是可量化的。

还可做其他分类,如按检验的执行人员可分为自检、互检和专检;按检验的后果可分为破坏性检验、非破坏性检验等。对质量检验的分类,是为了突出各种检验的特点,使企业能有针对性地制定有效的制度、措施来控制质量检验。

3. 产品质量检验的实施

产品的质量检验要针对企业产品生产的特点来进行策划和实施。

1) 产品质量检验的策划

产品质量检验的策划是通过统筹安排质量检验活动,使之既能高效地把好产品的符合性质量关,防止不合格产品被交付给顾客,又能将质量检验的成本控制在合理的范围内。产品质量检验的策划工作包括如下内容。

(1) 确定检验流程和相关活动。产品质量检验流程应包括从原材料(或零部件、外协件)投入到最终成品的生产全过程的全部质量检验活动,其中既包括了各个生产过程中的质量检验,也包括了相关运输和储存环节的质量检验,以流程图形式显示检验内容和相互关系。一般应有以下内容。

设置检验点:确定应该在何处进行检验。

确定检验项目:根据产品技术标准(或合同要求)等技术文件,列出质量特性表,并按质量特性缺陷严重程度对缺陷进行分级,明确检验项目。

规定检验手段:规定检验方法。

选择取样方式:规定是抽样检验还是全数检验。

数据处理:规定收集、记录、整理、分析和传递质量数据的方法、流向和其他要求。

（2）明确职责与权限。明确质量检验策划、质量检验计划的编制与修改、质量检验实施各环节及不合格品处置的职责与权限。

（3）确定所需要的质量检验指导性文件。质量检验所需要的指导性文件包括有关的法律法规文件、产品标准、规范和质量检验指导书。

（4）确定所需要的相关资源。质量检验所需的相关资源包括：

所需的检验人员及相关的培训；

所需的检验仪器设备及仪器设备的校准；

所需的检验场所及环境。

2）产品质量检验的实施

产品质量检验的实施是指将质量检验策划付诸实践，按质量检验策划的要求开展的各种日常质量检验活动。实施前，应先做好以下工作。

（1）确认质量检验的要求和接收准则。在每项检验开始之前应确认是否已获得有关检验的时机、对象、抽样方案、质量特性指标值和接收准则的明确描述。

（2）编写检验规程。

规定各项质量特性指标值；

规定抽检方案；

规定检验方法和操作步骤；

规定检验所需的仪器设备；

规定检验结果的处理方式；

其他相关说明。

二、质量改进

1. 质量改进的概念

质量的核心问题是满足用户需要。任何一个企业都只有通过持续的质量改进才能满足用户需要（特别是潜在需要），才能具有竞争力，才能持续发展。

质量改进的根本目的是增强企业满足质量要求的能力，质量改进是一个持续的、不间断的过程；质量改进既是企业最高管理者的职责，也是企业全体员工及各管理层都应参与的活动；质量改进是一种措施，应该建立在数据分析的基础之上。

2. 质量改进的基本过程

质量改进的基本过程可用 P—D—C—A 循环表示，即把质量管理的全过程划分为 P（Plan，计划）、D（Do，实施）、C（Check，检查）、A（Action，总结处理）4 个阶段 8 个步骤。

1）P 阶段

（1）分析现状，找出存在的主要质量问题。

（2）分析产生质量问题的各种影响因素。

（3）找出影响质量的主要因素。

（4）针对影响质量的主要因素制定措施，提出改进计划，定出质量目标。

2）D 阶段

按照既定计划目标加以执行。

3）C 阶段

检查实际执行的结果，看是否达到计划的预期效果。

4）A 阶段

（1）根据检查结果总结经验，并将其纳入标准制度和规定，以防止同类问题再次发生，使 P—D—C—A 循环上升、前进。

（2）把当前 P—D—C—A 循环尚未解决的问题，纳入下一轮 P—D—C—A 循环中解决。

P—D—C—A 循环的特点是：4 个阶段的工作完整统一，缺一不可；大环套小环，小环促大环，阶梯式上升，循环前进，如图 5-1 所示是质量改进基本过程的循环图。

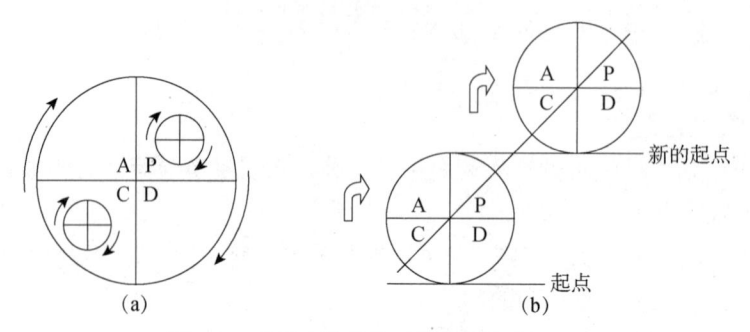

图 5-1　质量改进基本过程的循环图

3. 纠正措施

纠正措施是为消除已发现的不合格或其他不期望情况所采取的措施。采取纠正措施的目的在于防止不合格产品，这是质量改进的有效措施之一。

纠正措施的实施包括以下 6 个具体环节。

（1）识别不合格。对企业来说，不合格可能出现在生产和经营的各个方面，如产品不合格、有顾客投诉或抱怨、质量管理体系运行不合格等。识别不合格主要是根据不合格发生的原因、频次、后果的严重程度等因素来识别应采取纠正措施的不合格。

（2）确定不合格的原因。对不合格进行调查分析，然后在数据分析的基础上，确定产生不合格的原因。

（3）制定措施。找到原因之后，针对性地制定消除产生不合格原因、防止不合格再发生的措施。

（4）实施措施。按计划将所制定的措施认真加以实施。

（5）跟踪并记录实施措施的结果。保持对措施实施的记录，跟踪措施实施的结果。

（6）评估纠正措施的有效性。以跟踪的结果对所实施的措施进行评估，对有效的措施以文件的形式形成新的标准、做出新的规定，以巩固纠正措施的效果；对无效的措施要从分析确定不合格的原因开始，重新实施纠正措施的过程。

4. 预防措施

预防措施是为消除潜在的不合格或其他潜在的不期望情况所采取的措施。采取预防措施的目的也在于防止不合格产品，这也是质量改进的有效措施之一。

应在权衡风险、利益和成本的基础上确定互相适应的预防措施，预防措施的实施应包括：识别潜在的不合格和确定其原因、确定和实施所需的措施、记录并跟踪所采取措施的结果和评估所采取的预防措施等环节。

三、质量管理小组

质量管理小组（简称 QC 小组）是指在自愿的原则下，由工作性质相同或接近的员工，以小组形式组织起来，通过定期会议及其他活动进行质量改进的一种组织。

QC 小组于 20 世纪 60 年代起源于日本，如今世界上的许多企业都在推行 QC 小组活动，以协同质量改进。我国的第一个 QC 小组成立于 1978 年，随着全面质量管理的推广，QC 小组活动也很快在全国范围内得到开展。

1. QC 小组的性质与特点

QC 小组具有自主性、科学性和目的性等性质，是目标管理技术、人性化管理技术、重点管理技术及问题分析技术的综合体。大量的 QC 小组活动实践表明，虽然质量改进不一定要通过 QC 小组来进行，但 QC 小组是进行质量改进的有效形式之一，它体现了全面质量管理的全员参与原则，能有效地调动和发挥全体员工在质量改进方面的积极性和创造性，同时也能提高员工的素质和塑造强势的企业质量文化。

QC 小组活动具有以下特点。

1）自主性

自愿参加、自主管理是 QC 小组活动的第一个特点。QC 小组的成员是以自愿为原则组成的，QC 小组活动也是从解决日常工作的问题出发，通过小组每个成员主观能动性的发挥而展开的，因此有明显的自主性。而自主性这一特点则使得 QC 小组活动能通过一个个质量改进的具体成果，在企业内形成自觉参与质量改进氛围和养成自觉关注质量改进的良好习惯。

2）团队性

群策群力、集思广益是 QC 小组活动的第二个特点。QC 小组的成员可以是来自生产第一线的工人、技术人员和管理人员，QC 小组活动从改进选题、改进措施的提出到实施都是在 QC 小组全体成员的相互启发、相互配合和共同努力下开展的，其质量改进的成果是团队集体智慧的结晶。

3）创新性

创新求变、创新求进是 QC 小组活动的第三个特点。QC 小组的组建方式和活动形式多种多样，但都是结合实际工作进行创新，以创新的思维和创造力来取得活动成果的。

2. QC 小组的组建

QC 小组一般的规模是 7 人左右，其中一个是组长，其他为组员。QC 小组的组建形式可根据各企业的具体情况而定，可以有所不同，常见的形式有以下 3 种。

1）自上而下的组建形式

由企业质量主管部门和管理人员选择课题和适合该课题的人组成 QC 小组。这种 QC 小组的成员一般包括生产第一线的工作人员、技术人员和管理人员，通常称为"三结合"小组。

2）自下而上的组建形式

由基层员工提出选题和人员组成的申请，再由 QC 小组的管理机构对其选题和人员进行审核，经批准予以组建 QC 小组。这种 QC 小组的成员多来自同一班组或同一工作地，其自主性尤其明显。

3）上下结合的组建形式

由上级部门推荐课题，由基层部门选择人员组成 QC 小组。这种 QC 小组活动的目的性明确，有上下部门各自的优势，且有较强的攻关效用。

不论以什么形式组建 QC 小组都应当经过注册登记，包括 QC 小组的注册登记和 QC 小组活动课题的注册登记。QC 小组的注册登记每年进行一次，QC 小组活动课题的注册登记是每选定一个课题，在开展活动之前都要先进行注册登记。经过注册登记 QC 小组才能被纳入企业年度管理计划，这样 QC 小组开展的活动才能得到各级领导和有关部门的支持，并参加各级优秀 QC 小组的评选。

3. QC 小组的活动

QC 小组组建后应正常地开展活动，发挥其在质量改进方面的作用，只有经常开展活动，才能使 QC 小组有存在的意义。QC 小组活动一般是按 P—D—C—A 循环的模式进行的，具体的活动方式和过程可以有多种形式，一般有以下几个步骤。

（1）选课题。选课题就是确定当前小组活动的主题。课题可来自小组外部，如上级推荐的课题；也可来自小组内部，如由小组成员提出并经讨论选定，所选定的课题应该是对质量的改进、工作绩效的改进有实际意义，并且是本小组有能力完成的。

（2）调查现状。选定课题后，接着应进行调查活动，收集有关信息，为后续改进目标的确定和改进对策的制定提供客观基础,以事实和数据作为分析、决策的依据。

(3)设定目标。目标是指改进的目标,即设定课题完成应达到的目标,并制订实现目标的活动计划,并对小组成员进行具体的分工,按计划进行活动。

(4)分析原因。分析影响现状的原因,如造成不良质量现状的具体原因,并找出其中的主要原因。分析原因是QC小组活动的重点内容,只有找准了原因,才能进行有效的改进。

(5)提出对策。可采用对策表的方式来提出改进的对策,这也是QC小组活动的重点内容,是发挥每个组员主观能动性和创造力的过程。

(6)实施对策。对策的实施是团队共同创新的过程,小组成员必须相互配合、相互协作。这是QC小组活动的一个高潮阶段,也是前面各项活动结果的表达。

(7)确认效果。通过对对策实施情况的记录和跟踪,确认其改进的效果是否达到了原来设定的改进目标。若达到改进目标则表明本课题的活动取得了成效,要保持其效果。

(8)报告成果。将本课题活动所取得的有形或无形的成果,以报告的形式表达出来,并向上报告。

第四节　工业企业质量管理的常用工具与技术

在长期的质量管理实践中,积累、形成了许多有效的质量管理方法、工具和技术,其中在企业中最为常用的有排列图、直方图、控制图、散布图、调查表、因果图和对策表。正确使用这些方法、工具和技术有助于提高质量管理、质量控制和质量改进的效率和有效性。

一、排列图

1. 排列图的含义

排列图由一个横坐标、两个纵坐标、几个按高低次序排列的矩形和一条累计百分比折线组成,如图5-2所示。

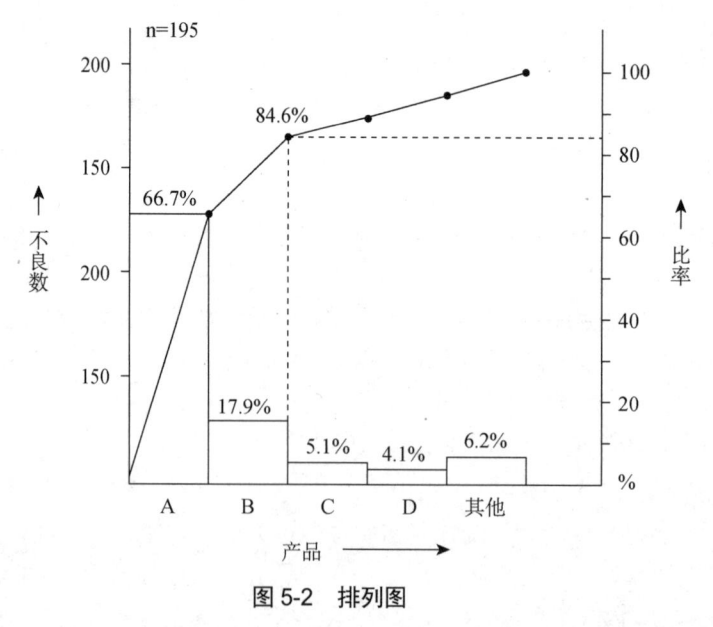

图5-2　排列图

排列图是一种运用数据统计分析,将多个对质量现状产生负面影响的因素从主要到次要进行排列的一种图示工具与技术,是著名的质量管理专家朱兰博士将柏拉图法则运用于质量管理中而创建的。

排列图的基本原理是"重要的少数与无关紧要的多数",即在影响质量现状或某事件发展趋势的多因素或要素中,起着主要的、决定性影响的往往是少数的要素或因素,这也称为80/20原理。

2. 排列图的作用

排列图在质量管理中有两个作用。

（1）对各种各样的质量问题进行排列分析，找出主要的现象并找出影响该现象的主要因素。

（2）在质量改进中，识别改进的机会和改进的效果。

排列图能够帮助我们在多因素影响的质量管理中，准确地识别哪些是重要因素、哪些是次要因素、哪些是一般因素，能把受多因素影响的问题用排列图清楚地描述其影响的大小与主次程度，以便能将人力、物力和时间集中在"重要的少数"上。

3. 排列图的应用

排列图的应用可按下列步骤进行。

1）确定分析对象及分类项目

对于分析对象如某项产品，可以用不合格品数等作为指标，也可以用损失金额作为指标；对于影响因素或分类项目可以按现象分类，也可以按原因分类，一般以造成质量问题的原因分类比较合适。

2）收集数据并将其分类

将各因素或项目按指标值，如不合格品数、损失金额的大小进行排列。收集数据应选择合适的时间范围，以使其数据有代表性；对收集的数据进行统计处理，以层次统计表的形式表达。

3）作图

（1）横坐标代表因素或项目，按量值递减的顺序自左向右在横坐标上等距离列出。

（2）纵坐标有两个，左边的纵坐标代表绝对指标值，按量度单位规定，其高度必须与所有项目的量值和相等；右边的纵坐标代表相对比率，要与左边纵坐标等高，并按0~100%进行标定。

（3）将各相应数据在每个项目上画矩形，其高度表示该项目量度单位的量值，用于表示每个因素或项目影响程度的大小。

（4）由左至右累加每个项目的量值比率，用累计频率曲线表示，用于表示各项目的累计百分数。

4）分析并确定重要因素

把累计频率达70%~80%，且仅占因素或项目的15%~20%者定为重要因素，也就是"重要的少数"。

二、直方图

1. 直方图的含义

直方图是由一系列宽度相等、高度不相等的矩形表示的数据分布图，矩形的宽度表示数据范围的间隔，矩形的高度表示在给定间隔内的数据频数。直方图示例如图5-3所示。

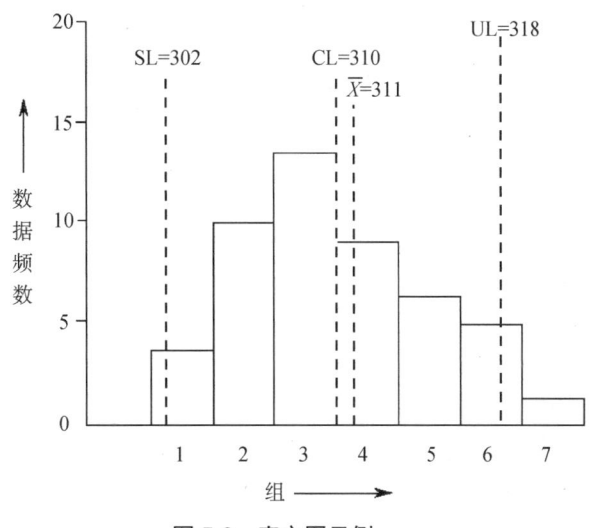

图 5-3　直方图示例

直方图是一种定量表示质量数据平均值和分散程度的图示工具与技术。平均值表示质量数据分布中心的位置，它与标准中心越接近越好；质量数据的分散程度越小越好，表示质量稳定。

2. 直方图的作用

直方图可解析出无明显规律数据资料的规律，使质量数据的中心值和其分布状态一目了然，直方图的具体作用有：

（1）用于生产过程中的质量控制，判别生产过程中是否存在系统性的使状态偏离的因素或较强的不稳定因素；

（2）用于质量改进中对质量状况的分析，表征质量现状。

3. 直方图的应用

对于直方图的作图涉及一些统计学的概念和方法，并且人工作图非常麻烦，现在完全可用计算机技术进行处理。使用直方图进行质量分析，可按以下步骤进行。

1）判断直方图图形正常与否

正常的直方图图形应该符合正态分布规律，即中间大、两边小、左右大致对称。直方图若是有多个峰值的图形，则表示有不同平均值的母体混在一起；直方图若是一座小岛远离大陆的图形，则往往表示测量出错或一个母体内混进了不同生产状况的其他产品。上述直方图均属不正常的图形，不宜用于分析、判断质量现状。

2）与标准规范进行比较

当直方图属于正常图形时，要将其与标准规范进行比较，以判定过程满足规范要求的程度。常见的有5种情况，如表5-3所示。

表5-3 与标准规范比较的几种常见直方图

图 例	调 整 关 系
理想型	图形对称分布，且两边各有一定裕量，是理想状态
偏心型	调整分布中心，使其与公差中心重合
无富余型	应采取措施，减少标准偏差
能力不足型	已出现不合格品，应多方面采取措施，减少标准偏差

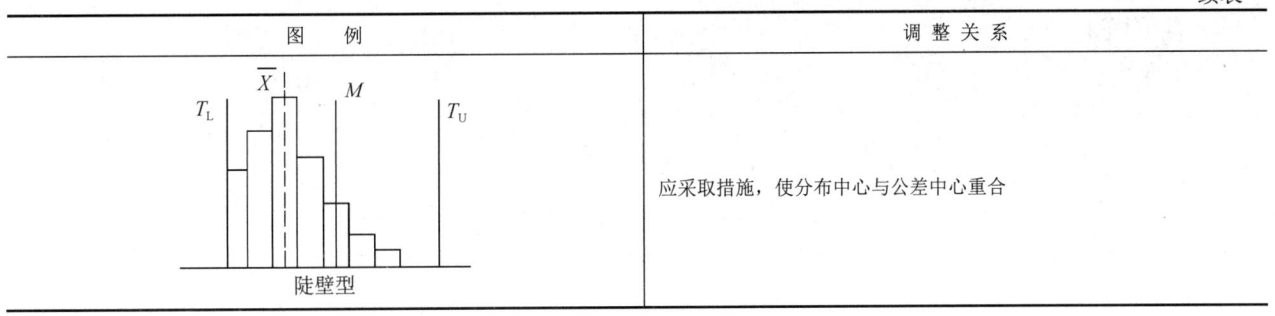

图　　例	调 整 关 系
陡壁型	应采取措施，使分布中心与公差中心重合

三、控制图

1. 控制图的含义

控制图由控制中心线 CL、上控制界限 UCL 和下控制界限 LCL 及按时间顺序抽取的样本统计量数值的描点序列组成。横坐标表示时间或样本号，纵坐标表示样本统计量数值，如图 5-4 所示。

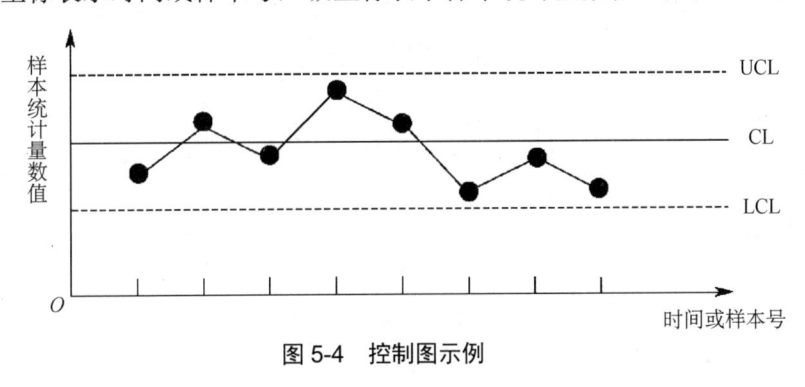

图 5-4　控制图示例

控制图是描述生产过程中产品质量特性的时间序列图，根据时间序列同控制中心线和上下控制界限的对照关系可以判定生产过程是否处于稳定状态，控制图上的控制界限是区分正常波动与异常波动的科学界限。

2. 控制图的作用

20 世纪 20 年代，控制图由美国休哈特为首的贝尔电话实验室的以过程控制研究组提出，它是统计过程控制理论的应用，是统计质量控制阶段的标志，是进行科学管理的一个重要工具，特别是在质量管理方面是一个不可缺少的工具。

按产品质量特性的量度方法，可分为计量控制图和计数控制图，计量控制图中最为典型的是平均值—极差控制图，简称 $X—R$ 图。按使用的目的可分为分析用控制图和管理控制图，前者用于判定生产过程是否处于稳定状态，后者用于使日常生产过程维持在稳定状态。

3. 控制图的应用

以平均值—极差（$X—R$）图为例，说明控制图的应用步骤：

1）确定要测定的质量特性指标

确认生产过程已处于稳定状态，选定要进行控制的质量指标。

2）收集作图的数据

先按生产条件特征，如操作人员、设备、时间等把产品或半成品进行分组；再随机选择 K（20～25）组样本，并在每组样本内等概率抽取 n（2～6）个产品，测定其质量特性指标。

3）计算

（1）分别计算各样本的平均值（X_i）和极差（R_i）；

（2）计算 K 组样本的平均值（X）和平均极差（R）；

（3）计算 R 图与 X 图的控制界限。

R 图：$UCL_R = D_4 R$ X 图：$UCL_X = \bar{X} + A_2 R$

$CL_R = R$ $CL_X = \bar{X}$

$LCL_R = D_3 R$ $LCL_X = \bar{X} - A_2 R$

其中的系数 A_2、D_3、D_4 随 n 的大小而变化，如表 5-4 所示。

表 5-4　计量控制图用系数表

样本大小	A_2	MA_2	d_2	d_3	E_2	D_3	D_4
2	1.880	1.880	1.123	0.353	2.659	—	3.267
3	1.023	1.187	1.693	0.888	1.772	—	2.575
4	0.729	0.796	2.059	0.880	1.547	—	2.282
5	0.577	0.691	2.326	0.864	1.290	—	2.115
6	0.483	0.549	2.534	0.848	1.184	—	2.004
7	0.419	0.509	2.704	0.833	1.109	0.076	1.924
8	0.373	0.432	2.847	0.820	1.054	0.136	1.864
9	0.337	0.412	2.970	0.808	1.010	0.184	1.816
10	0.308	0.363	3.078	0.797	1.975	0.223	1.777

4）作分析用控制图

把控制中心线和上、下控制界限画在方格纸或专用纸上，将 X_i 和 R_i 的值分别在图上描点，然后根据常规控制图的判断准则判断生产过程是否稳定。当点在随机排列时出现下列情况之一，即可判定生产过程处于稳定状态，即没有异常波动。

（1）连续 25 个点落在控制界限外的点数为 0；

（2）连续 35 个点落在控制界限外的点数少于或等于 1；

（3）连续 100 个点落在控制界限外的点数少于或等于 2。

5）作管理用控制图

将稳定状态下求得的控制线延长，把日常生产过程中测定的 X_i 和 R_i 的值在图上描点，分析比较这些点同控制线的关系，以发现异常波动。当发现生产过程处于非受控状态时，要立即查明原因并采取措施。

四、散布图

1. 散布图的含义

散布图是由指标 x 和指标 y 对应的数据在二维平面上的坐标点构成的图。

研究散布图上由成对数据形成的点子云的分布状态，可以知道两个变量之间关系的强弱。6 种点子云形状表明了 6 种变量关系，它们是强正相关、强负相关；弱正相关、弱负相关；不相关、曲线相关，如图 5-5 所示。

2. 散布图的作用

散布图可以用来发现和确认两组相关数据之间的关系。在质量管理和质量控制中，这种成对数据可以是特性—要因、特性—特性、要因—要因，故常用于分析研究质量特性之间或质量特性与影响因素之间的相关关系。

3. 散布图的应用

散布图的应用包括散布图的制作及散布图的分析，具体步骤如下。

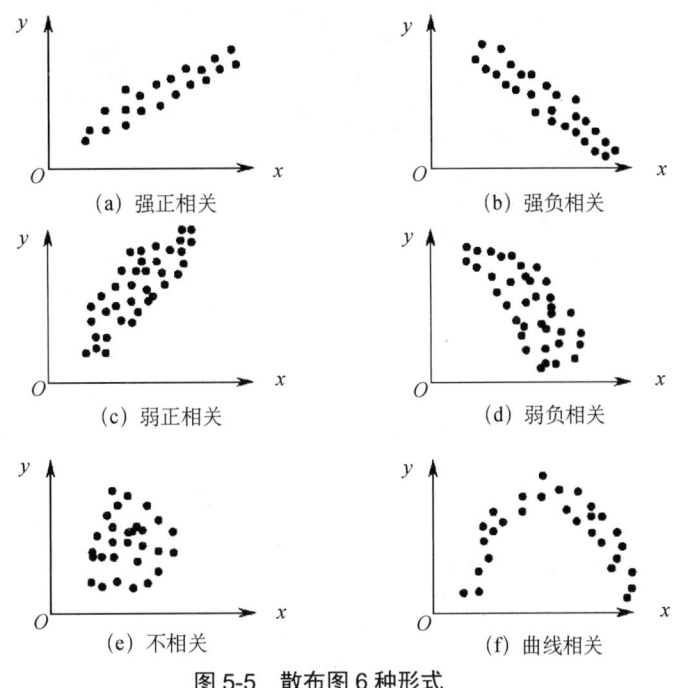

图 5-5　散布图 6 种形式

(a) 强正相关　　(b) 强负相关
(c) 弱正相关　　(d) 弱负相关
(e) 不相关　　(f) 曲线相关

1) 取数据

数据的组数最好在 50 组以上（至少 30 组）。

2) 决定坐标轴

一般以横坐标表示原因变量，纵坐标表示结果变量；坐标的刻度以使两变量的变动幅度大致相同为宜。

3) 描点

将一组数据点 x 和 y 描在图上，若所描点有重叠，则可围绕数据点画同心圆表示或在离第一个点最近处画上第二个点表示。

4) 分析

根据点子云的分布状态判断两个变量之间的相关关系。若 x 增加时 y 也增加，则表明是正相关；相反则表明是负相关。若 x 与 y 的相关关系明显，则为强相关；否则为弱相关。

五、调查表

1. 调查表的含义

调查表是一种统称，是具有收集、记录、统计等功能的表格工具，包括检查表、统计分析表等。

调查表以收集、记录和统计数据资料为主，也可以包含非数据类型的资料，一般根据具体需要的不同而自行设计。

2. 调查表的作用

调查表是一种在质量管理和质量改进中常用的表格工具，在质量检查、质量分析、质量跟踪等质量管理和质量改进活动中得到广泛的应用。

3. 调查表的应用

调查表没有固定的形式，可随实际需要的不同而由使用者自行设计，应用方式灵活。使用调查表时要注意对调查表格式的设计，并要注意标注调查表的调查者、调查时间、调查地点等相关内容。下面是几种调查表的示例。

1) 质量分析表

如表 5-5 所示是质量分析表。

表 5-5　质量分析表

供应商名：　　　　　　　　　　供应商编号：　　　　　　　　　　年　月

品名/规格/编号	来货数量	退货数量	特采数量	样本数量	不良品率

供应商评分公式：

$$得分 = 100 - 50 \times \left(\frac{退货批数 + 特采批数}{送货批量} + \frac{不良品样本总数量}{样本总数} \right)$$

等级评定：95~100　优良
　　　　　90~94　良好
　　　　　80~89　中
　　　　　70~79　一般
　　　　　70 以下　差

　　　　　　　　　　制表：　　　　　　　主管：　　　　　　　厂务经理：

2）不合格品质量调查表

如表 5-6 所示是成品抽样检验及外观不合格品质量调查表。

表 5-6　成品抽样检验及外观不合格品质量调查表

批次	产品号	成品量/箱	抽样数/支	不合格品数/%	批不合格品率/%	外观不合格项目							
						切口	贴口	空松	短烟	过紧	钢印	油点	软腰	表面
1	烤烟型	10	500	3	0.6	1					1			1
2	烤烟型	10	500	3	0.6			2	1					
3	烤烟型	10	500	2	0.4		1					1		
4	烤烟型	10	500	3	0.6			2		1				
⋮	⋮	⋮	⋮	⋮	⋮	⋮								
	烤烟型	10	500	2	0.4			1		1				
合计		2 500	125 000	990	0.8	80	297	458	35	28	10	15	12	55

调查者：王××　　　　　　　地　点：卷烟车间　　　　　　　日期：　　年　月　日

六、因果图

1. 因果图的含义

因果图将产品的质量特性与影响它的众多因素用图解的方式表示，是分析和表达因果关系的一种图形工具。

因果图首先是基于影响过程质量的 6 个因素——5M1E（人、机器、材料、方法、测量、环境）对质量结果进行分析，再逐一从生产技术和管理等方面由表及里地层层深入地剖析，直至将其因果关系系统地、全面地、直观地表达出来，如图 5-6 所示是因果图的结构示意图。

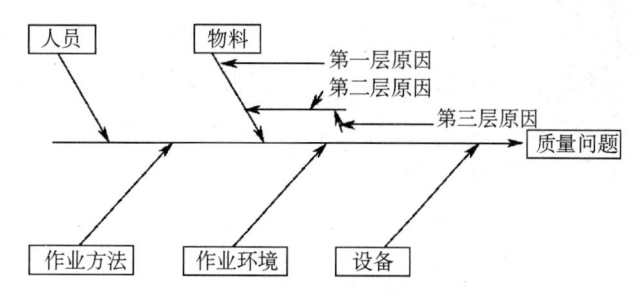

图 5-6 因果图的结构示意图

因果图又称为石川图，源自日本质量管理专家石川博士：某项结果之形成，必定有其原因，应设法利用图解法找出其原因。因果图因其形状像鱼刺，也称为鱼刺图。

2. 因果图的作用

因为因果图具有将多因素作用的因果关系直观化的特点，便于讨论、修改和吸收众多方面的意见，所以在生产现场、实验室或质量改进活动中都被广泛地应用。

因果图有以下作用。

（1）用于质量分析中质量问题的因果关系分析；
（2）用于现场质量管理中因果关系的表达，积累经验；
（3）用于在 QC 小组活动中寻找质量改进的机会；
（4）用于在质量改进活动中采取纠正措施。

3. 因果图的应用

图 5-7 是因果图示例。使用因果图时可按以下步骤进行。

1）明确结果，即确定需要解决的质量问题

一般可由排列图法选定的重要因素而得。

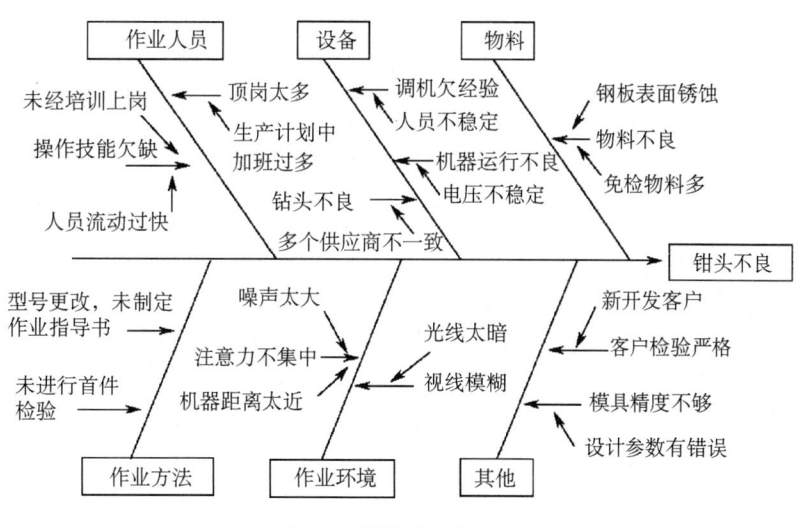

图 5-7 因果图示例

2）召开"诸葛亮"会

召集与需要解决的质量问题相关的、有经验的人员，集思广益。

3）确定主要原因的类别

从人、机器、材料、方法、测量和环境 6 个方面去分析、确定主要原因的类别。

4）逐一分析主要原因

把结果画在右边，把各类主要原因画在它的左边，用箭头表示原因与结果的关联关系，然后在相应的主要原因的枝干上继续层层展开分析原因。一张完整的因果图展开后至少应有2层，根据不同的情况可以是3层、4层或更多，直至找出具体的原因。

5）确定要因

在最深入的一层原因（也称为末端原因）中，选取和识别几个（一般为3~5个）对结果影响较大的原因，并将其定为要因。

因为因果图用于单一目的的分析，所以一张因果图只能分析表达一个主要质量问题的因果关系。用因果图进行因果分析时，一定要根据实际的生产条件、生产技术和生产工艺等做分析，切不可脱离实际。

七、对策表

1. 对策表的含义

对策表又称措施计划表，是针对质量问题的主要原因（由因果图分析选定的要因）制定的应采取措施的计划表。

对策表所表达的措施应该具体、明确，一般应明确为什么要制定这一措施（Why）、预期达到什么目标（What）、在哪里执行这一措施（Where）、由谁来负责执行（Who）、何时完成（When）、如何做（How）等，即通常所说的5W1H的内容。

2. 对策表的作用

对策表是纠正措施的一种表达，与纠正措施的制定、实施和评价都有密切的关系，是质量改进活动中很有实用价值的一种表格工具。

3. 对策表的应用

对策表示例如表5-7所示。

表5-7 对策表示例

项目	序号	要因	对策	目标	措施	实施地点	完成时间	负责人
射料不出	1	喷嘴里有二次料粉碎机刀片碎片	在碎料机内装磁铁	碎片堵塞喷嘴故障次数为零	（1）在粉碎机落料口及设备进料口装磁铁；（2）每周确认一次滚刀状况并清理碎料	成型现场	2020年2月18日	马日东
漏水	2	水路集成块设计不合理	制作沉孔式集成水块	快速接头与滑杆磨擦损坏率为零	所有模具水路集成块换用沉孔式集成水块	成型现场	2020年2月20日	罗广优
中间板拉不开	3	导柱导套配合不紧	间隙修配	导柱导套配合间隙达到0.005mm	导柱抛光、导套镗孔	成型现场	2020年2月25日	骆金飞
中间板拉不开	4	脱模装置有缺陷	加装脱模扣	脱模扣在无损坏情况下中间板百分之百拉开	（1）加装外置铁制脱模块；（2）加装内置塑料脱模扣	成型现场	2020年2月29日	侯庆华

在制定对策表的各个项目时，要尽可能采用量化数据表示，在无法量化时也要尽可能用肯定的、具体的语言表示，含糊不清的表达不利于纠正措施的制定与实施。

排列图、因果图和对策表常常是联合起来应用的，通常称为"两图一表"，在企业的质量管理中有着极为广泛的实际应用。

思考与练习五

1. 解释下列术语：质量、质量特性、全面质量管理八项原则、过程能力、过程能力指数、质量改进、P—D—C—A 循环。
2. 简述全面质量管理的特性。
3. 简述全面质量管理的基础工作。
4. 简述质量成本的构成及相互关系。
5. 分析人、机器、材料、方法、测量、环境 6 大因素对产品质量波动的影响。
6. 分析产品的设计、制造、检验与产品质量的关系。
7. 分析排列图、直方图、控制图 3 种质量管理工具的特点。
8. 举例说明"两图一表"在质量管理中的应用。
9. 举例说明调查表在质量调查及质量分析中的应用。
10. 举例说明预防措施和纠正措施在质量改进中的应用。

案例分析

【案例分析 5-1】

在三洋制冷的生产现场，虽然看不到在其他企业内常见的手持检测仪器进行质量检查的检查员，但是三洋制冷的溴化锂吸收式制冷机的产品质量却遥遥领先于国内同行，这正是三洋制冷在全公司内推行零缺陷质量管理的结果。

三洋制冷在用最先进的检测仪器检测产品最终质量的同时，采用了和绝大多数企业完全相反的质量管理方法，取消专职检查员，把"质量三确认原则"作为质量管理最基本的原则，即每位员工，都要"确认上一道工序零部件的加工质量，确认本工序的加工技术质量要求，确认交付给下一道工序的产品质量"，从而在上下工序间创造出一种类似于"买卖"关系的三洋制冷特有的管理方式。

上一道工序是市场经济中的"卖方"，下一道工序是"买方"，是上一道工序的"用户"。如果"卖方"质量存在问题，那么"买方"可以拒绝购买，不合格品就无法"流通"下去。三洋制冷正是通过这种独特的"买卖化"的质量管理方式，形成了没有专职检查员，但每个员工都是检查员的人人严把质量关的局面，从而保证了"不合格品流转为零"的目标得以实现，确保最终能够生产出近乎完美的零缺陷产品。

【案例分析问题】

（1）三洋制冷在质量管理上采取了何种特有的措施？
（2）三洋制冷是如何实现零缺陷的？

【案例分析 5-2】

1997 年入夏以来，大连北兴电束线有限公司的产品索赔率已经连续两个月居高不下，每个月都有 7 次索赔案件发生。为此，公司于 8 月开展了"查问题原因，补管理漏洞，全面提高质量意识"的质量月活动。品质保证部一时成为全公司最忙的部门，品质保证部部长叶军则成为全公司最忙的人，整天忙着组织调查原因、寻找对策、进行质量教育……

大连北兴电束线有限公司是一家日本独资以外销为主的生产电束线的专业工厂，目前拥有员工 350 多人，各种先进精密仪器 100 余台（套），建筑面积 10 000 平方米，可根据用户要求生产加工各种专用电束线，产品规格已达 150 余种。自 1995 年年初投产以来，以其先进的工艺技术和可靠的产品质量，赢得了国内外客户的广泛赞誉，需求量直线上升。因此，公司在 1995 年年末和 1996 年年末两次扩大生产规模。但是，随着产品规格的不断增多、生产规模的迅速扩大，质量波动也随之而来，用户索赔案件开始逐渐增多。

根据质量月中各部门在自查、互查中发现的问题，叶部长将其归纳为以下几类。

新员工素质较差（90%为初中生），受教育程度不够，质量意识淡薄，对产品质量的认识比较模糊，不能严格按照操作规程操作；

技术文件不规范，个别工序有随意更改、涂写图样和按领导口头指示作业的现象。这就造成了过程参数值和质量特性值不清晰、不准确，导致了批量性的加工错误；

工序间的质量控制力度不够，产品质量仅靠最终检查保证，只重视事后处理，缺乏事前预防控制措施；

缺乏完善的质量保证体系，对不合格品的产生原因及对策缺乏深层次的探讨，因此，导致同类质量问题多次重复出现。

为了解决目前出现的各种质量问题、提高公司经营管理水平，为公司的进一步发展奠定坚实的基础，经公司董事会研究决定根据 ISO 9000 族标准建立高水平的质量管理和质量保证体系，同时授权品质保证部组织实施，要求尽快通过认证审核，并取得认证证书。

但是在各部门经理参加的认证准备会上，这个决定却并未得到积极响应。原因很简单：一是认为造成近期质量问题的主要原因是新员工较多、操作不熟练、监督不力，只要加强教育、监督、指导，完全可以减少甚至避免类似事故；二是大家认为 ISO 9000 族标准概括性太强，理解起来很困难，执行中易流于形式，成为空架子，不如原有的 TQC 质量体系来得实在。因此，大家未能就进行 ISO 9000 族标准认证活动取得共识，一些人开玩笑地说品保证部的叶部长碰了一个"软钉子"。

会后，叶部长又重新研究了有关 ISO 9000 族标准的资料，并将其与 TQC 质量体系做了仔细比较，又重新树立起推行 ISO 9000 族标准的信心。为了便于大家理解和接受，叶部长根据自己多年质量管理工作的经验，将 ISO 9000 族标准的内容高度概括为 12 个字——有章可循、有章可依、有据可查，即与标准要素要求相关的业务都要有规章制度和作业标准可以遵守；有了规章制度和作业标准就必须遵循；按规章制度和作业标准办事要有证据可以查验。看着自己的"杰作"，他不禁生出几分得意……

得意之余，叶部长又组织召开了 ISO 9000 族标准学习会，但与会者的反应仍很冷淡，仍有一些人坚持认为现有的质量管理体系和质量保证的方式（TQC）完全可以满足需要，ISO 9000 族标准认证纯属多此一举；还有人说现有的质量管理和质量保证体系已运行 4 年了，公司上下都已适应了它的要求，如果再适应新的体系弄不好会引起混乱；甚至还有人强调说现在生产太忙，再搞什么认证，恐怕没有时间了……叶部长听了之后，得意之情一扫而光，又陷入迷茫之中……

【案例分析问题】

（1）公司一直实行全面质量管理，为什么还会出现这么多的质量问题？

（2）全面质量管理与 ISO 9000 族标准之间是一种什么关系？是否相互对立或排斥？

（3）对在实际中推广 ISO 9000 族标准时出现的阻力应如何克服？

（4）如果你是叶部长，你将采取什么措施以保证 ISO 9000 族标准的顺利实施？

第六章　工业企业的物流管理与设备管理

【知识目标】

1. 掌握物流的概念；熟悉物流活动的内容及分类；熟悉工业企业物流管理需要解决的问题及其主要环节；了解工业企业物流管理的发展方向；
2. 掌握工业企业物流成本的概念，熟悉工业企业物流成本的构成及分类；熟悉影响工业企业物流成本的因素及物流成本的管理方法；
3. 熟悉设备管理的含义，熟悉设备管理的目标和任务；熟悉设备管理水平的考核指标；了解设备综合管理的内容；
4. 熟悉选择与评价设备的方法；了解设备更新与改造的依据。

【能力目标】

1. 能够初步掌握开展物流管理的方法；
2. 能够对企业中的设备进行管理。

【案例 6-1】东风汽车股份有限公司库存管理系统的建设

东风汽车股份有限公司（以下简称东风）是一家高新科技企业，主要从事东风系列轻型汽车、东风康明斯系列柴油发动机的开发、设计、制造和销售工作。

1. 来自运营管理的挑战

汽车生产所面对的最大挑战来自运营管理，每辆商品车的价值都比较高，合理降低车辆的库存水平、减少库存资金的积压就变得非常必要。企业要求信息系统的建设要有助于生产的合理性，能够对生产过程、车辆流动进行全程监控。

2. 端到端的物流管理

为满足实际需求，东风选用了中软冠群 ES/1 SuperLogistics 方案。该方案是基于端对端的物流管理，主要功能如下：

全程监控功能。ES/1 SuperLogistics 能对所有车辆进行全程监控，包括从车架总装上线、发动机合装、车辆下线、下线检测、入临时库、入中心库、销售出库、运输在途、经销商收车，直到最终客户的全程跟踪。可通过 VIN 码、底盘号、发动机号、最终客户等信息追踪车辆的来龙去脉，如车辆的生产序号、生产日期、检测人员、司机信息、车辆当前所处的状态、车辆去向的客户编码与客户地区等。

条形码功能。ES/1 SuperLogistics 能通过扫描条形码管理所有车辆，包括从车架装配上线到销售出库的整个厂内物流全过程。总装线上通过扫描条形码记录各状态的执行时间，自动关联底盘号、VIN码、发动机号、调整司机、终检人员、发交司机等。车辆入库扫描条形码依据系统设定的规则，自动产生和打印入库建议单。车辆出库扫描条形码保证了符合条件的车辆才允许出库，简化了系统的操作步骤，加快了车辆物流的效率。

生产计划管理。ES/1 SuperLogistics能够将年度计划分解为月计划、日计划，可以随时调整计划，并进行计划模拟，保证计划的可行性。月计划、日计划可分配为装配进度计划、产品车入库计划、原料供应计划等。

JIT生产模式。东风采用ES/1 SuperLogistics中最适合汽车行业的JIT模式来管理生产作业的进度计划，并通过看板管理和扫描条形码自动扣料的方式确保生产的准时化。

采购管理。东风采用ES/1 SuperLogistics实现了根据已确认的生产计划自动生成采购计划和根据采购计划和供应商情况自动生成采购订单，实现了采购与生产的集成。

库存管理。采用ES/1 SuperLogistics除了能够监控所有本地的仓库，还能够监控所有异地的仓库，可以通过灵活设置库存管理规则，实现车辆存放的同色同列、先进先出。建议入库也应根据车长和库位长度计算库位容量，以使仓库的空间利用率达到最大。

智能的运输分配和运输跟踪管理。东风采用ES/1 SuperLogistics实现了通过预先设定的规则进行运输路径优化和车辆编组优化。

营销管理。ES/1 SuperLogistics解决了东风汽车异地销售的问题，实现了销售公司远程开销售提车票、确认提车票、仓库本部直接打印票据，避免了单据的远程传递，提高了工作效率。

通过使用ES/1 SuperLogistcs方案，东风多个部门都能获益。储运部门通过运输路线的优化和承运商的管理，加强了运输管理的控制力度，既降低了运输费用，又保证了运输质量，实现了成本和客户满意度的双提高；市场销售部门通过与储运的集成，实现了营销异地开票、本地打印，优化了营销流程，从而能够准确了解车辆的库存情况和近期的生产情况，同时也加强了大存货量车辆的销售力度，减少了库存资金的积压；生产部门形成了以销售制定生产，以生产推动销售的大循环，既减少了库存的积压，又加快了生产节奏，还提高了东风汽车的市场竞争力，同时也实现了生产全过程的条码电子化管理，降低了工人的劳动强度，增强了数据的准确性。

ES/1 SuperLogistics方案使东风的整车管理达到了国内一流水平。自动化的车辆入库和出库管理使管理效率得到了很大的提高，并充分地利用了仓储空间，仅在仓储费用一项上每年400万元的临时仓储费就可以节约1/3，并且系统提供的各种报表信息十分准确，为企业管理提供了有效的依据。

【案例6-2】福特汽车公司对于生产资源的整合

全球化的供应链设计正将一个企业分散于国际的资源集中成真正紧密的全球生产资源。福特汽车公司对此目标的追求就是一个恰当的例子。1998年，福特汽车公司宣布将以电子化方式把分布在美国（巴伦西亚，加利福尼亚和迪尔本，密歇根）、英国（伦敦）、德国（科隆）、意大利（都灵）、日本（广岛）和澳大利亚（墨尔本）的6个汽车设计中心联系在一起。

1999年，福特将分散于30个国家的经营活动整合为单一的全球化经营。汽车的开发根据汽车类型划分为小型汽车、轻型汽车、中型汽车等5个中心，不再以国家或地区来划分。每个中心为全球市场开发出特定的汽车类型，并在本领域内为全部开发项目承担责任，拥有广泛的权力。采购致力于削减重复，并通过大批量采购获得更高的收益。福特汽车公司的目标就是要以更快的速度和更低的成本为广大的市场开发出更多的多样化汽车产品。汽车开发的集中化给公司带来了极高的效益，使得新车的开发成本仅为原来的40%。

【案例6-3】长虹采取措施压缩物流成本

四川长虹电子控股集团有限公司（简称长虹）是我国彩色电视机最大的生产厂商。长虹过去将工厂装配好的产品直接通到各地从事经营的商店暂时保管，再根据客户的订货单配送到客户的所在地。不管配送件数多少，各分店中都必须配备送货人员和卡车。运输费用占物流费用的70%以上。

如此高的物流费用必然严重影响企业的竞争力。面临这种成本压力，长虹决心采取措施设置配送中心。1998年，长虹将设置在全国各地的分公司处理的保管和配送等业务从各分公司中分离出来，设置配送中心，在那里制订集中处理的物流战略计划。

配送中心建立在分公司集中的大城市内，一个中心可承担约二十个分公司的商品配送业务。建立配送中心后，就可以减少分公司的车辆和送货人员了，可以用较少的车辆运送大量的货物，还可以实现从工厂到消费者的一贯制产品运输。这一措施使长虹达到了规定的服务水平，在降低成本上取得了很好的效果。

【案例6-4】华能大连电厂的设备检修管理信息化建设

电力工业是设备、技术、资金密集型的企业，具有产、供、销在同一个瞬间完成的特点，为了保证持续供电，必须保证电力生产设备处于良好的运行状态，因此，电力生产设备的可靠性是每个电厂都十分关注的问题。可以说，设备管理是电厂生产管理的核心。

多年来，华能大连电厂为造就数字化发电企业，建设了具有国际竞争力的现代化火力发电厂，在设备检修管理方面取得了许多成功的经验。他们的具体做法是：以检修管理为重点；加强设备缺陷管理；实行设备定检管理；认真做好机组的大小维修管理；严格实行工作票管理制度；加强设备档案管理。

经过十多年的摸索，华能大连电厂的设备检修管理由原来以计划检修为主要方式逐渐过渡到以状态检修为主体，以计划（定期）检修为基础，以故障检修、改进性检修为辅助的综合检修体系。

华能大连电厂设备信息管理系统建设与应用的实践证明，先进的生产设备必须与现代企业管理思想有机结合，建设适合自己特点的设备管理系统，这样才能科学地管理好设备，为提高电厂长周期安全生产创造有利条件，从而创造可观的经济效益。

"以管理带动信息化，用信息化手段支撑管理思想，用业务流程保证管理思想的实现，使信息化全面保证企业的管理工作"，这是华能大连电厂管理信息系统升级的总体方针。华能大连电厂将设备管理作为企业生产管理的核心，下一步准备以综合计划管理为龙头、以计划性推进为主线、以安全管理为基础、以资产管理为重点、以全面预算管理为核心来拓展设备管理系统，进一步提升管理理念。

第一节　物流的基本概念

一、物流的含义

企业为了保证生产节奏，必须不断组织原材料、零部件、辅助材料等的供应，这种生产资料的流通过程就是企业的物流活动。物流作为企业生产经营服务中的有形实体流动，它凸显了企业的生产过程和现状。没有生产要素的有效流动，企业的生产经营活动就会停止。物流是企业的动脉，是整个企业发展的物质基础，是企业的"第三个利润源"。

物流，从字面上解释就是指物的实体活动。物流泛指物质资料实体的物理性移动过程，包括场所位置的转移和时间上的占用。正确理解物流需要弄清两个问题。

第一，物流中的"物"，可以抽象为一般的物质产品或物质资料。它包括生产资料和生活资料，不仅包括有形的产品和无形的产品，还包括生产、生活过程中所产生的废旧物。商业部门的"商品""物资"，生产部门的"产品"，生产过程的"物料"，运输环节的"货物"等都属于"物"的范畴。

第二，物流中的"流"，从概念上解释，是指上述物质资料的一种物理运动形式，需要一系列的活动才能实现，如包装、装卸搬运、储存保管、运输等，它实现了"物"在空间和时间上的转移。

我国专家、学者编写的《物流术语》对物流的定义是：物流是物品从供应地向接收地的实体流动过程中，根据实际需要，将运输、储存、装卸搬运、包装、流通加工、配送、信息处理等功能有机结合起来实现用户要求的过程。

由此可见，物流活动是贯穿在整个社会的生产与生活中的；一切物流活动都会在物质实体的静止或运动中创造时间价值或空间价值；物质实体的流动是动态与静态的结合，并以多种方式存在。

二、工业企业物流活动的内容

在物流活动中，物资的运输和储存是物流活动的核心，是物资实体得以流转的重要手段。总的说来，物流活动的基本内容包括：

1. 运输

运输指实现物质资料的空间移动。运输环节包括选择运输方式、运输路线和调度车辆，研究如何实现安全、迅速、准时、价廉的运输等。

2. 储存

储存主要指仓库储存。有效的仓库储存能够保证生产、销售、消费的连续性。仓库储存的环节包括制定原材料、半成品、成品等的储存策略及储存统计记录，进行订货、采购及短期销售预测，研究如何使物资的使用性能不受损害，如何借助有效的保管和保养技术实现物资的进一步增值等。

3. 用户服务

用户服务是指为了更好地满足用户的需要或弥补生产过程中的不足，在物流过程中对产品进行的一些流通加工，如改装、配货、分级等，以及通过收集用户的反馈提高服务水平等。

4. 配送

配送是集包装、装卸搬运、保管、运输于一体，并通过这些活动完成物品送达目的地的过程。

5. 废旧物的回收与处理

废旧物的回收与处理指将生产消费和生活消费所产生的大量排放物，经过收集、分类、加工处理等一系列活动，实现废旧物的利用或进行销毁、填埋处理。

此外，物流活动还包括以下一些辅助内容。

1. 装卸搬运

装卸搬运是指在一定区域内改变物品存放状态和位置的活动，它伴随着输送和保管。该环节着重研究如何提高效率，减少物品的损伤。

2. 工业包装

工业包装是指为了适应工业产品的运输、储存和销售的需要，对工业产品进行的防潮、防虫、防震、防碰撞等保护或装饰技术。

3. 仓库设计

仓库设计是指确定库容大小、选择仓库形状、设计存货场站及配置存货等。

4. 信息管理

物流活动的各种内容是相互联系、相互依存的，信息管理就是收集、整理、传递、存储、检索、使用物流信息，以及研究开发物流信息系统，确保物流信息的准确、可靠和畅通。

三、工业企业物流活动的分类

根据业务活动性质，可将工业企业的物流活动分为以下几种类型。

1. 供应物流

供应物流是指企业为了保证生产节奏，不断从生产者或中间商那里组织并购入生产资料的物流活动。不但要达到企业供应物流的目标，而且要降低成本、减少消耗。

2. 生产物流

生产物流是指物质资料从投入生产的第一道工序开始，到半成品、成品或可出售制品入库的整个生产工艺中的物流活动，以及流通过程中的生产性劳务所产生的物流活动。

3. 销售物流

销售物流是指企业为了保证本身的经营效益，伴随销售活动将产品所有权转给用户的物流活动，包括包装、装货、配送等。

4. 回收物流

回收物流是指将生产、供应、销售活动中产生的各种边角余料和废料等可再生物品回收过程中伴随发生的物流活动。

5. 废弃物流

废弃物流是指将企业排放的无用物、废旧物进行运输、装卸、处理等的物流活动。

第二节 物流系统

一、物流系统及其构成

物流系统是由企业内外相互作用和相互依赖的物流要素所构成的具有特定功能的有机整体。具体说来，物流系统是指企业在一定的时间、空间内，由所需要运转的物流产品、包装设备、装卸搬运机械、运输工具、仓储设施、运输道路和废弃物回收处理设施等物资、能源、人员和信息系统所构成的完成物流功能的有机整体。

二、物流系统的特征

1. 物流系统的对象复杂

企业物流系统的对象是物质产品，既包括生产资料、消费资料，又包括废弃物等。

2. 拥有大量的基础设施、设备庞大且种类复杂

物流设备、设施包括交通运输设施，如车站（码头、港口）、仓库（货场）及各种运输工具，装卸搬运设备，加工机械、仪器仪表等。

3. 物流涉及面广、范围大

既有企业内部物流、企业之间的物流，又有城市物流，还可能有国际物流。

4. 物流系统的波动性大

物流系统与生产系统不同，它随市场供求关系、销售渠道、价格等因素的变化而波动，稳定性差。

5. 物流系统具有明确的目的性

企业物流活动的目的与生产经营的目的是一致的，都是满足社会的某种需要和提高企业的经济效益，除此之外，企业的物流活动还要追求实现物流合理化、提高物流速度、降低物流费用等目标。

6. 服务的针对性强

企业的物流活动与生产经营活动的关系密不可分，物流活动为生产经营过程服务，以保证生产过程的连续性、平行性、节奏性和比例性。

三、物流在企业生产经营中的地位和作用

从企业生产经营的职能看，产品的开发、设计、物料采购、工艺生产、产品销售都是通过物的流转得以

实现的；从管理角度看，经营方针的决策，企业管理的计划、指挥、协调、控制等职能的发挥，无一不伴随着物流的开发和运行。

企业生产过程的组织与管理是一个物流的组织管理过程。生产过程的组织与管理是企业生产得以顺利进行的条件和保证。企业的生产类型是影响企业生产组织的最主要因素。生产类型本身也反映了企业物流的特点和形式。同时企业物流作业本身，既是生产过程中不可缺少的组成部分，又可以把企业的各生产作业点、作业区域及各生产阶段有机地联系起来，使企业的生产过程形成一个完整的整体。如果没有物流作业，那么整个企业的生产就不会动起来。因此，物流空间结构是否合理、时间组织是否科学将直接影响企业生产过程的合理组织和科学管理。

第三节 工业企业物流管理

一、物流管理需要解决的问题

企业实施物流管理的目标是，要在尽可能低的总成本条件下实现既定的客户服务水平，即"寻求服务优势和成本优势的一种平衡，并由此创造企业在竞争中的战略优势"。根据这个目标，物流管理要解决的基本问题主要包括企业物流的合理化和企业物流的效益化两个方面。

1. 企业物流的合理化

实现企业物流的合理化是物流科学管理的主要目的。企业物流合理化就是通过改进企业的物流组织和高速物流作业消除物流活动中的不合理因素，提高物流效益。在传统观念中，降低产品成本似乎只有在生产环节才有文章可做，物流环节往往不被企业重视。

从企业生产经营活动的角度来考察物流主要是为了解决企业在生产经营过程中的供应、生产、销售和废旧物回收中的物流合理化，也就是通过有效地控制企业物流，把合适的产品（Right Product）以合适的数量和价格（Right Quantity-Right Price）在合适的时间和地点（Right Time-Right Place）提供给用户（简称 5 Right）。

要实现企业物流的合理化，可以从以下几方面入手。

1）进货方式合理化

现代企业的生产规模大、产品品种多、技术复杂，生产所需要的物资不仅数量、品种、规格、型号繁多，供应来源也广，因此在采购方面应有所改变，改革过去那种分别购买、各自进货的习惯做法，可以根据企业生产经营的用货要求和进货要求，采取联合进货方式，也可以委托物流公司（第三方物流）帮助组织货源，从而使企业的物流批量化，减少对资金的占有，提高进货的工作效率。

2）供应方式合理化

企业应发展以产定供等多种形式的物资供应方式，如按需加工供应、承包配套供应、定点直达供应等方式，也可以采用供运需一体化的进货方式，即要求物资供应商按照企业生产、工艺和设备要求，与企业订立供货合同，实行定品种、定质量、定数量、定时间送货上门，按合同规定的时间将物料送达规定地点，这种方式有利于缩短物流供应时间，减少物流费用。

3）生产制造过程物流合理化

生产制造过程物流的目标就是提供畅通无阻的物料流转通道，以保证生产制造过程顺利、高效地进行，减少物料搬运的距离、频率和数量，减少物流费用，降低生产制造成本，防止物料损坏的丢失。要实现生产制造过程的物流合理化，关键问题就是要实现工序之间的以产定供，一些公司实行看板订货的生产方式，其目的就是尽可能减少库存量。要实现这种合理化的管理方式，就必须实行小批量、高效率、迅速及时地供货。

4）销售物流合理化

销售物流合理化的形式有很多种。

（1）采用大批量配送的方式，延长配送周期，适当减少配送次数。

(2）采用计划配送的方式，按规定时间、规定数量、规定要求、规定地点进行配送。

（3）采用销售和物流分开的方式，让销售部门专门负责销售，物流部门或物流企业全权负责物流，通过合理设置仓库、压缩库存量、集中配送等方式可以减少交叉运输和中间环节。

（4）采取分类库存的方式，对流量大的产品分散库存，对流量小的产品集中保管，以减小库房面积。

（5）建立物流联营或请物流企业参与，减少企业对物流设备的投资。

物流合理化更多考虑的是提高物流效率、降低物流成本，但必须保证服务质量。

2. 企业物流的效益化

企业物流的效益化是从追求利润最大化和提高经济效益的角度来考察物流管理的，主要是解决企业在生产经营活动中如何开发和发展物流战略等问题，帮助企业进一步降低成本，扩展新的利润源头。从这个意义上讲，物流是继物资、人力资源之后的"第三利润源"。

（1）在经济高速发展的今天，企业面临着能源、原材料供应紧张和价格上涨等几个方面的冲击，如何保证有稳定的生产要素投入成为企业连续化生产、实现预期利润目标的前提。

（2）在市场日益成熟的形势下，企业竞争仅有产品质量、价格、广告和促销等几个基本手段已远远不够，降低销售物流的费用和提高销售物流的服务水平已成为企业积极努力的方向。

（3）由于劳动生产率和企业管理水平的不断提高，靠降低物质消耗和提高劳动生产率来实现产品成本降低的余地已经很小了，而物流是一块新领地，只要在管理和技术上加以改进，将有可能使产品的成本进一步降低，利润进一步增长。

物流管理强调运用系统方法解决问题。现代物流通常被认为是由运输、存储、包装、装卸、流通加工、配送和信息等环节构成的。各环节原本都有各自的功能、利益和观念。系统方法就是利用现代管理方法和现代技术使各个环节共享总体信息，把所有环节都作为一个一体化的系统来进行组织和管理，以使系统能够在尽可能低的总成本条件下提供有竞争优势的客户服务。

二、物流管理的3个主要环节

企业的生产经营活动是人、财、物和信息的融合，是产、供、销的统一，而物流活动贯穿始终。企业的物流管理要抓住主要矛盾，重点就是要搞好供应、生产、销售3个环节的物流管理。

1. 供应物流

1）供应物流的作用

企业的生产过程同时也是物质资料的消费过程。企业只有不断投入必要的生产要素，才能顺利进行生产和保证其经济活动最终目标的实现。企业供应物流的作用，其一在于为企业提供生产所需的各种物资。物资供应费用在产品成本中占有很大的比重，在机械产品中约占60%，因此加强供应物流的科学管理、合理组织供应物流活动如采购、存储、运输、搬运等，都对降低产品成本有重要意义。其二在于现代企业的储备资金在流动资金中的比例约占50%，做好供应物流的组织管理对压缩储备资金、减少资金积压、加快资金周转都有重要作用。

2）供应物流管理的内容

围绕供应物流的基本任务，供应物流管理主要是物资供应计划管理、物资消耗定额管理和供应存货与库存管理几个方面。

（1）物资供应计划管理。企业的物资计划一方面要适应生产、维修、基建、成本、财务等对物资和资金使用方面的要求；另一方面又反过来为其他计划的顺利执行提供物资保证。

合理确定物资的需求量是编制物资计划的重要环节。物资需求量的确定因其用途、种类的不同而需采取不同的计算方法，如根据物资消耗定额和计划任务量来核算需求量的定额计算法和用来确定某些辅助生产部门部分用料的经验推算法等。

（2）物资消耗定额管理。指在一定的技术条件下，为制造单位产品或完成某项任务所规定的物资消耗量标准。物资消耗定额包括质的定额与量的定额。

物资消耗量标准的制定方法有：根据产品图纸和工艺说明等资料计算物资消耗定额的技术计算法；选择先进、合理的典型作为测定对象，对物资的实际消耗量进行测定，通过分析研究，确定定额的实际测定法；根据实际物资消耗的历史统计资料进行简单的计算和分析，并以此为依据确定物资消耗定额的统计分析法；以有关人员的经验和资料为依据，通过估算确定物资消耗定额的经验估计法。

（3）供应存货与库存管理。存货即储存的货物，指库存的原材料、燃料、备品、备件与工具，库存的在制品、半成品，库存的成品等。供应存货与库存管理就是通过适量的库存用最低的存货成本实现对企业生产经营活动的供应，即经济、合理的供应。现代库存管理是提高企业经济效益的重要手段。

存货分为：在前后两批货物正常到达期之间（供应周期内），保证生产经营正常需要的周转储备；为防止或减少因订购期间物资需求增加（过量耗用）和到货期延迟所引起的缺货而设置的保险储备。

存货成本是指货物从订购、购入、储存，直至出库所产生的各种费用，以及因缺货造成的经济损失等。库存管理的中心任务就是研究如何有效降低存货成本。

库存控制的方法有：根据存货总成本最低的原则，预先确定一个相对稳定的经济订货批量，当库存量下降到事先确定的临界点时，即组织批量订货的定量订货控制法；根据存货成本最低的原则，预先确定一个相对稳定的订货周期，定期根据实际库存量确定订货数量的定期订货控制法；根据年存货总成本最小的原则确定一次订货的数量的经济订购批量法等。

2. 生产物流

生产物流是企业在生产过程中的物流活动。这种物流活动伴随整个生产工艺过程，实际上已构成了生产工艺过程的一部分，它具体是指原材料、零部件、辅助材料等从仓库提出，然后进入生产线，直至成品被储存到成品仓库的全过程。

1）生产物流的任务

在企业的生产系统中，物流活动贯穿于加工制造过程的始终。无论是在厂区内、库区内、车间内，还是车间之间、工序之间、机台之间都存在材料、零部件、半成品和成品的流转运动，都离不开物料的装、卸、运等活动。生产物流的任务主要是：

（1）提供畅通无阻的物料流转，以保证生产过程顺利、高效地运行；

（2）减少物料搬运的数量、频率和距离，减少搬运费用，降低成本；

（3）防止物料损坏、丢失，防止人身事故和设备事故。

2）生产物流管理的内容

生产物流管理的内容主要包括以下3点。

（1）生产物流的组织管理。物流的组织管理与生产过程的组织管理是同步进行的，并且随着生产过程的空间组织和时间组织的变化而变化。

（2）生产物流的成本管理。生产过程的物流活动以装卸搬运为主，生产物流的成本管理首先强调装卸搬运的合理化，借此缩短生产周期，降低生产过程的物流费用，加快物流速度；其次在于实现无库存的滚动式生产，即根据生产的批量、工艺、质量、时间、成本的要求，准确、无积压、不间断地送货到加工班组。此外，选用合适的搬运设施，不仅可以改善物料搬运的工作条件，而且可以提高劳动生产率和降低搬运费用。因此，要控制生产物流费用，重点就是要控制搬运成本。

（3）设备的选择。装卸搬运的机械化是提高装卸效率的重要环节，装卸搬运的机械化程度可以分为3个层次：第一层次是使用简单的装卸器具；第二层次是使用高效率的专用机具；第三层次是依靠计算机控制实现自动化的无人操作。选择时主要考虑以下4个因素：其一，是否经济合理？其二，能否加快物流速度？其三，可否减轻劳动强度？其四，能否保证人身和物品的安全？确定装卸搬运机械的种类时，首先必须依据装卸搬运物品的性质来确定；其次应依据物流过程中输送和存储作业的特点来确定；最后，应依据搬运和储存的具体条件和作业的需要及机械的使用效率来确定。

3. 销售物流

销售物流是伴随销售活动将产品所有权转给消费者的物流过程，包括包装、运输、配送等环节。销售物流是企业物流与社会物流的衔接点，与企业的销售系统配合完成产品的流通。

1）销售物流的任务

企业生产的产品只有通过销售物流，产品的消费才成为可能。企业为了赢得市场，为了获得较好的经济效益，应以较低的成本和优质的服务将产品在适当的时间送达适当的地点。事实上，要提供良好的服务，就需要较多的库存量、最快的运输速度和分布广泛的网点，但这样势必增加物流成本。因此，销售物流的任务就是提高销售物流的效率，并在降低成本和提高服务质量上取得平衡。

2）销售物流管理的内容

销售物流的管理主要是抓好运输环节和存货环节的管理。

产品由生产地向消费地的流转是靠运输实现的。运输成本是销售物流成本中最主要的项目。运输决策的科学化对企业信誉、经济效益均有直接的影响。运输管理决策的目标是进行合理运输，即在一定条件下，以尽可能快的速度、尽可能低的成本，并尽可能多地利用运输工具的容积和载重来组织运输。在选择运输方式时，要尽量减少中转环节，直达运输和集装箱运输就是比较好的方式。

运输环节管理的重点就是从提高企业经济效益的角度出发，运用系统的观点，规划选择合理的运输方案，实现成本和服务绩效之间的最佳平衡。

企业为了减少库存，一般可以通过两种模式来组织生产：一种是按照订单生产，以销定产，最终实现零库存的管理模式；另一种是按照市场预测生产，力求通过准确的市场预测减少不良库存量的管理模式。

在评价整个物流系统效率的指标中，存货周转率是一个重要的指标。能否建立起适应市场变化的在库管理系统，并且发挥出最佳的效率，是企业追求的目标之一。为此，企业必须按照市场需求的变化，建立柔性生产管理体制，加快生产与销售之间的流通速度；对现有的物流配送网点进行清理，调整网点分布，减少仓库数量，提高大宗商品和大件产品的直送率；建立从原材料采购物流到销售物流，以及废旧物回收物流的混合型物流运输系统建立全方位的物流保障系统，随着生产企业的全球化发展，"在最佳地点进行部件的采购，在最佳地点生产，以最快的速度将产品投入海外消费市场"是物流保障系统追求的目标。

除上述供应、生产、销售3个环节的物流外，在生产过程中形成的边角余料、废渣、废水，在流通过程中产生的废弃包装器材，还有一些由于变质、损坏、使用寿命终结而丧失使用价值或在生产过程中未能形成合格产品而不具有使用价值的物资，它们都要从物流主渠道中分离出来成为废弃物。这些废弃物一部分可以通过回收、再生利用变成再生资源，形成回收物流；另一部分在物流过程中或循环利用过程中，基本或完全失去了使用价值，变成无法再利用的最终废弃物，形成废弃物流。由于废弃物会污染环境，因此必须有效地组织回收物流和废弃物流，只有妥善处理废弃物，才能保护好人类赖以生存的自然环境。废弃物流和回收物流在某些企业的物流活动中也占有相当大的比重，搞好回收物流和废弃物流的管理对于这些企业来说具有十分重要的社会意义。

三、工业企业物流管理的发展方向

1. 物流管理模式的发展方向

21世纪以来，科技的高度发达和经济的飞速发展使得全球化的竞争市场日益形成，技术的进步和需求的多样化使得产品的寿命周期不断缩短，企业面临着缩短交货期、提高产品质量、降低成本和改进服务的压力。企业出于对制造资源的占有需求和对生产过程直接控制的需要，对为其提供原材料、半成品或零部件的企业常采取投资自建、投资控股或兼并的"纵向一体化"战略。但是，在高科技迅速发展、市场竞争日益激烈、消费者需求不断变化的今天，"纵向一体化"战略已逐渐显示出其无法快速敏捷地响应市场机会的弱点。企业家们开始清醒地认识到，利用外部资源促使自己的产品快速响应市场需求，并努力使自己的产品具有低成本和高品质两种优势才是企业的生存发展之道。于是，"纵向一体化"的管理模式升级为"横向一体化"，即将供应商到制造商再到分销商的渠道形成一条贯穿所有企业的"链"——供应链。

供应链也称为物流网络,包括供应商、制造商、仓库、配送中心和零售商,以及在各机构之间流动的原材料、库存在制品和产成品。供应链管理将围绕在供应链上的供应商、制造商、仓库、配送中心和零售商结成战略联盟,共生共荣、共御市场风险,以获得竞争优势。整个供应链系统最优化所带来的效益会按照一定的分配原则分配,使每个企业都能分享供应链管理带来的好处。总的说来,供应链可以降低整个物流渠道的物流成本,使商品的售价更具竞争力,并且可以提高物流服务水平,保证商品的及时供应,创造价值优势。

2. 物流运作方式的发展方向

供应链管理模式被广为应用后,无论是制造商、批发商,还是零售商,从系统的角度考虑,一方面都希望各方协作;另一方面为了加快物流的周转速度,都希望提高物流的专业化水平。因此,一种新的物流运作方式——第三方物流(Third-Party Logistics)也就应运而生了。第三方物流是物流活动逐步从生产、交易和消费过程中分化出来的一种专业化的、由独立经济组织承担的新型经济活动,这种组织本身不拥有商品,而是通过协作,在特定的时间内向消费者提供个性化的有偿物流服务。

第三方物流是物流专业化的重要形式,是社会分工的表现,是将各个不同企业的物流整合起来进行管理的运作方式,它在实现自身效益最大化的同时,事实上也实现了社会物流的合理化,节约了社会物流的成本,提高了社会效益。

3. 电子商务

1)电子商务的概念

电子商务是通过互联网实现企业、经销商及消费者的网上购物、网上交易及在线电子支付的一种不同于传统商业运营的新型商业运营模式。电子商务有广义和狭义之分,狭义的电子商务主要利用互联网在网上进行交易,称作电子贸易(e-commerce);广义的电子商务是基于互联网的全部商业活动,称作电子商业(e-business)。

2)电子商务的优点

与传统商务相比,电子商务有以下优点。

(1)电子商务将传统的商务流程数字化、电子化,可以实行无纸化办公,突破了时间、空间的局限,大大提高了商业运作的效率,并有效地降低了成本。

(2)电子商务是基于互联网的一种商务活动,由于互联网本身具有开放性、全球性的特点,因此能为企业创造更多的商业机会。

(3)电子商务简化了企业与企业、企业与个人之间的流通环节,最大限度地降低了流通成本。

(4)电子商务对大中型企业有利,因为大中型企业的买卖交易活动多,所以采用电子商务能提高管理效率;对小企业也同样有利,因为电子商务可以使企业以相近的成本进行网上交易,所以使小企业也能拥有和大企业一样的流通渠道和信息资源,大大提高了小企业的竞争力。

3)电子商务加快了第三方物流的发展

电子商务是伴随物流活动的发展而产生的,它反过来又为物流事业的快速发展提供了技术支持,离开电子商务,物流事业的发展空间和发展速度将受到很大限制。

4)开展电子商务活动的技术条件

在电子商务活动中,配送速度是电子商务活动竞争的一个重要砝码。物流系统的各个环节只有全面实现信息化,具备高效的物流信息处理和物流作业处理能力,才能形成一个真正的、完整的、具有现代物流特征的、具备较强竞争力的电子商务企业。这就需要有一些先进的技术集成应用于物流系统中,这些技术主要包括条形码、电子数据交换(EDI)系统、全球卫星定位系统(GPS)、地理信息系统(GIS)、射流技术(RE)等。

4. 新兴的物流技术

物流科学是管理工程和技术工程相结合的综合学科。物流技术是物流活动各项功能实现和完善的手段。物流技术可以分为硬技术和软技术两个方面,硬技术是指组织物资实体流动所涉及的各种机械设备、运输工具、仓储建筑、站场设施,以及服务于物流的计算机、通信网络设备等。软技术是指组成高效率物流系统所使用的系统工程技术、价值工程技术、信息技术。软技术可以在硬技术没有改变的条件下最合理、最充分地调配和使用现有物流技术装备，从而获取最佳的经济效益。

应该说，物流技术实际上并不是一种独立的、全新的技术，如运输技术、仓储技术、包装技术、信息技术等都是早已存在的，只是由于物流科学的出现，才从理论上更深刻地阐明了它的意义，并使这些技术自觉地向着物流科学的方向发展。物流技术发展的特点是将各个物流环节的物流技术综合化、复合化，如以运输设备高速化、大型化、专业化为中心的集装系统机械的开发；将仓储和装卸结合于一体的高层自动货架系统的开发；以计算机和通信网络为中心的信息处理技术与运输、仓储、配送中的物流技术在软技术方面的结合；运输技术与仓储技术相结合的生鲜食品高质量运送技术等。

1）运输技术

运输是物流中的"流"，是物流最重要的环节之一。运输技术包括车辆技术和运输管理技术。为了提高运输效率和服务质量，载货汽车的发展将朝着大型化、专用化和集装化的方向发展，并大力发展甩挂运输。此外，各种专用货运车辆的发展也十分迅速。在运输管理方面，随着计算机技术及光导纤维通信技术等被广泛采用，运输生产也向着自动化方向发展，如 GPS（车辆跟踪定位系统）、CVPS（车辆运行线路安排系统）等使运输管理自动化、科学化。

2）仓储技术

仓储在物流系统中起着调节、平衡的作用，是物流的另一个重要环节，特别是作为配送中心，因为大量的货物在这里分类、拣选、存储、配送，所以配送中心成为促进各物流环节平衡运转的货物集散中心。仓储技术包括仓储设备与使用技术和库存管理技术。近年来，随着装卸搬运机械的发展，各种专用仓库和综合仓库都向着保管和装卸为一体的高层自动化货架系统发展。关于仓储的软技术，特别是库存理论也有了很大的进展。

3）包装技术

过去认为包装就是保护商品质量和数量的工具，而在物流中包装又被赋予了便于运输、便于保管和增加销售手段等内容。包装技术包括包装材料、包装设备和包装方法。包装还涉及防震、防潮、防水、防锈、防虫等技术。

4）信息技术

伴随着全球经济增长的全球物流将会得到极大的发展，物流信息技术也将得到进一步发展。信息技术（Information Technology，IT）是现代物流中极为重要的部分，也是物流技术中发展最快的领域。一般来说，IT 包括计算机技术、数据处理技术、通信技术及机器人技术等。在物流运作中，电子数据交换技术、微机技术、工厂和配送中心的选址分析，以及用于数据采集的条码技术和扫描技术等都是 IT 在物流中的具体运用形式。IT 提供了对物流中大量、多变数据进行快速、准确、及时采集、分析和处理的功能，它大大提高了信息的反应速度，增强了供应链的透明度和控制能力，提高了整个物流系统的效益和用户服务的水平。

四、工业企业物流的成本管理

1. 物流成本及其构成

1）物流成本的概念

物流成本也称为物流费用，是指企业在进行供应、生产、销售、回收等过程中所发生的包装、存储、运输、装卸搬运、流通加工、信息处理、配送、回收等方面的成本与费用。物流成本与费用之和构成物流的总成本，也是物流系统的总投入。

2）物流成本的构成

工业企业的物流成本由以下内容构成。

Tc：运输费用。

Fc：设备费用。

Cc：通信信息费用。

Ic：库存费用。
Hc：搬运费用。
Pc：外包装费用。
Mc：物流链管理费用。

上述物流费用是相互作用、相互制约的。物流链成本管理不是降低某个环节的费用支出，而是追求物流总费用最低。

3）计算物流成本的目的

物流成本不是随时都能准确计算的，必须建立良好的计算标准和算法并按时间序列获取数字，绝不能随主观意志获取和编造。孤立的数字是没有任何作用的，必须将本公司的网点、各级组织同其他企业进行比较。计算物流成本本身还会产生新的费用，计算物流成本必须明确目的，否则削减物流成本也就没有什么意义了。产业差异化的战略目标造成了对物流成本的不同追求，因此计算物流成本的目的也有所区别，有的是想了解正确的物流成本，有的是想知道物流成本的变化，有的是想把本公司的物流成本同其他公司、其他产业进行比较，有的是为了通过计算物流成本发现本公司物流的弱点，有的是为了更好地管理本公司的物流；有的则是为了改善本公司的物流运作与管理方式。

2. 物流成本的分类

1）按物流费用支出的项目不同划分

（1）材料费：由物资材料费、燃料费、消耗性工具、低值易耗品摊销及其他物料消耗等费用组成。

（2）人工费：包括工资、奖金、福利费、医药费、劳动保护费及职工教育培训费和其他一切用于职工的费用。

（3）公益费：指给公益事业所提供的公益服务费用，包括水费、电费、煤气费、冬季取暖费、绿化费及其他费用。

（4）维护费：包括维修保养费、折旧费、房产税、土地使用费、车船使用费、租赁费、保险费等。

（5）一般费用：包括差旅费、交通费、会议费、书报资料费、文具费、邮电费、零星购进费、城市建设费、能源建设费及其他税费，还包括物资及商品损耗费、物流事故处理及其他杂费等。

2）按物流活动的职能划分

（1）供应物流费：指企业为了生产产品而购买各种原材料、燃料、外构件等所发生的运输、装卸、搬运等费用。

（2）生产物流费：指企业在生产产品时，由于材料、半成品、成品的位置转移而发生的搬运、配送、发料、收料等方面的费用。

（3）销售物流费：指企业为了实现商品价值，在产品销售过程中所发生的包装、商品出库、储存运输及配送服务等费用。

（4）售后服务物流费：指商品销售后由于退货、换货而产生的物流费用。

（5）废弃及回收物流费：指废品、不合格产品及商品、包装材料、运输容器、货材等在废弃过程中产生的物流费用；材料宣传品等由销售对象回收到本企业的物流过程中所需要的物流费用。

（6）委托物流费：指将物流业务委托给物流企业时向企业外支付的费用，包括包装费、运输费、保管费、出入库手续费、装卸费等。

（7）特别经费：指采用不同于财务会计的计算方法所计算出来的物流费用，包括按实际使用年限计算的折旧费和企业内部利息等。

（8）其他企业支付物流费：指本企业向其他企业支付的物流费，如将送货制变为消费者自己取货而扣除的运费等。

3）按物资活动的构成划分

（1）物品流通费：指产品实体进行空间位置转移时产生的费用，包括包装费、运输费、保管费、装卸搬运费、流通加工费及配送费等。

（2）信息流通费：指进行商品交换时处理各种物流信息所发生的费用，包括与库存管理、订货处理等有关的费用。

（3）物流管理费：指为了组织、计划、控制、计算、调配物资活动而发生的各种管理费，包括现场物流管理费和企业物流机构管理费等。

3. 影响物流成本的因素

影响物流成本的因素很多，认识这些因素，对于加强物流费用管理、降低物流成本都有积极的作用。主要影响因素有：

（1）货源的选择；

（2）运输工具的选择；

（3）存货的控制；

（4）仓库保管制度；

（5）废品率；

（6）管理费用。

4. 物流成本管理对象的确定和物流费用标准的制定

物流成本与生产成本相比，具有不明确性和难以单独计算和控制的特点。在生产企业中，人们往往重视产品成本，对于物流成本则经常视为既定成本，计入产品成本或当期损益，没有单独核算，有时账面上反映的物流成本也经常是指销售过程中所支付的运输费和保管费而已。要真正进行物流管理，企业就必须根据自身的性质和管理的需要确定物流成本管理对象。为了便于管理，企业可以相对稳定地选择一种物流成本作为管理对象，这样可以保证管理过程前后的一致性和数据的可比性。因此，不同企业往往选择不同的物流成本管理对象。

物流成本管理对象的确定通常可以采取以下两种办法：一是以整个物流过程为研究对象，分别计算供应、生产、回收及废品物流等环节所产生的费用；二是以产品实体为研究对象，计算每件产品在流通过程中所发生的费用（包括搬运、仓储、维护、分级、售后服务等费用）。

物流费用标准的制定主要是依据企业的物流类型、物流设备水平、物流组织管理等因素，运用经验判断或统计分析等方法来确定费用标准，然后根据实际情况做出调整和修订。

5. 建立物流成本管理责任制

如前所述，物流成本存在于企业生产经营活动的全过程，企业产、供、销的每个环节都会有物流成本的发生。因此，企业要想管理好物流成本，除了建立物流费用标准，还必须在各个部门建立物流成本管理责任制，实行全过程、全员的费用管理。

（1）由于不同物流部门负担不同的物流费用，因此要按照费用发生的地点将费用分解到具体部门，落实降低物流成本的责任，并定期检查该部门物流成本降低的情况。对于一些有共性的物流费用，由企业物流管理职能部门计入物流费用总额。

（2）企业和各个部门要编制相关记录，积累物流费用执行情况的基本参数，并定期进行总结。

（3）建立费用评价和反馈系统，定期对各个部门实际发生的物流费用与有关标准进行对照，评价物流成本控制的基本情况，并以此作为部门奖惩的依据。

（4）从经济和技术相结合的原则出发，合理选择物流设备和工具来降低物流费用的水平。

第四节 设备管理概述

一、设备及其分类

设备是现代化企业进行生产活动的物资技术基础，是企业固定资产的重要组成部分。设备是人们在生产经营活动过程中所使用的各种机械和装置的总称。

一个企业设备配备的好坏直接表明了该企业的生产水平和生产能力。企业的设备包括保证正常生产所配置的技术装备、仪器仪表、检测及控制设施等。不同的企业对主要设备、辅助设备的认定不尽相同。企业中的设备大致可以分为以下几种。

1. 生产设备

生产设备指直接改变原材料属性、形态或功能的各种工作机械和设备。

2. 动力设备

动力设备指用于产生电力、热力、风力或其他动力的各种设备。

3. 传输设备

传输设备指用于传送电力、热力、风力、其他动力和固体、液体、气体的各种设备。

4. 运输设备

运输设备指用于载人或运货的各种运输工具。

5. 管理设备

管理设备指企业中用于生产经营的设备。

6. 公共福利设备

公共福利设备指企业中用于生活福利方面的公益设备。

二、设备管理的含义

设备管理是指企业为了使设备在寿命周期内的费用最经济，而对设备采取的一系列管理活动。设备管理工作是全过程的管理活动，应从设备的研制、购买、使用、维护、更新直至报废的全过程进行综合管理。设备管理的好坏将直接影响企业的发展和经济效益。

设备管理可分为两个阶段。第一个阶段是设备投入使用前的前期管理阶段，主要包括为了实现企业发展规划而制定的设备配备规划、企业外购或自制设备计划、设备安装和调试等工作。第二个阶段是设备投入使用后的后期管理阶段，主要包括投入生产使用后的管理、维护保养和大中修管理、更新改造管理、设备转让和处置管理。

设备管理历来被人们高度重视。在现代企业管理阶段，设备管理综合了设备的工程技术、财务、管理、经济等方面的内容，它提出了设备可靠性、维修性设计的理论和方法，强调设计、使用、费用和信息的综合性，并从这个角度来考虑设备的寿命，以实现全过程的科学管理。

三、设备管理的目标和任务

传统的设备管理只是要求保持设备经常处于良好的运转状态。对企业来说，保持设备处于良好的运转状态只是手段，而不是最终目的。现代企业设备管理的目标则不仅要保持设备良好的运转状态，还要取得良好的设备投资效益。

设备管理的任务就是为企业生产提供先进适用的技术装备，使企业的生产经营建立在技术先进、经济合理的物质基础之上。要实现上述目标，设备管理就必须要做到以下几个方面。

1. 实行设备的综合管理

设备的综合管理即将设备的整个寿命周期作为一个整体进行全面、全过程、全方位的管理。

2. 保持设备完好率

不同企业、不同设备对完好率的要求应有相应的规定。

3. 维持较高的技术装备条件

要不断改善和提高企业的技术装备素质，必须根据生产经营发展的要求及时改造和更新设备。

4. 充分发挥设备的效能

对于设备效能的要求，不仅要有较高的数量利用率、时间利用率，还要有较高的强度利用率。为此，必须坚持 5 个相结合：

（1）设计、制造与使用相结合；
（2）维护保养与计划检修相结合；
（3）修理、改造与更新相结合；
（4）技术管理与经济管理相结合；
（5）专业管理与群众管理相结合。

四、设备管理的内容

设备管理过程是从实物形态与价值形态两个方面进行全面管理的过程。

1. 设备的技术管理

设备的技术管理包括从规划、设计、制造、运输、安装、验收、使用、维修、改造直至报废全过程的综合管理。

1）设备的规划、选型、购置（或设计和制造）与评价

根据技术上先进、经济上合理、生产上需要的原则规划、选择设备，并进行技术经济论证和评价，以确定最佳方案。

2）合理使用、检查、维护保养和修理

根据设备的特点，正确、合理地使用设备和安排生产任务，以减轻设备的损耗，延长使用寿命，防止出现设备和人身事故；减少和避免设备闲置，提高设备利用率，合理制定设备的检查、维护保养和修理计划及采用先进的检修技术；组织维修所用备品和配件的供应储备等。

3）改造与更新

根据企业生产经营的规模，以及产品品种、质量和发展新产品、改造老产品的需要，有计划、有重点地对现有设备进行改造和更新。

4）设备的日常管理

设备的日常管理主要包括资料管理、技术人员的培训和管理等。

2. 设备的经济管理

设备的经济管理指对投资（包括自制设备的开发研制费、生产制造费、购买设备的一次性购置费）、折旧费、维修费、备件占用费、更新改造费及处理报废设备所获残值的销账及核算。

五、设备管理水平的考核指标

为了提高设备管理人员的作业水平和作业效率，可制定一些考核指标。

1. 设备运行率

$$\text{设备运行率} = \frac{\text{实际作业时间}}{\text{制度运行时间}} \times 100\% \tag{6-1}$$

2. 设备完好率

$$\text{设备完好率} = \frac{\text{完好设备数}}{\text{已投入使用的设备总数}} \times 100\% \tag{6-2}$$

3. 故障停机率

$$\text{故障停机率} = \frac{\text{故障停机时间}}{\text{制度工作台时}} \times 100\% \tag{6-3}$$

4. 维修费用率

$$维修费用率 = \frac{维修费}{生产总值} \times 100\% \qquad (6-4)$$

5. 设备役龄及设备新度

设备役龄是指设备生产中服役的年限,发达国家的设备役龄为10~14年。

$$设备新度 = \frac{设备的净值}{设备的原值} \times 100\% \qquad (6-5)$$

六、设备的综合管理

机器生产在带来高生产效率和利益的同时,也带来了一系列问题,如生产设备产生的污染、大量地耗费能源、设备结构日益复杂使修理费用和故障损失不断增加、设备的技术寿命和经济寿命远小于其自然寿命、设备的更新速度越来越快等。

由于工业生产技术、管理科学技术的发展及设备现代化水平的不断提高,特别是系统论观点和计算机技术在生产中的广泛应用,相关专家在设备管理中提出了综合管理的理论和方法。这种理论和方法在内容上突破了那种把设备管理局限于维护修理的模式,将其延伸到与设备有关的各种问题之中。设备综合管理包含两部分内容:设备综合工程学和全员设备管理。

1. 设备综合工程学

设备综合工程学是一门新的学科,它适用于对固定资产的工程技术、管理、财务等实际业务进行综合研究,以求实现设备寿命周期费用最大限度的节约。其主要特点包括以下几个方面。

(1)将设备的寿命周期费用最省作为研究与管理的目的,寿命周期费用指设备从计划、设计、制造、安装、运行、维修到报废为止的整个周期中,各个阶段所发生的费用的总和,如图6-1所示是设备的寿命周期费用图。

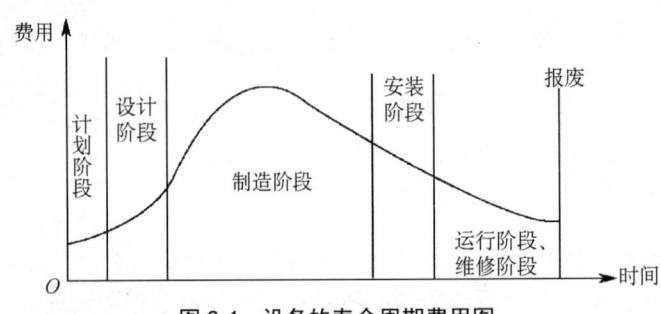

图6-1 设备的寿命周期费用图

(2)从工程技术、组织管理和财务成本等多方面对设备进行多学科的综合研究。
(3)将可靠性、维修性作为设计的重要目标,使设备易于维修并降低维修费用。
(4)建立信息反馈系统,实行系统的综合管理。

设备综合工程学突破了传统设备管理的局限性,大大拓宽了设备管理的内容。

2. 全员设备管理

全员设备管理又称全员生产维修制(TPM),是以设备用户为中心的设备综合工程学,其要点如下。

(1)以"三全"为指导思想,即设备管理应以全效率、全系统、全员参加为原则。

全效率是指设备在整个寿命周期内的输出与设备在整个寿命周期内的费用之比。

全系统是指对设备从研究、设计、制造、使用、维修直到报废为止实行全过程系统管理。

全员参加是指从经理到生产工人、业务人员都要参与设备管理。为此,必须重视和加强生产维修思想教育。

（2）吸收了预防维修制中的所有维修方式。包括日常维修、事后维修、预防维修、生产维修、改善维修、预报维修、维修预防等。它强调操作工人参加日常检查的重要性。

（3）划分重点设备。将那些会对生产、质量、安全、成本、维修等造成重大影响的设备要进行重点检查、重点维修、重点预防。对一般设备则采取事后修理，以利于节省维修费用。

（4）全员设备管理的特点是：

将提高设备的综合效率作为目标；

建立以设备寿命周期为对象的生产维修总系统；

涉及设备的规划研究、使用维修等各部门；

从企业最高领导人到第一线的操作工人都参与设备管理。

第五节　设备的选择与使用

一、设备的选择与评价

1. 设备的选择

新建企业选择设备和老企业添购设备都要面临设备选择的问题，要使所选购的设备既可以满足生产的需要，又能有效发挥设备投资的效益，就要根据技术先进、经济合理、生产适用的原则，在充分掌握信息的基础上，通过技术经济的综合分析来选购设备。选购设备时具体应考虑的因素有以下几点。

1）适用性

适用性是指设备的技术参数、自动化程度要适应生产的需要，要能够达到规定的生产效率。

2）工艺性

工艺性是指设备满足生产工艺要求、保证生产出合格产品的能力。

3）可靠性

可靠性是指设备具有良好的精度和性能保持性，运转安全可靠，故障率低。

4）维修性

维修性是指设备的结构简单、组合合理、零部件的标准化程度高，便于检视、拆装、维修。

5）节能性

节能性是指设备节约能源、耗电量低、热效率高、成品率高等。

6）环保性

环保性是指设备具有必要、可靠的安全保护设施，具备减少噪声、防止环境污染的能力。

7）经济性

经济性是指设备投资少、生产效率高、寿命周期长、维修管理费用少、所需劳动力少。

2. 设备投资的效果评价

设备投资的效果评价是设备选择阶段的经济评价活动。选择设备时不仅要考虑设备的先进性、可靠性，还要从投资效果来分析，从多个可行方案中选择经济性最好的设备。经济评价的方法有：

1）投资回收期法

投资回收期法是根据设备投资的回收年限来对设备进行经济评价的方法。其计算公式为：

$$设备投资回收期(年)=\frac{设备投资总额(元)}{采用新设备后的收益总额(元/年)} \tag{6-6}$$

该方法属于静态分析法，优点是简单易行，缺点是未考虑资金的时间价值。

2）年费用法

年费用法是根据复利原理，将设备的初次投资费用按设备的寿命周期换算成相当于每年的费用支出后，加上每年的维持费用，从而得出不同设备的年总费用，最后选择年总费用低的方案。将设备的初次投资费用换算成年总费用的计算公式为：

$$年总费用 = 初次投资费用 \times 资金回收系数 \tag{6-7}$$

$$资金回收系数 = \frac{i(1+i)^n}{(1+i)^n - 1} \tag{6-8}$$

式中，i——资金年利率；
　　　　n——设备的寿命周期。

此外，设备投资效果的评价方法还有现值法和内部报酬率法等。

二、设备的合理使用

在设备的物质运动形态中，设备大都处于工作状态，因此对设备在工作中的管理效果决定着设备的管理成效，它是保持设备工作性能和精度的有效途径，也关系着企业的安全生产状态和企业的经济效益，它能延长设备的使用寿命，并能避免设备故障的发生。因此，使用设备时应做好以下几个方面的管理工作。

1. 正确配置设备，合理安排生产任务

因为设备的原理、结构不同，所以其性能、使用范围和工作条件也不同。因此，要根据设备的技术条件合理安排生产任务和设备的工作负荷，要保持设备的利用率，但不要使设备在超负荷或超工作范围的状态下工作，也不要使设备低负荷工作或精机粗用。这是合理使用设备的第一步，需要与生产管理的其他方面协调配合。

2. 完善管理制度，严格执行操作规程

要根据各生产设备的技术要求和使用特性组织专业技术人员编写相应的操作规程，并采取相应的措施保证这些设备的操作规程可以得到有效的执行。要严格执行设备操作的 5 项纪律：

（1）实行定人定机、凭证操作；
（2）保持设备整洁，按规定加油；
（3）遵守操作规程和交接班制度；
（4）管好工具和附件；
（5）发现故障应停机检修。

3. 加强岗位培训，合理配备设备操作人员

设备操作人员的素质及操作技能是合理使用设备的根本保证。要通过岗前培训和在岗培训对设备操作人员进行技术教育、安全教育和业务管理教育，保证设备操作人员达到应知、应会的要求，熟悉和掌握设备的性能、结构等知识，以及设备的操作、维护保养等技能，不仅能在正常状态下正确使用设备，还能对异常情况进行妥善处理。

4. 营造合适的设备运行环境

良好的工作环境是保持设备正常运转、延长使用寿命、保证安全生产的重要条件。企业应根据设备的性能要求，为设备创造良好的运行环境，包括必要的防震、防潮、防尘及安全防护措施。

5. 严格贯彻岗位责任制

设备使用的各项管理工作必须在岗位责任制中得到落实。操作工人的岗位责任制的内容通常包括基本职责、应知应会、权利义务、考核办法 4 大部分。随着企业管理的深入发展，目前已将岗位责任制与企业经济指标及效益挂钩，并分解落实到人，实行逐项计算。

第六节 设备的维护与修理

一、设备的维护保养

设备在使用过程中由于不断地运动会导致机械磨损和技术性能变差,甚至会出现故障。设备的维护和保养就是通过润滑、清洁等方式降低设备的机械磨损,及时发现和处理设备在运行过程中的细小异常问题,防止由小异常引发大故障,保证设备的正常运行,延长设备的使用寿命。

根据机器设备维护保养工作的深度和工作量的大小,维护保养工作可分为如表6-1所示的4个级别。

表6-1 设备的4级保养制

保养级别	保养时间	保养内容	责任人
日常保养	每日班前、班后	擦拭、清洁设备外表,润滑,检查并紧固松动的部件	设备的操作人员
一级保养	设备累计运转500小时进行一次保养,保养停机时间8小时	对设备进行局部拆卸,消除螺钉松动,清洗、润滑及调整	设备的操作人员为主,专职维修人员协助
二级保养	设备累计运转2 500小时可进行一次保养,保养停机时间约32小时	对设备内部进行清洁、润滑,局部解体检查和调整、修理,更换少数零件,校准精度	专职维修人员为主,操作工人协助
三级保养	半年以上进行一次保养(按三班制计算)	对设备主要部分进行解体检查和调整,更换已磨损部件,恢复设备的精度	专职维修人员

二级保养相当于小修,三级保养相当于中修。保养、检查、修理是不同的环节,各有不同的内容和重点,不可相互替代,但相互之间又彼此渗透、交错,形成设备保养与修理的有机结合。

二、设备的检查

设备的检查是对设备的运行情况、工作精度、磨损程度进行检查和校验。检查是设备维修和管理的一个重要环节,通过检查要能及时查明和消除设备的隐患,并针对发现的问题提出改进设备维护工作的措施。有目的地做好修理前的准备工作可以提高修理质量和缩短修理周期。

1. **设备检查的分类**

(1)按时间间隔可分为日常检查和定期检查。日常检查是在交接班时,由操作人员结合日常保养进行的检查,以便及时发现异常技术状况。定期检查是按照日程计划表,在操作人员的参与下,由专职维修人员定期进行的检查,目的在于全面、准确地掌握设备的技术状况、零部件的磨损情况等,从而确定有没有必要进行修理。

(2)按检查的性质可分为功能检查和精度检查。功能检查是对设备的各种功能进行检查和测定,以确保产品的使用性能和质量。精度检查是对设备的加工精度进行检查和测定,以确认设备的精度是否符合要求及是否需要调整。

2. **设备的监测**

设备的监测技术或诊断技术是在设备检查的基础上迅速发展起来的与设备维修和管理相关的新兴工程技术。通过科学的方法对设备进行监测能够全面、准确地把握设备的磨损、老化、劣化、腐蚀部位、程度及其他情况。在此基础上进行早期预报和跟踪,可以将设备的定期保养制度变为更有针对性的、比较经济的预防维修制度。对设备进行监测一方面可以减少由于不清楚设备的磨损情况而盲目拆卸给机械带来的不必要损伤;另一方面也可以减少由于设备停产带来的经济损失。

对设备的监测可以分为3种情况。

（1）单件监测。对整个设备有重要影响的单个零件进行技术状态监测，主要用于设备的小修。

（2）分部监测。对整个设备的主要部件进行技术状态监测，主要用于设备的中修。

（3）综合监测。对整个设备的技术状态进行全面的监测、研究，主要用于设备的大修。

三、设备的修理

设备的修理是指修复由于正常和不正常原因造成的设备损坏或精度劣化，通过修理或更换磨损、老化、腐蚀的零部件使设备恢复到完好的性能和应有的精度。

设备修理的种类分为小修、中修和大修。大修也叫恢复修理，是将设备全部拆卸，更换、修复全部的磨损部件，校正、调整整台设备，对设备进行全面的修理，具有设备局部再生产的性质，修理工作量大，耗时和耗资多，一般是结合企业生产设备的实际情况，一年或几年一次。经大修后的设备要求恢复到原有的精度、性能和生产效率。

设备的修理方法有：

1. 标准修理法

标准修理法是一种根据设备的磨损规律和零部件的正常使用寿命，预先制订修理计划并严格执行修理计划的方法。修理计划包括设备的修理日期、修理项目和工作量等内容。到了规定的日期，不论设备的实际运行状况如何都按计划进行修理。这种修理方法适用于生产流程中的关键设备，能够最有效地保证设备的正常运转，并使其修理有充分的计划性。

2. 定期修理法

定期修理法是一种既有修理计划，又考虑设备实际使用情况的修理方法。该方法需要事先根据设备以往的修理信息，制订设备修理计划，初步规定修理的大致时间和内容，而确切的修理日期、内容和工作量则依据计划修理前的检查结果来决定。这种方法既有计划性，又切合设备的实际运行情况，不会造成浪费。

3. 事后修理法

事后修理法是在设备出故障后随即修理的方法，也就是设备什么时候出故障，就什么时候进行修理；设备不出故障就不考虑修理。这种方法适用于生产线上对生产流程影响不大的设备，特别是设有备品的设备。

4. 部件修理法

部件修理法是一种先更换再修理的方法。将有故障的零部件拆下来，更换上事先准备好的相同的零部件，然后对更换下来的有故障的零部件再进行修理。这种方法有利于减少因修理对生产造成的影响，但需要有一定数量的零部件周转。

企业的设备修理一般是多种方法的综合应用，既要有计划性，又要切合生产的实际情况。

第七节　设备的更新与改造

一、设备更新和改造的含义及意义

设备的更新是指用效率更高或技术更先进的设备代替在技术上或经济上不宜继续使用的旧设备。设备的更新可分为两种。

（1）设备的原型更新。指用结构相同的新设备替换有形磨损严重、在技术上不宜继续使用的旧设备。这种简单替换不具有技术进步的性质，只能解决设备的损坏问题。

（2）设备的技术更新。指用技术更先进的设备去替换技术陈旧的设备。这种替换不仅能恢复原有设备的性能，还能提高设备的技术水平，具有技术进步的性质。显然，在技术发展迅速的今天，企业宜采取技术更新。

设备的改造是利用先进的科学技术成果提高企业原有设备的性能、效率，提升设备的技术水平和现代化水平，是设备在品质上的提高。

设备更新和改造的意义都在于促进技术进步，发展企业生产，提高经济效益。

设备更新和改造是一项长期而复杂的活动，企业应根据需要有计划、有步骤、有重点地进行，并且应遵循有关技术政策和技术发展原则进行充分的市场调查和技术经济可行性论证，对设备的使用年限、更新方式等做出最佳的抉择。

二、设备更新和改造的依据

设备的更新和改造要依据设备的磨损情况和寿命周期原理进行。设备的寿命是指设备从投入生产开始，经过有形损耗和无形损耗，直到在技术上或经济上不宜继续使用，需要进行更新所经历的时间。设备的寿命按其性质可分为自然寿命、技术寿命和经济寿命。

1. 自然寿命

自然寿命也称物理寿命，是指设备从全新状态投入生产开始，经过有形损耗，直到在技术上不能按原有用途继续使用为止所经历的时间。自然寿命是由设备的有形磨损引起的，延长设备自然寿命的措施是进行有效的设备保养、维护与修理。

2. 技术寿命

技术寿命是指设备从全新状态投入使用以后，由于技术进步，出现了先进的新型设备，使原有的设备因技术落后而被淘汰所经历的时间。技术寿命是由设备的无形磨损引起的，技术进步得越快，设备的技术寿命就越短。

3. 经济寿命

在设备自然寿命的后期，由于其性能逐渐劣化，因此需要依靠高额的维修费用才能维持其运行，在这种情况下，如果继续使用在经济上是不合适的，因此应及时更新。

设备更新和改造的时机一般取决于设备的技术寿命和经济寿命。有些设备在整个使用期内并不过时，也就是在一定时期内还没有更先进的设备出现，但由于使用过程中的有形损耗，因此将造成维修费用及其他运行费用的不断增加，又由于使用年限的增加会使投资分摊额减少，因此在最适宜的使用年限会出现年均总成本的最低值，如图6-2所示是设备最佳更新周期示意图。而能使年均总成本最低的年数，就是设备的经济寿命，也称为设备的最佳更新周期。

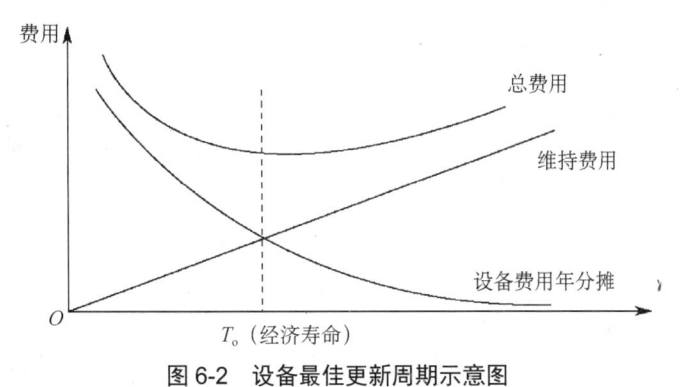

图6-2 设备最佳更新周期示意图

思考与练习六

1. 何谓物流？物流活动的内容有哪些？
2. 物流系统的特征有哪些？物流系统在企业生产经营中的地位和作用如何？
3. 工业企业的物流管理需要解决哪些问题？
4. 简述工业企业物流管理的3个主要环节。

5. 简要说明工业企业物流管理的发展方向。
6. 试说明电子商务的优点和作用有哪些。
7. 如何开展物流的成本管理？
8. 简要说明企业设备管理的目标和内容。
9. 试分析设备管理与安全生产的关系。
10. 选择设备时应考虑哪些因素？
11. 举例说明设备操作规程在设备管理中的应用（要求编写一份具体的设备操作规程）。
12. 举例说明设备的更新或改造在设备管理中的应用（要求有设备更新或改造的实例）。
13. 简要说明全员设备管理的要点。

案例分析

【案例分析 6-1】

物流是个新事物，海尔从 1999 年 9 月开始探索，借助先进的电子网络平台，逐步构筑起较完善的现代物流运转系统。这实际上是海尔对自己的一场革命，海尔人称为"业务流程再造"。

1. 现代企业物流——以时间消灭空间

2002 年 8 月 7 日上午 9:00，物流推进本部。这里是海尔的物流枢纽，工作人员每人面对一台电脑终端，不断捕获信息。在信息中心副总经理詹丽的电脑终端上，看到这样一条订单信息：哈尔滨工贸公司需要 150 台 XQB48-2 型洗衣机，要求 8 月 8 日完工，8 月 n 日到货。物流订单执行事业部部长王正刚负责物资的采购和配送。在他的电脑终端上，刚才看到的那 150 台洗衣机销售订单转化为生产订单，然后将这种型号的洗衣机所需配件进行分解。分解结果：共需要 258 种零部件。排查库存，199 种缺货，需采购。所有这些都是电脑在瞬间自动完成的，并形成 199 份采购订单。

海尔目前在全球拥有 800 家国际化原材料供货商，包括 50 家世界 500 强企业，它们的供货基地有的就在海尔工业园周边。此刻，在它们的电脑终端上，也同时看到了这批订单的信息，依托海尔的 B2B（Business to Business）商务网，它们得到了供货订单。150 件洗衣机底板的订单发出后，海士茂电子塑胶公司的工作人员就可立刻在网上接收，单击一下"确认"按钮，当天物流车队就将这批底板运到了指定位置。与此同时，洗衣机产品本部根据终端传递的信息，将这批订单按生产能力安排给一分厂 3 号生产线来生产，并将各种物资需要的具体时间和放置工位号等信息传递给物流配送部门。经过此番紧锣密鼓的安排，生产线启动了。洗衣机事业部一分厂 3 号生产线每隔几米设一个工位，上面标有号码、摆放物资的种类、摆放时间和周期及责任人等，这些信息引导着物品的有序流转。

2. 按订单采购——海尔革了仓库的命

2002 年 8 月 7 日下午 2:00，海尔国际物流中心。这批 150 台洗衣机的订单信息早在上午 9 点多就转化为生产订单，物流中心的工作人员也在同一时间从电脑终端得到了供货信息，一辆辆无人驾驶的激光导引车随即将制造这批洗衣机所需的电线、皮带、稳压块等 59 种已有物资下架运出。4 小时后，物资送达车间。这座高 22m、面积 7 200m² 的物流中心立体库，只有 19 名操作工，其中叉车工仅 9 位。这里已经不是传统意义的仓库，而是一个高速流动的物流中心，并且每件物品都在电脑终端的控制下，原材料在这里停留的时间最长不超过 7 天，成品不到 24 小时便发往全国的 42 个配送中心，每天的吞吐量相当于四十多个同样大小的普通平面仓库。整个海尔因此减少的仓储面积有 43 个足球场那么大！

8 月 8 日上午 10:00，洗衣机一分厂。一辆辆印着"海尔物流"字样的大货车已经开到生产线下线的终端。包装操作工邢增志师傅用红外线扫描仪往一台成品洗衣机的条形码上一扫，就标志着这台洗衣机退出了制造系统，随即被装车。当150台洗衣机还在生产中时，分拨物流事业部就已经打印出这批成品货物的发货单了。8月n日上午10:00，150台洗衣机已经分别进入哈尔滨、牡丹江、齐齐哈尔的3个商场，与消费者见面。

【案例分析问题】

（1）海尔的物流有哪些优点？

（2）现代物流与传统的物资管理有哪些区别？

（3）如果你是企业顾问，你将采取什么措施来加速物资流动？

【案例分析6-2】

20世纪60年代开始，美国的连锁店普遍开始重视商品配送的合理化问题。为了提高流通领域的效益，采取了以下措施：一是将老式的仓库改为配送中心；二是引进计算机管理网络，对装卸、搬运、保管实行标准化管理，提高作业效率；三是各连锁店共同组建配送中心，促进连锁店效益的增长。

1. 配送中心的类型

美国连锁店的配送中心主要有批发型、零售型和仓储型3种，下面介绍批发型和仓储型。

1）批发型

美国加州食品配送中心是全美第二大批发配送中心，每天为分布在纽约州、宾夕法尼亚州等6个州的沃尔玛公司的100家连锁店配送商品。

沃尔玛配送中心设在100家连锁店的中央位置，服务半径320km，服务对象店的平均规模为12万平方米。配送中心的商品达4万种，主要是食品和日用品，通常库存为4 000万美元，旺季库存为7 000万美元，年库存周转24次。在库存商品中，畅销商品和滞销商品各占50%，库存商品期限超过180天为滞销商品。各连锁店的库存量为销售量的10%左右。1995年，该中心的销售额为20亿美元。在沃尔玛各连锁店销售的商品，根据各地区收入和消费水平的不同，其价格也有所不同。总公司对价格差规定了上、下限，上限不能高于所在地区同行业同类商品的价格。

2）仓储型

美国福来明公司的食品配送中心是典型的仓储型配送中心，主要任务是接受美国独立杂货商联盟加州总部的委托，负责为该联盟在该地区的350家加盟店配送商品。该配送中心建筑面积为7万平方米，经营8.9万个品种，其中有1 200种是美国独立杂货商联盟开发的，必须集中配送。在服务对象店经营的商品中，有70%左右的商品由该中心集中配送，一般鲜活商品和怕碰撞的商品，如牛奶、面包、炸土豆片、瓶装饮料和啤酒等，从当地厂家直接进货到店。蔬菜等商品从当地的批发市场直接进货。

2. 配送中心的运作经验

美国配送中心的库内布局及管理井井有条，使繁忙的业务互不影响，其主要经验如下。

以托盘为主，4组集装箱使用一个货架。

商品的堆放分为储存商品和配送商品。一般根据商品的生产日期、进货日期和保质期采取"先进先出"的原则，即在存货架上层存放后进的储存商品，在存货架下层存放待出库的配送商品。

因为品种配货是数量多的整箱货，所以用叉车配货；因为店配货是细分货，小到几双一包的袜子，所以使用传送带配货。

轻量、体积大的商品（如卫生纸等）用叉车配货；重量大、体积小的商品用传送带配货。

设立特殊商品存放区，如少量高价值的药品、滋补品等，为防止丢失用铁丝网圈起，并标明无关人员不得入内。

【案例分析问题】

（1）配送中心的设立能为企业物流带来哪些方面的便利？

（2）配送中心是如何缩短物流时间的？

【案例分析6-3】

东港机械厂是一家多品种小批量生产的国有小型企业，在改革开放的形势下，企业原有的运作方式受到了极大冲击，企业员工议论纷纷："大鱼吃小鱼，小鱼吃虾米，迟早我们企业会被吃掉。"人心浮动，干劲不足，思"跳"可谓人心所向。产品市场怎样呢？该厂是为下游厂家生产专用零件的，由于长期的合作关系，达成了一种默契，迄今为止，下游厂家还没有试图更换合作伙伴的意向。在某种意义上，按订货生产的方式显得不尽完善，因为潜在的市场需求往往从订货单上不易被发现，通过市场预测，胡厂长决定一部分按订货要求生产，另一部分则按潜在的市场需求生产，以备不时之需。因此就需要储备一些紧俏的原材料。原材料要储备，产品也要储备，这就使原有的仓储条件显得格格不入了，在全厂大会上胡厂长指出："全体员工必须振奋起来，努力工作，如果企业效益上来了，职工也一定会获得收益。不能因为对未来企业发展的预期感到茫然就使企业发展处于停顿状态，我们应积极努力去寻找、开拓新的产品市场，并将现有产品与服务不断完善。因此需要改善生产条件，完善仓储设施……"胡厂长的话还没有说完，就有人插话："现在能应付一天是一天，一旦新建了仓库，随之又被大企业兼并，岂不徒劳无益！"胡厂长说："经济形势的发展给每个企业都会带来影响，不能因此而消极地持观望态度，坐以待毙。办企业也如逆水行舟，该是力争上游！好，现在我说具体些，根据我们的生产经营特点和职能科室提供的资料，增设仓库已是当务之急，问题的关键是要确定是自建还是租用仓库。"

这两个方面的详细情况是：租赁仓库，每年租金20万元，其中含有维修费，租期10年；自建仓库，初始投资100万元，先建小仓库，4年后增加投资50万元，扩建仓库，前4年每年维护费用为1万元，后6年每年2万元，10年后残值为40万元，年利率为6%。

【案例分析问题】

请问，如果你是厂长，应如何决策？是租赁还是自建？

第七章　工业企业的财务管理

学习目标

【知识目标】
1. 熟悉财务管理的任务、目标和内容；掌握财务管理的法规制度；
2. 熟悉筹资的渠道和方式；掌握资金成本的概念及资金成本的计算方法；
3. 了解投资的概念及其分类；熟悉投资方案的审核与评价方法；
4. 熟悉流动资产管理与固定资产管理的内容；
5. 掌握常用的财务分析方法。

【能力目标】
1. 能够对企业的财务和资产进行初步管理；
2. 能够对企业的财务状况进行评估和分析，能够看懂财务报告。

财务，简单地说是指有关社会财产方面的事务。企业财务是企业再生产过程中资金运动及其所体现的关系。

企业的财务管理主要是指企业的理财行为，是指企业组织财务活动、处理与各方面财务关系的一系列经济管理活动。企业的财务管理是基于企业再生产过程中客观存在的财务活动和财务关系而产生的。

财务管理是企业管理的重要组成部分，它对于确保企业生存和稳定、改善经营管理、提高经济效益起着关键作用。在企业的发展过程中，无论是战略决策，还是筹资决策、投资决策、市场营销决策、人力资源管理决策，几乎都与财务管理有关。

案例导读

【案例7-1】目标成本管理见效益

成本，是考核企业经济效益的一项综合性指标。许多企业进行成本核算往往是在各项开支之后算个总账，故有人戏称为"死后验尸"，这样做对成本的高低根本无法控制。实行成本目标管理，就可以做到事先控制，是提高企业经济效益的有力措施。某仪表公司自1999年实行成本目标管理以来，对企业的计划、生产和销售的全过程实行全员性的成本控制，收到了较好的效果。

该公司实行目标成本管理的具体做法是：

从分析产品成本入手，确定成本目标。最近几年，市场发生了较大变化，部分原材料提价而仪表连续降价，致使企业经济效益受到严重影响。在这种严峻的挑战面前，该公司并不怨天尤人，而是眼睛向内，挖掘潜力，降低成本。基于这种认识，公司将ABCD2000仪表这一重点产品作为目标成本管理的控制对象，让财务人员到生产一线了解生产经营活动的情况。通过调查研究，发现4个问题：工时定额偏低；材料工艺定额不合理，材料利用率不高；外协件价格偏高；部分材料和在制品储备量过大，资金占用较多。该公司在摸清了底细之后，再与全国同行业的先进企业进行比较，经过反复测算，提出了降低单位成本、确定成本目标的具体措施。

从基础工作做起，补充修订定额，实行两级核算。制定目标成本之后，公司从基础工作做起，补充修订了工时定额、材料消耗定额和黄金费用定额。在物资管理上，建立完整的材料领用制度和回收制度，实行限额发料和新编材料消耗定额；在资金管理上，着眼于提高资金的使用效果时间价值，健全各项费用的管理制度，对办公费、交通费等制定费用定额，并且按部门、车间下达资金、费用、成本考核指标，实行两级核算。

分解指标，推行经济责任制。在推行目标成本管理时，这个公司把目标成本与经济责任制挂钩，把产品成本升降与职工个人的物质利益联系起来，调动了各部门和职工群众的积极性，使目标成本管理变成了全公司职工的自觉行动，造成了对产品成本形成的各个环节实行严格控制的好局面。

该公司实行目标成本管理一年之后，情况就发生了很大的变化。1999年比1998年可比产品成本下降9.6%，其中ABCD2000仪表单位成本由190.3元降至169.4元，下降了11%。1999年7月又降至156.9元，比1998年同期下降了8.2%，比行业平均成本189.7元低了16%。由于成本降低，企业盈利显著提高，按可比口径计算，1999年1~7月比前年同期增长了1.4倍。

【案例7-2】集合有限公司的财务管理

集合有限公司是一家生产和销售罐装和冷冻蔬菜水果，以及冷冻的果味浓缩饮料的中型厂商，它的产品主要提供给零售业、餐饮业和一些工业市场。公司还根据客户的要求，为其生产一些冻、干类食品。

在竞争日益激烈的市场上，由于连续几年出现亏损，公司的财务状况很不乐观。为了减少债务并使主营业务得以改善，公司卖掉了一些分支机构和财产。

集合有限公司在经营过程中遇到了一些困难，针对这些困难和问题，公司要求会计人员根据新的情况重新编制财务预测报表，同时准备迎接外部专业人员对公司报表进行的审计。

审计人员在审计过程中，可能会碰到一些影响企业持续经营能力的情况。下面是一些可能会显示企业潜在问题或危及企业持续经营能力的情况。

连续经营亏损；

营运资本严重不足；

没有能力获得足够的资金以使经营继续下去；

没有能力满足现有贷款协议的要求；

有可能出现一个或更多的不利因素或有负债；

资金不足以偿还债务；

计划大范围地削减或清算业务；

出现迫使一个有偿债能力的企业停止经营的外部因素。

有时企业中会同时发生以上几种情况，审计人员必须评价每种情况存在的环境，以确定出现的问题会在多大程度上影响企业资产的变现能力和企业的持续经营能力。

为了改善财务状况，集合有限公司进行了针对性的分析研究，并且在生产和经营过程中非常注意其成本的控制。因为竞争非常激烈，所以为了赢得市场和顾客，就必须在产品的功能和外观包装上下一定的工夫。此外，近年来广告费用也在大幅上涨，如果再不控制成本费用，公司的经营就很可能会陷入更大的麻烦。

为此，公司专门要求财务部门抽调人员成立小组，分析并确定影响成本的因素。然后根据分析的信息，建立其相对固定的成本模式。因为集合有限公司是一个生产型的企业，所以其成本主要包括3方面的内容：直接成本（可变成本）、间接成本（部分可变成本）和管理费用（固定成本）。

通过财务部门的认真分析和艰苦努力，经过不到一年的时间，集合公司终于摆脱了困境。

第一节　财务管理概述

一、财务管理的任务和原则

1. 财务管理的任务

企业的生产经营活动离不开资金的筹集、使用和分配。企业财务管理活动的最基本的目的，就是利用商品的价值形式以提高经济效益为中心，对企业的资金运动及其所引起的经济关系进行综合性管理，保证企业所筹集的资金得到最有效的使用，并取得最佳的资金使用效果和经济效益。具体地讲，工业企业财务管理的主要任务有以下几点。

1）正确管理财务收支活动

财务收支管理是企业财务管理最基本的工作。只有做好财务收支管理，才能有效地调度资金，保证生产经营的需要，并处理好企业与各方面的财务关系。财务收支管理应建立在科学、合理的基础上，事先要进行预算和计划；事中要进行控制和核算；事后要及时分析和考核。

2）依法合理筹集资金

企业要进行生产经营活动，首先必须要拥有一定数量的资金。合理筹集资金是工业企业财务管理的首要任务，也是企业开展生产经营活动的前提条件。企业根据生产任务，运用科学的方法确定开展正常生产经营活动的资金需要量，然后确定合理的筹资渠道。企业在开展筹资活动前，必须从不同角度进行分析研究，选择最适合本企业生产需要、资金成本低、资金风险小而收益较大的筹资方案进行筹资。

3）有效利用企业各项资产

企业必须管好、用好各项资产，把有限的资金用于最关键的地方。工业企业财务管理的目标包含两个方面：一方面，使企业的固定资产、流动资产、无形资产等有一个合理的比例，以保证企业资金的优化配置；另一方面，要根据企业发展变化的实际情况，适当调整企业资产的结构，使企业资产始终保持良好的运行状态。

4）努力提高经济效益

企业的资金运用效果越好，说明资金周转的速度越快，生产、销售的产品越多，获得的经济效益也就越高。因此，加强企业财务管理，充分利用企业现有的人力、物力和财力，管好、用活资金，少投入、多产出，挖掘潜力，降低成本，是提高企业经济效益、保证企业生存和发展的根本问题。

5）认真实行财务监督

企业各项经营活动都必须借助财务收支，而财务收支必须依照财经纪律进行，不能违背制度任意开支。财务管理就要求对财务收支进行监督，保证企业能在国家方针政策和财经纪律允许的范围内从事生产经营活动，杜绝一切违反财务制度、财经法律法规的行为，保证国家、投资者、企业和企业职工的利益不受侵害。

2. 财务管理的原则

财务管理原则是企业从事财务活动、处理财务关系必须遵循的准则。它是企业理财活动的行为规范，体现了企业理财活动的内在要求。工业企业财务管理主要应坚持以下原则。

1）价值最大化原则

企业必须遵循资金运动规律，通过一系列方法，对资金运动进行科学的统筹安排，努力使企业资产得以高效运行，以实现所有者权益价值的最大化。

2）盈利风险均衡原则

风险是指在特定条件下和特定时间内，那些未来可能发生的实际结果与目前预测结果之间的差异。在市场经济条件下，企业理财面临着许多不确定因素，企业要获得更大的利益，往往需要承担更大的风险。企业在生产经营活动中，必须掌握各种财务信息，认真分析各种不确定的因素，兼顾和权衡盈利与风险两个方面，做出正确和有利的决策，做到趋利避险。

3）资金配置合理原则

企业的资源是有限的，企业理财必须正确处理现时营运需要与未来发展需要的关系，正确设定理财目标，合理配置资金，使资金结构的比例关系最优化。

4）收支平衡原则

所谓收支平衡，是指在理财活动中不仅要保持各项资金存量的平衡，协调各种资金流量的平衡，还要利用资金增量来盘活资金存量，促进资金的积极平衡。在资金运动中，资金循环是从资金支出开始到资金收回终结的。收支平衡，资金循环与周转才能正常进行。因此，搞好收支平衡是企业资金运动正常进行的保证。

5）成本效益原则

以较少的成本支出获得最大的经济效益，这是企业经营的目标。企业在生产经营过程中，必须进行成本效益分析，在规避风险的情况下，努力提高资金的使用效率，运用科学的理财方法，巧妙地运作资金，以达到最佳的资金使用效果。

6）利益关系协调原则

企业不仅要管理好财务活动，还要处理好财务活动所体现的财务关系，如企业与国家、所有者、债权人、债务人及职工等的财务关系，这些关系从根本上讲都是经济利益关系。企业只有维护好各方面的合法权益，合理、公平地分配收益，才能营造一个良好的经营环境，企业才能持续、稳定、健康地向前发展。

二、财务管理的目标和内容

1. 财务管理的目标

财务管理目标是指企业进行财务活动所要达到的目的，它决定着企业财务管理的基本方向。根据现代化企业财务管理理论和实践，最具有代表性的财务管理目标主要有以下几点。

1）利润最大化

利润最大化目标是以企业在预定时间内实现最大利润作为财务管理的最终目的。以此作为财务管理的目标有利于企业经济效益的提高。

2）资本利润率最大化或每股利润最大化

资本利润率是净利润与资本的比率。每股利润是净利润与普通股股数的比值。这一目标要求企业提高创造的利润与投入资本的比例。

3）企业价值最大化

企业价值最大化是指通过企业的合理经营，使企业的价值达到最大。企业价值不是账面资产的总价值，而是企业全部财产的市场价值，它反映了企业潜在或预期的获利能力。

企业价值最大化目标，不仅反映了财务管理的目标，还反映了整个社会的经济利益，因此成为现代财务管理的最优目标。

2. 财务管理的内容

财务管理的对象是企业的资金运动，企业财务管理的内容也就是企业资金运动的内容。企业要想从事生产经营活动，首先需要筹集一定数量的资金，用来进行产品生产，在生产过程中的资金耗费构成生产费用和成本管理；产品出售收回货币资金，构成资金管理；企业将产品销售收入抵补生产费用和缴纳税金后所获得的利润，构成利润管理。企业经营活动如此循环下去，便形成了企业资金的循环和周转。因此财务管理的内容反映了企业资金的运动及循环过程，包括筹资管理、投资管理、资金的回收与分配管理等内容。

1）筹资管理

筹资管理是指企业为了满足投资和用资的需要，筹措和集中资金的过程。它是企业资金运动的起点，也是企业进行生产经营活动的前提。筹资管理需解决的主要问题有：

（1）确定筹资总额，以保证投资所需的资金；

（2）选择合适的筹资渠道和筹资方式，确定合理的筹资结构从而降低资金成本和筹资风险。

2）投资管理

投资管理就是对资金投入和使用的管理，也可以说是用资管理。企业筹集资金的直接目的是投资。企业投资可分为对内投资和对外投资。对内投资是对企业内部投放资金，购置各种生产经营用资产的投资，如流动资产投资、固定资产投资、无形资产投资和递延资产投资等；对外投资是对企业外部其他单位投放资金，出资方式包括现金、实物、无形资产或购买有价证券等。投资管理的关键是：

（1）确定合适的投资规模，以保证获得最佳的投资效益；

（2）选择合适的投资方向和投资方式，确定合理的投资结构，提高投资效益，降低投资风险。

3）资金的回收与分配管理

当企业完成生产和销售后，必然会取得各种收入。企业的收入首先用于弥补生产耗费，缴纳流转税费，剩余部分为营业利润。营业利润和对外投资净收益及其他净收入构成利润总额。利润总额先按国家规定缴纳所得税，然后提取公积金和公益金。公积金用于扩大积累和弥补亏损，公益金用于职工集体福利设施。其余利润将作为投资收益分配给投资者。企业必须在国家分配政策的指导下，合理确定分配的规模和分配的方式，使企业的长期利益最大化，促使企业再生产和经营活动健康发展。

此外，随着改革开放的不断深入，企业的外汇收支业务越来越频繁，企业必须合理组织结汇和用汇管理，分析和预测外汇汇率的增减变动趋势，避免外汇的折算和交易风险，力求企业的外汇收支平衡，这也是企业财务管理的内容。

4）接受核资评估

企业在生产经营过程中，不可避免地要涉及清产核资和资产评估的问题，企业应根据清产核资和资产评估的结果来分析、评价企业的资产利用状况，并采取相应的措施，完善企业的资产管理。

三、财务管理的环节和法规制度

1. 财务管理的环节

财务管理的环节是指财务管理工作的各阶段与工作程序。财务管理一般由财务预测、财务决策与计划、财务控制、财务分析等环节组成。

1）财务预测

财务预测是根据财务活动的历史资料，考虑现实的要求和条件，对企业未来的财务活动和财务成果做出科学的预计和测算。财务预测的主要任务是为企业财务决策提供可靠的依据。

2）财务决策与计划

财务决策是指在财务预测的基础上，对提出的各种可行方案进行分析与评价，从而选择最优方案的过程。

财务计划是指运用科学的技术手段和数学方法，对财务目标进行具体的规划。财务计划是财务预测和财务决策的具体化，是财务控制的依据。财务计划主要包括资金筹集计划、固定资产投资和折旧计划、流动资金占用和周转计划、对外投资计划、收入和利润分配计划等。

3）财务控制

财务控制是指在企业生产经营过程中，依据财务计划任务和各项定额，对资金的收入、支出、占用耗费等进行监督和检查，以确保财务计划指标的实现。

4）财务分析

财务分析是以核算资料为基础，运用特定的方法对企业财务活动过程及其结果进行分析和研究，评价计划完成情况，分析影响完成计划的有关因素，并提出改进措施。

2. 财务管理的法规制度

财务管理的法规制度，是规范企业的财务行为，协调企业与各方面财务关系的法定文件。我国企业财务管理的法规制度体系主要有3个层次。

1) 企业财务通则

企业财务通则是整个财务制度体系的最高层次,是企业进行财务活动必须遵循的基本原则和规范。

2) 行业财务制度

行业财务制度是在企业财务通则的基础上,根据各行业的特点和管理要求制定的适用于不同行业的财务制度。目前财政部已制定了工业、运输、邮电、通信、农业、商品流通、金融保险、旅游和饮食服务、施工和房地产开发、电影和新闻出版、对外经济合作等十几个行业的财务制度。

3) 企业内部财务管理办法

企业根据内部财务管理的需要,按照企业财务通则和行业财务制度的规定,制定企业内部财务管理办法,如内部控制、内部结算、存货、费用、利润、对外投资等方面的管理制度。

第二节 筹资管理

一、筹资管理概述

1. 筹资的概念

筹资是指企业根据其生产经营、对外投资及调整资金结构等活动对资金的需要,通过一定的筹资渠道和适当的筹资方式获得所需资金的一种行为。

2. 筹资的要求

筹资的基本要求是强调资金筹集的综合经济效益。具体要求如下:

(1) 合理确定资金需求量,资金筹集和投放相结合;

(2) 认真选择筹资渠道和方式,力求降低资金成本;

(3) 妥善安排资金结构,适当运用负债经营;

(4) 遵守国家的有关方针、政策和规章制度,维护各方经济利益。

二、筹资的渠道与方式

1. 筹资渠道

筹资渠道是指企业筹措资金来源的方向与通道。目前,我国企业筹集资金的渠道主要有:

1) 国家财政资金

国家财政资金是指企业按照其隶属关系报批的基本建设可取得的国家投入的财政拨款。

2) 金融信贷资金

金融信贷资金是指企业通过向专业银行报批立项的基本建设投资贷款、流动资金贷款及其他形式的贷款取得的资金;或者通过非银行金融机构,包括向各种信用机构、投资公司、租赁公司、保险公司等取得的短期贷款或借款。

3) 城乡居民手中的闲置资金

城乡居民手中的闲置资金是指企业向内部职工或向社会投资者直接募集其手中暂时闲置的资金获得的资金。

4) 国外资金

国外资金是指企业通过各种途径从国外取得的资金。

5) 其他企业或单位资金

其他企业或单位资金是指与其他企业横向联合经营、联合投资,相互融资获得的资金。

6) 企业内部资金

企业内部资金是指企业利用税后利润建立的生产发展资金、新产品试制基金和设备基金等。

2. 筹资方式

筹资方式是指企业筹措资金所采取的具体形式。我国企业目前的筹资方式主要有下列几种。

1）吸收直接投资

吸收直接投资是指企业以协议方式吸收国家、其他企业、个人和外商等直接投入的资金，形成企业资本的筹资方式。

2）发行股票

发行股票是指企业通过金融机构批准，发行各种股票从社会获得资金的筹资方式。

3）企业内部公积金

企业内部公积金是指将企业利用自身在税后利润中提取的盈余公积金作为发展资金。

4）发行债券

发行债券是指公司发行用于记载和反映债权债务关系的有价证券。

5）银行信用

银行信用是指企业根据借款合同从有关银行或非银行金融机构借入所需的还本付息的款项。

6）商业信用

商业信用是指企业在商品交易活动中通过延期付款或预收货款获得的借贷资金。

7）融资租赁

融资租赁是指公司向出租人按期支付租金作为报酬的融资经济行为。

筹资渠道解决的是资金的来源问题，筹资方式则解决通过何种方式取得资金的问题。一定的筹资方式可能只适用于某一特定的渠道，但是同一渠道的资金往往可采用不同的方式去取得。在上述的7种筹资方式中，前3种方式筹集的资金为权益资金；后3种方式筹集的资金为负债资金。

三、资金成本与资金结构优化

1. 资金成本的概念

资金成本是指企业为筹集和使用资金而付出的代价，主要包括资金筹集费用和资金占用费用两部分。资金筹集费用是指企业在筹措资金过程中为获取资金而支付的费用，如向银行借款支付的手续费，发行股票、债券而支付的发行费用等；资金占用费用是指企业在生产经营、投资过程中因使用资金而支付的费用，如向股东支付的股利、向债权人支付的利息等。

资金成本是企业选择筹资渠道和筹资方式的重要依据，也是企业评价投资项目可行性的主要经济指标，资金成本对企业财务决策具有决定性的影响。

2. 资金成本的计算

资金成本通常以相对数，即资金成本率表示。资金成本率是企业年资金占用费用与筹集资金的净额的比率。其计算公式为：

$$资金成本率 = \frac{年资金占用费用}{(筹资总额-筹资费用)} \times 100\% \tag{7-1}$$

也可表示为：

$$资金成本率 = \frac{年资金占用费用}{筹资总额 \times (1-筹资费用率)} \times 100\% \tag{7-2}$$

在不同的筹资方式下，其资金使用费的内容不同，因此应分项计算各种筹资方式的资金成本率。下面介绍几种资金成本率的计算方法。

1）长期借款成本

长期借款成本包括借款利息和借款手续费。由于借款利息计入税前成本费用，可以起到抵税作用，因此其成本率的计算公式为：

$$长期借款成本率 = \frac{借款利息率 \times (1-所得税率)}{长期借款总额 \times (1-筹资费用率)} \times 100\% \quad (7\text{-}3)$$

也可表示为:

$$长期借款成本率 = \frac{借款利息率 \times (1-所得税率)}{(1-筹资费用率)} \times 100\% \quad (7\text{-}4)$$

2) 债券成本

债券成本主要是指债券利息和筹资费用。因为债券利息也在税前计入成本费用,所以债券成本率的计算与长期借款成本率的计算公式相似。但债券的筹资费用一般比较高,债券成本率的计算公式为:

$$债券成本率 = \frac{债券利息率 \times (1-所得税率)}{债券筹资额 \times (1-筹资费用率)} \times 100\% \quad (7\text{-}5)$$

【例7-1】 某公司发行总面值为1 000万元3年期债券,债券利息率为10%,筹资费用率为3%,公司所得税率为33%。则该项债券成本率为:

$$\frac{1\,000 \times 10\% \times (1-33\%)}{1\,000 \times (1-3\%)} \times 100\% = 6.91\%$$

3) 优先股成本

企业发行优先股,既要支付筹资费用,又要定期支付股利。它与债券不同的是股利在税后支付,且没有固定到期日。优先股成本率的计算公式为:

$$优先股成本率 = \frac{优先股股利}{优先股筹资额 \times (1-筹资费用率)} \times 100\% \quad (7\text{-}6)$$

4) 普通股成本

普通股成本一般包括股票发行费和向股东分派的股利。而股利是在税后支付的,不能抵减所得税。普通股股利通常是逐年增长的,计算公式为:

$$普通股成本率 = \frac{普通股股金总额 \times 第一年股利率}{普通股股金总额 \times (1-筹资费用率)} \times 预计股利增长率 \quad (7\text{-}7)$$

5) 留存收益成本

企业留存收益,等于股东对企业进行追加投资,其资金成本的计算与普通股相似,但没有发生筹资费用。

【例7-2】 某企业留存收益100元,股利率10%,预计每年按2%递增。则留存收益成本为:

$$\frac{100 \times 10\%}{100 \times 100\%} + 2\% = 12\%$$

3. 加权平均资金成本

企业从不同渠道取得的资金其筹资成本是不一样的,因此需要计算综合资金成本。由于这种综合资金成本是以各种资金所占的比重为权数计算的,故称为加权平均资金成本。其计算公式为:

$$加权平均资金成本率 = \sum(某种资金来源占全部资金的比重 \times 某种资金来源的资金成本率) \quad (7\text{-}8)$$

4. 资金结构的优化

资金结构是指在企业的全部资金中,各种资金来源的构成比例。不同的资金结构会给企业带来不同的资金成本和风险,企业在筹资时必须认真研究并合理确定资金结构,这是企业筹资决策的核心问题。

资金结构优化,就是选择能使企业加权平均资金成本最低的资金结构。在实际工作中要选择最优的资金结构是比较困难的,只能在各个可行方案中,选择加权平均资金成本最低的方案为最优方案。

【例7-3】 方正公司拟筹资1 000万元,有3个筹资方案可供选择,有关资料如表7-1所示。

表 7-1　方正公司拟筹资方案　　　　　　　　　　　　　　　　　金额单位：万元

筹资方式	甲方案		乙方案		丙方案	
	筹资额	资金成本率/%	筹资额	资金成本率/%	筹资额	资金成本率/%
长期借款	50	7	200	7.5	100	7.3
债券	150	8	150	8	200	8.5
优先股	100	12	50	12	300	12
普通股	700	14	600	14	400	14
合　计	1 000		1 000		1 000	

计算各方案的加权平均资金成本：

甲方案：$50/1\,000 \times 7\% + 150/1\,000 \times 8\% + 100/1\,000 \times 12\% + 700/1\,000 \times 14\%$
　　　　$= 5\% \times 7\% + 15\% \times 8\% + 10\% \times 12\% + 70\% \times 14\% = 12.55\%$

乙方案：$200/1\,000 \times 7.5\% + 150/1\,000 \times 8\% + 50/1\,000 \times 12\% + 600/1\,000 \times 14\%$
　　　　$= 20\% \times 7.5\% + 15\% \times 8\% + 5\% \times 12\% + 60\% \times 14\% = 11.7\%$

丙方案：$100/1\,000 \times 7.3\% + 200/1\,000 \times 8.5\% + 300/1\,000 \times 12\% + 400/1\,000 \times 14\%$
　　　　$= 11.63\%$

以上 3 个筹资方案中，丙方案的加权平均资金成本率最低，在其他因素大体相同的条件下，丙方案为最优的筹资方案，其资金结构为最优的资金结构。

资金结构优化是财务决策中一项比较复杂的内容。上述方法只考虑资金成本而没有考虑企业财务目标、市场价值、财务风险等因素，因此，企业进行资金结构决策时，要权衡利弊，综合考虑，最终选择合理的筹资方案。

第三节　投资管理

一、投资管理概述

1. 投资的概念

投资是指企业投放财力于一定对象，以期望在未来获取收益的经济行为。正确的投资决策，对提高企业经济效益、增强企业活力，对企业生存和发展都具有十分重要的作用。

2. 投资的分类

投资可以从不同的角度进行分类，主要分类方式有：

1）按投资时间的长短可分为短期投资和长期投资

短期投资一般是指在一年以内能够并且准备回收的投资。

长期投资是指一年以上才能收回的投资，如对厂房、机器设备、无形资产、长期有价证券等的投资。由于长期投资中固定资产投资的比重较大，故长期投资有时专指固定资产投资。

（2）按投资企业与生产经营的关系可分为直接投资和间接投资

直接投资是将企业资金直接投放到生产经营性资产上获取直接经营性利润，在非金融类企业中，直接投资占总投资的比重较大。

间接投资是指企业把资金投放于证券等金融性资产上，以便取得股息或利息收入的投资。

3）按投资范围可分为对内投资和对外投资

对内投资是指企业把资金投放于企业内部，形成或购置生产经营用资产的投资。

对外投资是指企业以现金、实物、无形资产等方式或以购买股票、债券等有价证券方式向其他企业进行的投资。

对内投资都是直接投资，对外投资主要是间接投资，也有直接投资。

4）按投资内容的不同可分为项目投资、证券投资和其他投资

项目投资是指以特定项目为对象，直接与新建项目或更新改造项目有关的长期投资行为。

证券投资是指企业购买股票、债券等金融性资产，以期获取收益或其他权益的投资行为。

3. 投资的目的

投资的目的总的来说就是提高企业的价值，获取投资收益。具体体现在以下几个方面。

（1）提高企业收益。投资是企业增加利润的必要手段。

（2）降低企业经营风险。企业的对内和对外投资使企业资产分散化、投资多样化、经营多样化，从而降低企业风险。

（3）加快企业发展的速度。企业通过并购能实现快速扩张，且花费少，见效快。

4. 投资管理的程序

投资管理的程序通常包括以下几个步骤。

1）提出投资方案

大型的投资方案一般由生产、市场、财务、基建等方面的专家组成的专门小组提出。小型投资方案可由主管部门组织人员拟定。

2）评价投资方案

投资方案的评价，一般由财务经理会同有关部门进行，主要包括以下内容。

（1）审核投资方案是否综合生产经营的需要。

（2）确认投资项目的经济可行性。

（3）分析评价投资风险及其防范措施。

（4）写出投资评价报告。

3）投资方案的决策

投资方案评价后，企业领导者要做最后的决策。投资额较小的项目，有时中层经理就有决策权；投资额较大的项目一般由总经理决策，投资额特大的项目要由董事会甚至股东大会投票表决。

4）执行投资方案

投资方案决策后，要按计划筹措资金，实施投资。在投资项目的执行中要对工程进度、工程质量、施工成本进行严格控制，以确保投资按预算规定、按质、按时完成。

5）投资方案的再评价

投资方案在执行的过程中，一旦出现新的情况，应及时根据变化的情况做出新的评价。若遇到不完善的地方，则应及时提出修改意见，做出补救措施；已不适用的方案应停止执行，以避免更大的损失。

二、投资方案的审核与评价

为确保投资方案的可行性和获得较高的投资收益，投资企业必须依据科学的方法，对投资方案或投资项目进行审核的评价。投资方案的审核，是指投资者对投资方案实施前所进行的一系列考察、预测和分析活动，任何一项投资方案必须经过企业财务部门事先审核，并报企业领导机构批准后方可实施。

投资方案的审核与评价需考虑多方面的因素，如国家的产业政策、市场发展前景、技术的先进程度、企业效益和社会效益及资金的支持情况等，但最终体现在财务评价上。而项目投资财务决策评价的基本前提和主要依据是资金的时间价值及投资项目产生的现金流量。

1. 资金的时间价值概述

1）资金的时间价值的概念

资金的时间价值是指资金作为资产的货币形式，在扩大再生产及其循环周转过程中，随着时间的推移而产生的资金增值或经济效益，即一定量的资金在不同的时间节点有不同的经济价值特性，具体体现在资金的利息和资金的纯收益两个方面。众所周知，今天的一元钱和将来的一元钱不是等值的，前者要比后者的价值

大。如将 100 元存入银行，存款年利率为 10%，一年后本息为 110 元，这 10 元的增值为资金的时间价值。它是由资金的所有者让渡资金的使用权而使资金投入周转使用产生的。

2）资金的时间价值的计算

表现资金在不同时间的价值指标有终值和现值。终值就是资金将来的价值，指一定量的资金在未来某一时间节点的价值，包括本金和利息。现值是指未来某一时间节点一定量的资金折算为现在的价值。资金的时间价值通常以单利和复利计算。下面介绍几种常见的时间价值指标的计算。

（1）单利终值的计算（已知现值 P 求终值 F）。单利是指仅用原始本金来计算利息，不累计先期所获得的利息，即利息不再生利息的方法。计算公式为：

$$I = P \cdot n \cdot i \tag{7-9}$$

$$F = P(1 + n \cdot i) \tag{7-10}$$

式中，I——期末利息；

P——本金；

i——利率；

n——利息周期数；

F——本利和。

（2）复利终值的计算（已知现值 P 求终值 F）。复利是指本金生息，利息也生息的计息方式，俗称"利滚利"。复利终值是指一定量的货币在若干期后按复利计算的本利和。计算公式为：

$$F = P(1+i)^n \tag{7-11}$$

式中，$1+i$——复利终值系数，通常记为 $(F/P, i, n)$，可通过 1 元复利终值系数表直接查得。

【例 7-4】 设备投资经济分析。

某厂可供应您所需要的设备，价格有两种计算方法。

（1）售价 60 000 元，分期付款，但在购货时必须付现金 10 000 元，其余部分自第二年起每年年末偿还 10 000 元；

（2）售价为 50 000 元，但是在购货时需一次付清现金。

假设银行年利率为 7%，试问应当选择何种方案？

【解】 由于银行年利率为 7%，并没有说明是单利还是复利，因此需从现金方面计算。

1）单利法

（1）现金 50 000 元一次付清，折算成第六年年末的将来值为：

$$F = 50\,000 \times (1 + 0.07 \times 6) = 71\,000（元）$$

（2）第一年年初付现金 10 000 元，从第二年起每年年末付 10 000 元。现金流量图如下：

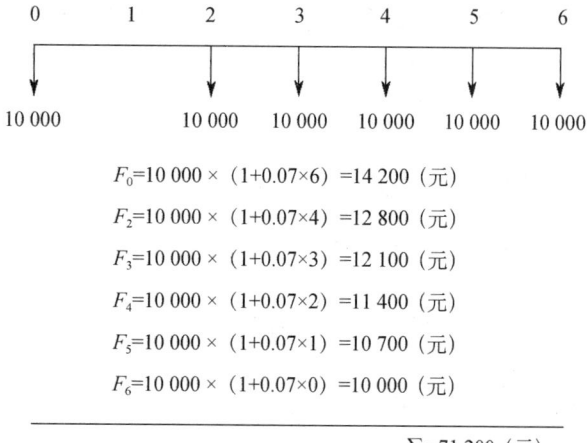

$F_0 = 10\,000 \times (1 + 0.07 \times 6) = 14\,200（元）$

$F_2 = 10\,000 \times (1 + 0.07 \times 4) = 12\,800（元）$

$F_3 = 10\,000 \times (1 + 0.07 \times 3) = 12\,100（元）$

$F_4 = 10\,000 \times (1 + 0.07 \times 2) = 11\,400（元）$

$F_5 = 10\,000 \times (1 + 0.07 \times 1) = 10\,700（元）$

$F_6 = 10\,000 \times (1 + 0.07 \times 0) = 10\,000（元）$

$\sum = 71\,200（元）$

2）复利法

（1）$F=50\,000\times(1+0.07)^6=75\,040$（元）

（2）$F_0=10\,000\times(1+0.07)^6=15\,010$（元）

$F_2=10\,000\times(1+0.07)^4=13\,110$（元）

$F_3=10\,000\times(1+0.07)^3=12\,250$（元）

$F_4=10\,000\times(1+0.07)^2=11\,450$（元）

$F_5=10\,000\times(1+0.07)^1=10\,700$（元）

$F_6=10\,000\times(1+0.07)^1=10\,000$（元）

$\sum=72\,520$（元）

由此可知，作为购买者，单利法应选方案（1），复利法应选方案（2）。

2. 现金流量概述

投资项目评价的首要环节是估算投资项目预期的现金流量。

1）现金流量的概念

现金流量是指投资项目在其计算期内各个时间节点发生的现金流入量和现金流出量的总称。

2）现金流量的内容

现金流量包括现金流出量、现金流入量和现金净流量3项内容。

（1）现金流出量。一个方案的现金流出量是指该方案引起的企业现金支出的增加额，主要包括建设投资、流动资金投资和其他现金流出。

（2）现金流入量。一个方案的现金流入量是指该方案引起的企业现金收入的增加额，包括营业现金流入、回收的固定资产残值、回收的流动资金、其他现金收入。

（3）现金净流量。现金净流量是指投资项目在计算期内每年现金流入量与同年现金流出量的差额。在实际工作中，一般根据投资项目计算期不同时间节点的现金流入量和现金流出量的具体内容，直接计算各个时间节点的现金净流量，可采用编制现金流量表的形式计算，也可以采用简化计算公式计算。

建设期某年的净现金流量＝该年发生的原始投资额

经营期某年净现金流量＝该年净利润+该年折旧+该年回收净残值

建设期内净现金流量一般为负值，经营期内净现金流量一般为正值。

3. 投资项目的评价方法

对投资项目的经济效益的评价，需用一定的分析指标进行判断。根据指标是否考虑资金时间价值，可分为折现指标和非折现指标。常用的折现指标有净现值、现值指标、内含报酬率，常用的非折现指标有静态投资回收期、投资利润率等。这些均为专业财务人员必须掌握的知识，在此不做介绍。

三、证券投资管理

1. 证券投资的概念和种类

证券投资是指企业把暂时或长期不准备用于项目投资的货币资金用于购买股票、债券等金融性资产，以期获取收获或其他收益的投资行为。

证券投资的种类直接取决于有价证券的种类。根据证券投资的对象，将证券投资分为债券投资、股票投资和组合投资3类。

1）债券投资

债券投资是指企业将资金投向各种债券，如购买国库券、公司债券和短期融资券等。债券投资属于债权投资，能获得稳定收益，投资风险较低。

2）股票投资

股票投资是指企业通过购买股票或股份的方式对外投资。股票投资属于权益性投资。企业投资于股票，尤其是普通股，要承担较大的风险，但通常情况下，收益也较高。

3）组合投资

组合投资也叫证券投资组合，是指企业将资金同时投资于多种证券，如购买国库券、企业债券、企业股票等。组合投资可以有效地分散投资风险。

2. 证券投资的目的

企业进行证券投资的目的主要有以下几个方面。

（1）充分利用闲置资金，获得投资收益。

（2）调剂资金余缺，预防财务风险。

（3）通过长期证券投资积累资金，获取长远经济利益。

（4）获得对相关企业的控制权。

3. 证券投资风险

进行证券投资，必然要承担一定的风险。只有在对证券投资的风险和收益率分析后才能做出决策。证券投资风险主要来源于以下几个方面。

1）违约风险

违约风险是指证券发行人无法按期支付利息或偿还本金的风险。

2）利息率风险

利息率风险是指由于利息率变动而引起证券价格波动而使投资者遭受损失的风险。一般来说，若银行利率上升，则证券价格下跌；反之则证券价格上升。

3）购买力风险

购买力风险是指因通货膨胀而使证券到期或出售时所获得的货币资金的购买力下降的风险。一般来说，普通股票被认为比公司债券和其他有固定收益的证券能更好地避免购买力风险。

4）流动性风险

流动性风险是指投资者想出售有价证券获取现金时，证券不能以合理价格立即出售的风险。一般来说，国库券比企业债券的流动性风险小。

5）期限性风险

期限性风险是指因证券期限长而给投资者带来的风险。一项投资期限越长，投资者遭受的不确定性因素就越多，承担的风险越大。

企业在进行具体投资决策时，除了需要衡量风险和收益率，还要考虑以下因素。

（1）国民经济形势分析，包括国民生产总值分析、通货膨胀分析、利率分析。

（2）行业分析，包括行业的市场类型分析和行业的生命周期分析。

（3）企业经营管理情况分析，包括企业竞争能力分析、企业盈利能力分析、企业营运能力分析、企业创新能力分析、企业偿债能力分析。

第四节　资产管理

一、流动资产管理

流动资产是指可以在一年或超过一年的一个营业周期内变现或运用的资产，主要包括现金、短期投资、应收及预付账款、存货等。

流动资产具有周转速度快、变现能力强且在生产过程中不断改变其资金占用形态从而增值等特点。流动资产管理的目的是在保证生产经营所需资金的前提下,尽量减少资金占用,提高资金的周转速度及闲置资金的获利能力。

1. 现金管理

现金是流动性最强的资产,包括库存现金、银行存款、银行本票、银行汇票等。现金管理的目的是保证生产经营所需现金,将闲置资金减少到最低限度。

现金属于非营利性资产,在企业中主要作为支持手段。现金持有过多,会降低企业的整体盈利水平;现金持有不足,则可能会影响企业的生产经营,加大企业的财务风险。确定最佳现金持有量的方法有很多,这里只介绍现金周转模式和存货模式。

(1) 现金周转模式。现金周转模式主要是根据现金周转期来确定最佳现金持有量的一种方法。现金周转是指从现金投入生产经营开始到最终重新转化为现金所花费的时间。计算公式如下:

$$现金周转期 = 存货周转期 + 应收账款周转期 - 应付账款周转期 \tag{7-12}$$

$$最佳现金持有量 = 预计全年现金需求总额 \div 360 \times 现金周转期 \tag{7-13}$$

(2) 存货模式。存货模式是借鉴存货的经济批量模型,最早由美国财务学家鲍莫提出,因此又称为鲍莫模式。该模式是力求使持有现金的机会成本与现金转换为有价证券的交易成本之和最低。其基本计算公式有:

$$机会成本 = \frac{KQ}{2} \tag{7-14}$$

$$交易成本 = \frac{FT}{Q} \tag{7-15}$$

$$总成本 = 机会成本 + 交易成本 = \frac{KQ}{2} + \frac{FT}{Q} \tag{7-16}$$

要使总成本最小,则总成本的导数应为零,因此,最佳现金持有量为:

$$Q = \sqrt{2TF/K} \tag{7-17}$$

式中,Q——最佳现金持有量;

T——一定时期内现金需求量;

F——有价证券转换为现金的交易成本;

K——有价证券利息率。

【例 7-5】 某企业预计全年现金需求量为 100 000 元,现金与有价证券的转换成本为每次 200 元,有价证券的利息为 10%。则:

$$最佳现金持有量 Q = \sqrt{2TF/K} = \sqrt{2 \times 100\,000 \times 200 / 0.1} = 20\,000 元$$

2. 现金的日常管理

现金的日常管理通常有如下工作。

(1) 编制现金预算(财务收支计划),做好企业的资金平衡和调度工作。

编制现金预算最常用的方法有"收支法",其编制程序是:先全面核算企业现金的流入量和流出量;再确定不足或多余部分的处理办法。

(2) 现金收支应严格遵守国家有关规定,并建立、健全现金及各种存款的内部控制制度。

(3) 根据业务需要正确核定库存现金限额,超限额部分必须在当天或次日上午解交银行,以保证现金的安全。

(4) 加快收款的速度,提高现金的使用效率。如采取现金折扣的办法,以加速现金回收;同时应采取各种方法,做到:

减少用户付款的邮寄时间;

减少收到支票的兑现时间;

加速资金存入本企业的往来账户；

按现金预算，在合理、合法的前提下控制现金支出，尽可能延缓现金支出的时间，如采用承兑汇票等付款方式。

3. 应收账款管理

应收账款是指企业因赊销产品或提供劳务应收而未收回的款项。应收账款的功能主要有：促进销售，减少存货，然而过多的应收账款会增加企业成本，扩大风险，必须加强管理做好企业的应收账款管理。

1）信用政策的确定

信用政策是企业财务政策的一个重要组成部分。企业信用政策主要包括信用标准、信用条件和收款政策 3 部分内容。

（1）信用标准。指企业对客户信用要求的最低标准。信用标准作为是否向客户提供信用的依据。信用标准过高，应收账款的机会成本较低，但销售量受到限制；相反，信用标准过低，企业虽然销售量扩大，但会因客户信用水平低而加大财务风险。因此必须同时考虑收入和风险两种因素，制定合理的信用标准。信用标准通常以预计的坏账损失率来表示。对预计坏账损失率低的客户，给予较宽松的标准；对预计坏账损失率高的客户，给予较严格的标准。在此基础上对客户进行信用评估，给予恰当的信誉额度。

（2）信用条件。信用条件是指企业向客户提供商业信用时所提出的付款要求和条件，主要包括信用期限、折扣期限和现金折扣 3 部分。信用条件的基本表现形式一般在赊销时信用订单上加以注明，如"2/10, $n/30$"，表示若客户在 10 天内付款，则可以享受 2%的现金折扣；即使客户不享受现金折扣，也必须在 30 日内付款。企业向客户提供优惠的信用条件往往能增加销售量，但同时也会增加相关的信用成本。在进行信用条件决策时，应综合考虑上述因素，选择有利于增加企业利润的信用条件。

（3）收款政策。收款政策是指客户违反信用条件，拖欠甚至拒付账款时企业所采取的收账策略与措施。通常的收款步骤是：①重新审视现在的信用标准及信用审批制度是否有漏洞；②对违约客户的资信等级进行重新调查、评价；③将信用水平差的客户从信用名单中删除，并对其欠款先通过信函、电讯或派员上门催收，态度渐加强硬，直至提出警告；④当上述措施均无效时，可考虑通过法院裁决；可联合其他债权人向法院起诉，以提高诉讼效果。

企业无论采取何种形式催收账款，都要付出一定的收账费用，如邮电通信费、上门催收的差旅费、不得已时的法律诉讼费等。因此企业在制定收款政策时，应充分权衡利弊，在增加的收账费用与减少的坏账损失及其相关成本之间权衡，制定宽严适中的收款政策。

2）应收账款的日常管理

（1）加强对客户的资信调查，主要包括资产状况、经营状况、信用状况。在此基础上决定是否给予赊销及赊销额度的大小。

（2）加强对应收账款的追踪调查。建立账龄分析表，对欠款期限长、欠款金额大的客户重点催收。并密切注意这些客户偿债能力的变化，以便采取有效的对策保证货款回收。

（3）加强应收账款的责任管理。将收款责任具体落实到相关的业务人员身上，并与业绩考核及薪酬、奖励挂钩。

4. 存货管理

存货是指企业在生产经营中为生产或销售而储备的物资，主要包括原材料、在产品、产成品。存货管理的目的是在保证生产经营正常运作的前提下使存货水平降至最低。因此，存货控制主要抓好以下几方面。

1）建立、健全控制制度

主要包括材料的入库和领用制度、生产过程的控制制度、产成品的入库和出库制度，以保证存货在各环节中占用最少、周转最快。

2）材料的控制

材料的控制主要应做好以下几项工作。

（1）正确确定材料的耗用量。根据年生产任务及消耗定额确定材料的年消耗量。

（2）合理确定材料采购量。在确定采购量之前应了解库存情况，超出的应压缩，不足的应及时补充，积压物资应及时处理。

（3）科学确定采购批量。在材料供应充足的条件下，企业可以选择经济批量订购法。经济批量是指一定时期储存成本和订货成本总和最低的采购批量，也叫经济订货量。其计算公式为：

$$Q = \sqrt{2AB/C} \tag{7-18}$$

式中，Q——经济订购批量；

A——材料年度计划采购量；

B——平均每次进货费用；

C——单位存货的年度储存成本。

【例7-6】 某企业年度计划采购甲材料100 000kg，预计平均每次进货费用为20元，单位储存成本为4元，则：

$$经济订购批量(Q) = \sqrt{2AB/C} = \sqrt{(2 \times 100\,000 \times 20)/4} = 1\,000\text{kg}$$

3）在制品的控制

在制品是正在生产尚未完工的产品。在制品应由生产部门归口管理，并分解落实到各生产车间、半成品库和班组进行管理。主要抓好以下各方面的工作。

（1）组织均衡生产。可以通过合理安排作业计划，组织成套生产，做好生产调度工作，使生产有序、协调地进行。

（2）降低生产消耗及制造成本。

（3）加强半成品的管理，进行库存控制。

4）产成品控制

产成品控制的工作主要有：

（1）加强入库、出库的管理，避免产品积压。

（2）加强仓库管理，确保产品在库存期间的质量及数量，并定期清查仓库，及时处理积压产品，加速资金周转。

（3）及时办理销售结算工作，收回货款。

二、固定资产管理

1. 固定资产概述

固定资产是指使用期限超过一年，单位价值在规定标准以上，并且在使用过程中保持原有物质形态的资产，包括房屋及建筑物、机器设备、运输设备、工具器具等。《企业财务通则》《工业企业会计制度》对固定资产标准做了具体规定。

1）固定资产的特点

（1）固定资产的使用时间较长，并能多次参与生产过程而不改变其实物形态。

（2）固定资产的价值补偿和实物更新是分别进行的。固定资产的价值补偿是随固定资产的使用，每月提取折旧逐渐完成的；而固定资产的实物更新则是在原有固定资产不能或不宜再继续使用时，用折旧积累的资金完成的。

（3）固定资产一次投资，分次收回。

2）固定资产的分类

固定资产按经济用途和使用情况进行综合分类，可分为：

（1）生产经营用固定资产。

（2）非生产经营用固定资产。

（3）租出固定资产。
（4）不需用固定资产。
（5）未使用固定资产。
（6）土地：指已经估价单独入账的土地，企业取得的土地使用权不能作为固定资产管理。
（7）融资租入固定资产：以融资租赁方式租入的固定资产，在租赁期内视同自有固定资产进行管理。

2. 固定资产管理的目的与要求

固定资产是企业主要的劳动手段，固定资产管理的目的是在不增加或少增加投资的条件下提高固定资产的利用效果，提高企业的生产能力。

固定资产管理要求是：
（1）正确预测固定资产需要量。
（2）做好固定资产投资预测与决策工作。
（3）正确计算折旧，合理安排固定资产价值的补偿速度。
（4）加强固定资产的日常管理，提高固定资产的利用效果。

3. 固定资产需要量的预测

企业的固定资产品种、数量都很多，不可能一一计算各类固定资产的需要量，只能根据企业的生产技术特点抓住重点予以确定。生产设备是企业主要的劳动手段，其构成复杂，占用资金也多，应作为重点，逐项测定；其他各类设备可以根据生产设备配套的需要确定其合理需要量；非生产用的固定资产，如职工宿舍、集体福利设施和文化娱乐设施等，因为它们不直接服务于产品的生产过程，所以不能以计划生产任务为依据计算其需要量，只能根据企业的实际需要与可能来确定其需要量。

确定生产设备需要量的基本方法，是将企业的生产任务与设备的生产能力相比较。其计算公式为：

$$某种设备需要量 = \frac{计划生产任务（实物量或台时数）}{单台设备的生产能力（实物量或台时数）} \quad (7-19)$$

当生产任务以产品的实物量为单位时，单台设备的生产能力也应转化为实物量；当生产任务以台时为单位时，单台设备的生产能力也应转化为台时。

【例 7-7】 红星电器厂甲产品计划年产量为 400 000 件，所需某种生产设备全年有效工作天数为 250 天，每天两班工作制，每班产量定额为 100 件。预测这种生产设备的需要量。

该题应按产品的实物量计算预测这种设备的需要量。

$$单台设备的生产能力 = 全年有效工作天数 \times 每天工作班次 \times 每班产量定额$$
$$= 250 \times 2 \times 100 = 50\ 000（件）$$
$$某种设备需要量 = 400\ 000/50\ 000 = 8（台）$$

如果企业生产多种产品，运用上述公式预测设备的需要量时，就应将分子、分母转化为工作台时计算，确定设备的需要量。

【例 7-8】 红星电器厂用 A 设备生产乙、丙两种产品，全年计划生产乙产品 200 000 件，单位乙产品台时定额为 2 工时；计划生产丙产品 300 000 件，单位产品台时定额为 1 工时。假如全年有效工作天数为 250 天，每天两班工作制，每班工作 8 小时，请预测 A 设备的需要量。

该题应按工作台时预测设备的需要量。

$$计划生产任务台时定额总数 = \sum（计划产量 \times 单位产品台时定额）$$
$$= 200\ 000 \times 2 + 300\ 000 \times 1 = 700\ 000（台时）$$
$$单台设备有效总台时 = 250 \times 2 \times 8 = 4\ 000（台时）$$
$$A 设备需要量 = 700\ 000/4\ 000 = 175（台）$$

单台设备的产量定额或单位产品的台时定额往往是原技术资料所规定的现行定额。但在实际执行的过程中，由于采用了新技术和劳动生产率的不断提高，往往会突破现行定额，计划年度单位产品台时定额或单台设备的产量定额将比现行定额更先进，因此通常引入产量定额完成系数或台时定额改进系数来修正原产量定额或台时定额，此时设备需要量的预测值将会比原来的预测值小。

4. 固定资产的日常管理

固定资产日常管理的目的，一是确保固定资产的安全完好；二是不断提高固定资产的利用效果。主要包括以下几方面的内容。

1）建立固定资产管理责任制

固定资产管理应按归口分级管理，层层落实责任，责任到人，用管结合的原则制定相应的管理制度，包括使用、保管、维修、保养、清查、报废等制度，并监督使用单位和个人遵守执行。

2）确定各职能部门的责任

设备管理部门应负责制定设备的使用、保管、维修、保养、安全生产等管理制度并监督实施；生产或使用部门应严格执行设备管理的相关制度，以确保设备在安全、良好的状态下运行；财务部门应严格按照财务管理的规定做好固定资产的验收交接、重点清查、报废清理、利用效果分析等管理工作。

3）确定各使用者的责任

按责任到人的原则实行定机、定人、定岗、定责、定奖、定罚管理。使用人必须严格遵守设备操作规程和维修保养条例，定期清洁润滑，防止超负荷运转，一旦发生故障应及时报告处理。

第五节　财务报告与财务分析

一、财务报告

财务报告是指企业对外提供的反映企业某一特定日期财务状况和某一会计期间经营成果和现金流量的书面文件。财务报告是会计核算工作的最终产品，是企业向与企业有利害关系的各个方面及其他相关的机构传递信息的基本手段，也是信息使用者获取企业会计信息的基本途径。在编制财务会计报告之前，必须进行财产清查，做到账证、账账、账实相符，以确保报告内容的真实可靠。

财务会计报告包括会计报表、会计报表附注和财务情况说明书3部分。其中会计报表包括资产负债表、利润表、现金流量表及相关附表。财务会计报告分为年度、半年度、季度和月度财务会计报告，一般月度财务会计报告只包括资产负债表和利润表，年度财务会计报告通常包括资产负债表、利润表、现金流量表、会计报表附注和财务情况说明书。

1. 资产负债表及其作用

资产负债表是反映企业在某一特定日期（如月末、年末）全部资产、负债和所有者权益情况的报表。它是根据"资产=负债+所有者权益"这一会计恒等式，按一定的分类标准和顺序编制而成的。资产负债表主要为报表使用者提供企业所拥有或控制的经济资源及其分布和构成情况；提供企业资金的来源构成的信息，包括企业所负担的债务、所有者在企业中所拥有的权益。对该表分析可以了解企业的财务状况尤其是企业的偿债能力情况。对前后期资产负债表对比分析还可以了解企业资金结构的变化情况及财务状况的发展趋势等信息。资产负债表如表7-2所示。

表7-2　资产负债表

会企01表

编制单位：某股份有限公司　　　　　　2020年12月31日　　　　　　　　　　　　　单位：元

资产	行次	年初数	年末数	负债和股东权益	行次	年初数	年末数
流动资产：				流动负债：			
货币资金	1	1 406 300	815 534	短期借款	68	300 000	50 000

续表

资产	行次	年初数	年末数	负债和股东权益	行次	年初数	年末数
短期投资	2	15 000	0	应付票据	69	200 2000	100 000
应收票据	3	246 000	46 000	应付账款	70	953 800	953 800
应收股利	4	0	0	预收账款	71	0	0
应收利息	5	0	0	应付工资	72	100 000	100 000
应收账款	6	299 100	598 200	应付福利费	73	10 000	80 000
其他应收款	7	5 000	5 000	应付股利	74	0	70 000
预付账款	8	100 000	100 000	应交税金	75	30 000	100 034
存货	10	2 580 000	2 574 700	其他应交款	80	6 600	106 600
待摊费用	11	100 000	0	其他应付款	81	50 000	50 000
一年内到期的长期债券投资	21	0	0	预提费用	82	1 000	0
流动资产合计	31	4 751 400	4 139 434	预计负债	83	0	0
长期投资:				一年内到期的长期负债	86	1 000 000	
长期股权投资	32	250 000	250 000	其他流动负债	90	0	0
长期债权投资	34	0	0	流动负债合计	100	2 651 400	1 610 434
长期投资合计	38	250 000	250 000	长期负债:			
固定资产:				长期借款	101	600 000	1 160 000
固定资产原价	39	1 500 000	2 401 000	应付债券	102	0	0
减：累计折旧	40	400 000	170 000	长期应付款	103	0	0
固定资产净值	41	1 100 000	2 231 000	专项应付款	106	0	0
减：固定资产减值准备	42	0	30 000	其他长期负债	108	0	0
固定资产净额	43	1 100 000	2 201 000	长期负债合计	110	600 000	1 160 000
工程物资	44	0	150 000	递延税项:			
在建工程	45	1 500 000	578 000	递延税款贷项	111	0	0
固定资产清理	46	0	0	负债合计	114	3 251 400	2 770 434
固定资产合计	50	2 600 000	2 929 000	股东权益:			
无形资产及其他资产:				股本	115	5 000 000	5 000 000
无形资产	51	600 000	540 000	减：已归还投资	116	0	0
长期待摊费用	52	0	0	股本净额	117	5 000 000	5 000 000
其他长期资产	53	200 000	200 0000	资本公积	118	0	0
无形资产及其他资产合计	60	800 000	740 000	盈余公积	119	100 000	131 200
				其中：法定公益金	120	0	10 400
递延税项:				未分配利润	121	50 000	156 800
递延税款借项		0	0	股东权益合计	122	5 150 000	5 288 000
资产合计	67	8 401 400	8 058 434	负债和股东权益	135	8 401 400	8 058 434

2. 利润表及其作用

利润表又称损益表，它是反映企业在一定会计期间（如月份、年度）内的经营成果（利润或亏损）的报表。利润表主要依据收入实现原则和配比原则的要求，把一定会计期间的营业收入与营业费用相配比，以计算出该期间的净利润或净亏损，它是一张动态会计报表，也是企业所有者最关心的报表。利润表如表7-3所示。

表7-3 利润表

编制单位：某股份有限公司　　　　　　2020年度　　　　　　会企02表　　单位：元

项　目	行次	本年累计数
一、主营业务收入	1	12 500 000
减：主营业务成本	4	7 500 000
主营业务税金及附加	5	20 000
二、主营业务利润（亏损"－"号填列）	10	4 980 000
加：其他业务利润（亏损："－"号填列）	11	0
减：营业费用	14	200 000
管理费用	15	1 580 000
财务费用	16	415 000
三、营业利润（亏损："－"号填列）	18	2 785 000
加：投资收益（亏损："－"号填列）	19	315 000
补贴收入	22	0
营业外收入	23	500 000
减：营业外支出	25	497 000
四、利润总额（亏损"－"号填列）	27	3 103 000
减：所得税	28	1 023 000
五、净利润（亏损"－"号填列）	30	2 080 000

利润表主要为报表使用者提供企业盈利能力方面的信息，如营业收入总额、营业利润、利润总额、所得税总额和净利润等。根据这些会计信息，可以评价或考核企业经营管理者的经营业绩和能力；预测企业未来发展的潜力；税务机关也可据此检查企业是否足额纳税。

3. 现金流量表及其作用

现金流量表是反映企业在一定会计期间内有关现金和现金等价物的流入和流出的报表。其中现金是指企业的库存现金，可以随时用于支付的存款；现金等价物是指企业持有的期限短、流动性强、易于转换为已知金额的现金、价值变动风险很小的投资，如企业购入的三个月内到期的短期债券投资等。企业确定现金等价物的划分标准，应保持其一贯性，若有变更，则应在会计报表附注中披露。

现金流量是指企业现金和现金等价物的流入和流出。企业销售商品或提供劳务、出售固定资产、从银行取得借款等取得的现金作为现金流入；企业购买原材料、接收劳务、购建固定资产、偿还银行借款等现金支出作为现金流出。影响现金流量的活动包括企业的经营活动、投资活动和筹资活动。现金流量表如表7-4所示。

编制现金流量表，为会计报表使用者提供企业在一定会计期间内现金和现金等价物流入和流出的信息，从而了解和评价企业获取现金和现金等价物的能力，并据以预测企业未来的现金流量，因此，现金流量表不仅能够说明企业在一定会计期间内的偿债能力和支付能力，还能分析企业未来获取现金的能力，以及企业投资和理财活动对经营成果和财务状况的影响。

表 7-4 现金流量表

编制单位：某股份有限公司　　　　　　　　　　2020 年度　　　　　　　　　　会企 03 表　单位：元

项目	金额	合计
营业活动现金流量		
销货收入收现	587 500	
进货付现	(465 500)	
销售费用付现	(91 250)	
财务费用——利息支出付现	(5 000)	
所得税付现	(35 500)	
营业活动现金净流量		22 000
投资活动现金流量		
出售设备	45 000	
购买长期投资	(18 000)	
租入固定资产改良支出	(10 500)	
投资活动现金流量		16 500
理财活动现金流量		
发放现金股利	(40 000)	
理财活动现金净流量		(40 000)
本期"现金"净增（减）额		(1 500)
期初"现金"余额		21 000
期末"现金"余额		19 500
不影响"现金"的投资与理财活动		
发行股票购买设备		49 500
提取盈余公积		2 000

注：带括号数字为减项或负数。

二、财务分析

1. 财务分析的意义

财务分析是指以企业财务报告及其他相关资料为主要依据，对企业的财务状况和经营成果进行评价和剖析，为企业改进财务管理工作和会计信息的使用者优化经济决策提供重要的财务信息。财务分析既是对已完成的财务活动的总结，又是进行财务预测的前提，在财务管理循环中起着承上启下的作用，具有以下重要意义。

（1）财务分析是评价财务状况、衡量经营业绩的重要依据。

（2）财务分析是挖掘企业潜力、改进经营工作、实现企业理财目标的重要手段。

（3）财务分析是合理实施投资决策的重要步骤。

2. 财务分析的常用方法

1）比较分析法

比较分析法是通过对两项或两项以上性质相同的财务指标进行对比，揭示企业存在的差异和矛盾，了解企业财务状况及经营成果的一种分析方法。指标对比的形式主要有：实际指标与计划指标对比；本期实际指标与上期实际指标对比；本企业指标与同类企业指标对比。

2）比率分析法

比率分析法是指利用财务报表中两项相关数据的比率来揭示企业财务状况和经营成果的一种分析方法。常用的财务比率有如下几种。

（1）结构比率是指某个经济指标的各个组成部分与总体的比率，它反映了部分与总体的关系，如负债比率、所有者权益比率等。

（2）相关比率是指同一时期会计报表及有关财会资料中两项相关数值的比率，如销售利润率、资产负债率等。

（3）动态比率是会计报表及有关资料中某项目不同时期的两项数值的比率。这类比率又分为定基比率和环比比率，可分别从不同角度揭示某项财务指标的变化趋势和发展速度。

3）因素分析法

因素分析法也称连环替代法，它是用来确定几个相互联系的因素对分析对象——综合财务指标或经济指标的变动的影响程度的一种分析方法。

3. 财务分析的基本指标

1）偿债能力分析指标

（1）流动比率是指流动资产与流动负债的比率，它是衡量短期债务清偿能力最常用的指标。一般认为流动比率为2∶1较好。

（2）速动比率是指速动资产与流动负债的比率，它反映了企业短期内可变现资产偿还短期内到期债务的能力。一般认为速动比率为1∶1较安全。

（3）现金比率是指现金类资产对流动负债的比率，它反映了企业的即刻变现能力。

（4）资产负债率是指负债总额对全部资产总额之比，用来衡量企业利用债权人提供资金进行经营活动的能力，反映了债权人发放贷款的安全程度。

（5）已获利息倍数是指企业息税前利润与利息费用的比率，反映了企业用经营所得支付债务利息的能力。

2）营运能力分析指标

（1）应收账款周转率是指企业在一定时期内主营业务收入净额同应收账款平均余额的比值。它反映了应收账款的周转速度，即本年度内应收账款转为现金的平均次数。一般认为，应收账款周转次数越多，周转速度越快，资金使用效率越高。

（2）存货周转率是指企业在一定时期内主营业务成本同存货平均余额的比值，它反映了存货周转速度，即存货的流动性及存货资金占用量是否合理。一般来说，存货周转率越高，其变现速度越快，资金占用水平越低。

（3）流动资产周转率是指企业在一定时期内主营业务收入净额同流动资产平均余额的比值，它反映了企业流动资产的利用效率。流动资产周转次数越多，其利用效果就越好。

（4）总资产周转率是指企业在一定时期内主营业务收入净额同总资产平均余额的比值。它反映了企业全部资产的利用效率。总资产周转次数越多，企业全部资产的使用效率就越高。

3）盈利能力分析指标

（1）销售净利润率是指净利润与主营业务收入净额的比率。该项指标越高，企业从销售收入中获取利润的能力就越强。

（2）净资产收益率是指企业在一定时期内的净利润与平均净资产的比率。该指标反映了投资者投入企业的自有资金获取净收益的能力，也是评价企业资本经营效益的核心指标。

（3）总资产报酬率是指企业在一定时期内获得的报酬总额与平均资产总额的比率。该指标反映企业资产的综合利用效果，也是衡量企业利用债权人和所有者权益总额盈利能力的重要指标。

（4）资本保值增值率是指公司本年末所有者权益扣除客观增减因素后同年初所有者权益的比率。该指标是按"资本保全"的原则设计的，更谨慎、稳健地反映了企业资本保全和增值情况。该指标越高，表明企业的资本保全状况越好，所有者权益的增长越快，该指标一般大于100%。

（5）成本费用利润率是指企业在一定时期内的利润总额与成本费用总额的比率。该指标从耗费角度补充评价了企业的收益状况，有利于加强企业内部管理，促进企业增收节支，提高经济效益。该指标越高，表明企业获利所付的代价越小。

思考与练习七

1. 什么是财务管理？财务管理的目标和内容是什么？为什么将企业价值最大化作为财务管理的最优目标？
2. 简述财务管理的环节及其主要内容。
3. 我国企业财务管理的法规制度体系主要有哪几个层次？它们之间的关系是怎样的？
4. 什么是筹资渠道？什么是筹资方式？我国企业目前有哪些筹资渠道和筹资方式？
5. 什么是资金成本？不同筹资方式的资金成本率如何计算？为什么要计算加权平均资金成本？
6. 什么是资金结构？如何进行资金结构的优化？
7. 什么是投资？简述投资管理的程序。
8. 常用的投资项目评价方法有哪几种？各种方法有何特点？
9. 什么是证券投资？证券投资的目的是什么？进行证券投资应考虑哪些风险？
10. 什么是流动资产？其特点是什么？企业中重要的流动资产有哪些？应如何管理？
11. 什么是固定资产？其特点是什么？企业中常见的固定资产有哪些？应如何管理？
12. 什么是财务报告？企业通常要报送哪些财务报告？其作用是什么？
13. 什么是财务分析？财务分析有何意义？财务分析有哪些常用的方法？

案例分析

【案例分析7-1】

财务专业研究生毕业的张小姐应聘于北京某国有独资公司，试用期过后，公司将她临时抽调到公司下属的一个联营公司做主管会计。联营公司的主要经营业务是为客户提供塑料彩色印刷服务。联营公司的法人营业执照上注明注册资金500万元，张小姐所在公司是甲方，协议出资300万元，占注册资本的60%；乙方协议出资200万元，占注册资本的40%。甲方拥有绝对控股权。公司在经营中的最大困难是资金短缺，这个问题如不能迅速解决，就会影响公司经营目标的实现。因此，联营公司的总经理在见到张小姐的第一面就开门见山地提出了这个问题，并要求她在最短的时间内予以解决。

张小姐首先请求联营公司的开户银行给予信贷支持。但银行不但不同意发放贷款，反而催促张小姐在一个月内归还200万元的前期贷款。这时，张小姐才知道联营公司问题的严重性。她迅速要来联营公司的会计报表和账簿，认真分析公司的财务状况。首先对公司的资产负债表进行了偿付能力的分析。使她感到惊奇的是，按照资产负债表所提供的数据而计算的短期偿付能力指标竟达到了国际上公认的流动比率2∶1和速动比率1∶1的标准。为什么公司如此良好的财务状况却不能履行自己的偿债责任呢?她开始怀疑公司会计报表的真实性。她索性将公司的报表、账簿和会计凭证都搬到自己的办公桌上。这时,下班时间已到,但她决定"挑灯夜战"。

夜战的成果是辉煌的。她通过查账、核对、思考和分析,理出了头绪:联营公司乙方在三年前按照联营协议书的规定,应该出资200万元人民币。乙方将200万元通过银行转入联营公司创立的临时账户,当会计师事务所验资并出具证明后,竟以预付工程款的名义将该笔资金转入乙方的账户。而联营公司并没有委托乙方搞任何工程,联营公司实际上没有乙方任何资产。由于乙方抽逃资金,造成资本金严重不足,联营公司被迫向银行贷款200万元(已累计支付利息12万元)来购置机器设备。联营公司现已亏损13万元。目前,200万元的短期贷款已到期,但没有现金可用于归还。因银行贷款未能如期偿还,公司的信誉下降,继续举债也碰到了困难。

【案例分析问题】

(1)请分析说明联营公司资金困难的原因。
(2)乙方抽逃资金,使甲方蒙受了哪些损失?
(3)查阅公司法有关规定,说明应如何处理这件事。

【案例分析7-2】

中天股份有限公司是一家新兴的软件公司,公司曾以库房做抵押向银行借款100万元。公司成立后,运营情况良好,业务发展很快,市场需求不断增大,产品出现供不应求,行业利润可观,企业发展空间广阔。公司决定开发新的市场,扩大投资规模,需要注入新的资金。该公司去年销售额虽达到1 000元,可是由于生产扩大,公司流动资金周转困难,影响了公司的生产经营活动正常进行。公司面临的问题是:如何确定长期投资策略?如何为长期投资策略筹资?如何解决流动资金不足的问题?企业可以通过发行股票和债券筹资;可以向银行或其他金融机构借款。而各种筹资方式的筹资成本高低和风险大小不同,如何选择筹资方式或筹资方式组合筹集资金对企业的发展更有利?

【案例分析问题】

试分析中天股份有限公司应如何合理筹资和投资。

【案例分析7-3】

戴维斯卡车公司是一家三兄弟自家经营的企业。老大的女婿保罗·伍尔考特近来获得了这个公司的助理会计员的职务,他有权审查资本投资项目。他详细地提出了4项主要建议,简要地叙述了各个项目,连同其生命周期的成本和现金收入(税后利润+加折旧)如附表所示。伍尔考特根据第二年的现金预测表,估计大约有300 000美元的资本投资可以从企业内部(折旧和未发红利)来解决。过去已经使用的内部资金成本是12%,伍尔考特认为没有理由再超过这个数。任何追加资本的预算都必须来自三兄弟,并且为了筹措这些资金,他们要清理所持证券(这个公司有一个政策——除了数目很小、时间很短的银行借款,不得用任何借债的办法来筹措资金,伍尔考特一直想改变它然而至今未能如愿)。

在和戴维斯兄弟们进行讨论时,伍尔考特断定他们在外界投资的机会成本是16%,换句话说,超过内部解决的300 000元以上的资金是能给的,但任何增加的资金成本是16%,而不是12%。

伍尔考特正在为公司编制5年的财务计划,估算这个时期的投资机会和财政来源。这个计划期还仅仅处于形成阶段,因此伍尔考特不能将其正式列入他当年的资本预算政策中,然而他能说服戴维斯兄弟用借款的办法筹措资金,这样可以降低该企业的资金成本。另外,他觉得新建立起来的引导新投资思想而设立的雇员激励规划将会产生效果,因此企业将来会有更好的、有用的投资建议,能使戴维斯卡车公司在比过去高的收益率上进行更多的投资。

投资建议方案如下：A．增加芝加哥终点站的设施；B．扩大芝加哥终点站的计划；C．购买 4 台新的拖拉机拖斗设备；D．大美尼索塔装置为采矿专用装卸设备。

附表

项目	年次	A	B	C	D
费用/元		100 000	100 000	200 000	100 000
收入/元	1	20 500	70 000	44 500	27 740
	2	20 500	50 000	44 500	27 740
	3	20 500	15 000	44 500	27 740
	4	20 500	10 000	44 500	27 740
	5	20 500		44 500	27 740
	6	20 500		44 500	
	7	20 500		44 500	
	8	20 500		44 500	
	9	20 500		44 500	
	10	20 500		44 500	

【案例分析问题】

（1）计算每个项目的内部收益率。

（2）计算净现值，即 12% 和 16% 的净现值（提示：B 项目的内部收益率为 24%）。

（3）戴维斯卡车公司在明年应当进行什么项目？

第八章　工业企业的人力资源管理

学习目标

【知识目标】
1. 熟悉现代工业企业人才需求的特点；
2. 掌握人力资源管理理论；
3. 熟悉劳动人事管理的内容及方法。

【能力目标】
1. 学会根据企业的需要招聘人才；
2. 学会合理运用人力资源管理理论分析员工的心理状态和需求，能够采用合适的方法激励员工的工作积极性；
3. 能够在企业中合理开展劳动组织和劳动定额工作；能够初步制定合理的工资制度和劳保福利政策。

当今时代是高新技术高速发展的知识经济时代。谁掌握了智力资源，谁取得了高科技优势，谁就能在市场竞争中占有主动权。综观全球，无论是国际综合国力的竞争，还是企业经营市场的竞争，归根到底是人才的竞争。人力资源已成为推动社会发展的第一资源。

案例导读

【案例8-1】要像过去重视机械要素那样，重视人性要素——福特汽车公司的人力资源管理

亨利·福特二世对于职工问题十分重视。他曾经在大会上发表了有关此项内容的演讲："我们应当像过去重视机械要素取得成功那样，重视人性要素，这样才能解决战后的工业问题。而且，劳工契约要像两家公司签订商业合同那样，进行有效率、有良好作风的协商。"

福特二世说到做到，他起用贝克当总经理，来改变他在接替老亨利时公司职员消极怠工的局面。首先贝克以友好的态度来与职工建立联系，使他们消除了被"炒鱿鱼"的顾虑，也善意地批评了他们消极怠工、互相扯皮的行为。

为了共同的利益，劳资双方应当同舟共济。贝克虚心听取工人们的意见，并积极耐心地着手解决一个个存在的问题。他还和工会主席共同制订了雇员参与计划，在各车间成立由工人组成的"解决问题小组"。

工人们有了发言权，不但解决了他们生活方面的问题，而且对工厂的整体生产工作起到了积极的推动作用。兰吉尔载重汽车和布朗Ⅱ型轿车的空前成功就是其突出的例子。投产前，公司大胆地打破了那种"工人只能按图施工"的常规,而是把设计方案摆出来,请工人们"评头论足",提出建议。工人们提出的各种合理化建议共达 749 项,经研究,采纳了其中的 542 项,其中有两项建议的效果非常显著。

以前在装配车架和车身时,工人得站在一个槽沟里,手拿沉重的扳手,低着头把螺栓拧上螺母。由于工作十分吃力,因而往往干得马马虎虎,影响了汽车质量,工人格莱姆说:"为什么不能把螺母先装在车架上,让工人站在地面上就能拧螺母呢?"于是这个建议被采纳,既减轻了劳动强度,又使质量和效率大为提高了。另一位工人建议,在把车身放到底盘上去时,可使装配线先暂停片刻,这样既可以使车身和底盘两部分的工作容易做好,又能避免发生意外伤害。此建议被采纳后果然达到了预期效果。正因为如此,他们自豪地说:"我们的兰吉尔载重汽车和布朗Ⅱ型轿车的质量可以和日本任何一种汽车一比高低了!"这充分体现了员工参与决策的重要性。

福特公司形成的"员工参与"机制,造成了团结一致共建福特的良好氛围。

从福特二世到后来福特重振雄风的事例中,可以得到许多关于职工管理的启示。

1. 尊重每位职工

这个宗旨就像一条看不见的线,贯穿于福特公司的日常管理中,同时也贯穿于企业领导的思想中。"生产率的提高,不在于什么奥秘,而纯粹在于人们的忠诚,在于他们经过成效卓著的训练而产生的献身精神,在于他们个人对公司成就的认同感……"

要使职工真正地感到自己是重要的;要认真倾听职工意见;对每位职工都要真诚相待,信而不疑。

2. 全员参与生产与决策

这一点是福特公司在职工管理方法中最突出的一点。公司赋予了职工参与决策的权力,缩小了职工与管理者的距离,职工的独立性和自主性得到了尊重和发挥,积极性也随之高涨。

【案例 8-2】林肯电气公司的激励制度

林肯电气公司年销售额为 44 亿美元,拥有 2 400 名员工。该公司有一套独特的激励员工的方法。

林肯电气公司的生产工人采取按件计酬,员工为公司工作两年后,便可以分享年终奖金。该公司的奖金制度有一整套计算公式,全面考虑了公司的毛利润及员工的生产率与业绩,可以说是美国制造业中对工人最有利的奖金制度。在过去的 56 年里,平均奖金额是基本工资的 95.5%。该公司有相当一部分员工的年收入超过 10 万美元。近几年经济发展迅速,员工年均收入为 44 000 美元,远远超出制造业员工年收入 17 000 美元的水平。

公司自 1958 年开始一直推行职业保障政策,从那时起没有辞退过一名员工。当然,作为回报,员工也相应要做到以下几点:在经济萧条时,必须接受减少工作时间的决定;必须接受调换工作岗位的决定;为了达到每周 30 小时的最低工作量,必须接受调整到一个报酬更低的岗位上去的决定。

林肯电气公司极具质量、成本和生产率意识。工人如果生产出一个不符合标准的零件,必须将其返工到符合标准,否则该零件就不能记酬。严格的计件工资制度和具有高度竞争性的绩效评估系统,使得林肯电气公司的生产率是国内竞争对手的两倍,该公司还是美国工业界工人流动率最低的公司之一。

【案例 8-3】两种不同的人性假设,两种不同的管理效果

甲研究所设备先进,人才济济。该所负责人王所长基于"经济人"的假设,他坚信"重赏之下必有勇夫",采用"重金悬赏"的方法。为了更好地管理研究人员,他制定了严格的考勤制度:迟到 3 分钟要罚款 100 元。员工为了准时上班,有时不惜打出租车。该所员工的出勤率一直保持较高水平,却一直没有高水平的科研成果。在一次行业研讨会上,规模相近的乙研究所发布了几项重要科研成果,并介绍了经验。他们认为,作为研究所的研究人员,都接受过高等教育,思想素质总体是好的,每个员工都是希望做好工作的,基于"自我实现人"的假设,他们推行了"弹性工作制"及研究人员自我组合、自主管理的方法,因而取得了这样的成绩。

第一节　人力资源的开发与管理

一、现代工业企业人才需求的特点

1. 人才在企业发展中的重要地位

在企业广阔的活动领域内，既需要体力劳动者，又需要脑力劳动者，尤其需要素质较高的劳动者，即人才。人才一般是指人力资源中具有某些特殊技能和超群品质的人。一定的人力资源和物质资源是生产力发展不可缺少的条件，但是两者相比，人力资源显得更为重要。生产力发展的全部历史证明，经济的发展、科学技术的飞跃，归根到底取决于人的作用的发挥，取决于人力资源的充分利用。当今世界，一个国家或企业要取得优势地位，依靠的主要不是物质资源，而是掌握先进思想和技术的人才及高素质的职工队伍，在激烈的经济竞争中，人的智力和创造性成果的价值正在相对提高，受过良好教育和训练的人力资源是最宝贵的社会财富。正因为如此，自 20 世纪 90 年代以来，人力资源的开发与利用已成为国际社会普遍关注的重大主题之一。

考察每个成功的企业，几乎都可以看到，其中必有一位精明的企业家，并且在这位企业家周围聚集了一大批优秀人才，依靠这一群体的不断开拓进取和艰苦奋斗，企业才得以在充满竞争的市场中承受住各种冲击和考验，成功地实现经营目标。

由此可见，人力资源的质量是决定企业兴衰的关键所在，企业的生存和发展与人才的培养与造就息息相关。人才是经济建设的根本，是企业生存和发展的根本。人才的开发和培养是一项根本性的战略任务。

人才开发，就是把人的知识、智慧和能力，作为一种特殊资源进行开发和运用。它的实质就是不断用现代科学技术武装劳动者，充分挖掘其潜能，使之成为人才，并依靠这些人才推动企业的发展。

企业人力资源的开发包含两层含义：一是指通过人才的科学管理和合理使用，充分发挥现有人力资源的作用；二是指通过人才的准确选拔和培养，积极开发企业潜在的人力资源。人力资源开发是积极培养和合理使用两方面的统一，积极培养是人力资源开发的基础，合理使用是人力资源开发的目的。人力资源的开发能否有成效，取决于人才的选拔、培养和使用的协调程度，其关键又在于是否做到了人尽其才、才尽其用。

2. 现代工业企业人才需求的特点

从企业角度来讲，所需人才通常是泛指具有一技之长，或者具有一定的专门知识或专门技能，掌握本职工作的规律，并具有敬业精神，能自觉对社会尽职尽责，在工作岗位上做出贡献的劳动者。

研究企业所需的人才，特别是高层次人才应具备的特点，已经成为世界性的课题，对于这一问题，各国有着不同的理解和表述，总的说来现代企业所需的是"现代人"，是"创造型"和"开发型"的人才，综合起来大致具备如下基本素质。

（1）乐于接受新思想、新观念，具有战略眼光和胆略，能适应社会的各种改革和变化。
（2）追求现代知识，思想开放，不因循守旧，敢于向传统观念挑战，胸襟坦荡，能尊重和接纳不同意见。
（3）具有强烈的事业心和责任感，廉洁奉公，艰苦奋斗，办事认真，脚踏实地，讲求工作效率。
（4）尊重科学、尊重知识，勤于思考，勇于开拓，富有创新意识和创新精神。
（5）善于正确处理人际关系，具有较强的社会交往能力，在同别人相互联系、相互沟通中，能建立起相互尊重、相互信赖的友好合作关系。

二、人力资源的开发

人力资源的开发是指企业为实现扩大再生产和合理分配与使用人力而进行的人力资源配置、使用、评价、培训等环节的总和。它主要涉及选人、育人、用人、留人 4 个方面的工作，包括人力资源的规划、人员选聘、人员培训等。

1. 人力资源的规划

人力资源规划是指企业在人力资源开发过程中,预测企业未来的人才需求情况,并通过相应计划的制订和实施使供求关系平衡的过程。

1)人力资源规划的作用

(1)人力资源管理部门可根据人力资源规划的过程所获得的信息制定相应的政策,从而保证未来人力资源的数量和质量。

(2)可以使企业及早地发现人力资源短缺或冗余的可能性,及时采取措施避免造成不必要的损失。

(3)有助于提高企业上下员工对人力资源重要性的认识,充分调动员工的工作积极性。

(4)有助于改进整体计划,保证企业目标的实现。

2)人力资源规划的任务

(1)确定各级各类人力的需求程度。

(2)确定未来人力需求的变动情况。

(3)决定完成各项生产经营工作所需的各种类别和等级的人力。

(4)确定需要培训的各种类别和等级的人力。

(5)使人力资源规划与企业的发展规划和经营计划相互衔接,保持平衡。

3)人力资源规划的内容

企业人力资源规划包括两个层次的内容。

(1)人力资源长期规划。它的主要内容包括:在一定规划期内企业对各种人力资源的需求、人力资源配置及相关投资的总预算、总安排;总体实施步骤;重要方针政策,如人员的选拔、聘用、培训与发展、绩效评估、福利待遇等。

(2)人力资源的业务规划。它包括职务规划、人员配备规划、教育培训规划、工资福利规划、职业发展规划等。每个规划都有具体的目标、内容、实施步骤和相关政策,要求明确,易于操作和落实。

4)人力资源供求状况预测

(1)人力资源需求预测。人力资源需求预测是指以企业发展战略目标和规划为依据,综合考虑各种因素,对企业未来计划内人力资源需要的数量、质量等进行估计的活动。这是一种动态预测,应根据客观环境条件的变化而不断调整。人力资源需求的影响因素主要包括企业外部环境因素和企业内部条件因素两个方面。企业外部环境因素包括政治、经济、法律、技术、竞争状况等;企业内部条件因素主要是企业的经营战略、工作设计、预算、销售预测及企业自身人力资源状况等。

(2)人力资源供给预测。人力资源供给预测是指为满足企业对人力资源的需求,而对未来计划期内企业能得到人力资源的数量和质量所进行的预测。企业人力资源的供给来自企业内部的人力资源供给和企业外部人员的补充两个方面。当企业面临人力资源需求时,应优先考虑企业内部人力资源供给,只在内部人力资源供给不能满足需求时,再考虑从外部获取人力资源。

(3)人力资源供求平衡。企业人力资源供求关系可能出现供求平衡、供不应求、供大于求 3 种情况。人力资源规划就是根据企业未来供求关系的预测结果,制定相应措施,取得人力资源的供求平衡。人力资源供求平衡一方面表现为量的平衡,更重要的是人力资源素质、类别等供求结构上的平衡。

2. 人员选聘

人员选聘包括招聘和选拔两个方面,是企业寻找、吸收那些有能力又有兴趣到本企业任职,并从中选出适宜人员予以录用的过程。企业选聘人才,受企业面对的环境因素的制约。能否选聘到所需的高质量的人才,意义十分重大,关系到整个员工队伍的素质,直接影响到生产经营活动的成败。

1)人员选聘的原则

在人员选聘工作中,应坚持以下 4 条基本原则。

（1）计划性原则：对于新建企业，按照国家法令、法规和政策，根据企业不同阶段对人力的需求，制订分阶段的人员招聘计划；对于已投入正常运行的企业，为了解决随人事变化、生产经营变化甚至行业变化而来的人员短缺问题，也必须制订人力需求计划来指导员工招聘工作。

（2）公正性原则：对来自不同渠道的应聘人员应采取一视同仁、任人唯贤、择优录用的态度，使应聘人员有平等的竞争机会，否则不仅影响录用人员素质及日后的绩效，还会严重损害企业形象，不利于企业发展。

（3）科学性原则：必须制定科学又切合实际需要的岗位用人标准和规范，为严格考核选拔合格人员提供录用的客观依据，要任人唯贤，德才兼顾，德看主流，人重一技，考查历史，注重现实，能力为主，学历为辅；必须形成一套科学的考核方法体系和实用操作程序，保证招聘的公正性，使招聘工作有条不紊地进行。

（4）公开择优原则：选聘人才应公开进行，应将招聘种类、应聘资格、应聘条件、考核办法等面向社会公告，给予社会上人才以公平竞争的机会，并使招聘工作置于社会监督之下，广揽人才，选贤任能，精心筛选，杜绝不正之风。

2）人员选聘的程序

为了保证人员选聘工作顺利进行，应根据上述人员选聘的基本原则，严格按照一定的程序实施招聘选拔工作。

（1）对招聘的人员将要从事的工作应进行岗位分析和岗位评价，以确定所招聘的人员必须具备的条件。

（2）由企业人力资源管理部门提出招聘计划的报告。

（3）由企业人力资源管理部门公布招聘简章，其内容包括招聘的范围、对象、工种、条件、数量、性别比例、待遇和方法等。

（4）根据自愿的原则，在划定的范围内接受招聘对象报名。

（5）进行招聘考试。

（6）对考试合格的人员进行体检。

（7）连同考试材料、体检表、本人档案，以及本人提交的其他有关材料一并报送企业人事主管。

（8）批准录用后，发录用通知书，签订劳动合同。

3）人员选聘的方法

人员选聘的方法是对应聘者进行评价，从而决定是否将其录用的方法。人员选聘方法主要有3类：履历分析法、面谈法、测验法。无论采用何种方法或几种方法同时采用，都是为了判断一个应聘者是否适合他所要求的那个具体岗位，是对应聘者个人素质的综合评价。

3. 人员培训

通过人员培训，提高员工队伍的素质，以适应现代生产技术对人力资源水平不断提高的要求，适应激烈的国内外竞争的要求，是企业人力资源开发与管理的战略任务之一。

1）人员培训的内容

（1）思想政治教育：包括政治观教育，如爱祖国、爱企业的教育，四项基本原则的教育、形势教育等。人生观教育，如共产主义理想教育、职业道德教育、为人民服务的思想教育、传统文化教育等。

（2）基础文化知识教育：包括各类文化课程和基础知识课程教育、学历教育等。

（3）技术业务培训：包括有关专业知识方面的培训、有关工艺规程和技术技能方面的培训、各类岗位及技术等级的应知应会培训等。

（4）管理知识培训：包括有关管理原则、管理思想、管理方法、管理手段和管理技巧方面的培训。

（5）法律政策及制度培训：包括社会主义法制教育、企业规章制度和纪律教育、安全思想和安全制度及安全技术方面的培训。

2）人员培训的形式

（1）企业人员培训不同于普通教育，有它自身的特点，主要表现在：

培训教育的对象是在职人员，因此是一种不脱产的培训教育；

员工培训同生产经营需要紧密结合，员工干什么工作就学什么，针对性强；

形式多样，适应性强，可以脱产，或者半脱产，或者采取业余形式，还可利用广播电视授课和网络远程教育的形式，以适应各类人员的不同需要。

（2）人员培训形式很多，大致可以做如下划分。

按培训对象的范围划分为：全员培训、工人操作技术培训、专业技术人员培训、管理人员培训、领导干部培训等。

按培训时间的阶段划分为：岗前培训（就业培训）、在职培训、职外培训、转岗培训。

按培训时间的长短划分为：脱产培训、半脱产培训、业余培训等。

按培训单位的不同划分为：企业自己培训、委托大专院校或社会办学机构培训、企业与大专院校联合办学培训等。

按教学手段的不同划分为：面授、函授、广播电视授课等。

此外，还有许多有效的培训形式，如岗位练兵、技术操作比赛、现场教学等。

企业应根据培训对象的层次，选择不同的培训内容、培训时间和培训地点，要从实际出发，形成一个主体的培训模式，制订有效的人员培训计划。

第二节　人力资源管理中的激励

一、激励理论

企业管理的基本要求是引导每个职工的行为，使之与企业的目标相一致，这就必须对人的行为有所预测、有所控制。要对人的行为有所预测和控制，首先应该了解人的需要和行为动机，并掌握激励人们行为的理论和方法。

1. 需要

1）需要的定义与产生过程

需要是指人缺乏某种必需的东西（物质或精神方面的）时，在内在心理产生的一种紧张感的主观状态（欲望）。

人的需要的产生过程是人与客观环境相互作用的互动过程（人不仅受客观环境的制约，还能动地作用于客观环境）。人处于不同的客观条件和环境时，会有不同的需要，客观条件和环境变化了，人的需要往往会随之而变。人在改变客观环境的积极活动中，也同样在改变自己的需要，并且会产生新的需要。

2）需要的种类

（1）天然性需要与社会性需要：天然性需要是人天生便具有的；社会性需要是为了提高物质和精神生活水平，为了实现社会生产和社会交际而形成的。

（2）物质需要与精神需要：物质需要是人们对有形的物质产品和劳务的要求，它的满足与社会的物质生产直接相关，也反映人对文化用品的需求；精神需要是人们对自身智力、道德、审美和理想等观念对象的需求，它的满足不仅与社会物质生产相关，更重要的是还与社会的文化生产相关。

（3）合理需要与不合理需要：从需要的内容来看，在个人的诸多需要中，有些会与他人的需要、社会需要相冲突，甚至会妨碍他人的利益或社会利益，这就是不合理的；从需要的满足条件来看，有些个人需要的满足并不具备应有的条件，这也是不合理的。反之则为合理需要。

2. 动机

1）动机的定义与表现形式

（1）动机是直接推动个体活动以达到一定目的的内在动力和主观原因，是个体活动的引发和维持的心理状态。

动机被看作行为的直接原因；动机是由需要转化而来的。但动机与行动是直接相连的，需要则需通过动机才会与行动产生关联，并且人的需要只有当其具有特定目标时，才会转化为动机。

动机与目的是两个不同的概念。目的是人的活动所要达到的结果，动机则是推动人求得某种结果的原因。动机和目的关系复杂，目的相同，但动机可以不同；动机相同，也会有不同目的。

（2）从动机表现的程度差异来看，可以分为兴趣、意图、愿望、信念和理想等形式。从动机表现的信度差异来看，可以分为真实动机，指个人所表达出来的动机与其头脑中的动机完全一致；也可以表现为伪装动机，指个人所表达的动机与其内在动机不一致。

2) 动机是制约个体活动效率的重要因素

个体活动效率的主观制约因素：能力和动机（二者缺一不可）。

$$活动成效=能力×动机$$

动机因素比能力因素更重要。特别是对那些难度不大、能力特殊性要求不强的活动更是如此。因为动机强的人能更充分地运用和发挥其能力，并且动机强的人能为自身能力的提高创造条件和提供动力。

研究表明，人们有许多潜在力量未被激发出来。激发人的动机，是调动人的积极性及合理开发与充分利用人力资源的有效手段。

3．激励

1) 激励的概念

激励就是激发人的动机，调动人的工作积极性的过程。它所表现的是通过对人的动机的激发，引导人的行为，有效地发挥人的潜能和积极性，努力去实现目标的过程。

激励过程的基本模式表明：

（1）当人产生某种需要而又未得到满足时，就会产生一种不安或紧张的心理状态。

（2）在遇到能够满足需要的目标时，这种紧张心理状态就会转化为动机。

（3）在动机的推动下，采取某种行动，向目标前进。

（4）当目标达成时，需要得到满足，又会产生新的需要；当目标未达成时，会对需要加以调整。

（5）新的需要或调整后的需要通过反馈又会使人向新的目标前进，形成一个循环往复的过程。

2) 激励理论及其分类

激励理论是人力资源管理中最具挑战性的话题。激励理论是西方管理理论的重要组成部分，它是研究如何提高管理者的激励水平和激励艺术，以提高管理成效，使企业员工更好地为实现企业战略目标而努力的理论。

激励理论可分为以下3种基本类型。

（1）内容型激励理论：从激励过程的起点，即人的需要出发，对激励问题加以研究。属于此类者有马斯洛的需要层次理论、赫茨伯格的双因素理论、麦克莱兰的成就需要理论。该类型理论主要贡献是揭示了构成激励内容的需要有哪些、各自的作用是什么、各种需要间的主次关系等。

（2）过程型激励理论：从激励的中间过程，即需要的未满足这一过程出发，对激励问题加以研究。属于此类者有弗鲁姆的期望理论、洛克的目标理论、斯金纳的强化理论。该类型理论主要贡献是揭示了目标及目标达到后后果与需要之间的动态关系，提出了这一动态关系影响与制约人们行为的模式。

（3）状态型激励理论：从激励过程的终点，即行为后果的状态出发，对激励问题加以研究。属于此类者有亚当斯的公平理论、挫折理论。该类型理论主要贡献是揭示了需要的满足状态与不满足状态的后果对人的行为的影响，提出了如何消除或减少不公平与挫折的消极影响的方式和措施。

4．激励理论的种类

1) 内容型激励理论

（1）马斯洛的需要层次理论：美国心理学家马斯洛于1943年提出了需要层次理论。需要层次理论把人类的多种需要归纳为5大类。

① 生理需要：包括饮、食、衣、居、性等，这是人类生存的保障。它是推动人们行动的最强大的动力。马斯洛认为，当一个人所有的需要都不能得到满足时，他就会被生理需要所支配，其他需要都要退到隐蔽的地位。

② 安全需要：个体的生理需要相对地得到满足之后，就会要求职业安定、劳动安全，希望今后生活有保障等。

③ 社交需要：当上述两种需要得到相应满足后，就会产生爱的需要和归属于群体的需要。

④ 尊重的需要：人总是希望自己的人格、能力和成就能得到他人或社会的承认与赞赏。一是自我尊重；二是他人尊重。马斯洛认为，人的尊重一旦受到挫折，就会产生自卑感、软弱感和无能感，会丧失对生活的基本信心。

⑤ 自我实现的需要：以上需要都得到一定的满足时，人就会要求趋向于极限地实现个人的聪明、才智、理想和抱负。自我实现的需要是指促进个人潜在能力得以实现的趋势，即希望自己越来越成为自己所期望的人物，完成与自己能力相称的一切事情。

需要层次理论将5种基本需要区分为高、低两级。生理、安全、社交需要为人的低级需要；尊重、自我实现需要为人的高级需要。从满足方式上看，低级需要是通过外部条件使人得到满足的，高级需要是从内部使人得到满足的；从满足程度来看，低级需要容易获得满足，而人对高级需要是永远不会感到完全满足的，因此高级需要具有更稳定、更持久的激励力量。

（2）赫茨伯格的双因素理论：美国管理学教授弗雷德里克·赫茨伯格在20世纪50年代末提出了著名的双因素理论，即"激励—保健因素理论"。

双因素理论将组织的政策与管理、上级监督、工作条件、人际关系、工资和个人生活必需及职业的安定称为保健因素；将成就、赏识、责任、工作的艰巨性、晋升和工作中的成长称为激励因素。

双因素理论认为，注重与工作任务直接相关的满意因素可以激发人们在工作中努力进取，形成积极向上的工作态度（激励因素）；注重与工作环境条件直接相关的不满意因素可以预防出现不满或消除职工的不满意感（保健因素）。激励因素的作用是内在的，保健因素的作用是外在的。

（3）麦克莱兰的成就需要理论：美国心理学家戴维·麦克莱兰认为，人的行为方式的差异来自不同的动机，而不同的动机来自不同的需要。人的需要包括对成就的需要、对社会交往的需要、对权力的需要，对于管理者和职工而言，最重要的是对成就的需要，故称为成就需要理论。

麦克莱兰认为，成就需要是一个人、一个企业甚至一个国家极为重要的心理需求。成就需要的行为表现为3个特点：一是自己主动设定富有挑战性的目标，愿意付出而不愿意冒险；二是喜欢通过自己的努力独立解决问题，不依赖偶然的机遇坐享成功；三是对自己的工作要求得到明确、及时和持续的反馈。

2）过程型激励理论

（1）弗鲁姆的期望理论：美国著名心理学家和行为科学家维克托·弗鲁姆于1964年率先提出了形态比较完备的期望理论模式。

期望理论的基本观点是：人们在预期他们的行动将会有助于达到某个目标的情况下，才会被激励起来去做某些事情以达到这个目标。期望公式：

$$激励程度 = 期望值 \times 效价$$

激励程度指激发一个人工作积极性的强度，即工作积极性的高低与持续程度；期望值指人们对某一行为导致的预期目标或结果之可能性大小的判断；效价指所达到目标对于满足个人需要的价值。

该公式表明：假如一个人把目标的价值看得越大，估计能实现的概率越高，那么激发的动机就越强烈，激励作用就越大。

（2）洛克的目标理论：目标理论是美国马里兰大学心理学教授洛克于20世纪60年代末提出的。研究表明，大多数激励因素都是通过目标进而影响工作动机的。

目标理论认为，与人的一定需要相联系的目标是引起行为的最直接动机，因而对人具有激励作用。目标理论还认为，可以从3个标准或角度对目标的合适程度加以分析：目标的具体性、难易性、可接受性。合适的目标就是具体的、难度较大但又被人接受的目标，它所具有的激励作用最大。

由于不同的人在认知水平、工作能力、自我需求等方面存在着差异，因此企业在为员工设置工作目标时，必须因人而异。

（3）斯金纳的强化理论：美国心理学家斯金纳提出强化理论，认为对人类行为的调节和控制，只能依靠外部的强化作用。他还认为，人的内在心理状态是不可知的，可知的仅仅是人所受到的外部刺激，以及他所做出的行为反应。人的行为与外部刺激之间有可控关系，只有掌握了这种可控关系，才能通过控制外部刺激达到调节人的行为的目的。

强化是指对一种行为的肯定或否定的后果（奖励或惩罚）及其对该行为是否重复的影响程度。

基本的强化手段包括对良好行为的积极强化、消极强化，对不良行为的惩罚、消退4种类型。

积极强化（也称正强化）：指对良好行为给予肯定和奖励，以增强其重复出现的可能性的方法。

消极强化（也称负强化）：指为鼓励良好行为而撤销或减轻原有的消极后果的方法（如撤销处分等）。

惩罚：指对不良行为给予不利的回报，以期减少或消除该行为再次出现的可能性。

消退（也称衰减）：指撤销对某种行为的积极强化，以终止行为或降低行为出现的可能性（如对打小报告的人，采取不理睬的态度，让其自讨没趣而放弃这种行为）。

3）状态型激励理论

（1）亚当斯的公平理论：美国心理学家亚当斯于1967年提出公平理论。公平理论侧重研究工资报酬分配的公平性对职工生产积极性的影响，以及对职工的工作态度的影响。

公平理论认为，职工的工作动机主要受工资报酬的影响，包括绝对报酬（自己的实际收入）与相对报酬（自己的实际收入与他人的实际收入之比）的两种影响。

不公平感对个人是最不愉快的心理体验，如果得不到组织或群体的解决，一般人是不能长期承受这种心理压力的。个人可能采取下列5种方式减轻不公平感：

通过自我解释，造成公平假想，达到自我安慰；

改变比较对象或另选比较方式；

采取给对方制造麻烦以减少其成果的行动改变他人的收支状况；

采取增加自己收入的行动来改变自己的收支状况；

放弃工作，重寻新的分配关系。

（2）挫折理论：挫折理论是从阻碍人们发挥积极性的因素入手，研究如何维护人的积极性的问题。

挫折是个人从事有目的的活动时，由于遇到障碍和干扰，因此其需要不能得到满足时的一种消极的情绪状态。

挫折从可能转变为现实有3个必备条件。

个人所追求的目标是重要的，其行为动机是强烈的。

个人认为目标原本是可能达成的。

在达成目标的过程中，个人遇到难以克服的障碍。

挫折产生的外部原因是因外界事物或客观情况阻碍个体达到目标而产生的挫折。挫折产生的内部原因是由个体性行为主体原因引起的挫折。

不同个体的挫折反应在强度上是不同的。挫折的个体差异主要由个体的抱负水平、个体的忍受力、个体对挫折的经验引起。

二、激励方式与激励原则

1. 进行有效激励的方式

人力资源管理最根本的目的就是要正确引导员工的工作动机，激励他们的工作积极性和创造性，为实现企业的总目标服务。这里就有一个激励方法问题。激励的方法多种多样，最具普遍意义的方法有：

1）思想政治工作

它对于提高人们的觉悟、加强组织纪律性、努力掌握现代科学知识和精通本职业务、全心全意为企业目标努力奋斗，具有十分重要的意义。

2）奖励

对人们取得的工作成效给予奖励，能使人感到自己的成效得到了尊重或取得了社会地位，会给人们的积极行为动机起到强化作用。为使奖励达到应有的激励效果，奖励方式要不断创新；对职工的奖励要通过一定形式使其家属分享荣誉；奖励的同时，还要辅之以各种惩罚手段；奖励要与思想政治工作结合起来。

美国著名管理学家米切尔经过 20 年的调查研究，总结出这样一个规律，即"人们会去做受到奖励的事情"，因此把奖励企业所期望的行为称为"现代行为管理的基本原则"。米切尔总结了 10 种企业应当特别注意奖励的行为，这 10 种行为是：

（1）彻底解决问题而不是只图眼前见效的行为；

（2）承担风险而不是回避风险的行为；

（3）善用创造力而不是简单盲从的行为；

（4）果断的行动而不是光说不做的行为；

（5）善于巧干而不是一味苦干的行为；

（6）善于把事情简化而不是复杂化的行为；

（7）沉默并有效率而不是喋喋不休效率低下的行为；

（8）讲求质量而不是匆忙草率的行为；

（9）忠诚守信而不是虚假浮夸的行为；

（10）团结合作而不是互相对抗的行为。

米切尔的总结未必全面，但很有代表性和参考价值。

3）职工参与管理

让职工参加企业的决策和管理，可使职工感受到领导的信任，体验到自己的利益同企业的利益、企业的发展密切相关，从而产生强烈的责任感。

4）工作内容力求丰富

这样可以将更高的挑战性和成就感体现在工作中，从而更好地调动职工的工作积极性，更好地发挥职工的潜力。

5）建立和健全规章制度

良好的规章制度本身对企业职工就是一种激励，它使人们的行为规范化，使人们的行为按照企业的目标办事，与目标管理相结合。

2. 进行有效激励的原则

为了使激励达到应有的效果，主管人员必须遵守如下原则。

1）坚持物质利益与精神鼓励相结合的原则

由赫茨伯格的双因素理论可知，正确贯彻物质利益原则，可以促使人们去关心自己的工作，推动企业的发展，这是符合社会主义基本经济规律的；但是，有时精神鼓励对人们的激励作用更大，因为人们总希望自己的工作成绩得到公平的评价和适当的肯定，所以满足员工自尊和自我实现的需要最具激发力量，最能激发人们在工作中努力进取、积极向上。

2）坚持按劳分配与按需激励相结合的原则

一方面，正确处理好国家、集体、个人三者之间的利益关系，按劳分配，使职工看到，自己所获得的物质利益与自己所做的贡献密切相关，从而更加激发工作热情。另一方面，管理者必须认识到，员工的需要存在个性化差异和动态性，会因人而异、因时而异，并且只有满足最迫切的需要，激励强度才最大，因此管理者必须深入调查了解员工需要的层次和需要结构的变化，针对性地采取激励措施，才能收到实效。

3）坚持组织目标与个人目标相结合的原则

在激励机制中，设置目标是一个关键环节。目标设置既要体现组织目标要求，又要满足员工的个人需要。既使企业目标包含较多的个人目标，又使个人目标的实现离不开为实现企业目标所做的努力，才能收到良好的激励效果。

4）坚持正激励与负激励相结合的原则

所谓正激励就是对员工符合组织目标的行为和卓越表现实施奖励，进行积极强化，促使这种行为能更多出现，提高员工的积极性。所谓负激励就是对员工违背组织目标的行为和不良表现实施惩罚，进行消极强化，使得这种行为不再发生，促使犯错误的员工积极向正确方向转移。显然正激励和负激励都是必要且有效的。管理者必须将正激励和负激励巧妙地结合起来，并坚持以正激励为主、以负激励为辅。

5）坚持民主公正与以身作则相结合的原则

激励必须公正，赏罚分明，不论亲疏，一视同仁，否则不仅收不到预期效果，反而会造成消极影响。民主是公正的保证，坚持发扬民主，倾听群众意见，才能保证赏罚适度。主管人员自己应起带头和表率作用，这种作用对下属的激励是很大的。同时，主管人员还应树立典型，发挥榜样的激励作用。

第三节 劳动人事管理

劳动人事管理是企业管理的一个重要组成部分。概括地说，劳动人事管理是为了达到企业经营战略目标，通过一整套行之有效的科学方法，对企业全体职工所进行的从招聘开始直至退休或解聘为止的全部管理活动。

按照管理职能的不同，劳动人事管理可分为人事管理和劳动管理两个方面。人事管理的职能是对企业人员的录用、调配、培训、考核、工资奖励和升迁等方面的管理。人事管理的任务是有计划地开发人力资源，提高职工素质，挖掘人的潜在能力和创造性。劳动管理的职能则是对劳动过程的合理组织，主要是对企业劳动组织、劳动定额、编制定员、劳动纪律、劳动保护、劳动竞赛等方面的管理。劳动管理的任务是通过科学地组织劳动过程，提高劳动生产率。

一、劳动组织

1. 劳动组织工作的作用

劳动组织是指企业在劳动过程中，根据生产发展的需要，科学、合理地组织劳动者，分工协作，正确处理劳动者之间及劳动者与劳动工具、劳动对象之间的关系，有效地利用人力和物力资源及工作时间的管理工作。

劳动组织工作是保证企业生产过程正常进行的前提，是现代社会化大生产的客观要求，是节约人力、物力，挖掘企业内部潜力的重要措施，是充分发挥劳动者的智慧、技能和积极性，提高企业劳动效益和经济效益的重要保证。

2. 劳动分工与员工配备

1）劳动分工的主要形式

劳动分工，是根据企业一定的生产条件，将企业的整个生产经营任务经过科学分解，形成各种不同性质的工作任务，合理配备人员，实行人力资源的优化组合，以便更好地实现企业的经营目标。

企业的劳动分工，可大致分为两大类并形成两种性质的工作部门，一是职能部门（主要是管理部门）；二是执行部门（主要是生产部门）。

职能部门的劳动分工，主要是根据生产经营的特点和需要，形成适当的组织机构和专业分工。例如，分为产品设计、市场营销、人事管理、财务管理等不同性质的工作机构。各机构内再根据不同内容和要求设置不同的工作岗位。

执行部门的劳动分工，一般可按以下几种形式进行：按工艺过程的特点分工，如机械加工中的车工、钳工等；按技术等级的高低分工，使其人事相宜；按基本工作和辅助工作分工，使基本生产员工的劳动时间得到充分利用；按准备工作和执行工作分工，以利于发挥员工的专长和提高效率。

2）员工的配备

劳动分工的目的在于合理地配备人力。员工的配备应满足以下 3 点要求。

（1）要使每个员工的配备，有利于发挥他的技术专长，做到工种对路、等级相适、各尽其能。

（2）要使每个员工都有足够的工作量，做到负荷充分、任务饱满、各尽其力。

（3）要使每个员工都有明确的岗位，并建立相应的岗位责任制，做到职责分明、分工清楚、各尽其职。

3. 劳动协作和劳动组织

有分工就有协作。在劳动分工的基础上，加强劳动者在劳动过程中的协作与配合，才能使企业内各车间、工段、班组之间协调地、顺利地开展生产经营活动，才能提高劳动生产率。企业在实行劳动分工和协作的基础上，还必须从空间和时间上建立和健全劳动组织形式。

1）作业组的组织

作业组是在劳动分工的基础上，将完成某项工作任务而又相互协作的有关工人组织在一起的劳动集体，是企业劳动组织的基本形式。

作业组按员工的工种组织情况可分为专业作业组和综合作业组。专业作业组是由同工种的员工进行同类型工作的劳动组合，其特点是组内员工之间的生产成果具有一定的独立性，只是在该组承担生产任务的品种和工作量上有所调剂，便于进行技术指导和员工的技术交流。综合作业组是把与完成某项任务有关的相互紧密联系的工作组合在一起，由不同工种的员工组成的劳动集体，其特点是员工之间协作配合较密切，形成统一的生产成果，促使每个员工关心全组的成果。

2）工作轮班的组织

工作轮班是指在工作日内组织不同班次的劳动协作形式，它体现了劳动分工与协作在时间上的联系。

在现代企业中，由于生产工艺的不同，工作轮班可以是单班制，也可以是两班制、三班制，还可以是四班交叉制、四班三运转制、四六制等。其中，四班交叉制是每天分别组织 4 个班生产，每班工作仍为 8 小时，但上下班之间有 2 小时交叉，在交叉时间内，两个班的工人共同进行生产；四班三运转制是每天实行 3 个班的工人生产，每班工作仍为 8 小时，其中半小时就餐，实际工作时间为 7.5 小时，另外还有 1 个班的工人不参加运转而休息，这种形式两天倒一次班，每班工人工作六天后可连续休息两天，不规定厂休日；四六制是每天参加运转有 4 个班的工人，每班工作 6 小时，工作时间不停车，每班倒一次班，厂休日照常。

二、劳动定额

为了提高企业人力资源的工作效率，必须以劳动定额工作为基础，使人力资源在动态运行过程中与其他资源的配合达到可能的最佳状态。

1. 劳动定额的形式及作用

1）劳动定额的概念及其基本形式

劳动定额是指在一定的生产技术组织条件下，为生产一定量的产品所必须消耗的时间，或者在一定时间内生产合格产品的数量。由此得到劳动定额的两种基本表现形式：工时定额和产量定额。工时定额是指生产单位产品所必须消耗的时间；产量定额是指在单位时间内必须完成的产品数量。工时定额与产量定额互为倒数关系。

2）劳动定额的作用

劳动定额是企业人力资源等许多管理工作的基础，是企业实行科学管理、推行经济责任制的基础工作。其作用主要表现在以下几方面。

（1）劳动定额是计划工作的基础：企业编制经营计划、作业计划、成本计划等都得以劳动定额为依据。

（2）劳动定额是合理组织劳动力的依据：它规定了完成各项工作的劳动消耗量，为合理配置人力资源提供了数量依据。

(3) 劳动定额是经济核算的依据之一：企业内部经济核算指标的统计、分析、考核等，都要以劳动定额为依据。

(4) 劳动定额是企业按照员工劳动态度、技术高低、贡献大小，贯彻"按劳分配"原则，正确确定劳动报酬的主要依据。

(5) 劳动定额是开展劳动竞赛，推广先进经验，衡量劳动生产率，考核员工工作绩效的一个重要尺度。

(6) 劳动定额是控制生产进度，组织有秩序的生产的基础资料。

总之，劳动定额是社会化大生产的客观要求，是企业管理的一项极为重要的基础工作。

2. 劳动定额的构成

劳动定额最基本的形式是工时定额。工时定额的制定要以工时的消耗为依据。从劳动定额的角度看，工人在生产过程的工时消耗可分为定额时间和非定额时间两大类。

1) 定额时间

定额时间指工人为完成某项生产任务所必须消耗的时间。它由以下内容组成。

(1) 作业时间：指工人直接用于完成生产任务，实现工艺过程所消耗的时间。它是定额时间中最主要的组成部分。按其作用可分为基本时间和辅助时间。前者指直接完成基本工艺过程所消耗的时间，后者指为实现基本工艺过程而进行的各种辅助操作所消耗的时间。

(2) 布置工作场地时间：指工人用于照管工作场地，使工作场地经常保持正常和安全状态所消耗的时间。

(3) 休息与生理调节时间：指工人在工作班内为了恢复体力和满足生理需要，如喝水、上厕所等而规定的时间。

(4) 准备与结束时间：指工人为生产一批产品或完成一项生产任务，在事前进行准备和事后结束工作所消耗的时间。

2) 非定额时间

非定额时间指那些不是为了完成某项生产任务所必须消耗的时间。非定额时间包括非生产工作时间、因管理工作不善造成的损失时间、工人责任造成的损失时间。

非定额时间是由各种原因引起的工时损失，这部分时间不应计入定额，否则就不能巩固劳动纪律，不能提高生产率和经济效益。

3. 劳动定额的制定

制定劳动定额，应符合"快、准、全"的要求。即时间上要快，应能及时制定出定额，以满足生产和管理上的需要；质量上要准，应达到和满足多数工人能够达到、部分工人可以超过、少数工人可以接近的先进合理的定额水平。

制定劳动定额的方法有以下几种。

(1) 经验估工法：它是由定额员、技术人员和生产工人，根据自己的实践经验，依据产品设计图纸、工艺规程和产品实物进行分析，并考虑所使用的设备、工具、原材料及其他条件直接估算制定定额的方法。

(2) 统计分析法：它是根据过去生产同类型产品或相同的零件、工序的实际操作工时统计资料，在整理和分析的基础上，结合考虑今后生产技术组织条件变化来制定定额的方法。

(3) 技术测定法：它是根据对生产技术组织条件的分析研究，在挖掘生产潜力的基础上，通过实地观察测定，分析计算制定定额的方法。技术测定法又可分为分析研究法和分析计算法。技术测定法是用测时和工作日写实的方法不定期确定工时定额各部分时间；分析计算法是通过现场工作日写实、测时、摄影和录像积累起来的各种定额标准资料，然后根据这些定额标准资料计算时间定额。

4. 劳动定额实施与调整

劳动定额一经制定，就应具有一定的权威性，保持相对的稳定性，不能随意地变动。企业应在实施劳动定额的过程中认真做好劳动定额的管理工作。

（1）广泛宣传，帮助职工认识制定劳动定额的重要性，提高完成劳动定额的自觉性；
（2）将劳动定额落实到班组或岗位，与经济责任制挂钩；
（3）落实生产技术组织措施，如搞好生产技术准备工作、提高工艺装备水平、合理安排生产任务、保证能源和原材料的及时供应、加强保养消除设备故障等；
（4）做好劳动定额执行中的检查、统计和分析工作，及时发现问题，提出有针对性的改进措施；
（5）建立劳动定额管理部门或岗位，建立奖励制度，对完成或超额完成定额的职工要及时进行奖励。

强调劳动定额的稳定性，目的是维护劳动定额的权威性。但是，随着生产技术组织条件的不断变化，劳动定额也会出现一个由相对先进到相对合理再到不合理、不先进的发展变化过程。因此，到了一定时期必须对劳动定额进行修改。

这种修改可以是定期的也可以是不定期的，可以是全面修改也可以是部分调整。这些都需要根据企业生产的实际来确定和选择。

三、劳动定员

1. 劳动定员的作用与要求

1）劳动定员的作用

劳动定员是劳动人事管理的一项基本工作，它是企业根据科学用人标准，采用按产品方向、生产规模、设备、岗位等配备各类人员数量，以合理利用人力资源，不断改善劳动组织的一项重要组织措施。劳动定员的主要作用有：

（1）它是企业编制职工需要量计划，确定工资基金的主要依据；
（2）它是衡量和监督劳动力使用状况、组织劳动竞赛、开展技术革新、挖掘企业劳动潜力、提高生产效率的有效措施；
（3）它是改善劳动组织、巩固劳动纪律、明确岗位责任制、实行企业内部经济责任制的前提。

2）劳动定员的基本要求

为了科学、合理地使用劳动力，企业劳动定员应满足以下具体要求。

（1）定员应符合"先进合理"的原则，有利于调动职工的生产积极性；
（2）应参照国内外企业的定员标准，并与同行业先进水平、本企业历史最高水平进行比较；
（3）合理确定基本工人与辅助工人的比例、管理人员与职工总数的比例、女工占职工总数的比例等。

总之，企业劳动定员必须满足高效率、满负荷和充分利用工时的要求。

2. 劳动定员的范围

工业企业的全部职工，按其工作性质和所处工作岗位的不同，可分为技术工人、学徒、工程技术人员、管理人员、服务人员和其他人员。前5类是企业进行正常生产所必需的，属于企业劳动定员范围；其他人员，如连续6个月以上的出国、脱产学习、病伤假等人员，不应包括在企业劳动定员范围内，通常称为编外人员。

3. 劳动定员的方法

企业生产计划期内的总劳动量和个人的劳动效率是计算定员人数的基本依据。各类人员工作性质不同，计算定员的具体方法也就不同。劳动定员通常采用以下几种方法。

（1）按劳动效率定员：指根据生产任务、工人的劳动效率和出勤率来计算定员人数。凡是有劳动定额的工种，一般都采用这种方法。
（2）按设备定员：指根据机器设备的数量、工人看管设备的定额和设备的开动班次来计算定员人数。
（3）按岗位定员：指根据工作岗位来计算定员人数。通常先确定岗位数，然后按照岗位的工作量、工人的劳动效率、开动班次、出勤率等计算定员人数。
（4）按比例定员：指按职工总数和某类人员占职工总数的比例来计算某种人员的定员数。此方法大多用于计算服务人员等的定员人数。

（5）按组织机构、职责范围、业务分工定员：工程技术人员、管理人员通常采用这种方法定员。

（6）新建企业设计定员：设计定员应根据新建企业的技术组织条件，参照国内外同类企业的定员标准或人员配备情况确定。

四、劳动合同

劳动合同是劳动者与用人单位确立劳动关系、明确双方权利和义务的书面协议，也是劳动者维护其合法权益的依据。因此，订立劳动合同和履行劳动合同是企业劳动人事管理的重要内容。

1. 劳动合同的订立

根据《中华人民共和国劳动合同法（草案）》的规定。劳动合同应以书面形式订立。

劳动合同分为有固定期限、无固定期限和以完成一定工作为期限3种。

1）有固定期限劳动合同

有固定期限劳动合同是指用人单位与劳动者以书面形式约定合同终止时间的劳动合同。在合同期限内，用人单位与劳动者双方均不得无故解除合同，有正当理由确实不能继续履行合同者，亦需提前知会对方，经双方协商同意后方可解除合同。

2）无固定期限劳动合同

无固定期限劳动合同是指用人单位与劳动者未以书面形式约定合同终止时间的劳动合同。这种合同的终止时间通常以用人单位的工作需要或以劳动者的工作表现或以用人单位和劳动者对对方是否满意等为基础。

3）以完成一定工作为期限的劳动合同

以完成一定工作为期限的劳动合同是指用人单位以书面形式约定以某项工作的完成为合同终止条件的劳动合同。在此期间，用人单位与劳动者双方无正当理由均不得解除劳动合同。

已存在劳动关系，但用人单位与劳动者未以书面形式订立劳动合同的，除劳动者有其他意愿表示外，均视为用人单位与劳动者已订立无固定期限劳动合同，并应当及时补办书面劳动合同。

用人单位与劳动者对是否存在劳动关系有不同理解的，除非另有反面举证，一般应以有利于劳动者的理解为准。

劳动合同文本由用人单位提供。劳动合同内容应当由用人单位与劳动者协商一致，并经双方当事人在劳动合同文本上签字或盖章才能成立。劳动合同应由用人单位与劳动者各执一份。未以书面形式订立劳动合同的，劳动关系自劳动者为用人单位提供劳动之日起成立。

劳动合同期限在三个月以上者，可以约定试用期。试用期包括在劳动合同期限内。非技术性工作岗位的试用期不得超过一个月；技术性工作岗位的试用期不得超过两个月；高级专业技术工作岗位的试用期不得超过六个月。同一用人单位与同一劳动者只能约定一次试用期。

用人单位招聘劳动者，不得要求劳动者提供担保或以担保名义向劳动者收取财物，不得扣押劳动者的居民身份证或其他证件。

用人单位应为劳动者提供培训费用，使劳动者接受6个月以上脱产专业技术培训的，可以与劳动者约定服务期限，以及劳动者违反服务期限内约定应当向用人单位支付的违约金，该违约金不得超过服务期限内未履行部分所应分摊的培训费用。

2. 劳动合同的内容

根据《中华人民共和国劳动合同法（草案）》的规定，劳动合同文本应载明以下事项。

（1）用人单位的名称、住所和法定代表人。

（2）劳动者的姓名、居民身份证号码。

（3）劳动合同期限或终止条件。

（4）工作内容和工作地点。
（5）工作时间和休息休假。
（6）劳动报酬。
（7）法律、行政法规规定应当纳入劳动合同的其他事项。

3. 劳动合同的履行与变更

用人单位和劳动者应当按照劳动合同的约定，全面履行各自的义务。劳动者本人应当实际从事劳动合同约定的工作。

用人单位变更名称、法定代表人即主要负责人或投资人，不影响劳动合同的履行。用人单位合并，劳动合同应当由合并后承继其权利和义务的用人单位继续履行，或者经劳动者同意，由合并前的用人单位与劳动者解除劳动合同，同时由合并后继承其权利和义务的用人单位与劳动者重新订立劳动合同。用人单位分立的，劳动合同应当由分立后用人单位按照分立协议划分的权利和义务继续履行，或者经劳动者同意，由分立前的用人单位与劳动者解除劳动合同，同时由分立后的用人单位与劳动者重新签订劳动合同。

用人单位与劳动者中的一方因不可抗拒力不能履行劳动合同的，另一方可以根据不可抗拒力的影响，中止或部分中止履行劳动合同。用人单位与劳动者协商一致，可以中止或部分中止履行劳动合同。中止履行劳动合同的条件消失，除劳动合同已经无法履行的外，劳动合同中的其余部分应当恢复履行。

五、工资制度和劳保福利

1. 工资制度的原则和作用

工资是企业按照职工个人的劳动技能、劳动强度、劳动态度、劳动条件及实际贡献，以货币形式分配给个人的劳动报酬。

企业现行的工资制度必须体现以下原则：

（1）坚持社会主义的按劳分配原则；
（2）坚持兼顾国家、集体、个人三者的利益，实行职工劳动所得与企业经营成果相联系的原则；
（3）坚持工资总额增长幅度低于本企业经济效益增长幅度，职工实际平均工资增长幅度低于本企业劳动生产率增长幅度的原则。

企业只有贯彻执行上述原则，才能体现多劳多得，才能实现奖勤罚懒，从而更好地调动职工的积极性，充分发挥工资制度促进生产、提高经济效益的作用。

2. 工资制度

我国企业工资制度是在总量控制和效益挂钩的前提下，企业自主实行符合自身特点的工资制度。目前，企业实行的工资制度有以下几种。

（1）技术等级工资制：它是根据各工种的技术复杂程度、劳动繁重程度、工作责任大小等因素划分为若干个技术等级，按技术等级规定相应的工资标准的制度。

（2）岗位技能工资制：它是按照工人在生产中的不同工种、不同岗位，分别规定不同的工资标准，凡能达到该岗位操作技能要求，并能独立操作者，即可领取此岗位的工资。

（3）职务等级工资制：它是按照工程技术人员、管理人员在生产技术和经营管理中所担任的职务，按其职务的重要性和工作复杂程度等，分别规定各职务的工资标准。

（4）浮动工资制：它是以职工的工资等级相应的工资标准为基础，将其部分或全部工资浮动，按照职工个人的劳动态度、贡献大小和企业经营成果好坏支付劳动报酬的形式。

（5）结构工资制：它是按照工资的不同职能，将工资分解成若干部分，相应规定不同的工资额，用于支付职工各种不同劳动消耗的报酬。结构工资一般包括基本工资、劳动技能（职务）工资、工龄工资、效益工资、奖励工资、岗位津贴等。

（6）定级升级制度和晋级增薪、降级减薪制：定级是评定劳动者的劳动能力及其适应工作的程度的制度；对新老职工还要定期考核升级；晋级增薪是指对企业做出较大贡献的职工晋升级别、增加工资；降级减薪则是对不能承担现有级别工作的职工，企业有权对该职工降级，减少工资。

3. 工资形式

工资形式是指企业核算和支付职工劳动报酬的形式。我国企业的工资形式有以下几种。

（1）计时工资：它是根据职工工资等级相应的工资标准和劳动时间来计算和支付劳动报酬的一种基本工资形式。计时工资一般有小时工资、日工资、月工资等。

（2）计件工资：它是按照工人生产合格产品的数量和预先规定的计件单价计算劳动报酬的一种基本工资形式。

（3）奖金：奖金是劳动者超额劳动的报酬，是工资的辅助形式。奖金发放一定要体现按劳分配，不能平均发放。奖金的形式有综合奖、超产奖、安全奖、质量奖、单项奖、协作奖、合理化建议奖等。

（4）津贴：这也是工资的辅助形式，它是为补偿职工额外和特殊的劳动消耗，弥补实际工资降低而实行的。

4. 劳动保险

劳动保险是指企业为保护和增进职工身体健康，保障职工在暂时或永久丧失劳动能力时的基本生活需要而建立的一种物质保障制度。它是国家对职工的社会保险的主要内容之一。

职工享受的劳动保险待遇和职工的工资、奖金、津贴一样，都属于职工物质利益的内容，但性质不同，劳动保险具有社会互助性质，它不是职工从事劳动获得的报酬，而是按国家法律规定筹集的保险基金。企业职工劳动保险的主要内容包括病伤残保险、退休养老保险、医疗保险、生育保险、死亡保险、失业保险等。

5. 职工生活福利

工业企业的生活福利，是企业为了帮助职工解决生活中的困难，改善职工生活环境，保证职工正常有效地工作，主要依靠自己的力量兴办集体福利和设施，提供的个人生活福利补贴、集体福利设施和文化体育活动设施等。

职工生活福利是个人消费品分配的一种形式，不属于按劳分配的范畴，而属于社会消费基金的分配范畴，它起着满足职工生活需要、改善职工生活条件、解除职工的后顾之忧、调动职工的劳动积极性、促进生产发展的重要作用。

用于职工福利的集体福利设施有职工宿舍、职工食堂、托儿所、幼儿园、浴室、图书馆、阅览室、俱乐部、体育场所等。用于职工福利的个人福利补贴有探亲路费、上下班交通费、生活困难补助、冬季取暖补贴等。这些都是直接关系到企业职工切身利益的事情，企业有关部门必须认真做好这方面的工作。

思考与练习八

1. 人才在企业发展中的地位如何？现代工业企业的人才需求有哪些特点？
2. 何谓人力资源开发？包括哪些内容？
3. 何谓需要？何谓动机？试举例说明动机与目的的区别。
4. 人力资源管理中的激励理论有哪些类型？各自的着眼点如何？
5. 简要说明马斯洛的需要层次理论及其在企业管理中的应用。
6. 亚当斯的公平理论包括哪些内容？个人如何减轻不公平感？
7. 简要说明劳动人事管理的内容。
8. 如何订立劳动合同？劳动合同的内容有哪些？

案例分析

【案例分析 8-1】

某汽车零件制造厂的赵副厂长分管生产。一个月前，他为了搞好生产，掌握第一手资料，就到第一车间甲班去蹲点调查。一个星期后，他发现工人的劳动积极性不高，主要原因是奖金太低，每天工人多的生产二十几只零件，少的生产十几只零件。

赵副厂长和厂长等负责人商量后，决定搞个定额奖励试点，每天每人以生产 20 只零件为标准，超过 20 只零件后，每生产一只零件奖励 0.5 元。这样，全班 23 个人都超额完成工作任务，最少的每天生产 29 只零件，最多的每天生产 42 只零件，这样一来，工人的奖金额大大超过了工资，使其他班、其他车间的工人十分不满。

于是，赵副厂长不得不修改了奖励标准，工人每天生产 30 只零件后，每生产一只零件奖励 0.5 元，这样一来，全班平均产量每天只维持在 33 只左右，最多的人不超过 35 只，赵副厂长观察后发现，工人并没有全力生产，离下班还有一个半小时左右，只要 30 只任务已完成了，他们就开始休息了。他不知道如何进一步来调动工人的积极性了。

【案例分析问题】

（1）赵副厂长在激励员工时采取的措施有什么不妥之处吗？
（2）如果你是赵副厂长，会如何处理这个问题？
（3）请运用所学知识，为该厂设计一个较合理的激励方案。

【案例分析 8-2】

王芳最近被提升为今日时尚——一家在全国拥有 50 家分店的专业服饰连锁店的地区销售经理。她负责今日时尚最大的市场——华南地区市场。在她管理之下，有 9 个分店，每个分店都有一个店长向她直接报告。

每个分店按照经营的类别，有 3~5 个助理店长。每个助理店长负责一个专门的分类部门。这些部门在规模和下属店员数量上相差很大。连锁店的成功在于适应当地顾客的品味和购买习惯，因此在王芳旗下的每个分店都具有不同的货物和不同的部门结合方式。这些部门包括休闲服、正装、鞋、化妆品和首饰。

在被任命为地区销售经理之前，王芳做过店长和休闲服部门的助理店长。在担任助理店长时，王芳经常感觉到自己要负责其他助理店长不需负责的有关商店管理的很多方面的事务。同时，她认为她的店长从来没有清楚地界定她的职责范围。因此，虽然商店经营得很成功，但是王芳认为在改进今日时尚的管理上还有很多工作要做。因此，王芳被任命为地区销售经理后最先要做的工作，就包括了对助理店长的工作进行工作分析。

王芳拥有市场学方面的学士学位。虽然没有工作分析方面的正式培训，但是，基于自己在这个职位上的工作经验，王芳相信自己能够为助理店长做出一份精确和有用的工作描述和说明书。并且，王芳并不是仅仅写出自己的经验，她还访问了所在地区附近的三位现任的助理店长。在这些访问和自己经验的基础上，王芳做出了工作描述和说明书，如下所示。她希望这些文件能够成为她甄选计划的基础。她相信发展店长的最好方法是雇用合乎条件的助理店长。

今日时尚工作描述/工作说明书
工作名称：助理店长
上级：店长

工作的一般描述：

管理一个零售店专业部门的日常工作。助理店长负责顾客服务、管理店员、培训新员工、销售规划和存货管理。

基本职责：

帮助顾客挑选商品、退货和商品保管；解决店员遇到的问题；培训、合作、指导和管理部门店员；管理存货记录；在每天营业之前进行准备；确保部门的专业化管理和有序性。

任职资格：

1）教育

最低要求：市场学或相关专业大专毕业。

2）经验

（1）最低要求：6个月到1年零售业工作经验。

（2）在今日时尚工作1~3年者优先。

3）知识、技能和能力

（1）基础数学。

（2）有效的人际沟通能力。

（3）良好的判断和独立思考能力。

（4）自我驱动。

（5）诚实。

（6）良好的打字和计算机技能。

4）体力要求

（1）90%的工作时间都需站立和行走。

（2）能搬动大约15磅的箱子。

【案例分析问题】

（1）请评价王芳为助理店长所做的工作分析。她是否运用了正确的方法？她的方法有什么优点和不足？

（2）为了改进她的工作分析，王芳需要对今日时尚工作的哪些方面进行更仔细的考察？

（3）仔细阅读王芳制作的工作描述/工作说明书。它是完整的吗？你认为它能够作为下一次甄选过程的充分的依据吗？为什么？

【案例分析 8-3】

"引进一个人才就等于引进了一笔财富"，百泉中药厂厂长刘桂青如是说。

在百泉厂看来，人是企业发展中最为关键的因素，只要严格按照科学的规律办事，充分发挥公司各类人员的积极性和创造性，什么奇迹都是可以创造出来的。要办好一个企业必须尊重人才、看重人才；在百泉中药厂看来，劳动力是一种有思维、有感情的特殊商品，作为商品就有价值和价格，在使用过程中，企业必须满足劳动人员生理、安全、社交、尊重、自我价值实现5个方面的需求，才能激发各个层次员工的积极性；在百泉中药厂看来，人才是劳动力的精华，是企业发展的中坚力量，是企业发展的第一资源，其中，中、高级技术和管理人才是稀缺的人才；在百泉中药厂看来，企业发展的一切资源均来自市场，因此，必须面向市场开发利用人力资源，并使其在市场竞争中增效。

基于上述认识，百泉中药厂实施了人才战略，即结合企业的发展战略需要，不失时机地采取多种方法开发、引进、使用和培养人才，根据个人的实际才能，通过市场方式把人才安置到最能发挥才智的岗位，并对其劳动给予合理回报，从而实现人力资源的有效开发和合理使用。

几年来，百泉中药厂求贤若渴，积极引进高素质的技术人才，不惜重金招聘人才，培养人才。他们还举办春节大学生座谈会，请在高校就读的大学生到百泉中药厂做客，联络感情，为引进专业人才做准备工作。在他们的感召下，几年来，许多大中专毕业生主动要求到百泉中药厂工作。

引进和留住人才的关键在于为他们提供生存和发展的空间。为此，百泉中药厂做了以下的努力。

一是在利益关系上，企业给特殊的高级人才留出一个足够的空间。公司有一个利益分配体系：工资、奖金、住房等。企业对一定层次的高级人才、必需的创新人才，在利益方面留下一定的空间。

二是在他们发挥的空间内，给他们真正的自主权。一旦他们的职位确定，他们在自己负责的领域内，可以充分发挥他们的特长。

三是给专业人才留出足够的"个性空间"。有些具有特殊才能的人才有时也有些个性。他们精通自己领域的专业技能，对于专业人才不能求全责备，而是要用其长，容其短。省中医学院毕业生张坤杰作为优等生经学校决定留校任教。厂长刘桂青得知后，亲自到校方，表明渴望人才的心情。在刘桂青的真情感召下，校方同意张坤杰到百泉中药厂工作。张坤杰到厂工作后，先后研制了三个国家级新药，移植开发了六十多个品种，使企业获得了5个省优产品，创造了较高的经济效益和社会效益。大学生李玉晓是他们企业用4 000元从学校引进的，并免费分给他一套三室一厅的住房，以示对专业人才的重视。被感动的大学生李玉晓用实际行动回报企业，先后为企业更新设备三十多件，创造了较好的经济效益。为更好地吸引人才，百泉中药厂专门成立了中药研究所和开拓部，积极为科技人才创造宽松的工作环境。经过几年的努力，百泉中药厂目前拥有大中专毕业生50人。这些专业技术人才在企业新产品开发、科学管理、市场营销等方面起到了中坚作用。

百泉中药厂的人才策略值得我们思考。争得来，不言而喻，就是要去发现，去动员，甚至不惜一切代价，要表现出的确是求贤若渴、爱才如命，这样，人家才好下决心，来了才能效死知己。留得住，这也是一道难题，必须千方百计创造出一种能留住人才的环境，包括在工作上重视、在生活上关心、在待遇上优厚。用得好，这是最关键的，用人不疑，疑人不用，既然把人家请来，就要充分信任，放手使用，使他们最大限度地发挥才能。在百泉中药厂，很难见到所谓怀才不遇的人，因为要的条件都给了，英雄不会无用武之地。

【案例分析问题】

（1）百泉中药厂的人才策略给我们哪些启示？
（2）如何才能将人才争得来、使人才留得住？如何才能使"英雄有用武之地"？

【案例分析8-4】

某市通用有限公司的总经理收到财务部关于公司最近情况的报告。他翻阅之后很不高兴：销售额下降，成本上升，利润减少，用户的申诉增加，人员流动率也在升高。他立即召开中层以上干部会，他说："我看了最近的报告，发现绩效不佳，这应归咎于你们的领导不力。我看到不少职工在上班时间随意走动，公司变成了俱乐部。职工们关心的是少干工作多拿工资和奖金。现在需要严格的监督和更多的控制。他们不好好干，先警告一次，再不行，就炒他们的鱿鱼！"年轻干部胡蓉发表意见说："人们基本上是要工作、想贡献的，只要有机会，他们都想把工作做好。公司也许还未把职工的潜力真正挖掘出来，因为职工都有较高的文化程度，所以都想参与决策过程。"她建议总经理向职工说明公司当前的处境，然后请他们帮助提高生产率。总经理对此表示反感。于是突然宣布休会，并命令与会干部下周一再开会，汇报各自在强化控制方面拟采取的特别措施。

【案例分析问题】

（1）总经理的人性观点是什么？胡蓉的人性观点是什么？
（2）假如你是公司职员并参加这次会议，你会提出怎样的建议？

第九章　企业文化与企业形象设计

学习目标

【知识目标】
1. 熟悉企业文化的内涵、内容；熟悉企业文化建设的意义和原则；
2. 熟悉企业形象的含义及构成要素，了解塑造企业形象的基础和方法；
3. 了解公共关系的概念、特点及基本功能，熟悉公关艺术及其种类；
4. 掌握领导和领导者的概念；了解现代企业家应具备的基本素质；
5. 熟悉领导方法与领导艺术；了解领导者应掌握的哲学观和应具备的创造力。

【能力目标】
1. 具备初步开展企业文化建设的能力；
2. 具备基层领导与中层领导应有的工作能力。

企业文化与企业形象设计是20世纪70年代末80年代初人们对当代管理理论进行深入研究和探索的基础上逐步形成的，是发达国家由工业社会进入以信息产业为标志的后工业化社会的产物。实践证明，创建优秀的企业文化并树立良好的企业形象，对创建企业品牌、增强企业竞争能力、提高企业经营管理水平和经济效益等都具有极其重要的作用。

案例导读

【案例9-1】企业文化为先导的有效管理

浙江万丰奥特集团（简称万丰）是一家民营股份制企业。近年来，该企业先后获得"机械工业管理基础规范化企业""全国巾帼创业明星企业""21世纪最有影响的机械企业"等二十多项省级以上的荣誉。万丰之所以能在激烈的市场竞争中脱颖而出，进入中国汽车零部件企业20强，主要是在8年的艰辛创业过程中，既坚持资本的积累、体制的创新，又注重优良文化的塑造，创立了卓尔不群、冲破传统观念束缚的"野马"精神为灵魂的万丰文化，并以此为先导实施有效管理，从而使万丰走上了一条持续、稳健的发展之路。

企业文化为先导的有效管理的内涵是，以塑造"野马"精神为灵魂的企业文化为先导，根据企业外部环境变化的需要，确定以培育国际品牌产品为中心的企业经营战略，对企业的有形资源和无形资源实施有效的管理与整合，使企业的经营者和全体员工都能不断更新自己的知识、丰富自己的经验，人人都能保持高涨的士气、旺盛的精神。

人总是要有一种精神的，企业也要有一种精神，企业没有精神就像人没有灵魂。万丰文化的灵魂是"野马"精神，即企业如同野马一样强悍、合群、不驯服，具有强大的生命力和活力。万丰人认为，经营企业要

把培养优良的企业文化放在首位,并在长期的实践中总结和形成了一个公式:

$$（知识+经验）×精神=竞争力$$

这就是"野马"精神。它作为一个乘数,一方面,它起乘法作用,具有放大功能;另一方面,它可以是正面的,也可以是负面的,具有导向功能,对企业的成败兴衰有直接影响。

【案例9-2】海尔成功之谜

许多到海尔参观的人反映:海尔的许多口号我们都提过,很多制度我们也有,为什么在我们企业没有效果,在海尔却这么有效呢?不少人认为,海尔一定有其管理秘诀。其实,海尔成功的秘诀就在于没有秘诀。它不是靠一两个管理秘诀搞管理,而是通过"事件"统一认识,通过制度形成习惯,靠的是管理制度与企业文化紧密结合构成的管理体系。

1. 海尔管理三步曲

海尔管理运行的过程是提出理念与价值观;推出典型人物与事件;在理念与价值观的指导下,制定保证人物与事件不断涌现的制度与机制。正是这种制度与机制和员工理念与价值观的互动,使海尔获得了稳定的发展。

2. 质量管理三步曲

第一步,看出质量理念:有缺陷的产品就是废品。从理念的提出到员工接受、认同,最后变成自觉遵循的原则和习惯需要一个过程。为此,海尔果断地迈出第二步,推出"砸冰箱"事件。海尔总裁亲自带头把76台有缺陷的电冰箱砸碎后,员工们内心受到极大震撼,人们对有缺陷的产品就是废品有了刻骨铭心的理解和记忆,对品牌与饭碗之间的关系有了更切身的感受,产品质量零缺陷的理念得到了广泛的认同。随后会议的主题都非常集中——怎样才能使零缺陷得到机制的保证?于是他们走出了关键的第三步,构造零缺陷管理机制,即被海尔称为市场链机制的SST(索赔、索酬、跳闸)。

3. 市场创新三步曲

第一步,提出市场创新理念:自己做个蛋糕自己吃。海尔总裁认为,"只有淡季思想,没有淡季市场",在激烈的市场竞争中,不能死拼硬杀,只能另辟蹊径。"顾客的难题就是需要开发的课题",当海尔的一位客户突发奇想,要用洗衣机洗地瓜时,海尔人不放过这一信息,半个月后,海尔大地瓜洗衣机闪亮登场。这一事件在一次全国经济工作会议上受到了中央领导的充分肯定,使之更具有了神奇色彩。这也是海尔市场创新的第二步。随后,海尔人又推出了一整套产品开发管理制度,迈出了第三步——建立产品开发与市场开发一体化的保证体系。

4. 营销创新三步曲

第一步,提出营销理念:真诚到永远。海尔的营销理念是"顾客永远是对的""先卖信誉,后卖产品""真诚到永远"……"杜绝损害顾客利益的行为"。第二步,冰箱说明书事件。海尔第一代冰箱的生产技术是从德国引进的,产品使用说明书也译自德文,说明书除了简单图示几乎没有文字说明,这给大部分还是第一次使用冰箱的中国客户带来了困难。海尔接到这一投诉后,立即花最短的时间编写了一本初中文化就能看懂的产品说明书。为了使营销理念进一步内化,海尔又迈出了第三步——构造服务追踪体系。

5. 妙在制度与文化相结合

有人说,在企业规模小时,用人能管理就可以了;随着企业规模的扩大,就必须上升到制度化的管理;当企业规模发展到超大规模的时候,则必须使管理上升到文化与哲学层次,用理念、价值观来统率员工。海尔的管理三步曲正是把企业文化和管理制度相结合的典范。

通过管理三步曲的实施,企业形成了管理制度与企业文化紧密结合的管理环境。这种管理环境有两大作用:对个人价值观与企业价值观相同的员工,有巨大的激励作用;对个人价值观与企业价值观不相同的员工,有巨大的同化作用。正是这两种作用,使得管理三步曲成为一种非常有效的管理模式。

第一节 企业文化

20世纪70年代，美国学者在比较日美企业管理艺术的差异，以及总结日本企业成功的经营经验时发现，企业的文化建设对于企业的经营业绩具有重大作用。他们著书立说，掀起了一股企业文化热潮。20世纪80年代以后，企业文化作为一种管理文化也开始传入我国，产生了有关企业文化的研究机构，大批企业开始尝试应用企业文化理论进行企业管理。众所周知，人事管理的最终目标是要调动员工的积极性和创造性，即最充分地发挥员工的潜能，而要实现这一目标，就必须采取各种可能的手段，这些手段除了考核、培训、奖惩等，建设有企业特色的企业文化对员工潜能的充分发挥也有重要作用。

一、企业文化概述

1. 企业文化的内涵

企业文化是社会文化的一个组成部分，通常指在狭义的企业管理领域内产生的一种特殊文化倾向，是一个企业在长期发展过程中，把员工结合在一起的行为方式、经营理念、价值观念、历史传统、工作作风和道德规范的总和。它反映和代表了该企业员工的整体精神、共同的价值标准、合乎时代要求的道德品质及追求发展的文化素质。它是增强企业凝聚力和持久力，保证企业行为的合理性和规范性，推动企业成长和发展的意识形态。

因此，企业文化可以这样定义：企业文化是在一定的社会历史环境下，企业及其员工在长期的生产经营活动中形成的，是本企业所特有的，是企业全体员工共同遵循的最高目标、价值标准、基本信念和行为规范等的总和及其在企业组织活动中的反映。

企业文化的实质是企业的共同价值观体系。一个企业有了共同的价值观体系，就意味企业员工在思想上得到了统一，企业就能够朝着一定的方向集中发挥总体力量，企业领导人做出的决策就会迅速变为全体员工的行为。

企业文化是通过物质形态表现出来的员工精神状态。这里的文化不是知识修养，而是人们对知识的态度；不是利润，而是对利润的心理；不是人际关系，而是人际关系所体现的处世哲学；不是企业管理活动，而是造就那种管理方式的原因；不是舒适优雅的工作环境，而是对工作环境的感情……总之，是渗透在企业一切活动之中的东西，是企业的灵魂所在。

企业文化作为企业的上层建筑，是企业经营管理的灵魂，是一种无形的管理方式。同时它又以观念的形式来调控企业员工的行为，使企业员工为实现企业目标自觉地组成团结协作的整体。

2. 企业文化的特点

企业文化产生的原因及其形成过程使其既具有民族文化的烙印，又具有组织管理的个性特色。一般说来，企业文化具有以下特点。

1）群体性和整体性

文化首先是一定群体所共有的思想观念和行为模式。社会上实际存在的每个群体都不可能使它的每个成员的思想观念和行为方式完全一致，但在一些基本观念和基本行为上是能够取得共识和一致的。这种共识和一致，就形成该群体的文化。这种基本观念和基本行为的共识和一致，又形成该群体的根本精神。

企业文化的群体性，规定着企业群体的综合素质。企业群体的综合素质状况，也反映了企业文化的状况。

企业文化是物质文明和精神文明在企业内的有机结合，也是企业群体内的企业价值观、企业精神、信念宗旨、行为准则、工作作风、社会方式和生活习惯等要素的统一，这种内在的统一性是一个企业区别于其他企业的关键特征。

企业文化以观念的形式对企业的管理给予补充和强化，以一种无形的巨大力量使企业员工为实现企业的共同目标而自觉地组成一个团结协作的整体。

2）社会性、阶级性和民族性

企业文化是社会文化的一个组成部分，是社会文化在企业群体中表现出来的一种特殊形态。正因为企业文化与社会文化是紧密相连的，所以在不同社会制度下形成的企业文化具有不同的性质，即使在同一种社会制度下，如果生产资料所有制的形式不同，那么形成的企业文化也存在差异，这就是企业文化社会性的具体体现。企业文化作为整个社会文化的一个组成部分，同样是以社会物质生活条件、社会制度和国家制度的性质为转移的，因此不可避免地具有阶级性。

在世界文化体系中，在人类文化的发展过程中，由于各个民族形成的渊源和途径的特殊性，形成了各个民族的独特文化。由于社会环境的不同，形成了各民族的特定民族心理、风俗习惯、宗教信仰、道德风尚、伦理意识、价值观念、行为准则、生活方式、传统精神等。这种民族的特殊性综合表现为文化的民族性。这种民族性也反映在企业文化上，使企业形成具有民族色彩的特定模式。

3）传统性和历史连续性

企业文化中的许多要素来源于流传至今的传统性观念，这些传统性观念渗入现代企业文化的各个要素，使它在企业员工的心理上和企业管理活动中控制和调节企业及其员工行为的作用加强。企业文化一旦形成，就具有相对稳定性和承袭性，并对企业在一定历史时期内的经营哲学、经营观念、经营方式和经营行为起着维系和巩固作用。企业文化形成于企业成长、变革和发展的长期实践中，也随着科学技术的发展、文明的进步和企业自身的发展而不断丰富。

4）渗透性和创新性

企业文化的发展过程既是一个企业文化普遍性的进化过程，又是各国企业文化特殊性相互渗透的过程。从前者来说，各国的社会化大生产和商品经济都在各自的环境中不断地发展着，企业文化也随这种发展进行着自己的进化；从后者来说，世界各国企业文化的形成和建设都具有各自的独特性和稳定性，这是传统文化基因在企业文化形成和建设中的继承和遗传，然而它不会固守在本国范围之内，它会随着大经济环境的运作、大流通的交融渗透到他国的企业文化之中，这种相互之间的文化交流和渗透，促使各国企业立志扩展和创新自己的企业文化，以适应形势发展的需要。

5）客观性和落差性

企业文化本身是一个客观存在。作为一种客观存在，它必然具有两面性：如果企业文化是一个向上的客观存在，就会符合社会的需要，符合人民群众的心声；反之，如果企业文化是一个消极落后的客观存在，就会对社会产生负面影响。

任何事物的发展，由于所处的客观环境不同，事物发展的进程总是不平衡的。正因为企业文化是一个客观存在，所以不同企业企业文化的发展，必然有先有后、有优有劣，这种不平衡的落差性也是客观存在的。正是这种不平衡的落差性决定了各国、各地区的企业文化必然会相互影响、相互借鉴、相互促进。

3. 企业文化的功能

企业文化是由企业中占支配地位的领导集团经过多年研究，发现并加以培育和确立的。它来自于企业，但一旦形成了某种独立的企业文化，它就会反过来对企业产生巨大的能动作用。简而言之，企业文化有下列功能。

1）指导功能

指导功能是指企业文化能为企业活动确立正确的指导思想、决策方向和良好的精神气氛。在既定的社会环境和社会条件下，企业领导者确定怎样的经营方针、做出怎样的经营决策对企业来说是至关重要的，然而在确定经营方针、做出经营决策时，会受到来自各方面的思想影响，会受到社会的、传统的、企业精神面貌和文化气氛的制约，任何一个企业的经营目标、经营决策都是在一定的企业文化指导下进行的。

2）导向功能

导向功能也叫定向功能。导向功能能把企业及其员工的思想和行为引导到企业所确定的目标上来，以使员工同心协力、自觉地为实现企业目标团结奋斗。企业文化不仅对企业员工的心理、性格、行为起导向作用，还对企业整体的价值取向和行为起导向作用，引导企业员工树立改革开放意识。

3）凝聚功能

企业文化的凝聚功能，在于企业文化能对员工的思想、性格、兴趣起潜移默化的作用，使员工自觉地接受企业的信念和价值观，它通过共同价值观、企业精神和思想信念把企业全体员工团结成一个有机体，共同为企业目标的实现协力拼搏，具有一种无可比拟的黏合剂和强磁场作用。企业文化的凝聚功能有利于增强员工的主人翁意识，增强员工以企业为家的归属感，一致对外展开竞争。

4）激励功能

激励功能是企业文化功能中最重要的核心功能。企业文化中健康积极的价值观、奋发向上的企业精神、明确坚定的信念、高尚的道德规范和行为准则都将激发员工巨大的工作热情，激励员工形成强烈的使命感和持久的行为动力，为实现自我价值和企业目标而不断进取，提高企业的整体绩效。

5）控制功能

控制功能又称为规范功能、约束功能。企业作为一个组织，常常不得不制定许多规章制度来保证企业活动的正常进行。企业文化是用一种无形的思想上的约束力量来制约员工行为的，并引导多数员工认同和自觉遵守规章制度。因此，企业文化是帮助企业实现员工自我控制的管理方式。

6）协调功能

企业的员工队伍来自四面八方，由具有不同技能和不同知识水平的人构成，员工们在从事不同种类的工作时，往往带有各种各样的个人动机和需求。企业文化能在员工中间起到沟通协调的作用，在融洽的企业文化氛围中通过各种正式、非正式交往，使员工之间加强了联系，传递了信息，沟通了感情。企业文化不仅能改变人们头脑中的等级观念，还能使人们协调地融合于集体之中。

7）创新功能

企业要生存和发展，要在与其他组织的竞争中获胜，就要树立自己的风格和特色，就要与其他组织加以区别，就要创新。建立具有鲜明特色的企业文化，是企业激发员工超越和创新的动机，是提高创新素质的源泉和动力。

8）辐射功能

企业文化塑造企业形象，企业形象的树立，除了会对本企业发挥作用，还会通过各种渠道对社会公众、对本地区乃至国内外组织产生一定的影响，在提高企业知名度的同时，构成社会文化的一部分，企业良好的精神面貌会对社会起着示范效应，带动其他企业竞相仿效，因此企业文化具有巨大的辐射功能。

总之，企业文化在企业管理中发挥着极为重要的作用，从某种意义上讲，企业文化是提高企业生产力、推动企业发展的根本动力；是深化企业内部改革，使企业走向现代化管理的原动力；在发展企业、增强企业活力、提高经济效益上，具有强大的精神激励作用；对企业员工同心同德、齐心协力实现企业目标，增强企业竞争力具有强大的凝聚作用；企业文化还具有增强企业优势，提高企业素质的作用。

企业文化对于提高企业绩效和增强企业凝聚力确实大有裨益。但是，也应看到，企业文化也存在某些消极作用。当企业文化的核心价值观得到强烈而广泛的认同时，这种企业文化就是强文化。这种强文化可能会阻碍企业变革、削弱个体优势、阻碍企业的合并。

二、企业文化的内容

企业文化是微观组织的一种管理文化。企业文化的内容大致包括如下方面。

1. 企业哲学

企业哲学是指企业在一定的社会历史条件下，在创造物质财富和精神财富的实践过程中所表现出来的世界观和方法论，是企业开展各种活动、处理各种关系和进行信息选择的总体观点和综合方法。企业之所以具有无穷的精神力量，是因为具有正确的指导思想和价值观念；企业之所以具有伟大的创造力，是因为具有很强的综合选择信息的能力。企业哲学是企业人格化的基础，是企业形成独特风格的源泉，它包含几个基本的新观念，如系统观念、物质观念、动态观念、效率和效益观念、风险和竞争观念、市场观念、信息观念、人才观念等，这些观念是形成企业哲学的基本思想。

2. 企业价值观

企业价值观是指以企业为主体的价值观念，是企业人格化的产物，是以企业中各个个体价值观为基础的群体价值观念。共同的价值观是企业文化的核心，因为价值观是人们评价事物重要性和优先次序的出发点，企业价值观不但为全体员工提供了共同的价值准则和日常行为准则，而且是企业塑造杰出的企业精神、培育员工工作责任感和良好的职业道德并进行有效管理的必要条件。

3. 企业精神

常言道，人总是要有点精神的，一个企业也要有一种精神。企业精神是指通过企业广大员工的言行举止、人际关系、精神风貌等表现出来的企业基本价值取向和信念。企业精神可以高度概括为几个字、几句话，但它具有崭新的内容、深刻的含义和哲理，它是在一定的历史条件下，在进行生产经营管理实践活动时，经过长期磨炼而形成的代表全体员工的心愿和意志，它是激发全体成员积极性和创造性的无形力量，它支配、引导和激励全体员工为实现企业目标而不懈地努力。

所有企业的企业精神除了自己的独特精神风貌，还应包括如下精神：

（1）高度的责任感和使命感；
（2）民族自强精神；
（3）开拓创新精神；
（4）求真务实精神；
（5）全心全意服务精神；
（6）无私奉献精神。

企业精神是企业文化的核心，是统一全体员工思想的基本标准，是企业凝聚力的基础；是引导和激励员工进步的指针，是企业活力的源泉。企业精神具有鲜明的个性特征，它并不是自发形成的，必须有意识地树立，深入持久地强化，才能逐渐得到广大员工的理解和认同，从而成为一种独立存在的意识、信念和习惯。

4. 企业道德

企业道德是指调整企业之间、员工之间、企业与客户之间关系的行为规范的总和。企业道德是一种特殊的行为规范，是企业法规、制度的必要补充。它运用善良与邪恶、正义与非正义、公正与偏私、诚实与虚伪等相互对立的道德范畴来规范和评价企业及其员工的各种行为，并用于调整企业之间、员工之间、企业与客户之间的关系。企业道德一方面通过舆论和教育的方式，影响员工的心理和意识，形成员工的善恶观念，进而形成内心的信念；另一方面又通过舆论、习惯、规章制度等形式，约束企业和员工的行为。

5. 企业风尚

企业风尚是企业员工的愿望、情感、传统、趣味、习惯等心理和道德观念的表现，是在企业精神和企业道德的制约和影响下形成的，直接反映企业精神和企业道德的水平，既是企业文化的综合体现，又是构成企业形象的主要要素。

6. 企业形象

企业形象是指得到社会认同的企业的各种行为的综合反映和外部表现。企业形象不仅由企业内在的各种因素决定，还要得到社会的广泛认同，也就是说企业形象是企业的产品质量、服务水平、员工素质、厂风厂貌、公共关系、经营作风等在消费者的心目中的地位。要树立良好的企业形象、提高知名度，企业就必须使自己开展的每项活动都对社会高度负责，尤其要讲信誉。

7. 企业目标

每个企业都有自己存在的目的和所要完成的任务。不同企业的具体目标是不同的，即使是同一个企业，在不同时期目标也有所不同。企业目标是企业员工努力达到的期望值，代表企业未来的方向，它体现了企业的执著追求，同时又是企业员工理想和信念的具体化。企业目标是企业文化的动力源，一个科学的、合理的企业目标可以激励员工不懈努力，有利于塑造优秀的企业文化。

8. 企业民主

企业民主是企业的政治文化，是企业制度的一种形式，它是一种以人为本的价值观念和行为规范。企业民主的形成是一个艰难复杂的过程，需要决策层、管理层、执行层各级人员的共同努力才能形成。建立企业民主必须注意培养员工们强烈的参与意识和民主意识，明确职工的民主权利和义务，形成良好的企业民主气氛和环境。

三、企业的文化建设

1. 企业文化建设的意义

企业的文化建设对于社会主义精神文明建设，对于变革我国的管理体系、建立现代化企业体制，对于强化思想政治工作、提高企业员工的素质，对于提高企业的知名度等，都具有十分深远的意义。

（1）企业的文化建设有利于促进社会主义精神文明建设。

企业精神既是企业文化的灵魂，又是社会主义精神文明建设在企业中的集中反映，企业文化是优秀的民族传统文化与先进的时代精神相结合的产物，因此搞好企业的文化建设，对于提高我国企业的社会主义精神文明水平具有十分深远的意义。

（2）企业的文化建设有利于建设有中国特色的社会主义现代企业管理模式。

在企业的文化建设中，一方面，要继承和发扬民族传统文化中的优秀成果，弘扬优秀的民族精神，克服民族文化中的旧观念、旧思想、旧习惯；另一方面，要引入世界各国、各民族的先进管理经验，使之与本企业、本国的实际结合起来，塑造具有中国特色的企业文化和企业管理模式。企业文化是在企业管理的实践中不断变革和发展的，在充分挖掘员工潜能、充分调动员工积极性、充分发挥员工自我管理和自我控制能力等方面都有着强有力的影响。因此，企业文化有利于给企业管理注入新的活力，形成具有时代精神的现代企业管理模式。

（3）企业的文化建设有利于提高企业在社会上的知名度。

在企业的生产经营活动中，通过文化建设可以向社会展示出高尚的企业价值观、开拓创新的企业精神、良好的经营风格、优质的服务等，从而使企业在社会上塑造了良好的企业形象，扩大了企业在社会上的影响力，增强了企业在社会上的知名度。

2. 员工是企业文化建设的主体

企业文化是一种群体文化，是以人为中心来研究如何提高员工的文化素质和心理素质，以达到提高企业经济效益的一种崭新的企业管理理论。企业文化之所以具有强大的功能和威力，就是因为它坚持以人为本的原则，在唯有员工才可以创造企业文化这一观点的指导下寻找创造现代企业物质文明和精神文明之源，即员工是开启现代企业文化源泉的主体。因此，企业的文化建设必须抓住这个主体，培养与提高企业员工的素质，使优秀的中华民族文化特性、时代精神特性和社会主义市场经济观念的特性都凝聚在企业员工身上，使之成为有高度素养的人，并能进行自我开发，实现报效祖国、奉献社会的价值。

企业的文化建设应使员工注重新文化的创建。当前，企业文化的创建与创新主要有：

（1）企业经营思想的创建与创新；

（2）企业作风的创建与创新；

（3）企业价值观的创建与创新。

3. 企业家是企业文化的中坚力量

随着社会主义市场经济体制改革的不断深化，涌现出了一大批业绩十分卓著的企业家。企业家阶层的出现是国家经济振兴和社会发展的必然结果。建设社会主义市场经济下的企业文化，离不开对社会有很大影响的大中型企业，更离不开创建企业文化的企业家。这些企业家们眼光远大、胸怀大志，具有大无畏的创业精神，引导企业建立、识别企业文化，不失时机地进行文化转换，实现企业文化的更新，并有组织地实施文化整合，创建了生气勃勃的企业文化，因此可以说，企业家是企业文化的中坚力量。

4. 企业文化建设的原则

企业文化反映了一定历史时期内的社会经济形态中所需要的企业活动，企业的文化建设是一项创新的复杂系统工程。由于环境和民族文化的不同，建立和维系企业文化的途径就不同。但是，各国企业文化的建立也存在共性，通常应遵循以下指导原则。

1）目标原则

企业行为是有目标的活动。企业文化必须明确反映组织的目标或宗旨，必须明确反映代表企业长远发展方向的战略性目标和为社会、消费者及为企业员工服务的最高目标和宗旨。企业文化的导向功能使企业中的个体目标与整体目标一致，并且使每个员工都觉得自己的工作意义重大。企业员工有了明确的共同目标和方向后，就会自觉为实现企业目标去努力奋斗。

2）价值原则

企业的价值观是企业文化的核心，企业文化要体现企业的价值观，体现全体员工的信仰、行为准则和道德规范，它不但为全体员工提供了共同的价值准则和日常行为准则，而且是企业团结员工、联系员工的纽带，是企业管理的必要条件。每个员工都应将自己与这些准则和规范联系起来，自觉地为企业目标努力。

3）卓越原则

企业文化包括锐意进取、开拓创新、追求优势、永不自满等精神。企业必须能够适应各种变化，并对自己的产品不断做出相应的调整，才能立于不败之地。追求卓越、开拓创新才能使企业具有自己的风格和特色，这是企业充满活力的重要标志。

4）激励原则

企业和企业领导应该对员工的每项成就都给予充分的肯定和鼓励，并将其报酬与工作绩效联系起来，激励全体员工自信自强、团结奋斗。成功的企业文化不但要创造一种人人受尊重、个个受重视的文化氛围，而且要产生一种激励机制，既每个员工所做出的成绩和贡献都能很快得到企业的赞赏和奖励，并得到同事的支持和承认，以使企业员工为实现自我价值和企业目标而不断进取，提高企业的效能。

5）个性原则

企业文化是共性和个性的统一。任何企业都应遵循企业管理的客观规律，即企业文化中的共性部分。但由于民族文化、社会环境、行业、企业历史、企业目标和领导行为的不同，形成了企业文化中的个性。正是企业文化的鲜明个性使企业形成了本企业的独特风格和风貌。中国企业应借鉴外来企业文化的经验，但必须坚持中国特色企业文化和坚持社会主义企业文化这两条原则。

6）民主原则

现代企业文化的建立需要一个适宜的民主的环境。民主的企业内部环境可以使每个员工都把企业当成自己的家，自发而慎重地参与企业的决策和管理，积极进取和创新，有利于发挥个人的潜能。在这样的环境中工作，不但有利于提高工作效率，而且会使企业员工产生精神上的满足感。因此，企业文化应设法创造一种和谐、民主、有序的企业内部环境。

7）相对稳定原则

企业文化是企业在长期的发展过程中提炼出来的精华，它是由一些相对稳定的要素组成的，并在企业员工的思想上具有根深蒂固的影响。企业文化的建设应具有一定的稳定性和连续性，应具有远大目标和坚定理念，不会因为微小的环境变化或个别员工的去留而发生变动。不过，在保持企业文化相对稳定性的同时也要注意灵活性，企业只有在环境发生变化时及时更新、充实企业文化，才能保持企业的活力。

8）典型原则

每个企业的发展都是通过群体的力量推动的，但是不能忽视群体中出色卓越的典型事例和英雄模范人物的鼓舞、带头作用。榜样的力量是无穷的，在企业的文化建设中，要充分注意先进典型的培养。只有那些敢于开拓、敢于创新、敢于献身、不畏艰险、积极从事发明创造的英雄模范人物，才能带领整个企业创造出惊人的业绩。

第二节 企 业 形 象

每个企业都具有自己独特的风貌和形象，每个企业内在的精神素质和经营哲学总会通过一定的具体形象表现出来。公众也总是通过对这些具体形象的感受去认识和评价一个企业的，这种感受往往影响公众对企业的态度，并形成一种不易改变的心理定式。企业要想在日益激烈的市场竞争中对公众产生持久、强烈的吸引力，就必须时刻注意自己在广大社会公众心目中的形象。

一、企业形象的含义、构成要素及特点

1. 企业形象的含义

企业形象一词源于英文 Corporate Identity，缩写为 CI，中文译为企业形象或企业识别。它是指企业通过生产经营活动，向公众展示的自身的本质特征。它是社会公众对企业整体的、抽象的、概括的认识和评价。企业形象是企业自身行为及形象在公众心灵上的投影，是企业内在精神和外在表现的综合反映，是主观和客观的统一体。

2. 企业形象的构成要素

企业形象是企业实态的反映，企业实态的要素可分为有形要素、无形要素和企业员工3大类。它们分别从不同侧面反映了企业的整体形象。其中对企业形象影响较大的有如下要素。

1）产品形象

产品是企业形象的代表，也是企业形象的基础。产品是企业与公众进行联系的最直接的纽带，公众主要是通过产品认识和了解企业的，企业也是通过向社会提供性能优良、造型美观的产品和优质的服务来塑造自身良好的形象的。

2）技术形象

企业技术精良、工艺先进、研究开发能力强都将大大强化社会对企业的认同感和信赖度，扩大企业的知名度。

3）环境形象

企业的环境主要包括企业规模、生产环境、销售环境、办公环境和各种附属设施。企业办公环境的绿化与布置、建筑设施的造型与布局都能体现企业的特色，强化人们对企业的印象。环境形象反映了企业的经济实力、管理水平和精神风貌，是企业向公众展示自己的重要窗口，对提高企业产品的营销效率有十分重要的影响。

4）市场形象

市场形象是通过服务质量来体现的。企业及其员工在产品售前、售后及技术服务过程中所表现的服务态度、服务方式、服务质量，以及由此引起的消费者和公众对企业的客观评价，将对企业形象和信誉产生直接影响。信誉是企业的金字招牌，并且是建立在企业的优质产品和优质服务基础上的。良好的市场形象、适宜的广告宣传和完善的消费网络，将大大增强企业的竞争能力。

5）员工形象

员工形象这里主要指员工的装束仪表、言谈举止、服务态度、综合素质及有无时代感等方面的内容，还

包括企业员工共同遵循的价值观、道德观、经营理念及生产过程中形成的传统和习惯等内容。员工形象好，企业风气好，将有助于增强企业的凝聚力和竞争力。

6）企业家形象

一个企业的成功与否与企业家的文化素质、技术水平、思想作风、敬业精神、工作经验、战略眼光及组织指挥能力等密切相关。在塑造企业形象的过程中，企业家应努力开展对外公共关系活动，争取得到公众对企业的信赖和支持。同时，企业家还应当时刻注意维护自己的形象，因为企业家的形象不仅会影响公众对他们的评价，还会影响企业的声誉和形象。

3. 企业形象的特点

1）社会性

企业形象是公众对企业综合认识的结果，绝不是对企业个别因素的认识结果，它还受到一定社会环境的影响和制约。

2）整体性

企业形象是由企业内部诸多因素构成的统一体，是一个完整的有机整体。

3）相对稳定性

企业形象一旦在公众的心目中形成，便会成为相对稳定的印象，一般很难改变。

4）可变性

虽然企业形象具有相对稳定性，但企业的内部条件和外部环境是不断变化的，企业形象也必然会随之发生变化。只要变化足够大，时间足够长，公众对企业的认识和印象也会发生变化。

5）差异性

企业形象作为公众对企业的综合认识是一种总的印象，但由于公众的思维方式、价值观、利益观、审美观等均不相同，因此他们对企业形象的认识途径、认识方法也不同。

6）偏差性

企业形象有时会超前或滞后于企业现实，并且在传播过程中也常常会出现和客观实际不符的情况，当信息不充分时，公众如果从某些方面去主观臆测，就会出现偏差。

7）辐射性

企业形象通过各种渠道从某类公众向另一类公众传播，对其他企业和公众产生一定的作用，从而扩大企业的影响力。

8）创新性

企业是发展的，企业形象也是发展的，随着消费者价值观和消费需求的更新，对企业形象也提出了创新的要求，因此企业形象具有将继承、创新、延续有机结合的特征。

9）历时性

消费者不可能在短时间内充分了解企业，企业形象的塑造需要经历一个漫长的过程，企业只有让公众不断从多方面体验和感受企业形象，才能强化企业在公众心中的良好形象。

二、企业形象的塑造

企业形象是企业外在表现给公众留下的深刻印象，但并不完全等同于公众印象，公众印象有时可能和正确反映企业特征与状况的企业形象并不一致，因此必须通过企业形象的塑造才能达到抽象观念与实际形象的统一。

1. 企业形象塑造的基础

企业形象的竞争是一种高层次的竞争，必须打好基础，才能树立良好的企业形象。保证质量、改进服务、严守信誉是企业形象塑造的基础。

质量是企业生存的基本条件，要使消费者满意就必须生产质量可靠的产品，做不到这一点，任何广告宣传和营销策划都是徒劳无益的，企业形象的塑造必须从保证质量开始。

随着社会生产力和人民生活水平的不断提高，人们的需求已开始多样化，因此服务也必须多样化，即服务手段必须改进，服务水平必须提高，根据消费者需求改进服务是塑造企业形象面临的新课题。

企业可以通过自己的优质产品和优质服务赢得公众的信誉。信誉决定企业的未来，是企业的无形资产，良好的信誉可以让企业在市场竞争中取得事半功倍的效果。企业有了信誉，在社会上自然也就有了良好的企业形象。

2. 企业形象塑造的方法

1) 进行知信度投资

企业知信度是指企业被社会公众认知的程度和信任的程度，以及由此产生的知信效应。知信度投资，就是企业为了提高知信度，在提高产品质量、新产品开发、引进新技术、创建品牌、环境保护、人才培养、售后服务和回报社会等方面舍得下功夫，花本钱。

2) 注重社会效益

在企业的生产经营活动中，企业通过注重社会效益、生态平衡、资源消耗、社会公益活动和公共事业来树立良好的企业形象。

3) 开展传播活动

企业要善于利用各种媒体来获取和传播信息，让公众了解和认识企业的同时也让企业了解公众，形成健全、有效的沟通渠道，更好地塑造企业形象。

第三节 公 共 关 系

一、公共关系概述

1. 公共关系的概念

公共关系简称公关。公关活动是现代人们生活中一种习以为常的商业活动，是企业在生产经营活动中获取信息、创造局面的有力手段。公共关系是一门不是广告却胜似广告的学问，企业要生存和发展就必须学会灵活运用公共关系这根"魔杖"。

《大英百科全书》对公共关系的定义是："公共关系是指在传递关于个人、公司、政府机构或其他组织的信息，以改善公众对他们的态度的政策和活动。"现代企业公共关系可以描述为：现代企业公共关系是现代企业在遵守国家法律的前提下，依照科学的指导原则，运用传播沟通手段，开展社会活动，协调社会关系，树立企业信誉，塑造企业形象，以实现企业预期目标和创造企业最佳生存与发展环境的一种独特的现代管理职能。

由此可知：

（1）公共关系本身是指企业和与它相关的公众之间的联系，个人之间的所谓人际关系不属于公共关系的范畴；

（2）公共关系是一种信息沟通活动，它只能运用信息沟通手段来协调企业与公众的关系，因此公共关系的活动方式是有限的；

（3）公共关系的目的主要是树立和保持企业与企业产品的信誉和形象，因此企业的各项策略和措施都要尽可能符合公众与社会利益，并以自身良好的实践行动作为交流的基础，以求得社会的理解和支持；

（4）公共关系是管理职能发展的产物，担负着重要的管理职能，是和企业的生产管理、人事管理、财产管理等一样重要的管理职能。

2. 公共关系的特点

1) 客观性

企业是一种社会组织，必然进行社会交往，自然存在一种企业形象，无论企业宣传与否，必然存在社会声誉和社会评价，这是一种无法回避的客观存在。

2）双向性

公共关系是以相互满意的双向传播为基础所做的一种有计划的努力。这种努力必须内外兼顾、双向沟通。这种努力必然关系双方的利益，必须平等互惠、真诚合作，不可能一厢情愿，也不会只是一方获利。

3）功利性

公共关系的运作必然需要投入一定的人力、物力和财力，对于特别追求经营效益的现代企业来说，必然是期望其投入能得到应有的回报的。

4）艺术性

公共关系是一门综合性的人文艺术，一是一门研究如何取得群众支持、同事配合，以充分发挥自身特长的待人艺术；二是一门讲究处事干净利落、有条不紊，工作得心应手、忙而不乱，带动组织高效运转的处事艺术；三是一门研究在工作过程中、在公共关系中科学管理时间，追求工作成效的运时艺术；四是一门研究通过应酬和处理公共关系达到领导效果的应酬艺术；五是一门在社交活动中通过讲谈方式说服、劝导人并传播有关信息的讲谈艺术。

5）复杂性

社会的生产关系决定了各种其他的社会关系，当生产关系由简单变得复杂时，社会关系也随之复杂起来，公共关系是一种特定的社会关系，因此也会变得复杂。公关人员只有妥善处理企业发展过程中复杂的社会关系，才能使企业规避风险，找到发展的良好机遇。

6）时效性

公众对企业的评价和期望始终是动态变化的，因此企业公共关系的状态始终处于动态变化之中。企业在激烈的市场竞争中机不可失、时不我待，公关活动必须抢先一步、步步主动才能起到应有的积极作用。

3. 公共关系的基本功能

公共关系是建立和维护企业良好信誉与形象的有力武器，它有利于企业与消费者之间的双向信息沟通，有利于企业消除公众误解、传播正确信息，有利于增强企业的内在凝聚力、协调与外界的关系。公共关系的基本功能主要是：

1）情报功能

通过公关活动可以及时、准确、有效地收集各种情报信息，聆听来自各方面的意见和建议，供企业做经营决策时参考。

2）参谋功能

公关人员通过公关活动开展调查研究，吸取各方面的经验和建议，预测公众的态度和意向，为企业出谋划策，向企业提供各种可供选择的经营方案。

3）宣传功能

通过公关活动可以向公众发布有关企业的真实信息，主动宣传，广而告之，尽可能树立企业的良好形象，提高企业的声誉和知名度。

4）服务功能

公关活动本身就是一种服务活动，通过良好的服务消除隐患、化解矛盾、处理危机，使企业的内部运转更加顺畅协调，使企业的外部环境更加和谐有利。

二、公关艺术

1. 开展公关活动的原则

公共关系最基本的原则就是讲真话，具体体现在：

1）实事求是

公关活动应以事实为依据，采取对公众负责和对社会负责的态度，真实地向公众提供有关信息。同时，公关活动还应坚持开放原则，应如实、准确地反映公众的意见、要求和评价，并及时反馈给决策部门。

2）以诚相待

企业必须处处为消费者着想，维护消费者的利益，生产消费者信赖的产品，提供消费者满意的服务。以诚相待、以信取人，赢得良好信誉、树立产品形象、提高消费者的满意度，企业才能生存和发展。

3）互利互惠

公关活动应以公众利益为前提，只有实现企业与公众的互惠互利和共同发展，才能最终实现公关活动的目标。

2. 公关艺术的种类

1）名人效应

所谓名人效应，就是有意识地将经营的产品或服务项目有机地与名人、明星联系起来，通过广告或聘请其为企业形象大使等方式来赢得公众的感情和心理支持，从而最大限度地吸引消费者的注意力，进而扩大产品销路。

2）现场示范

现场示范就是运用有实物、模型、图片、音像等具有说服力的证据现场向消费者形象、生动地展示产品的功能及特点。这是针对消费者耳听为虚、眼见为实的心理而设计的公关形式。通过现场示范不仅可以加深消费者对产品的印象，还可以对其购买行为施以潜移默化的影响，并能极大地激发其购买欲望。

3）制造新闻

企业的产品一旦被新闻媒体曝光必然会在社会上产生反响，引起公众的关注。因此，要想在激烈的竞争中树立良好的企业形象，扩大企业和产品的知名度，企业可以有计划地制造某种新闻，实施创造性的公关促销活动。

4）诉诸情感

诉诸感情旨在缩短生产企业与消费者之间的情感距离，通过赞助和各种公益活动等动之以情，使企业与公众之间建立心理相容的关系，从而在良好的关系中达到推销产品的目的。

3. 公关活动的步骤

1）开展公关调研

开展公共关系的调查研究目的在于掌握足够的信息，了解企业所处的环境和公共关系状态，确定企业所面临的问题，为企业的其他公共关系工作打下基础。

2）制订公关计划

根据公共关系调查研究的结果，确定企业公共关系的目标，拟订企业的公共关系策略，策划企业的公关活动方案，制定公关活动的工作程序及时间表。

3）实施公关方案

逐步实施企业制订的公关计划，以实现企业公关活动的目标，最终实现企业经营的总目标。

4）评价公关效果

为了落实公关计划，必须随时跟踪公关活动的开展情况，分阶段检查和评估公关计划的实施效果，及时发现问题，及时调整实施方案，以保证公关活动总目标的实现。

三、对公关人员的基本要求

公关工作的成败主要取决于企业是否拥有德才兼备的公关人员。公关人员的素质、能力、道德规范及主观能动性的发挥将直接影响企业公共关系目标的实现。

1. 公关人员应具备的基本素质

1）政治思想素质

公关人员的政治素质包括高度的社会主义觉悟、坚持四项基本原则、自觉贯彻党的路线和方针、自觉遵守政府的政策法令、正确处理国家与企业之间的关系等。

公关人员的思想素质包括勤劳朴素、踏实肯干、沉着稳重、平易近人、客观公正、机警敏锐、刚毅坚韧、敢于负责、开拓进取等。

2）文化知识素质

公关人员必须掌握一定程度的公共关系文化知识和经济学、社会学、管理学、哲学、逻辑学、传播学等学科的相关知识，应掌握公共关系理论，具备演讲、调查、摄影、新闻写作、撰写专题报告、撰写论文等能力。

3）业务技能素质

业务技能素质是公关人员开展公关工作需要具备的专业水平与工作能力。只有熟悉专业技能知识，才能恰如其分地描述产品以赢得公众的信赖，才能敏锐地获取有益于企业发展和改进产品的信息。

4）生理心理素质

公关人员既要潇洒、漂亮，又要身心健康、仪态大方、精力充沛，还要思维敏捷、善于表达、性情中庸、乐观幽默、待人接物从容不迫、面对挫折坚毅果敢。只有具备上述生理心理素质，才能吸引人、说服人、打动人，才能理性地面对成功与失败，才能按计划完成公关任务、实现公关目标。

2. 公关人员应具备的基本能力

1）组织能力

组织能力包括：组织一个可靠团队或单位的能力；计划和决策的能力；搜集、整理、评价相关信息的能力；协调人际冲突的能力；随机应变的能力；控制工作进度和考核工作绩效的能力。

2）交际能力

公关人员肩负着为本企业建立良好工作环境、加强与公众交往、树立企业形象的外交重任，因此应重视礼节、注重仪表、优化言谈举止，充分体现企业的精神状态，为企业开辟出与社会各界交往的途径，扩大与社会各阶层往来的范围和频度。

3）表达能力

表达能力包括文字表达能力和口头表达能力。公关人员应能充分表达自己的意愿和思想观点，赢得别人的好感，必须能言善辩，并且语言生动亲切、幽默感人。

写作也是表达思想感情的重要方式，也是公关人员应具备的基本工作技能。因此公关人员必须具备基本的写作常识和熟练的文字表达技巧，做到文字通顺、条理清晰、分析透彻，能流畅地与企业内外公众进行书面沟通。

4）应变能力

公共关系是一种错综复杂的社会关系，公关人员必须在交往中善于观察所接触的公众的特点和需求，掌握多方的风土人情、民族习惯，了解各阶层人士的风格与知识水准，以便在多变的环境中适应不同公众的要求，灵活地开展公关活动。

5）创新能力

随着社会的发展进步，企业的经营管理方式和产品都在不断改革创新，企业的经营目标也在不断提高，这就要求公关工作应跟上时代发展的步伐，因此公关人员应主动创新信息沟通方式，不断创新公关理念，以使企业的公关工作顺利进行。

3. 公关人员应具备的道德规范

1）以诚为本，讲求信用

精诚所至，金石为开。唯有真诚、友好才能感召人，才能赢得别人的信任和支持。只有建立良好的信誉，才能树立良好的企业形象。

2）爱人爱己，礼貌谦逊

公关人员必须充满爱心、爱人爱己，才能把企业的公关工作做得更好。满招损、谦受益，礼貌是最好的入场券和通行证，公关人员对公众的态度直接影响企业的形象和利益，因此公关人员在公关活动中应做到彬彬有礼、态度亲切、举止典雅、语言谦虚，从而使公众感觉受到礼遇和尊重，进而产生好感。

3）平等互利，公正待人

平等待人是开展公关活动的基本准则。公关人员与人交往时，无论对方强弱都应一视同仁、平等相待，切实朝着公正、公平的方向努力，做到互惠互利。

4）奉公守法，不谋私利

良好的秩序必须依靠法律法规来维护，为了更好地推动公关活动的健康开展，公关人员必须自觉学法、知法、守法、用法，使自己从事的公关活动始终在法律允许的范围内开展，坚持原则、秉公办事、洁身自好、不谋私利，只有这样才能成为一名让企业放心的高素质的公关人员。

四、公共关系的策划

公共关系的策划是指企业为实现某一具体的公关目标而选定公关主题、设计公关方案、谋划公关对策、攻克公关难关的运筹过程。

由于不同企业的内部条件和外部环境各不相同，因此面临的公共关系问题就不相同，对企业公共关系的认识和采取的策略也就不相同。策划结果的优劣必然影响公关活动的效果，所以这一过程是公关活动成败的关键。

1. 公关活动的目标

公关活动的目标包括以下几种。

（1）新产品上市前，让消费者对新产品有足够的了解，设法提高产品的知名度。

（2）企业转产时，改变企业自身形象，以适应新产品，争取消费者的认同，促进销售。

（3）企业的产品或服务造成不良后果时，立即向新闻媒体、家属及相关部门解释原因，说明补救措施，并对公众表示企业愿意主动承担责任。

（4）企业的意图被误解时，为与消费者沟通，让公众更全面地了解企业，常常采用公关活动。

（5）通过问卷调查、登门拜访、刊登广告等方式增加与公众的联系，增进公众对产品的了解。

（6）争取取得社会各界尤其是政府部门和一些社会名流人士的支持。

（7）提高投资者的投资信心和兴趣，以吸引更多的支持者和投资人。

（8）加强同新闻界的沟通，改善与媒体间的关系。

（9）赞助公益事业，宣传已做出的公益贡献，增加公众对企业的了解和好感。

（10）利用企业纪念庆典、新产品开发等时机，举办得体适宜的公关活动，以扩大企业影响，提高企业知名度。

2. 公共关系策划的主要工作

公共关系策划的主要工作包括以下几个方面。

1）分析开展公关活动的时机

捕捉和把握开展公关活动的时机是一种高超的公关艺术，也是企业公关活动获得战略实施效果的先决条件。抓住了最佳公关时机，就可事半功倍。优秀的公关人员，总会适时地抓住机遇，借机创造良好的公关条件和氛围，把握公关活动的主动权，推进公关方案的顺利实施。

2）研究开展公关活动的对象和范围

了解企业所处的环境和公众的需求，分析企业所面临的问题，仔细研究自己的竞争对手、合作伙伴及公众，确定与企业息息相关的公关对象和范围。

3）选择开展公关活动的策略

开展公关活动的策略多种多样，有进攻型策略、防御性策略、征询型策略、维系型策略和拓展型策略。应该根据企业和企业产品目前所处的实际状态及市场状况，采取合理的策略开展公关活动。当企业的预定目标与所处环境发生冲突时，企业就应及时抓住时机，积极主动地改造环境，采取主动出击的进攻型策略来树立和维护企业的形象；企业为了防止自身的公共关系失调，应采取防御型策略；企业为了自我生存与发展，掌握社会发展趋势，应采取征询型策略；企业在稳定发展之际，应采取巩固良好形象的维系型策略；企业为了开创新局面或打开产品市场，应采取开拓型策略，通过多种方式来引起公众的关注和社会的重视。

4）确定开展公关活动的方案

掌握公关时机、确定公关对象与范围、选择公关策略之后应制订周密的公关计划，即对公关活动的时间、区域、对象、步骤、目标等做出明确的规定，并制定一套完整的方案后交主管部门审定，然后付诸实施。

第四节 领导方法与领导艺术

理解领导与领导者的科学概念，掌握领导方法与领导艺术对于建设优秀的企业文化、树立良好的企业形象，以及企业的生存和发展都有着十分重要的意义。

一、领导与领导者的科学概念

1. 领导

领导是管理活动的一个重要方面，它是通过对企业员工，进行指挥、协调、激励和沟通，使之自觉自愿而有信心地为实现企业的既定目标与任务而努力工作的行为。

领导是一个有目的的过程。在领导的过程中，需要妥善处理各种与人、事、时间有关的问题，一方面要充分调动企业员工的积极性，有效地实现企业目标；另一方面也要最大限度地满足企业员工的需要。

领导是一个很容易与管理相混淆的概念。事实上，领导与管理既相互联系又相互区别。从管理学的角度看，领导职能是管理职能的一部分，管理职能的范围大于领导职能；领导与管理活动的特点及着眼点有所不同，领导活动侧重于对人的指挥和激励，更强调领导者的影响力及领导的艺术性，而管理活动则更强调管理者的职责及管理工作的科学性和规范性。

2. 领导者

领导活动包含3个必不可少的基本要素，即领导者、被领导者、领导所处的环境。领导者是领导活动3要素中的关键要素，是领导活动中的组织者和指挥者。

领导者要实施领导，首先要有指挥权，没有指挥权领导者就无法承担组织赋予的责任和使命。现代领导学认为，领导者的权力包括两个方面：一方面是职务权力，包括组织赋予的惩罚权、法定权、奖励权；另一方面是非组织赋予的个人统御权，包括个人专长权和个人影响权。

其次，领导者要实施领导，意味着要承担一定的责任。任何人只要承担了某一领导职务，就必须承担相应的责任，职位越高，责任越大。最后，领导者要实施领导，还意味着一种服务。

从管理理论上讲，管理者就是一名领导者，因为任何管理人员都或多或少肩负着指挥他人完成组织活动的任务。但是一个人可能是领导者，却并非管理者，因为非正式组织的领袖并没有得到上级赋予的职位与职权，他们却能对其成员施加影响，起到激励和引导作用。

领导者根据其工作岗位，可分为服务于上层建筑领域的政治领导、服务于经济基础领域的业务领导、服务于国家公共事务的行政领导、发挥专家智囊团作用的学术领导。

3. 现代企业家的素质

企业家是基层企业的领导，是专门从事企业经营决策的高级管理者。企业家的修养和素质，直接关系到企业的生存和发展。一名优秀的现代企业家必须具备如下素质。

1）健康的思想素质

作为现代企业家，必须具有高度的爱国主义精神和集体主义精神；具有强烈的使命感、责任感和敬业精神；具有高尚的社会公德和职业道德，为人正直、无私、热情、忠诚；具有良好的工作作风，发扬民主，关心群众，爱护下级，尊重人才，严于律己，以身作则；能够学法、懂法、守法，克己奉公，公正廉明。

2）过硬的业务素质

业务素质主要通过知识结构体现出来，知识结构是构成企业家决策能力、创新能力等业务能力的基础。作为现代企业家，必须具备广博的知识，具体包括与本企业有关的生产技术专业知识、国内外科学的现代企业管理知识，以及社会学、心理学、经济学、法学等相关知识。

3）卓越的能力素质

作为一名现代企业家，必须具有某些特殊的有利于开展领导活动的能力素质，主要包括善于接受新事物、发现新问题、不断探索、勇于改革的创新能力，善于组织、协调、指挥、控制、决策的驾驭能力，冷静沉着地审时度势、适应主客观条件变化的应变能力，沟通、协调企业内外的各种联系、善于处理错综复杂的社会关系的社交能力。

4）现代的观念素质

现代企业家是市场经济的弄潮儿，凡事应体现时代精神、现代观念。现代观念包括市场观念、竞争观念、服务观念、创新观念、务实观念、人才观念、战略观念、发展观念等。

5）超群的生理和心理素质

生理素质是指能适应市场经济条件下紧张工作的健康体魄、充沛精力；心理素质是指在瞬息万变的市场竞争中，能意志坚强、冷静沉着、临危不惧、应变自如。

二、领导方法与领导艺术

领导方法与领导艺术是指人们对大自然与社会的一般认识方法和工作方法在领导活动中的具体运用。现代企业是一个比较复杂的社会组织，要处理好企业内外的各种事务，企业领导就要必须十分注意领导方法、讲究领导艺术。复杂多变的市场形势和激烈的市场竞争对企业领导的领导方法提出了更高的要求，同时也决定了企业领导的工作在很大程度上具有创造性。

1. 领导风格概述

随着领导行为科学理论的兴起和领导有效性问题研究的深入，人们逐渐认识到领导风格对领导方法的运用和领导艺术的发挥有着至关重要的影响。领导风格大致可以分为以下 3 种。

1）专制式领导

专制式领导方式主要是靠权力和强制命令进行管理的。其特点是：权力集中在最上层，凡事完全由领导者自己做出决策；上级对下属缺乏信心和信任，下属没有发言权和决策机会，大多只能奉命行事；下属对企业目标不明确，缺乏责任感，企业内部相互协作关系较差；主要靠行政命令、组织纪律和惩罚来维护领导权威，较少依靠奖励激发下属的工作热情；领导者与被领导者之间保持相当的心理距离。

2）民主式领导

民主式领导方式主要是通过民主协商进行管理的。其特点是：领导者对企业将要采取的行动和决策同下属商量，并且鼓励下属参与决策，各种决策是领导者及其下属共同智慧的结晶；分配工作时尽量考虑每个员工的能力、兴趣和爱好；领导者对下属抱有相当大的信任，对下属工作的安排并不十分具体，员工有相当大的发挥空间和灵活性；大部分员工对企业目标明确，有责任感；领导者主要依靠权力和威信而不是依靠命令使下属服从，与下属基本上没有心理距离。

3）放任式领导

放任式领导方式主要依靠下属自由管理。其特点是：领导者极少运用权力；对下属绝对信任，给下属高度的自主和独立；管理不依靠规章制度，较少实行指挥监督。

显然，以上3种领导方式存在明显的差异。著名心理学家库尔特·勒温通过实验得出结论：放任式的领导方式工作效率最低，只能达到企业员工的社交目标，较难实现企业的工作目标；专制式的领导方式虽然通过严格的管理能够实现企业的工作目标，但企业员工没有责任感，没有士气；民主式的领导方式工作效率最高，不但能完成企业的工作目标，而且企业员工之间关系融洽、工作积极主动、有创造性。

2. 领导方法与领导艺术的基本依据

古今中外的优秀领导者，都会有一套自己独特的领导方法与领导艺术，然而这些领导方法与领导艺术总会符合社会活动的一些基本规律，这些规律主要包括以下几种。

1）用人观念二八律

研究表明，就人们完成工作的数量和质量来看，并不是平均分配的，而是符合二八分布的，即对于特定历史时期的重大创新性工作而言，80%的工作是由20%的人完成的，其余20%的工作则由80%的人完成。并且对于社会发展，总有人先知先觉，先知先觉者往往总是挑重担。因此，领导的责任就在于识别事业的开拓者，支持生活的拼搏者，奖励工作的先进者，保护改革的追求者，这些人都属于20%的人群。领导者应当最大限度地激励20%的先行者，以此带动80%的后来人，从而出色地完成领导任务。

2）办公时间二八律

在领导工作的实践中，时间在工作中的分布也是不均匀的，领导者往往根据工作的重要程度来安排时间，通常用20%的时间完成80%的重要任务，余下80%的时间用来处理其余20%的工作。领导工作的重要任务通常是指科学决策和科学用人。领导通常每天中有一个小时，每周中有一个半天，每月中有一天是处理要事、专门思考的时间，这三者相加，恰好是领导工作时间的20%，如果这部分时间集中精力专心思考，就能有效地完成80%的工作量。

3）学习机制二八律

在知识更新周期急剧缩短的今天，各级领导必须不断学习才能适应形势的需要。若领导工作实行8小时工作制，则应该用2小时进行针对性的学习，才能保证8小时的有效工作。即坚持每天2小时的学习，主要包括基本哲学理论、党的方针政策、科学管理理论和最新科技知识。不断完善自己的知识结构是提高领导工作效率的要诀。

3. 领导方法与领导艺术概述

1）理事的方法与艺术

企业领导的职能主要有制定企业经营战略、进行企业组织设计、建设领导班子与选用基层干部、建设和培养优良的企业文化、处理和沟通重要的社会关系、随机处理重大危机事件等。企业领导的日常工作主要有处理日常行政事务、组织政治学习和业务学习、进行经常性的调查研究、做好员工的思想工作等。作为企业的领导者，首先就是要善于将摆在面前的事情理顺，分清哪些是主要环节、哪些是日常事务，正确处理好主要职能与日常工作的关系，抓住关键、突出重点，集中时间和精力处理关系企业成败的大事，科学、合理地安排好日常工作。同时要克服事必躬亲的小生产领导观念，应充分发挥下属的主观能动性，合理授权，推动下属行使职权，努力完成工作任务。

2）决策的方法与艺术

在非程序化的决策过程中，企业领导的主观决策能力起着十分重要的作用。企业领导对未来事件具有敏锐的洞察力，主要表现在能够及时察觉有利于或不利于企业发展的内部条件和外部环境；能够依靠自己的缜密思考和群众意见，根据自己积累的丰富经验，做出既有事实根据又先于别人的不寻常的战略决策，促使企业取得重大的成就与改进。这种决策虽然主要由企业领导独立做出，但却不应独断专行，在实施决策之前必须充分发扬民主，进行科学论证，以免给企业造成不必要的损失。

3）用人的方法与艺术

在激烈的竞争中，企业拥有人才比拥有资金更加宝贵。要实现企业的战略目标，企业领导必须依靠一批得力的基层干部。企业领导必须多方位了解、认真考察，择优遴选干部；同时，还必须量才使用、教育培养干部。善于把工作需要与个人能力结合起来、把个人长处与组织目标结合起来，使企业员工各尽其能，在各自的岗位上兢兢业业、积极进取；能设身处地地为下属着想，善于创造一种团结和谐的气氛，使做出显著成绩的员工得到应有的尊重和提拔，使认真履行职责、运用平凡人的聪明才智创造不平凡业绩的员工得到及时的肯定和应有的奖励。凡此种种，都是用人艺术的体现。

4）指挥和激励的方法与艺术

指挥和激励的方法与艺术主要是在生产实践中，领导树立和维护必要的权威，使员工自觉地团结在领导周围，并接受其指挥；在管理过程中，尤其在本职能范围内，运用各种通信手段进行沟通，认真接受下属的信息，及时对相关员工进行必要的教育或发布必要的指令；根据思想政治教育与物质利益相结合的原则，使鼓动工作和激励制度能适应广大员工的需要，起到维护纪律、鼓舞士气、提高经济效益的作用。

5）公关社交的方法与艺术

企业的公关社交活动，是一项实施战略经营目标、谋求发展的管理活动。通过有计划的长期的社交活动，可以为企业创造轻松、和谐的外部环境。因此，企业领导在开展社交活动时，要着眼未来，注重长远利益。在公共场合，要讲究社交礼节，注意自己的身份，遵守职业道德，尊重自己和他人。同时，要努力做好本职工作，创造优异政绩；加强自身修养，培养谦恭、诚信作风，树立良好的领导形象，建立健康的人际关系。这一切对于企业规避经营风险都将带来极大的好处。

6）提高领导效率的方法与艺术

若要提高领导工作的效率，则应从科学处理事务、合理安排时间、掌握会议技巧、加强沟通联络、提高协调效能着手。科学处理事务就是要将手头繁杂的工作分为3类：第一类是重要的、迫切的、关键的、影响全局的工作，它占全部工作量的20%～30%，但花费的时间要占全部工作时间的60%～80%；第二类是无严重后果的工作；第三类则是后果微小的工作。只有将有限的精力和时间花在关键工作上，才会获得最好的领导效果。合理安排时间就是一要花费大部分时间处理关键问题；二要集中时间处理重要问题；三要专心致志利用时间处理复杂问题。合理、有效地利用时间才能保证领导工作的高效率。掌握会议技巧就是要尽量少开会；要端正会风，养成准时开会、开短会的习惯；掌握与会者的心理规律，注意吸引与会者的注意力，提高答辩技巧；会议必须要有明确的决议。加强沟通联络是指领导者应经常与下属进行信息沟通和感情沟通，保证上情下达、下情上奏，保证管理决策顺利进行。提高协调效能就是凡事要充分发扬民主精神，善于从不同意见中求同存异；善于处理人与人之间、部门与部门之间发生的各种矛盾和冲突，保证各项工作朝着既定目标顺利展开。

三、领导者的创造力与哲学观

创造力是指由创造主体的智能、人格特质和技能各要素构成并受环境作用提供首创产物的系统性合力。作为企业领导，加强自己的创新意识，提高自己的创新能力，努力开发创造力，对于开拓企业新局面大有好处。同时，要提高领导效能，领导者还必须掌握一些基本的哲学原理，树立科学的世界观和方法论。

1. 领导者的创造力

1）创造型人才的个性特征

（1）创造力强的人通常总是积极进取，兴趣十分广泛，对事物有强烈的好奇心和旺盛的求知欲望。

（2）创造力强的人通常对环境有敏锐的洞察力，善于从日常生活中发现人们的需求，容易接受新观念，不墨守成规。

（3）创造力强的人通常具有较强的权变能力，他们总是思路流畅，想象力丰富，能想出独特的点子，善于举一反三，敢于弃旧图新，具有多向思维。

（4）创造力强的人通常自信心也强，办事有决心，敢于冒风险，面对困难和遭遇逆境时有一往无前的勇气。

（5）创造力强的人通常具有坚强的意志和百折不挠的毅力，不会因一时的挫折而放弃奋斗目标。

（6）创造力强的人通常具有科学的创造性思维，善于独立思考和深思熟虑，凡事力求达到完美效果。

（7）创造力强的人通常是心胸开阔、性格开朗、感情开放的人，并且社交能力很强，善于吸取他人的有益经验。

（8）创造力强的人通常也善于流畅表达，能用简练的语言把复杂事物表达清楚，说话富有幽默感和魅力。

2）领导者开发创造力的条件

（1）领导者要想开发创造力，首先必须怀有健康的目的，必须具备良好的心态。开发创造力的目的在于，既要促使自己创造良好的业绩，又要为社会进步和经济繁荣做出贡献。

（2）领导者要想开发创造力，就要讲究科学的领导方法，要发扬民主作风，激发员工的创造力。

（3）领导者要想开发创造力，就要正确处理竞争与合作的关系，创造既需要彼此合作又需要具有适当竞争力的环境。

（4）领导者要想开发创造力，就应容许从事创造性工作的员工采取弹性工作制；还应注意将创造性员工与操作性员工适当分离，以防相互干扰。

（5）领导者要想开发创造力，就应做到对研究结果不要过早地下结论，尤其是对于那些否定意见，一定要沉住气，因为创造性的研究工作要变为成果，通常需要较长的时间验证。

（6）领导者要想开发创造力，还应建立创造性建议制度，广泛发动员工开展创造性的科技活动。

3）开发创造力的思维方法与技巧

开发创造力的思维方法与技巧是依据创造性思维的特点，对人们所进行的无数创造活动的经验性总结，也是对客观世界所反映的众多创造规律的综合性归纳，它能为人们更好地认识创造活动、更好地解决创造活动中所遇到的问题提供条件。下面介绍8种常见的开发创造力的思维方法与技巧。

（1）融合法。通过融合、结合、混合、整合、综合的方式，使相互矛盾的两个事物、观念或一个事物的两个方面成为全新的第三种实体，这就是创新的融合法。创造工程中的所谓融合，不是将研究对象的各个要素进行简单叠加和初级组合，而是在分析各个构成要素基本性质的基础上，综合其可取部分，使综合后所形成的整体具有创新的特征，融合技术已成为当今世界技术发展的重要趋势。

（2）移植法。这是一种将研究对象的概念、原理和方法运用在另一个研究对象上，并取得创造性成果的方法。领导者要善于借用已有的成果进行创新目标下的再创造。

（3）转化法。如用植物能、原子能替代煤炭、石油等。

（4）改造法。如把舰船的甲板加长加宽就成了飞机起降的航空母舰；将水煎的中药浓缩便做成了中成药；将有轨电车的地线移到空中就成了无轨电车。

（5）换元法。创造者在发明创造的过程中，应善于采用替换的思想或方法，交换零件、改变布局、采用其他模式，从而使创造活动不断展开。例如，制造游艇时用玻璃钢代替金属可以减轻重量、改善性能、提高航速。

（6）迂回法。当发明创造活动遇到暂时无法解决的问题时，应开动脑筋，独辟蹊径，不能钻牛角尖；或者暂时将当前的活动搁置下来，先开展其他活动。有时通过解决侧面问题或外围问题，可能会使原来的难题迎刃而解。

（7）逆反法。这是一种打破常规的方法，即对已有的方法、技术持质疑、探索态度，从相反的思维方向去分析、思索，探求新的发明创造。例如，20世纪70年代，世界上很多科学家都忙于提炼纯锗，而日本的江崎于奈和宫原百合子却在锗中掺杂，反而得到性能更优异的电晶体。

（8）分离法。分离法就是把某一创造对象进行分解或离散，冲破事物原有面貌的限制，使主要问题从复杂现象中暴露出来，从而理清创造者的思路，以创造出全新的产品。例如，隐形眼镜就是眼镜架和镜片分离后的新产品。

2. 领导者的哲学观

领导行为是一种富有挑战性和责任性的活动。卓越的领导是科学性和艺术性的统一。所谓领导的科学性，就是要求领导者在开展领导活动时应遵循自然规律和经济规律，学会用辩证唯物主义的哲学观点分析、解决企业中的管理问题。领导者应特别注重以下哲学观点的学习和运用。

1）领导者的系统观

现代企业本身就是一个高度复杂的开放系统，它时刻和外部环境发生交互联系。身居组织系统中的领导者，必须树立系统的观念，凡事从系统的全局出发，运用系统论的观点和方法，对管理问题进行科学的研究、分析、决策和管理，以达到最优化目标。

2）领导者的时效观

任何事物只要融入时间因素，就会有新的内容和意义。例如，发扬民主作风的问题，在制定和实施某项决策的过程中，也并非一味民主就好，往往伴随民主与独裁的交替使用。在调查研究、舆论宣传、制定方案的过程中，领导者应当最大限度地发扬民主；然而在进入决策的全面实施阶段后，也许更宜采用独裁的方式；到了最后反馈意见、总结经验之时，领导者的民主作风又显得很重要了。因此，领导者在贯彻管理原理和法则时，必须树立时效观念。

3）领导者的权变观

领导者所采取的领导方式，只有与环境类型相适应，才能获得有效的领导。管理必须根据企业所处的内部条件和外部环境随机应变。领导者的个性、风格及领导方法，必须根据自己的工作环境，根据自己所领导的群体的素质，来选择合适的方式，只有这样才能达到应有的影响力和控制力。

4）领导者的权威观

领导者必须明确，领导者的权威不是凭借手中拥有的职权和特权，也不是凭借外在势力，而是来源于领导者的统御能力，来源于领导者影响和改变他人行为的能力。影响力越大，权威越高；没有影响力，也就没有权威。

思考与练习九

1. 简述企业文化的内涵及特点。
2. 企业文化的主要功能有哪些？
3. 企业文化建设的意义如何？企业的文化建设应遵循哪些原则？
4. 何谓企业形象？企业形象的构成要素有哪些？
5. 企业形象塑造的基础是什么？塑造企业形象的方法有哪些？
6. 何谓公共关系？现代企业的公共关系有哪些特点？
7. 企业开展公关活动应坚持什么原则？
8. 何谓领导？何谓领导者？一名优秀的现代企业家必须具备哪些素质？
9. 领导方法与领导艺术的基本依据是什么？领导方法与领导艺术主要包括哪些内容？
10. 何谓创造力？创造型人才有哪些个性特征？
11. 领导者开发创造力的条件是什么？
12. 领导者应注重学习和运用哪些哲学观点？

案例分析

【案例分析 9-1】

迪特尼·包威斯公司（简称迪特尼公司）是一家拥有 12 000 余名员工的大公司，它很早就认识到员工意见沟通的重要性，并且不断地加以实践。现在，公司的员工意见沟通系统已经相当成熟和完善。

迪特尼公司的员工意见沟通系统是建立在这样一个基本原则之上的：个人或机构一旦购买了迪特尼公司的股票，他就有权知道公司的完整财务资料，并得到有关资料的定期报告；本公司的员工也有权知道并得到这些财务资料和一些更详尽的管理资料。迪特尼公司的员工意见沟通系统主要分为两个部分：一是每月举行的员工协调会议；二是每年举办的主管汇报和员工大会。

员工协调会议是每月举行一次的公开讨论会，在会议中，管理人员和员工共聚一堂，商讨一些彼此关心的问题。公司的总部、各部门、各基层组织都会举行员工协调会议。员工协调会议是标准的双向意见沟通系统。在开会之前，员工可事先将建议反映给参加会议的员工代表，然后由员工代表把意见转达给管理部门，管理部门也可以利用这个机会，将公司政策和计划讲解给员工代表。

要充分了解 12 000 余名员工的想法，就必须将员工协调会议分成若干层次。实际上，迪特尼公司内共有九十多个这类组织。如果有问题在基层协调会议上不能解决，就将逐级反映上去，直到有满意的答复为止。事关公司的总政策必须在首席代表会议上才能决定。员工协调会议的开会时间没有硬性规定，一般都是一周前在布告牌上通知。为保证员工意见能迅速逐级反映上去，基层员工协调会议应先开。

同时，迪特尼公司也鼓励员工参与另一种形式的意见沟通。公司安装了许多意见箱，员工可以随时将自己的问题或意见投到意见箱里。为了配合这一计划的实行，公司还特别制定了一项奖励规定，凡是员工意见经采纳后产生了显著效果的，公司将给予优厚的奖励。

在每年举办的主管汇报中，迪特尼公司的员工每人可以接到一份详细的公司年终报告，这份年终报告有二十多页，包括公司发展情况、财务分析报表、员工福利、公司面临的挑战及根据员工协调会议所提出的主要问题的解答等。公司各部门接到年终报告后，就开始召开员工大会。

员工大会都是利用上班时间召开的，每次人数不超过 250 人，时间大约 3 小时，大多在规模比较大的部门里召开，由总公司委派代表主持会议，各部门负责人参加。会议先由主席报告公司的财务状况和员工的薪金、福利、分红等与员工有切身关系的问题，然后便开始问答式的讨论。在员工大会上，有关个人的问题是禁止提出的。员工大会不同于员工协调会议，提出来的问题一定要具有一般性、客观性，只要不是个人问题，总公司代表需要尽可能予以迅速解答。员工大会比较欢迎预先提出问题的这种方式，因为这样可以事先准备，不过大会也接受临时性的提议。

那么，迪特尼公司的员工意见沟通系统的效果究竟如何呢？

在 20 世纪 80 年代全球经济衰退时，迪特尼公司的生产率每年平均以 10% 的速度递增。公司员工的缺勤率低于 3%，流动率低于 12%，在同行业内最低。许多公司经常向迪特尼公司要一些有关意见沟通系统的资料，以做参考。

【案例分析问题】

（1）迪特尼公司的总体指导原则是什么？依据是什么？

（2）既然迪特尼公司的这种方法能取得如此效果，为什么至今采用这种方法的公司不多？

【案例分析 9-2】

IT产业的核心竞争力都装在员工的大脑里，为了留住员工，明基创造性地运用知识管理的3个阶段弥补了员工流失对公司造成的有形损失和无形损失，再加上公司已经形成的学习氛围和分享氛围，任何新进员工都会立刻融入公司并创造价值，因此真正做到留住了员工。知识管理的3个阶段如下。

第一阶段：塑造竞赛中学习的企业文化。

自2000年明基大学成立起，它所肩负的重要使命之一，就是帮助企业塑造更好的员工风格，以使员工尽快融入明基的企业文化氛围中。明基一直在内部倡导在竞赛中学习，这种氛围对一个快速发展的企业来说非常重要。

第二阶段：让使用知识管理系统成为习惯。

明基拥有强大的信息化系统支持体系和保障企业大学的培训体系。在平时的工作中，所有的报告和文档都是通过知识管理系统上传到公司资料库中，然后由系统推荐给老板的，这样一来，所有的报告和文档都被保留了下来。

每个部门在知识管理系统地图上都有自己的分支，每个部门的所有工作文档、报告、模板、客户资料都在这里留有记录，新员工马上就能接手；过去在工作中遇到的问题和解决办法也会作为心得保存下来，为后来者提供借鉴。久而久之，员工都习惯在知识管理系统中分享新思想、新知识。

第三阶段：实现人和脑袋分开管理。

明基对于员工采取人和脑袋分开管理的方式，即员工每创造一个价值，都要求他把知识留下来，等于把他的脑袋留住，然后鼓励他创造更多的价值，鼓励他继续学习。采取这种管理方式可以弥补因大多数员工流失对公司造成的无形损失，并把这种损失降到最低。

【案例分析问题】

试分析明基企业文化的特点。

第十章 企业信息化管理

学习目标

【知识目标】
1. 了解企业信息化管理的概念；熟悉企业信息化管理的内容；了解企业信息化管理的特征；
2. 了解企业实施信息化管理的必要性及其重要意义；
3. 熟悉企业信息化管理建设的内容、步骤及其目标；掌握企业信息化管理常用的IT软件；
4. 熟悉企业信息化管理的整体规划；了解企业信息化管理建设存在的问题及其保障措施；
5. 熟悉企业应如何实施信息化管理；
6. 了解中小企业实施信息化管理存在的问题；了解我国企业信息化管理建设存在的问题。

【能力目标】
1. 通过学习，能够合理选择企业信息化管理所需的软件；
2. 通过学习，能够初步参与企业信息化管理建设的规划。

案例导读

【案例】美高集团的企业信息化管理的建设

青岛美高集团有限公司（美高集团）成立于1995年，主要生产硅胶系列产品，是典型的制造业企业。美高集团坚持"每天创新，每步领先"的核心理念，通过十几年的发展，取得了令人瞩目的成绩，现已成为同行业中的龙头企业。随着企业的不断壮大，以及市场竞争的日趋激烈，发展过程中所面临的瓶颈问题也越来越多，企业高层仅凭主观判断和经验决策，无疑会给企业的发展带来巨大的风险。为此，美高集团必须迅速变革和创新，寻求一种新的管理模式，需要通过先进的管理工具和有效的管理方法去解决存在的一些瓶颈问题。

信息化的管理手段一直以来都是企业非常重视的工程。几年来，美高集团一直坚持走信息化发展之路，美高集团相信，只有依托现代化的信息技术，才能从本质上提高企业的管理水平和竞争能力，增强企业的核心竞争力，以信息化带动工业化是企业发展的必由之路。在此，将美高集团发展过程中信息化的建设情况做一下介绍，希望能对其他企业的信息化建设有所帮助。

一、信息化基础建设

信息化建设主要包含两个方面，一方面是硬件，另一方面是软件。这两方面资源的整合，加上有效的管理机制，企业的信息化平台就建立起来了。硬件环境建设是一个基础，是信息化建设的开始，美高集团的员工人手一机，建立了内部局域网，办公区与分厂之间全部互联，并且引进了光纤，大大提高了因特网的带宽和浏览速度，保证了资源共享和文件传输的便利条件，为以后软件环境的建设提供了基础和保障。

此外，也要充分地拓展和有效利用网络资源。美高集团在建厂初期就建立了自己的网站，拥有了企业邮箱，并注册了顶级行业域名，成为当时青岛地区为数不多的网络企业用户之一，依托这个平台，美高集团与世界各地及海外客户建立了贸易合作关系，为企业迅速拓展市场、实现跨越式发展提供了便利条件。随着信息技术的飞速发展，美高集团在后台数据库的支持下建立了动态网站系统，提供了灵活的站内内容搜索机制和流畅的信息发布通道，除了原有以新闻为主的信息发布通道，还建立了公告、售后服务、论坛等栏目的动态发布机制，定期更新网站内容，并在Google、Yahoo、Baidu等搜索引擎和商业平台上做了多语言的宣传推广，为拓展市场、挖掘潜在客户提供了强有力的网络资源和途径。

美高集团在建设基础设施的同时，配套安装了2台大型的专业服务器，专门用于项目的运作与数据备份，安装了网络防火墙与杀毒软件，配置了大型UPS电源，可使服务器的运行时间延长20小时，为信息化建设提供了良好的软件和硬件运行环境，极大地提高了系统与项目运行的安全性与可靠性。

二、信息化软件系统的实施

信息化建设的重中之重是企业软件的实施与管理，信息化软件系统的种类多，针对行业的应用背景也不一样，目前来说最典型的就是企业资源规划，即ERP系统。ERP系统是在MRPⅡ（制造资源计划）的基础上发展起来的集成化信息管理系统，它代表了制造企业在信息时代管理革命的发展趋势，其基本思想就是将企业的业务流程看作一条供应商、企业本身、分销网络及客户等各个环节紧密联系的供应链，企业内部又划分成几个相互协同作业的支持子系统，如财务、市场营销、生产制造、质量控制、服务维护、工程技术等。在ERP的管理理念里企业同供应商、销售代理和客户的关系已不再是简单的业务往来关系，而是利益共享的合作伙伴关系。

ERP系统在企业的实施成功率还是比较低的，为何实施效果不尽如人意呢？美高集团在实施的过程中，总结出以下几点主要原因。

1. 对信息化系统的建设存在观念上的误区

对信息化的认识不足，大多还停留在表面上，思想观念落后。目前，主要存在4种错误倾向：一是"简单化"，认为信息化完全是技术上的事情；二是"神秘化"，认为信息化太高深，需大量专业知识，自己没有能力从事；三是"模式化"，认为信息化是解决企业管理的"灵丹妙药"，只是购买已有的成熟软件，忽视基于信息的增值应用；四是"短视化"，认为信息化成本太高，没有必要，现在开展还为时过早。与此同时，大多数企业高层领导对信息化的理解和重视程度不够，对员工进行信息化方面的培训、培养企业自己的信息化人才的力度也不够。

2. 信息化建设缺乏科学的战略规划方法

企业必须根据内部条件、外部环境和企业战略慎重实施信息化建设。如果没有从企业战略和商业利益的角度充分考虑信息技术的使用对企业组织结构、业务流程、企业文化等方面的影响去制定行之有效的实施步骤，而是盲目投资最先进的软件系统或硬件设备，造成的后果或是信息技术只是在局部环节处理上能提高效率，或是形成设备的闲置和投资的浪费。

3. 企业信息化投入资金偏低，并且重硬轻软

很多企业对硬件的投资占到整个信息化投资80%以上，而配套软件投入相对滞后。这种重硬轻软的做法不仅占用了大量流动资金，也使硬件设备的收益投入比偏小。有些由于前期论证不足建立的信息化软件系统之后由于缺乏科学合理的应用也造成了投资浪费。

4. 总体信息技术应用水平偏低

目前，绝大多数企业的信息化水平还停留在文字处理、财务管理等办公自动化阶段，局域网的应用也主要停留在简单的信息传递层面上，生产控制方面的应用很少。信息孤岛现象严重，资源不能共享，信息化建

设的综合优势无法发挥。企业信息化工程建设"咨询—监理—评价体系"机制没有形成,工程质量无法保证。

5. 信息化意识和有关技术人才缺乏

人才是企业发展的基础,开展信息化,需要既懂得商务管理又懂得信息技术的复合型人才。大多数中小企业因资金、制度、管理等方面的原因,对人才缺乏吸引力,员工素质普遍较差。并且多数企业领导者对信息知识也知之甚少,对信息化重视不足。尽管目前我国很多企业都在不同程度上开展了信息化建设,但他们并非全都对什么是企业信息化、如何实施信息化有透彻的了解。此外,中小企业很难找到一批既懂信息技术又懂企业管理的复合型人才,这直接影响中小型企业信息化的进程。

6. 概念模糊

很多企业对ERP的认识模糊,混淆了ERP软件和ERP系统的概念。认为只要投入资金购置计算机硬件和某种ERP软件,就可以解决企业现有的管理问题。其实ERP首先是一种管理思想和方法,其次才是一种应用软件。

7. 企业管理机制和市场环境不完善

很多企业还习惯传统的计划经济管理方式,市场意识不强,而ERP是市场经济条件下的产物,若不克服二者的根本差异,ERP的实施就难以进行。

8. 对自身的需求缺乏深入的研究

ERP的实施是一项复杂的工程,如何实施必须对企业内部的需求进行周密细致的研究论证和可行性分析。

9. 基础建设不完善

许多企业普遍存在技术设备落后,计算机基础薄弱,企业员工对最新的管理思想和技术知识理解不够,管理者缺乏信息技术知识,信息技术人员缺乏管理经验等问题。

三、目标

信息化建设对企业来说并不是一蹴而就的,它是一个长期的过程,尽管我们做了很多的工作,但距离目标还很远,需要我们不断地去探索、去实践,从中找出适合企业发展的新思路、新方法,以使信息化建设真正融入企业管理,发挥有效的作用。

第一节 企业信息化管理的内涵

一、企业信息化管理的概念

企业信息化管理(Enterprise Informatization Management,EIM)是对企业信息实施过程进行的管理。企业信息化管理主要包含3个方面,分别是信息技术支持下的企业变革过程管理、企业运作过程管理及对信息技术、信息资源、信息设备等的管理。企业信息化管理的3个方面是不可分割的,它们互相支持、彼此补充、相互融通又相互制约。

企业实行信息化管理的信息源不仅来自企业内部,还来自企业外部,即与企业生产、销售、竞争相关的一切信息源。信息源的采集范围和质量受企业的信息战略指向、信息获取的难易程度、信息可靠性等多种因素的影响。

企业信息化管理的精髓是信息集成,其核心要素是数据平台的建设和数据的深度挖掘。通过信息管理系统可以把企业经营过程中的各个环节集成起来,实现信息和资源的共享。

二、企业信息化管理的内容

具体来讲,企业信息化管理的内容包括5个方面。

1）产品信息化

产品信息化可以通过两个方面实现：一是应用数字技术增加传统产品的功能，提高产品的附加值；二是应用网络技术向用户提供服务，提高产品的附加值。

2）设计信息化

设计信息化即产品设计、工艺设计方面的信息化。目前应用较为普遍的方法是计算机辅助设计、计算机辅助工艺规程设计、计算机辅助装配工艺设计、计算机辅助工程分析、计算机辅助测试、网络化计算机辅助开发、面向产品全生命周期活动的设计、产品建模、模型库管理与模型效验系统等。

3）生产过程信息化

生产过程信息化是自动化技术在生产过程中的应用，即使用自动化、智能化的手段来解决加工过程中的复杂问题，从而提高生产的质量、精度和规模，如数控设备的应用、生产数据的自动收集、产品的自动化检测等。

4）企业管理信息化

企业通过信息管理系统的集成来提高企业的决策管理水平。如企业资源规划（ERP）系统、供应链管理（SCM）系统、客户关系管理（CRM）系统和辅助决策支持（DSS）系统。

5）市场经营信息化

通过实施电子商务可以大大节约经营成本，提高产品的市场竞争力和企业的经济效益。

三、企业信息化管理的特征

企业信息化管理是一个动态发展的过程，它主要表现出以下 7 个特征。

1）企业信息化管理的本质特征

在企业的信息化管理中，企业的各种业务信息不是以文件、账本、单据的形式存在的，而是通过计算机，众多信息只需要输入计算机就可以得到有序安全的管理，优质的管理软件、友好的互动界面，可使人们输入和调用信息的工作轻松自如。

2）企业信息化管理的形态特征

企业在生产、管理和经营 3 个层面使用计算机可以实现设计自动化、生产自动化、办公自动化，并且在事务处理、辅助决策、电子商务等方面凸显优势。

3）企业信息化管理的过程特征

企业信息化管理是从计算机的单机应用到综合应用，最后到网络应用逐步提升的，通过集成企业的计划、生产、销售、供应、设备、技术、财务、人事档案等子系统来实现一体化管理，具有由初级到高级连续不断、持续发展的过程特征。

4）企业信息化管理的阶段特征

随着计算机技术的快速发展，企业信息化管理的水平也在不断提高。企业信息化管理是全方位的，企业根据自身需要抓重点、分层次、分阶段地不断推进，不断提高信息技术的利用率。因此企业信息化管理具有分阶段连续不断推进的特征。

5）企业信息化管理的效益隐性特征

在企业中推进信息化管理不同于以往对产品的技术改进。产品生产线上的技术改进可以直观地计算出来，是显而易见的；而信息化管理则是应用信息技术来提升管理水平和企业生产能力的，其效益是多方面的，较难以定量方式给予准确评估，因此是隐性的。

6）企业信息化管理的内部关联性特征

企业信息化管理使企业实现了生产柔性化、组织弹性化、经营虚拟化、管理一体化，使得企业部门组织结构扁平化，相互间的联系更加频繁、密切，因此显现出不可分割的内部关联性特征。

7) 企业信息化管理的外部关联性特征

企业信息化管理的建设和发展依赖国民经济、社会信息网络和多变的市场信息，外部环境对企业信息化管理的建设和发展也有一定的制约作用，因此企业信息化管理具有一定的外部关联性特征。

第二节　企业实行信息化管理的意义

一、企业实行信息化建设的必要性

企业实行信息化管理就是利用现代信息技术，将企业的生产管理、物流管理、资金流动、客户关系管理、行政管理、经济分析及外部市场环境变化等各方面的信息，通过计算机网络和信息系统加工生成新的信息资源，提供给企业管理人员，有利于合理配置企业资源、优化组合生产要素、捕捉市场机会，进而提高企业的经济效益和竞争力。因此，企业通过信息化建设，将企业内部的生产、经营、管理及决策活动通过信息技术这根纽带联系起来，会极大地促进企业管理水平、生产水平和生产效率的提高，从而使得企业在市场竞争中处于有利地位。

21世纪是知识经济和信息化时代。面对全球范围的信息化浪潮，我国企业必须及时调整自身的发展战略，全力推进企业的信息化建设。可以说，企业信息化建设是关系企业生存、发展的重要举措。

1. 企业信息化建设是信息时代的客观要求

当今世界已经进入信息化时代，信息化是社会进步的必然趋势，使用信息技术改造企业已经成为一种全球性的趋势。这种趋势具体表现在以下几个方面。

1）信息和通信基础设施投入不断增加。近年来许多国家在信息和通信基础设施方面投入巨额资金。发达国家在这方面投资的增加更为迅速，而发展中国家，尤其是亚太地区在信息和通信技术方面的投资也处在不断增加之中。

2）通过电子商务方式进行的商贸活动不断增多。利用电子商务进行采购和销售是企业信息化管理的主要内容之一。我国政府和社会各界高度重视电子商务，在政策、法规、安全、支付、物流等层面大力推进电子商务的发展。2005年国务院办公厅印发了指导我国电子商务发展的纲领性政策性文件《关于加快电子商务发展的若干意见》。我国还建立了由国家发展改革委、商务部、铁道部等几个部门和单位组成的全国现代物流工作部际联席会议制度。这些都给企业开展电子商务提供了有力支持和可靠保证。

3）发达国家和发展中国家的信息化差距将逐渐缩小。发达国家企业的信息化建设已进入高级阶段，而广大发展中国家仍然处于初级建设阶段。发展中国家与发达国家在信息化建设方面的这种差距，许多学者用"数字鸿沟"（Digital Divide）这个概念进行描述，这一描述引起了各国政要的高度重视，因为它将影响人类社会经济的发展。经过最近几年的努力，现在发展中国家的信息化建设水平与发达国家相比正在不断缩小。

2. 企业信息化建设可以提升企业的核心竞争力

我国长期以来实行粗放式经营，经济增长和社会发展虽然快，但经营成本较高。对于我国这样一个人均资源比较稀缺的国家，不能再依靠高能耗来维持经济的高速增长了，必须依靠信息化手段来改变管理、生产、经营、销售等活动方式，从而提高企业的竞争力。

1）企业信息化是企业适应千变万化市场环境的必要手段

信息时代，市场瞬息万变，产品的研制、开发、生产、上市、服务节奏日趋加快，产品的生命周期大幅度缩短，企业的生产方式也随之发生变化，已经从传统的大批量少品种的生产模式向小批量多品种的生产模式转变。用户需求决定企业生存，以最好的质量、最短的时间、最低的成本、最完善的服务满足用户日益个性化的需求，是企业赖以生存的前提和基础。了解、分析、转化、开发、引导、实现用户需求成为企业工作的重点和难点。全球经济一体化进程加速，任何一个企业都将面对来自本行业、本地域乃至世界级企业的最强有力的竞争和挑战，也有机会在全球范围内发展自己的潜在用户。由于信息化管理可以在优化企业内部管理、提高决策效率、增强企业创新能力、提高效率、降低成本、提高质量、促进销售等方面发挥超常的积极作用，因此从某种意义上讲，信息资源在战略意义上比物质、能源更加重要。

2）企业信息化是企业参与国际竞争的要求

当前全球经济一体化的趋势已日渐明显，信息技术在经济全球化的进程中起着十分重要的作用。随着我国加入WTO（世界贸易组织），我国企业正逐渐融入国际市场，一方面我们可以争取参与国际资源的分配，扩大国际市场份额；另一方面我们的企业必须意识到谁在收集、处理、传播和利用信息上拥有更强的能力，谁就有条件获得竞争的优势，谁就能抢占市场先机而取得最终胜利。信息化建设成为企业获取竞争优势的最佳选择和必由之路。

二、企业实行信息化管理的现实意义

企业信息化管理将企业的生产过程、物料移动、事务处理、现金流动、客户交互等业务过程数字化，通过各种信息系统加工生成新的信息资源，提供给各层次的人们用以分析研究各类动态业务中的一切信息，以便做出有利于生产要素组合优化的决策，从而使企业资源得到合理配置，使企业能适应瞬息万变的市场经济竞争环境，求得最大的经济效益。企业信息化管理属于企业战略管理的范畴，对于企业的发展具有重要意义。具体说来，主要体现在以下几个方面。

1．改变数据和信息的获取、存储方式，实现数据和信息的集成

在传统方式下，原始数据的获取靠的是企业员工肉眼观察、手工计数或使用仪器测量等方法；在信息化的环境下，可以利用传感设备全自动地获取所需的数据或信息。存储介质由纸变为磁盘或光盘，与纸介质相比，磁介质或光介质具有存储密度大、擦写不留痕迹的特点；存储密度大使得企业可以集中保存数据和信息资源，便于对其加以保护，实现数据和信息的集成。

在完善的企业信息化管理系统的支持下，企业领导足不出户就能够在电脑屏幕前对企业甚至遍布世界的跨国公司了如指掌，轻点鼠标就能指挥企业生产、开展业务谈判。企业信息化管理系统为企业加强内部控制和应对外部环境变化提供了基础。

2．提高数据和信息的处理、传递效率，提高数据和信息的使用价值

在信息化的环境下，借助计算机的高速处理能力能够使得信息处理的速度大为加快，效率大为提高。

信息化环境下的信息传递改变了手工环境下的传票、报告、电话等方式，利用电缆、光缆、无线电波等以光速传递信息，并且传递的信息量远非传统方式可比，为企业及时准确地掌握企业状况、加强内部控制提供了基础。

由于从企业信息化管理系统中获取的信息准确可靠，并且获取速度和传递速度快，因此大大提高了信息资源的使用价值。

3．改变企业的工作方式，提升管理效率

在信息化的环境下，人们越来越多地通过计算机网络进行联系和沟通，人与人之间的直接接触有所减少，企业的工作方式发生了极大的变化，许多管理工作都已经程序化。项目管理、生产计划与流程、产品销售等各项工作的要求与操作章程，企业员工通过网络都可清楚了解，大大提升了企业管理人员的管理效率。

4．吸收先进的管理经验，规范、优化企业的管理工作

通过企业信息化管理可以把各类企业的优秀管理经验梳理出来，优化或融合到本企业的管理中，从而使企业的经营管理更规范、更完善。

5．获取外来业务信息，为企业赢得更多商机

企业信息化管理可以帮助企业获取更多的外来业务信息，从而找到用户的关注点和购买习惯，将有限的资源用到重要用户的身上，挖掘二次营销或大订单的机会；帮助企业改善服务内容，提升用户满意度以谋求新的商机。

6. 工作准确高效，不容易出错

由于企业信息化管理详细规定了符合企业特色的流程，能对关键点进行准确、高效的控制，因此可以有效防止企业管理人员遗忘和出错。

虽然企业信息化管理有利于企业实施更复杂、更有效的控制和管理，提高管理水平和管理效率，但是也存在一定的隐患，因为信息是无形的，许多隐患不易被发现，如信息被窃取、某些员工借助信息处理能力造假、信息传递过程中受到了阻碍或破坏等，这些都将给企业带来难以估量的损失，所以企业在信息化建设的过程中对这些弊端必须高度重视，并采取有效的保护措施。

由此可见，企业信息化管理能提高企业对人、财、物等方面经营管理的准确性和及时性，有助于增强企业的快速反应能力；通过掌握、控制和有效利用各种渠道信息，促使企业的经营程序和管理程序更加合理，有助于企业决策的进一步科学化；能进一步促进企业中各种资源的合理组合及利用，使企业在现有资源的条件下获取最大效益。企业信息化管理对企业的生存和发展有着十分深远的现实意义。

第三节　企业信息化管理的建设与实施

一、企业信息化管理的建设

1. 企业信息化管理建设的内容

企业信息化管理建设的内容主要包括：
（1）合理构建企业的业务流程和管理流程，完善企业的组织结构、管理制度等；
（2）构建企业的总体数据库；
（3）建立各种自动化及管理系统；
（4）建立局域网，达到企业内部信息的最佳配置；
（5）接通互联网，获得与企业经营有关的信息，充实自己的信息资源；
（6）培训企业信息化管理系统的专业管理人员，培训企业员工使用信息化管理系统。

2. 企业信息化管理建设的原则

企业信息化管理的建设不可盲目进行，必须遵循以下6个原则。
（1）以企业战略为核心。企业的信息化建设如果偏离了企业战略，就不能为实现企业的战略目标服务，便失去了它存在的意义。
（2）以持续发展为前提。企业的信息化建设不是权宜之计，应为企业的长远奋斗目标服务。
（3）以提高效益为目标。企业的信息化建设必须达到提高管理水平、改善生产流程、提高产品质量、赢得更多商机、获取更大经济效益的目的。
（4）以安全可靠为保证。企业的信息化建设必须克服其弊端，特别是要保证商业信息和技术信息不被泄露，不能因信息化建设过程中的隐患给企业带来重大损失。
（5）以全员负责为基础。企业的信息化管理是企业中每个部门、每个管理者、每个员工都要参与的工作。因此，全员参加、全员负责是搞好企业信息化建设和发挥企业信息化管理优势的基础。
（6）保持循序渐进的步调。企业的信息化建设应充分考虑企业目前的状况，由于组织管理制度尚需完善，企业信息化管理系统专业管理人员的知识、技能、经验有待进一步加强，因此必须合理地安排建设进度及组织培训。

3. 企业信息化管理建设的条件

企业信息化管理建设的条件主要包括：

（1）经济基础。企业的信息化管理的建设需要一定的投资，资金匮乏的企业显然不宜着手该项工作。

（2）员工素质。企业员工必须具备一定的文化素养和计算机技术知识，企业应有相当数量的能从事信息化管理工作的专门技术人才。

（3）员工稳定。企业的员工队伍应相对稳定，避免因人员流动造成商业和技术机密外泄。

（4）经营规模。因为企业信息化管理的建设会花费一定的资金，所以只有企业具有一定规模，才能充分发挥信息化管理的优势，使之在各个方面发挥作用，不仅能收回投资，还能创造财富、提高效益。

4．企业信息化管理建设的步骤

如图10-1所示，企业信息化管理的建设主要分为3个阶段：需求分析阶段、选型采购阶段和系统实施阶段。3个阶段中任何一个阶段实施的好坏都会直接决定企业信息化管理建设的成败。

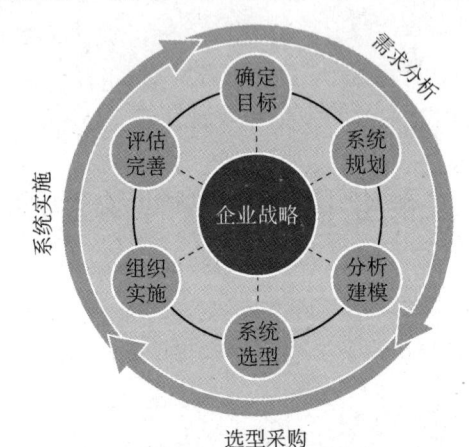

图10-1　企业信息化管理建设的3个阶段

1）需求分析阶段的工作内容

（1）根据企业战略确定系统建设的预期目标。

（2）确定系统建设的主体内容、时间计划、资金预算等整体框架。

（3）通过对管理组织流程的梳理，形成详细的管理改善和需求分析文档。

2）选型采购阶段的工作内容

（1）根据第一阶段成果确定技术路线，确定选型供应商。

（2）供应商根据需求分析文档提交项目建议书，并组织产品演示。

（3）通过评审或招标等方式确定最终产品供应商，并签订合同。

3）系统实施阶段的工作内容

（1）结合需求分析文档与实施提供方共同制定实施方案。

（2）对相关人员进行培训，系统配置及试运行。

（3）系统上线、后续维护及调整。

需求分析阶段的目标是通过管理咨询的前期介入，帮助企业梳理当前的组织结构、生产流程，根据企业的战略目标，制定系统建设的整体方案，并通过深入的需求提炼，帮助企业制定信息化管理系统的需求分析文档，作为后续系统选型和实施的基础。

在系统实施阶段应该由前期完成需求分析的咨询合作伙伴作为监理全程参与实施过程，这样既可以保证将前期成果和知识顺利转移到实施阶段，又可以保证系统的实施方向与项目初期设定的目标一致。

5．企业信息化管理建设的8个目标

企业信息化管理建设最终实现以下8个目标。

1）实现全面经营管理是总体目标

以经营管理为目标构建企业的信息化管理系统，旨在增强经营管理的可预见性、可控性和有序性，注重经营业务活动的过程控制。通过不断丰富和增强企业的经营管理手段实现企业的集约化、效益化管理，成为能伴随企业经营发展而不断变化、不断适配的强有力的运营支撑平台。

2）建立全员协同工作的管理业务平台

搭建一个全体员工协同工作的网络环境，通过程序化的管理手段，将企业的管理制度、部门及岗位职责、业务流程等全部固化到统一的管理系统中，建立一个职责明确、流程清晰、执行规范的业务流转机制，真正实现跨部门、多用户的协同工作和信息共享，为工作效率的提高和管理的改进提供条件。全员的协同工作平台完全突破时间、地域的限制，满足企业在全国范围内实时经营的要求。

3）固化管理制度，提高管理执行力

利用计算机"刚性"管理的特点，把公司的各项经营管理制度、权限、表单、流程固化到系统中，充分展现可扩充的管理业务。并通过严格的管理流程进行控制，以保证管理执行力的最大化实现。

4）建立财务、业务一体化的经营管理系统

以信息化管理平台为支撑，整合企业所有资源和业务，通过信息化手段协调企业经营中分散运作与集中管理的矛盾，打破财务软件专项核算的模式，把功能单一的专项核算扩展为专项业务管理系统，在业务处理的过程中，将业务数据传递进核算系统，完成财务核算，实现业务处理、业务监控、财务核算和财务监控的协同进行，形成财务、业务一体化的管理体系。

5）实现成本的自动收集和分析

通过企业信息化管理系统能随时了解每个订单、每类产品、每个客户的直接产品成本情况，能了解成本的构成、比例及趋势，了解质量问题、技术问题对成本的影响和构成。通过对成本的及时统计、分析、对比加强成本管控及考核，有效地降低成本。

6）实现实时的分析决策支持

设计符合企业自身的管理指标体系和管理报表体系，通过采集的经营业务数据，运用科学的统计分析方法自动生成分析结果，并以丰富、直观、生动的形式表现出来，使管理层可以随时掌控整个企业的动态运行状况，提高决策的效率和准确度。

7）实现业务和管理能力的复制

业务过程的标准化和流程化使得原来存储在个人头脑中的知识和业务传递和继承给其他人，解决因人员变动造成的业务中断和知识中断，轻松实现业务和管理能力的复制。

8）围绕增强用户满意度，提供个性化服务

整个流程从提升用户满意度出发，让业务自动运行，通过与用户的个性化交流来掌握其个性需求，并在此基础上为其提供个性化的产品和服务，提高用户的满意度和忠诚度，最终实现企业和用户的双赢。

二、企业信息化管理建设的规划

1. 企业信息化管理建设规划的指导思想

企业信息化管理的建设涉及企业各部门的所有业务流程和管理过程，它包括企业的经营、计划、合约、技术、质量、安全、施工、材料、设备、人力资源及成本管理等各个重要环节，几乎涉及企业所有人员。因此，这是一个非常庞大的工程。企业信息化管理建设的目标是"一个中心、两级管控、三个集中、四控三管一协调"（一个中心即以成本管理为中心；两级管控即实现管理层与作业层分离，项目级与企业级统一，层间业务流转，实现互动；三个集中即数据集中、管理集中、决策集中；四控三管一协调即质量控制、进度控制、投资控制、变更控制、合同管理、信息管理、安全管理、协调客户关系）。

为了有效地完成企业信息化管理的建设，建议采取统一规划、分步实施的建设方式。实施过程按照业务的重要程度、对信息化要求的紧迫程度和准备完善程度排序，逐步进行实施。

2. 企业信息化管理建设的整体规划

在企业信息化管理建设之前，必须对自身的信息化现状、存在的问题做客观的分析，然后根据企业自身需要提出必须重点解决的问题、主要要求和总体建设目标，以便让专业技术人员着手规划、设计。

一般来说，企业信息化管理建设的整体目标为综合运用现代管理技术、信息技术，建立企业管理过程中的资金流、信息流、物流与企业现代化管理系统于一体的现代管理体系，尽可能减少人力和资源的浪费，实现本企业的整体优化，显著提高企业的经济效益和社会效益，将企业建成面向新时代的信息化企业。

企业信息化管理建设的规划主要包括成立信息化领导小组、分析编制实施方案、制定企业信息化管理的总体规划、研究分析企业的发展战略、分析评估企业现状、梳理优化企业的业务流程、调查分析企业的信息化需求等。

为了科学、合理地做好企业信息化管理建设的规划，企业必须做到：

1）思想统一，领导重视

企业从上至下都应明白开展信息化建设的必要性和意义，企业全体员工都应积极投身企业信息化管理的建设中。领导应高度重视，应从思想上认识到信息化是一场"革命"，应加强对信息化知识的学习，应直接参与关键环节和重大事项的讨论和规划的制定，应给予技术人员和实施人员强大的支持。

2）发动群众，全员参与

企业应有计划、分层次地对全体员工进行宣传教育，增强全体员工的信息化意识，使全体员工自觉成为信息化实施的推动者。企业信息化管理几乎涉及企业所有业务领域，需要企业全体员工的共同参与才能明确现有的和潜在的信息需求，才能设计出科学、实用、符合企业发展战略需求的信息化方案。

3）建章建制，完善各项基础管理工作

标准化和规范化是信息化的基础，企业基础管理工作的完备与否是企业信息化管理能否可靠运行的基石。因此，在决定进行企业信息化管理建设之时，应完善各项基础管理工作：建立、健全各项适应信息化管理要求的规章制度；建立票据即日录入制度，做到业务日清日结，以保证数据录入的及时性；建立严密的内部审核制度，以保证初始数据录入的规范性和准确性，减少数据录入的差错率；健全科学的分工和各流程相互牵制的内部控制制度，以保证整个系统能规范透明的运行。

4）统一规划、分步实施

把握整体思路，找准切入点，稳步扎实地推进。企业信息化管理的建设不只是在企业内部建设一个局域网，而是要把企业的管理思想融入建设的过程中，即实现物畅其流、财尽其利、人尽其用，因此企业信息化管理的建设是一项系统工程，它需要整体规划、分步实施。

5）选好信息化系统软件，找准系统实施咨询队伍

现行市场流行的软件很多，关键是要找准适合本企业管理发展需要的软件，这样不但可以节约大量资金，而且可以防止各种后遗症，它是企业信息化管理建设过程中的重中之重。此外，另一个因素也不能忽视，那就是软件实施的技术咨询服务队伍。一个具有极强能力的技术咨询服务队伍能运用自己的知识和能力让软件发挥到极致，并产生巨大的管理能量。

6）注重人才的培养，积极开展后续教育培训工作

信息化管理专业人才是企业信息化管理成功的关键，信息化管理的实施应用是企业信息化管理建设过程中最难啃的"硬骨头"，企业只有挖掘和培养自己的专业人才，消化并落实执行方案，才是企业信息化管理系统长期有效运行的保证。

企业信息化管理建设的规划要做到四定，即定体系、定思想、定模型、定流程。企业信息化管理开展得好不好，首先取决于领导者对本企业信息化管理系统的确定，核心体系是授权体系和业务体系。其次是要有思想定位，即将企业信息化管理的建设定位在哪个层级，哪个方向。再次是定管理模式、业务模式，即确定企业采用什么手段去实现自己要达到的目标。最后是定流程，就是如何在流程中实现企业的管理理念。

企业信息化管理建设的规划应在企业信息化领导小组和企业 CIO（Chief Information Officer，首席信息官）的指导下有序进行。

1）企业信息化领导小组的职责

（1）全面负责信息化建设的领导工作，组织协调、监督检查企业各部门、各单位、各项目部的信息

化建设工作;

(2) 负责贯彻国家有关信息化建设的法律、行政法规和方针政策;审定企业中与信息化工作有关的技术标准、规范和管理办法;

(3) 负责审定企业信息化管理建设发展规划及分阶段实施方案,并负责监督、检查规划和方案的实施情况;

(4) 负责研究决定企业建设及运行管理期间重大信息工程项目的立项,并对实施过程中的重大问题进行决策;

(5) 负责建立信息化工作激励机制。

2) 企业 CIO 的职责

(1) 在工作过程中制定信息化管理建设的管理制度;

(2) 组建和领导企业信息化管理建设领导班子;

(3) 制定企业信息化建设可量化的阶段性目标;

(4) 协调信息化建设资源;

(5) 定期或不定期听取信息化项目经理的工作汇报;

(6) 定期考核、严格奖惩。

信息化管理建设的整体规划是关系企业信息化管理建设成功与否的关键一环,因此必须引起足够重视,投入足够多的力量。

3. 企业信息化管理建设中存在的问题及其保障措施

1) 企业信息化管理建设中存在的问题

企业信息化管理建设很容易走上为信息化而信息化之路,病因在于:

(1) 对企业发展战略理解的深度不够;

(2) 对企业信息化管理现状的掌握不足;

(3) 企业信息化管理建设的目的不明确;

(4) 企业管理标准不完善;

(5) 相关人员的能力和决心不够;

(6) 企业信息化管理建设的政策、措施不全面;

(7) 企业文化不够深入;

(8) 企业信息化管理建设阶段的划分与时机的选择不切合实际。

2) 企业信息化管理的建设中的保障措施

在开展企业信息化管理的建设中必须提供相应的保障措施:

(1) 建立健全企业信息化管理的相关规划、制度;

(2) 组织一支具有一定信息化专业技术、能协同作战的团队;

(3) 切实履行个人岗位责任制,做好"严(严格认真)、实(脚踏实地)、快(办事快)、新(开拓创新)";

(4) 找准企业信息化管理和信息系统开发的契合点,一要认真建设好硬件系统——企业管理的标准化和程序化,二要切合实际情况开发好软件系统——企业管理的实施法则、法规、制度和政策。

总之,在企业信息化管理的建设工作中,必须强化大局意识和合作意识,建立协同作战机制,抓好企业标准化管理和项目部信息化管理的建设工作,优化企业管理流程,使企业的领导层和员工都能充分认识到实施企业信息化管理对于提升企业管理水平的重要意义,从而自觉地投入到企业信息化管理建设的事业中。

三、企业信息化管理建设的实施

企业信息化管理的建设是一项复杂的系统工程,涉及企业的方方面面,必须进行统筹规划和合理安排,否则就可能达不到预期目标。

企业信息化管理的建设应依据"先平台，后应用；先试点，后推广"的原则实施，可借鉴大型管理信息系统项目的建设和管理经验。

1. 实施企业信息化管理建设的前期工作

（1）企业领导率先学习信息化知识，做到心中有数、把握大局。企业领导的高度重视、直接决策和组织实施对企业信息化管理的建设至关重要。

（2）在企业内部深入开展信息化管理的宣传教育活动。企业信息化管理的建设不单纯是个技术问题，它涉及企业的方方面面，信息化的过程是从"人治"向"法治"转变的过程，是一个从传统管理向现代管理转变的过程，企业的所有员工都必须完成这一观念蜕变。

（3）筹集足够的资金以保证一次性完成项目建设，不可中断，更不能半途而废。

（4）认真做好调查研究，确定合适的咨询合作伙伴和供应商。

2. 企业信息化管理建设的实施方案

企业信息化管理的建设建议按以下方案实施。

（1）根据企业信息化管理建设的规划建立管理数据平台。

（2）对现有的管理机构进行适当重组，以扁平化的企业组织代替金字塔型的企业组织，以适应信息化管理的需要，提高企业的管理效益。

（3）对现有的生产流程进行适当重组，按照现代信息处理的特点，建立适应企业信息化管理的模型，提高企业的生产效率，增强企业的经营能力。

（4）配备企业管理软件，架构企业信息系统。首先要构筑企业的信息化网络；其次要对企业的信息资源进行总体规划，并建设企业信息系统；再次是录入数据，更新数据，做好信息资源的标准化建设；最后是建立信息化管理体制。

（5）建立信息化管理制度，强化管理和控制。信息化管理涉及权利和利益的再分配，势必要和一些习惯势力产生碰撞，为了避免发生矛盾，应建立科学、合理的监管制度，自上而下层层贯彻，并互相监督。

（6）对企业员工，尤其是管理人员进行信息化知识培训，学习信息化基本知识，学习管理软件的使用方法，能对管理软件处理的数据进行维护，保证数据的安全可靠。

（7）创建新型的企业文化。企业信息化管理的建设不仅涉及技术，还涉及人文环境，包括观念的重建，企业应通过信息化管理的建设创建一种更加焕然一新的企业文化。

（8）创建网络维护管理中心，负责企业信息化管理平台的运作指导和系统的维护与更新，协调各部门数据库的管理和交互活动。

企业信息化管理的实施运作过程主要包括对信息化过程的计划、组织、控制、协调和沟通。具体来说：

（1）计划主要指按企业信息化管理建设的规划，在制定企业信息化管理蓝图的基础上，确定企业信息化管理建设过程中所需要解决的问题，进而确定主要实施内容、资金投入计划、实施步骤、阶段目标和考核指标等内容。

（2）组织主要指为企业信息化管理建设的实施确定组织架构和职能，建立信息化管理团队，制定信息化管理制度，对信息化人员的技能与绩效进行考核。

（3）控制主要是对企业信息化管理建设的过程进行有效的控制，包括信息系统实施项目的选择、信息化项目实施过程的管理、制定评价体系、对信息技术的风险进行分析管理等。

（4）协调主要是调节企业信息化管理建设过程中产生的各种矛盾，包括首席执行官与首席信息官之间关系的协调；业务部门与信息技术部门关系的协调；在不同信息技术项目之间进行资源分配的协调，对不同信息化岗位职责间矛盾的协调等。

（5）沟通主要是通过下达命令、指示等形式对企业员工施加影响，从而将企业信息化管理建设的目标或领导者的决策变成全体员工的统一活动。

企业信息化管理建设的实施对于企业，尤其是中小型企业来说，并不是一件容易的事。首先，企业管理的转型升级是一项向传统管理模式挑战的变革，需要决策层、管理层、技术层、应用层等各方面的共同努力才能推动；其次，它要以一定的经济实力、技术水平、管理基础、人员素质为基础，要求企业具有很强的内部控制能力，能准确地将企业决策实施到位。

3. 企业信息化管理建设的障碍

在企业信息化管理建设的实施过程中难免会遇到一些困难和阻力。通常表现在以下几方面。

1) 技术人才缺乏

技术人才缺乏是制约企业，特别是中小企业实施信息化管理建设的瓶颈。企业信息化管理水平不是只看能否熟练使用计算机，而是需要更丰富的管理知识和更深厚的信息技术功底，只有运用企业信息化管理系统解决企业的实际问题，才能真正发挥企业信息化管理系统提升企业管理水平和增加经济效益的作用。

2) 建设资金匮乏

无论是服务器、台式电脑、笔记本电脑等硬件设备的购买，还是网络的构建及大型管理软件的引入，都离不开资金的投入，尤其是信息系统的管理和维护更需要持续稳定的资金投入，否则企业信息化管理建设的水平就只能原地踏步，甚至后退。

3) 建设中缺少规划

就我国目前多数中小企业信息化管理建设情况看，普遍存在缺少整体规划的现象，主要表现在：软件使用杂乱，偏重个人喜好，导致系统兼容性差；各部门独自建设各自的管理系统，信息孤岛比较多；较少考虑网络和信息安全，存在很大的安全隐患。

4) 管理不规范

企业信息化管理的建设促使企业营销、采购等环节更加透明，这必然会触及一些既得利益者的经济利益，降低他们用信息化手段梳理业务流程的积极性，这种企业管理中人为因素的较多干预，在一定程度上限制了信息系统的深入应用。

5) 风险抵御能力不高

由于缺乏客观的需求分析，缺乏全局性、前瞻性的战略规划，资源相对匮乏、整合效应相对较差等客观因素的影响，一些企业尤其是中小企业在实施企业信息化管理建设方案的过程中往往会在一定程度上偏离初期制定的规划，最终不能符合中小企业管理的需要；或者暂时满足后又不能持续适应企业管理变化的需要，不能给中小企业带来真正的效益，从而给企业造成了不同程度的风险。

6) 软件语言问题

对于外资企业来讲，因为很多外资企业要求信息系统的版本是英语、日语或繁体，但是由于这些企业的操作系统语言又是汉语，因此会出现不兼容的情况。此外，信息系统软件在汉语与外语的转换过程中可能出现乱码现象。

凡此种种，如不引起重视，得不到及时解决，就可能会影响企业信息化管理的效率，使部分员工对企业信息化管理的建设失去信心乃至兴趣。

四、如何提高企业信息化管理水平

信息技术对企业而言就是工具，工具只有在使用过程中才能产生价值，但能产生多大的价值取决于选择的工具是否合适，以及是否有效地使用了工具。因此，要充分发挥信息化的效率，必须努力提高企业信息化管理的水平。主要应从以下几个方面着手。

1) 立足根本、明确目标

企业信息化管理不是样子工程，信息化工程最终只是管理手段和管理工具，不能脱离企业实际。因此企业信息化管理的建设与发展要做好两个结合：一是与企业管理水平相结合，二是与企业业务类型相结合。

要根据企业实际情况，明确目标。目标可以分成战略和战术两个层级，战略目标可以定得大一点，实现时间也可以长一点，其功能是指明方向；战术目标就要定得细致，可操作性强，每年、每月做什么都要有详细计划。

2）从上至下，同心协力

企业信息化管理的建设必须有一位强而有力的领导支持，因为信息化系统工程涉及企业所有部门、所有员工，没有领导的组织和协调根本无法进行。具体实施时也要自上而下地规划和推进，企业各部门、各工种必须听从指挥，同心协力，积极、主动参与到建设过程中，才能保证建设完成后信息化工程全面发挥作用。

3）总体规划，分步实施

企业，尤其是多元化的集团公司，一定要做好总体规划，资源集中调配，采取分级管理、预算管理，执行审批制度，以实现效益最大化。

4）用好人，用对人

用对人对企业信息化管理的建设很重要。上面要有懂行、懂管理的领导支持，中间要有负责能干的中层人员执行，下面要有一批管理员及时提交改进建议。这里要特别强调的是软件供应商和咨询合作单位的实施人员也很重要，一个懂技术又懂管理、有丰富经验的实施人员对企业信息化管理的建设意义重大。

5）做好个性化开发

企业信息化管理的建设可能面临这样的问题：标准化的软件功能不能完全符合自己的需求，而完全自行开发会成本太高、周期太长、风险太大，因此个性化开发是相对经济的选择。所谓个性化就是结合企业的实际情况进行开发，这就要求开发不能太随意，一要符合内控要求，二要符合系统要求。

6）推进管理一体化，做好风险控制

企业信息化管理建设最大的难点就是数据集成、管控一体化和财务业务一体化。一体化的过程需要各部门共同推进业务流程的标准化、规范化、信息化，这是一个流程再造的过程。实施人员光精通业务是不够的，还要有良好的沟通能力和管理能力。由于业务信息是互联互通的，因此在信息流动和传递的过程中，必须保证不失真、不泄密。否则，可能会让企业蒙受难以估量的损失。

7）始终贯彻以效益为核心的理念

推行企业信息化管理建设的目的在于提高企业的管理水平和生产力，增强企业的竞争力，即提高效益。因此，在开展企业信息化管理的建设过程中，只有自上而下、自始至终贯彻以效益为核心的理念，才能真正达到提高企业管理水平的目的。

五、中小企业信息化管理问题的研究

当一个企业发展到一定规模的时候，原有的组织结构必然会出现一些矛盾，因此就需要更深一层的科学规范管理，显然推行企业信息化管理即成为首选。与大型企业相比，中小企业信息化管理的建设通常进展较慢，这是中小企业自身特点所决定的。

1. 中小企业的基本特点

一般来说，中小企业有如下特点。

（1）规模小，人员少，但部门不少，企业内部结构欠合理，管理程序和管理制度不规范，"长官意志"表现突出。

（2）资金储备有限，资金周转慢，项目建设很难一步到位。

（3）产品难固定，生产流程变动大。

（4）员工素质偏低，加之人员流动大，员工队伍不太稳定，培训任务重。

（5）相当多的中小企业没有长期的订单和稳定的用户群，企业的管理机制和发展规划在很大程度上受市场影响和制约。

这些都可能给企业信息化管理的建设带来困难。但是，一旦条件成熟，动员和实施起来又比大型企业快。

2. 中小企业开展企业信息化管理建设的困难

中小企业开展企业信息化管理建设的困难主要有：

（1）企业规模不大，工作流程不好固化，岗位职责较难各就各位，这使得信息化管理软件难以满足企业多变的需求。

（2）资金投入较少，难以满足项目建设的需要，有夭折的危险。

（3）人力资源有限，更缺少信息化专业人才，应用能力、维护能力、开发能力、实施能力等都较弱。

（4）由于中小企业首先面临的是生存问题，很难做到"先信息化，再做业务"的要求，因此通常要求信息化投入实施的时间要短，实施过程要简单，资金投入不要太多。

3. 中小企业开展信息化管理的途径

中小企业的信息化管理是以市场为导向的信息化，其发展脉络和发展思路与大型企业是不一样的，必须从实际出发。

（1）选择合适的顾问公司。选择合适的顾问公司可以帮助企业快速有序地实现企业信息化管理，重点需要考核顾问公司的实力，顾问公司已有的实施项目，顾问公司承诺到企业实施的项目小组成员构成及项目小组成员经历等，可以要求顾问公司派驻现场的实施人员保持一定的稳定性。

（2）领导层对企业信息化管理的战略意识建立以后，要尽快确定企业信息化管理的整体思路和发展战略，选准一个切入点，并且开始进行复合型人才的培养和骨干的培训。

（3）提倡尽快建立适合企业发展需要的创新服务项目，提供更好的多维运营的公共信息平台，创新信息化服务模式。

（4）选择适合企业的 ERP 软件。

（5）不断分析和规划企业信息化管理建设的需求，评估信息化管理软件的成熟度，考察服务提供商的实施经验和能力。

第四节　企业信息化管理的相关软件

一、选择企业信息化管理软件的基本原则

在选择和配置信息化管理软件时，一般应遵循以下原则。

（1）实用性好，针对性强。首先应完全满足本企业业务和管理的需要，其次考虑与公共平台链接和信息拓展的需要。

（2）界面清晰，路径简捷。软件界面要清晰明了，菜单要简洁易懂，路径设置要简捷，目录和文档查找要方便。

（3）准确、可靠、安全。软件应保证企业的管理数据、文档及任何商业机密都不被非主管人员恶意删改、不被他人盗用；要有防误操作、防丢失数据的警示及相应的补救措施。

（4）链接方便，反应迅速。

（5）功能齐全，版式稳定，无须频繁升级。

二、企业信息化管理的相关软件

1. DSS

DSS（Decision Support System，决策支持系统）是一种以计算机为工具，应用决策科学及有关学科的理论与方法，以人机交互方式辅助决策者解决半结构化和非结构化决策问题的信息系统，是基于软件的办公

自动化互动系统。

2. OA 系统

OA（Office Automation，办公自动化）系统是使用频率最高、不可或缺的核心应用系统，面向组织的日常运作和管理。

3. ERP 系统

ERP（Enterprise Resource Planning，企业资源规划）是由美国 Gartner Group 咨询公司在 1993 年首先提出的，作为当今国际上一个最先进的企业管理模式，它在体现当今世界最先进的企业管理理论的同时，也提供了企业信息化集成的最佳解决方案。ERP 系统把企业的物流、人流、资金流、信息流统一起来进行管理，将企业所拥有的人、财、物、信息、时间和空间等综合资源进行综合平衡和优化管理，围绕市场导向开展业务活动，以求最大限度地利用企业现有资源，提高企业的核心竞争力，实现企业经济效益的最大化。

4. CRM 系统

CRM（Customer Relationship Management，客户关系管理）系统是管理客户档案、销售线索、销售活动、业务报告和统计销售业绩的先进工具，适合企业销售部门办公和管理使用，协助销售经理和销售人员快速管理客户和销售业务的重要数据。Hurwitz Group 认为，所谓的客户关系管理就是为企业提供全方位的管理视角；赋予企业更完善的客户交流能力，最大化客户的收益率。客户关系管理是企业活动面向长期的客户关系，以求提升企业成功的管理方式，其目的之一是协助企业管理销售循环（新客户的招徕、保留旧客户、提供客户服务及进一步提升企业和客户之间的关系），以及运用市场营销工具，提供创新式的个性化的客户商谈和服务，寻找扩展业务所需的新的市场和渠道。

5. IS

IS（Invoicing software，进销存软件）可以对企业生产经营中的物料流和资金流进行条码全程跟踪管理，对从接收订单合同开始到物料采购、入库、领用再到产品完工入库、交货、回收货款、支付原材料款的每步都会提供详尽、准确的数据，可以有效辅助企业解决业务管理、分销管理、存货管理、营销计划的执行和监控、统计信息的收集等方面的业务问题。进销存软件在公司的经营销售管理中，涉及生产管理、产品库存管理、销售管理、资料档案、客户资源信用管理、资金收付、成本利润等方方面面。

6. SCM 软件

SCM（Supply Chain Management，供应链管理）在 1985 年由彼得·德鲁克提出，供应链管理作为一个战略概念，使用相应的信息系统技术将从原材料采购直到销售给最终用户的全部企业活动集成在一个无缝的流程中。供应链管理软件基于协同供应链管理的思想，配合供应链中各实体业务的需求，使操作流程和信息系统紧密配合，做到了各环节无缝衔接，形成了物流、信息流、单证流、商流和资金流五流合一的领先模式。

7. PMS

PMS（Project Management Software，项目管理软件）是基于现代管理学基础，将企业的财务控制、人才资源管理、风险控制、质量管理、信息技术管理、采购管理等进行有效整合，以达到高效、高质、低成本地完成企业内部各项工作或项目的软件。

8. MEI

MI（Mobile Informatization，移动信息化）是指在现代移动通信技术、移动互联网技术构成的综合通信平台的基础上，通过掌上终端、服务器、个人计算机等多平台信息的交互沟通，实现管理、业务及服务的移动化、信息化、电子化和网络化，向社会提供高效优质、规范透明、适时可得、电子互动的全方位服务。MEI（Mobile Enterprise Informatization，移动企业信息化）主要是通过手机端的应用，实现管理员、业务员等企业员工外出巡店时的管理，如新品管理、出样管理、摊头管理、定位导航、巡店轨迹、计划日程等，或者当某些突发性事件发生时，实现与单位信息体系全方位的顺畅沟通。

第五节　企业信息化管理建设的发展趋势

一、企业信息化管理建设的大致发展趋势

企业信息化管理建设的发展趋势大致可以体现为以下几点。

1）更加及时便利

把对客户的经营管理提升到更高的层级，无论是针对终端客户、分支机构，还是异地化协同办公，都可以利用互联网直接进行对话，可以及时解决用户提出的问题，大大增强企业自身的核心竞争力。企业信息化管理系统可以随时随地给予用户支持，让用户亲身体验服务的便利性，最终增进企业和软件厂商间达成长期合作的共识。

2）更加准确安全

企业信息的传输需要精细准确，并顾及企业内部资料的隐蔽和安全，软件厂商提供的企业信息化管理系统拥有高级别的防护措施，具备高精度身份验证及用户识别功能，增强了企业内部信息传输的安全性。

3）成本更加低廉

企业因在信息系统中的各种不当操作，或者对升级换代的产品不熟悉，经常需要技术支持人员上门解决，因此每年都要支付一定的服务费用。通过企业信息化管理系统可以进行远程控制与访问，因此成本非常低廉。

二、我国企业信息化管理建设中存在的问题

据国家对重点企业的调查分析，我国企业普遍存在信息化管理程度低，信息机构不健全，信息化管理建设投入不足且成本过高，经营管理中协作不充分的问题。企业信息化管理投资不足和缺乏专业的信息技术人才是最主要的两个问题。

1. 现阶段存在的主要问题

1）认识问题

认识是第一位的，没有认识到信息化管理建设的重要性就不可能产生行动上的积极性，当然也就不可能取得较好的效果。

（1）没有认识到企业信息化管理系统能把企业管理得井井有条，可以提出有价值的辅助决策信息，并且在速度和准确性方面比人做得好得多。

（2）高层领导不能用长远眼光来看待问题，急功近利，不利于企业信息化管理建设的持续发展。有些企业的高层领导在企业信息化管理建设初期，对信息技术抱有较高期望，希望通过信息化获得较高效益，一旦看到投资费用增多，而效益又不能立竿见影便丧失信心。

（3）由于部分管理人员在长期的管理实践中积累了丰富的经验，因此他们往往看重自己的主观认识，抱残守缺，不愿意主动分析吸收新的管理方法和先进的管理手段，并且信息化管理建设对他们的地位构成一定的威胁，因此存在一定的抵触情绪。

2）企业的经营战略存在问题

在制定企业经营战略的过程中存在两个极端，一个是将企业信息化管理系统视为战略目标，另一个是将企业信息化管理系统独立于企业经营战略之外。

实际上，从管理的角度来看，信息技术应该是用于满足管理需要、提高管理水平的；从技术的角度来看，管理应纳入企业信息化管理系统的规范运作中，先进的管理思想也应不断融入企业信息化管理系统。

3）中小企业信息化管理的建设在实施中充满艰辛

企业信息化管理的建设是一项涉及面广、周期长、风险大的系统工程，需要投入大量的人力、物力和财力，中小企业不易具备建立企业信息化管理系统项目组的条件。缺乏完备的项目管理体制和运作机制，没有管理顾问对项目进行监理，这些都是影响项目成功的关键。

4）信息技术的低层次应用和不饱和应用

企业因为某一方面的需要而购置了一套功能齐全的企业信息化管理系统，但由于自身的技术水平跟不上信息技术的发展，企业信息化管理系统的功能难以得到利用，并且那些未被使用的功能都处于快速贬值状态或已经成为沉没成本。

5）企业信息化管理建设过程中的管理重组落后

企业信息化管理建设的实质是为了提高企业竞争力而进行的更高层次上的管理重组，然而我国大多数企业只注重设备上的投资和技术上的更新，往往忽视了与之相应的管理模式的转变，因此有的并未取得投资回报，甚至出现负效益，这是企业信息化管理建设不成功的一个主要原因。

6）信息资源基础不能适应建设需要

有些企业的信息资源基础不统一、不一致，信息采集渠道较单一、缺少灵活性，使得信息来源不够全面、传输渠道不够畅通，因此难以对采集的信息进行加工处理，使得资源潜力无法充分发挥。

7）机遇与挑战并存

在实行以信息化带动工业化实现生产力跨越式发展的进程中，信息技术一方面减少了企业的劳动力和管理等成本，为小企业与大企业开展竞争创造了条件，另一方面也加强了企业的技术和资本成本特征，使信息技术成为企业竞争的新壁垒。

2．加快企业信息化管理建设的对策

1）信息化管理的应用应纳入整个企业的战略范畴

将管理学的研究方法、理论及其成果应用于信息系统，结合企业文化及思维方式，在企业信息化管理的应用中，从企业的战略管理、组织管理和资源应用方面来推进信息化管理的实施。

其中，经济、管理是企业信息化管理的基础，人才是企业信息化管理的关键。当前及长远的任务是普及企业信息化管理意识，提高企业信息化管理水平，培育企业信息技术人才。

企业信息化管理的建设需要政府的支持和企业自身的努力。政府是推动企业信息化管理建设的助能器，企业是加速企业信息化管理建设的动力源，只有二者合力才能更快、更好地推进企业信息化管理的建设。

2）积极营造企业信息化管理建设良好的外部环境

发达国家经验证明：政府的支持、鼓励和引导在企业信息化管理的建设中至关重要，如网络基础设施的建设，配套体系的建立和完善，相关法律法规的制定等。

3）推进网络基础设施建设

计算机网络基础设施是推进企业信息化管理建设的前提。计算机网络基础设施的建设主要包括各种信息传输网络的建设、信息传输设备的研制、信息技术的开发等。在充分利用现有资源的基础上，政府要加大资金投入，建设一个高速、大容量、高水平的国家信息主干网，逐步消除部门间、地区间的网络分割壁垒、资源垄断和体制性障碍。

4）加强和完善安全认证体系

解决网上购物、交易和结算中的安全问题是企业信息化管理建设中的关键一环，因此要制定和完善安全认证体系，以确保网上交易合同的有效性，防止系统故障、计算机病毒和"黑客"攻击，确保交易内容、交易双方账号及密码的安全。

5）建立网上协同作业体系

网上协同作业体系建设的快慢直接影响企业信息化管理建设的进程，因此为保证电子商务效率和效能的充分发挥，信息流、资金流、物流的协调统一，应加快建立网上银行、网上税务、网上商检、网上认证、网上运输体系、配送系统等电子商务配套体系，实现物流现代化。

6）建立健全法律法规体系

完备的法律法规是企业信息化管理建设的保证，政府应制定和颁布相应的法律法规以保证电子业务交易双方能按照共同的规则进行交易。

7）切实建设企业内部良好的信息化运作机制

在企业信息化管理的建设中，企业应当花大力气，针对面临的困难和存在的问题，制定相应的措施，来推动企业信息化管理的建设。

8）提高认识，加强"一把手"工程

企业领导者应充分认识到：企业信息化管理的建设是对企业管理模式、组织结构、思维方式进行的一场"自上而下"的创新和变革。经验和实践表明，领导者的主持和参与是企业信息化管理建设取得成功的首要条件。

9）做好并建立企业信息化决策管理机构

企业信息化管理的建设是一个长期的、不断改进的过程，因此应建立一个由管理专家、规划专家、系统分析员、运筹专家、计算机专家等成员组成的决策管理机构。在项目决策时，由该决策管理机构会同有关部门进行详细的调研、论证，分析需求，明确目标，从而增加决策透明度，提高决策的科学性和民主性。

10）做好信息化管理建设的准备工作，落实企业信息化管理建设资金

80%的企业认为资金投入不足是制约企业信息化管理建设的首要因素，并且企业信息化管理的建设是一项投资很大的综合性工程，因此在进行企业信息化管理的建设时，必须对其进行包括技术、经济、财务等多方面的可行性研究，做出详细的投资预算，设立企业信息化管理建设基金，实施多渠道、全方位的融资，使资金落实到位，这样才能保证企业信息化管理建设的顺利实施。

11）建立一支高素质的信息技术队伍

人才是关键，企业信息化管理的建设需要一支既懂技术又懂管理、知识结构合理、技术过硬的复合型信息技术人才队伍，这就要求企业通过加强人才培训、技术交流与合作等方式来打造一大批精通专业知识，具有强烈的创新精神和实践能力的高层专业人才来推动企业内部信息化管理的建设。

12）扎实认真做好信息资源的基础管理工作

企业信息化管理建设的实施需要足够的基础支持，因此企业必须强化基础管理工作，包括财务管理、仓库管理、质量管理、生产管理、计量管理等，做到数据准确、完备、客观、及时。

因为企业信息化管理的建设是一项长期的、综合的系统工程，所以在制定企业信息化管理建设的规划时，要从实际出发，既要全面系统又要有所侧重，在加速推进企业信息化管理的同时，积极稳妥地引导电子商务的发展，通过对信息流、资金流和物流的逐步整合，先建立起企业间信息交流的网络平台，再逐步建立起以行业为基础、以典型企业为示范、汇集产品的电子商务平台，最后达到实施电子商务的目标。

思考与练习十

1. 企业信息化管理的内容有哪些？
2. 试说明企业信息化管理的特征是什么？

3. 简述企业实施信息化管理的必要性及其重要意义。
4. 试列举企业信息化管理常用的软件。
5. 企业应如何实施信息化管理？
6. 试分析我国企业信息化管理建设中存在的问题。

案例分析

【案例分析】快速消费品企业信息化管理建设

作为国内知名化妆品企业，X公司专门研发、生产和经营天然植物类美容护肤品，素有"面膜专家"美誉。其产品系列畅销300余家全国连锁超市和百货商场，其俱乐部现已发展了数万名会员。

在规模化扩张的背后，提升业务效率、实现现有门店的协同运作成为困扰X化妆品企业的难点所在。

有研究表明，忽视对企业管理现状的分析判断是导致大部分项目失败的罪魁祸首。因此X公司，根据AMT集团提供的解决方案确定了3步走战略：战略分析、规划设计、系统实现。即首先进行充分的内部业务需求分析和调研，并在此基础上考察和引进成熟的信息管理解决方案，最后结合公司实际情况，逐步实施和推进这个方案。

其中，对于方案的规划设计部分，AMT集团从4个维度构建了信息化应用蓝图。

第一，人的维度。对企业员工进行信息管理的宣传和培训，了解业务需求，提高员工协同办公的意识和能力。

第二，知识的维度。作为企业的无形资产，企业在运作过程中各类有价值的知识点，需要通过标准业务流程的设计沉淀下来。

第三，管理的维度。完善有关管理制度及组织，以此保障日常协同管理的持续开展。

第四，信息技术的维度。针对企业信息化管理系统的应用现状，实现需求分析成果与软件平台的衔接。

由此，通过以上4个重要的切入点，项目组有效推进了信息管理平台的实施与应用。

流程管理加快业务流程

在X公司的组织架构中，各门店的业务员是一线销售人员。以济南地区一名普通业务员完成销售请示为例，该申请必须先汇报到山东区域经理处，再由区域经理向南京大区经理汇报，最后由南京经理向上海总部汇报。如果业务涉及报销，那么还要将相关报销单据通过层层快递到上海总部财务手中，一个业务流程走下来平均需要一个月的时间，并且单据在逐级审批过程中，很有可能发生丢失，而相关人员对审批的进程也一无所知。

为了改变这一管理不足，X公司开始使用信息管理平台，通过项目管理、知识管理、流程管理和人事行政管理，以及门店和美容顾问管理等功能模块，将X公司从过去依靠人工手动管理转变为依靠信息化管理。现在一线业务员的报销流程通过系统逐级审批，审批状态随时可查，并且相关单据直接快递到总部，避免了中间环节丢失的风险。仅此一项改变，X公司的审批流程速度就从过去至少一个月变为最快一周，对于市场的掌控也更为敏感。

协同管理完善核心业务

作为一个倡导时尚概念的植物护肤美容厂商，X公司除了需要完善内部的自身管理，还要通过信息化手段洞察市场和消费者趋势，并及时将收集的信息反馈给产品研发和生产部门。

在过去，为了满足不同销售渠道消费者的购买喜好，当地业务员都根据自己的经验进行产品促销包装申请，研发和生产部门则跟在业务员的后面进行一味的满足，毫无计划性和规范性可言。但在使用信息管理平台后，在线就可以汇总各地的销售活动情况，再结合 ERP 系统就可以大致了解消费者对产品和包装的需求，产品研发部门也能有的放矢地进行产品设计。

【案例分析问题】

（1）X 公司是如何有效推进信息管理平台的实施与应用的？

（2）从 X 公司实施信息化管理的实践中你获得了什么启示？

第十一章 现代工业企业的车间管理

学习目标

【知识目标】
1. 了解车间和车间管理的概念；
2. 熟悉车间管理的概念、职能和基本内容；
3. 熟悉车间主任应具备的基本素质和能力；
4. 了解车间管理中的"社会闲散效应"及其对策。

【能力目标】
1. 能够初步掌握车间管理的概念、职能和基本内容；
2. 能够初步学会当好班组长。

案例导读

【案例11-1】某轧钢厂中小型车间管理模式的改革

某轧钢厂中小型车间的年设计生产能力为40万吨，但随着近两年生产任务的不断攀升，原有的管理模式已远远不能适应现在产能提升新形势下的发展要求。面对新的形势、新的挑战，寻求扁平化、精细化的管理模式和提升管理的有效性是促进中小型车间不断发展的关键所在。为此，该车间把加强车间管理和探索车间扁平化管理的新方法、新手段作为提高员工工作效率和工作质量的重要途径。

1. 原管理模式的现状分析

该车间成立之初采用的是工段和大班相结合的管理模式，由生产工段负责车间设备的操作，维修工段负责设备的维修与保养。随着车间产能的逐渐提高，1999年车间产量已达到42万吨，已经超过设计能力，同时设备超限问题也逐渐暴露出来，仅靠维护工段已不能管好设备。为加强设备的管理与维护力度，车间先后成立了机械组、电气组、点检组、工艺组，负责全车间设备的技术攻关和点检反馈工作。2003年，该车间面对全年75万吨的生产重任，不断完善落实设备点检、定修管理制度，实行全员参与的设备维护管理模式，并设立了工艺点检员，完善了点检制度和考核标准，在维修岗位和生产岗位上推行了工时制和计件工资管理办法。这些改进虽然调动了员工工作的积极性，但是离车间快速发展的新形势还存在一定的差距，暴露出一些不尽如人意的方面和不利因素。例如，生产工段、维修工段和职能组在生产管理、设备管理中出现的对待某一项问题相互扯皮、推诿的现象，以及都来管理、都管不好的现象。针对种种不良现象，该车间深入班组进行调查研究，分析存在这些不良现象的原因，并按照推行扁平化、精细化管理的要求，提出了车间内实行"操检合一"的区域化管理新思路。

2. 形成新的管理模式

根据车间实际情况，该车间领导班子经过多次研究分析，采用以点带面的方法，首先对部分岗位制定了

"操检合一"的区域化管理方案,出台了推行作业区管理模式改革的实施办法。2003年7月,该车间根据制定的作业区管理模式改革实施办法,率先在原来的精整岗位、机械岗位和电气岗位实行了区域化管理,成立了机械作业区和电气作业区,取消了机械工段、精整工段、电气组等6个工段级单位,实行了区域化管理作业。并制定了区域工作标准和作业长、区域工程师的职责范围。区域作业长负责作业区内部的各项管理工作,区域工程师负责解决本区域内设备维护、改造等方面的技术问题,每个作业区的作业去不仅要组织协调好生产,还要维护好设备,形成了包产到户的良好格局。在每个区域内,无论是生产管理,还是设备管理,都由本区域作业长一人抓,一旦出现问题,直接考核本区域相关人员,进一步增强了区域作业长的管理责任,全面增强了作业长在现场解决问题的主动性和积极性。

经过一个多月的区域化管理试运行,试点单位各项工作的质量有了明显提高,设备与生产管理问题得到很好的解决,"操检合一"管理模式的成功试运行加快了在全车间推行区域化管理的步伐。之后,该车间对剩余的工段、职能组进一步优化调整,实行了区域划分,取消了轧钢工段、生产工段和工艺组,成立了生产作业区和生产准备作业区,及时出台了作业区标准、作业长岗位职责和各岗位工作标准等,推动了车间区域秒管理模式不断向全面规范化的方向迈进。

3. 新管理模式的效果

扁平化的管理模式促进了"操检合一"管理模式的有效运行,减少了管理层次,使作业长直接管理班组员工,消除了中间环节,在强化了各区域员工工作责任心的同时,减轻了维修工的工作量,促进了设备点检维修质量的提高。对此,机械维修岗位的员工最有感触:"以前,无论车间哪台设备出现问题,他们都要到场进行维修,现在维修工划归作业区以后,负责的设备少了,责任明确了,在维护上也更精更细了,设备出现问题的概率明显减少。"新管理模式全面推行后的第二个月,正赶上车间的第四次设备大修及深度改造。该车间按照新管理模式,对各项改造维修项目进行了分工。各区域项目组员工各负其责,严格按照大修计划抓好工程进度。各区域员工之间相互帮助、互相支持、克服改造维修项目多等诸多不利因素,每天工作16个小时以上,以使各项目提前20个小时完成,从而验证了区域化管理对促进员工工作主动性和积极性呈现出的明显优势。在设备管理方面,新作业区将每台设备指定到人头,制定了设备维护点检标准和严格的奖惩制度,形成了靠制度管人、靠制度约束人的良好局面,每位员工的责任心明显增强、能力得到充分发挥。在工作中,由各区域的维修工与操作工负责设备的日常点检与维护,由值班维修工负责全面检查、检修和设备改造等工作。这样,无论是操作方面的问题还是设备故障方面的问题,只要是本区域出现的问题,区域员工都把它当成自己的问题来处理,推诿扯皮现象自然就不存在了。2004年以来,车间结合新的形势进一步完善作业区管理制度、作业区工作标准、作业区岗位职责和相应的考核标准,促进了员工工作效率和各区域工作质量的全面提升,增强了全体员工的责任意识,推动了生产指标的不断攀升。

【案例11-2】陕北矿业公司实施劳动定额,实现精细化管理

1. 运用劳动定额确定劳动工效,合理安排生产计划

生产是企业车间的核心工作,合理安排生产计划,并按生产计划组织与指导生产,就不会出现窝工或浪费时间现象。劳动定额是编制生产计划的基础,通过劳动定额可以直接算出工效,有了工效就能算出生产天数,有了生产天数就能有序地安排年生产计划、月生产计划、日生产计划。陕北矿业公司充分运用劳动定额,合理、有效地调整生产作业,生产量从2011年的年产510.6万吨提高到2013年的年产1 021.22万吨。

2. 依据各种定额强化成本意识,分解落实成本目标责任制

精细化管理是一种管理理念和管理技术,成本管理是企业精细化管理的重要组成部分,有效利用各种消耗定额把成本目标责任制层层分解,落实到单位、班组、个人,使成本支出有定额、费用开支有标准、事前有计划、事中有管理、事后有考核。上下齐动,形成级级抓成本、人人管成本的良好风气。

3. 利用劳动定额科学定编、定员,减少人浮于事

定编、定员关系企业人力成本水平,合理的定编、定员是提高企业生产效率、避免人浮于事的基础,精

准细致的定编、定员是组织均衡生产、合理用人、提高劳动生产率的重要措施之一。陕北矿业公司 2011 年年末全公司在册 1 869 人，截至 2013 年年末全公司在册 2 020 人，在产量提高 2 倍的情况下，员工数量仅加了 8%。其做法如下。

（1）按劳动效率进行定员。就是根据各生产区队的产量、进度及员工的劳动效率、出勤率来核算员工数量。

（2）按设备进行定员。就是对所有区队的机器设备进行统计，根据实际需要进行定员。

（3）按岗位进行定员。对全公司各岗位进行统计，根据各岗位工作量的多少进行定员。

（4）按比例进行定员。按照与员工总数或某一类服务对象的总人数的比例，确定某类员工的数量。

（5）按组织机构、职责范围和业务分工确定员工数量。

在上述 5 种方法中，不难看出前 3 种与劳动定额存在直接的联系，劳动定额是基础，没有劳动定额的定员是粗放的定员，是没有科学依据的定员，更谈不上精细化。科学合理的定编、定岗、定员既可以保证企业实现生产经营目标，又做到了精简、高效、节约。

4. 充分发挥劳动定额作用，体现按劳分配

劳动定额是计量劳动报酬的尺度，对于加强企业经营管理、合理完善内部分配制度、提高劳动生产率、充分调动广大员工的生产积极性具有重要意义。陕北矿业公司的做法是：定额核定计件工资，按照员工完成的有效额量支付工资，把员工的劳动定量化、数据化，从而使公司内部的工资分配更加科学、合理。以前，由于没有劳动定额，无法计算出员工的标准劳动量，工资支付的随意性较大，没有一个科学合理的计酬标准，无法真正体现按劳分配，无形中挫伤了员工的积极性。劳动定额的出现，能有效计算出员工的劳动量，按劳计酬极大地调动了广大员工的生产积极性，有效提高了生产效率。

【案例 11-3】中国嘉陵集团的"一室六制五活动"

1. "一室六制五活动"星级班组管理模式

一室指班组学习室，是为员工学习、交流提供的场所，原则上各个班组都要创造条件建设班组学习室，不具备条件的班组可共建学习室，其目的就是为员工学习、交流提供平台。通过配备报纸、杂志等读物及工艺技术、作业标准、操作规程等资料，供员工在学习室学习、培训、交流使用，以此促进小组成员全面提高素质，并适应企业改革、发展的需要。

六制指六项基本制度，包括班组园地管理制度、班组台账记录制度、班组班前开会制度、班组值班组长制度、班组员工培训制度、班组员工职责制度，这些基本制度既是公司规章制度建设的最基本要求，又规范了班组的各项行为。

五活动指五项基本活动，是根据班组日常开展的活动情况，归纳提炼出的班组节能节约降成本活动、班组持续改善活动、班组合理化建议活动、班组技能竞赛活动、班组导师带徒活动五项基本活动。

2. "一室六制五活动"模式与传统班组管理的联系与区别

无论是星级班组管理模式还是传统班组管理方式，参与者均是企业员工，两者都围绕企业的生产经营中心，都强调发挥团队精神，发挥每个员工的主观能动性和创造性。不同的是，星级班组管理模式明确了使用"一室六制五活动"模式来全面统领和指导班组的建设工作，相当于有统一的模板，并且有具体的规划；而传统班组管理方式无统一的管理模式，无参考模板，无具体规划，只能由各班组根据实际情况自行开展相应工作。

第一节 车间管理概述

一、车间和车间管理的概念

1. 车间的概念

车间是企业内部承担产品制造或工业性劳务的基本生产单位，是企业制造产品的场所，拥有完成生产任务所必须的厂房（场地）、机器设备、工具和一定的生产人员、技术人员、管理人员。工业企业的车间一般有适度的规模，承担一个独立的产品或一个独立部件的生产加工任务，一般情况下不直接对外产生业务联系。

车间是企业的中层组织，它一般由若干个班组组成。车间管辖的班组是作业层。车间可以根据不同要素划分为不同的类型。

（1）按其在企业生产过程中的作用，车间可分为产品开发车间、基本生产车间、辅助车间和附属车间。

（2）按生产要素和生产规模，车间可分为大型车间（400人以上）、中型车间（100~400人）、小型车间（100人以下）。

（3）按工艺专业化原则划分，车间可分为机加工车间、铸造车间、锻造车间、冷作车间、油漆车间、组装车间等。其具有三同一不同的特点，即工艺设备同类型、工人的工种相同、工艺方法相同，加工对象不同类型。

（4）按对象专业化原则划分，车间可分为以产品或部件为对象建立的车间，如汽车制造厂的发动机车间、底盘车间等；以同类零件为对象建立的专业化车间，如机床厂的齿轮车间、轴承厂的滚子车间等。其具有一同三不同的特点，即工艺设备不同类型、工人的工种不同、工艺方法不同，加工对象同类型。

（5）按管理方式，可分为单纯的车间或分厂。

2. 车间管理的概念

车间管理是指对车间所从事的各项生产经营活动进行计划、组织、指挥、协调和控制的一系列管理工作。车间管理的基本属性为：

1）车间管理属于内向型管理

车间管理是以生产为中心的企业管理形态，是企业内部执行生产任务的单位，它以单纯完成厂部下达的生产计划为目的，只需要通过具体的生产活动来保证企业目标和计划的实施，一般不需要直接对外产生业务联系。因此，车间管理属于内向型管理。

2）车间管理属于中间管理层

按照管理层次的划分，企业管理位于管理的最高层，车间管理位于管理的中间层，班组管理位于管理的作业层。对于最高管理层来说，车间管理属于执行型；对于作业管理层来说，车间管理又属于指导型。车间既要执行厂部下达的指令，为厂部提供信息，又要对工段或班组下达指令，以便协调整个车间的生产活动。

3）车间管理具有一定的独立性

车间系统是企业系统的子系统，是工段、班组系统的母系统。车间既与企业有紧密联系的一面，又有独立进行管理的一面。车间在厂部计划和指令下达后，要分析和掌握各类技术经济指标，要综合考虑车间生产所需要的人力、物力条件，并把这些资源有机地结合起来，组织车间的生产活动。同时，还要根据工段、班组反馈的信息，及时纠正偏差，改进车间的管理工作，建立正常且稳定的生产秩序。在此过程中，厂长赋予车间主任必要的决策权、任免权、指挥权和奖惩权。因此，车间管理具有一定的独立性。

二、车间在企业中的地位

在现代工业企业的组织结构中，无论是流程式还是离散式的企业，无论是单件生产、多品种小批量生产、少品种重复生产还是标准产品大量生产的企业都离不开车间。

车间是企业制造产品、获得利润、实现目标的主体，车间容纳了企业人数最多的作业和督导两个层次的员工，企业的所有生产经营任务最终都要在车间中完成。车间是劳动力、劳动对象、生产工具等生产力要素的结合部，通过要素的结合使资源（原料、材料）转换成社会需要的产品。从经营的角度看，车间处在中间环节上，起到了承上启下的作用。

一个企业即使拥有优秀的经营决策者和卓越的营销人员，如果不能如期交货，那么整个企业必然会面临严峻甚至混乱的局面。因此，车间是企业的支柱，只有车间充满勃勃生机，企业才会有旺盛的活力，才能在激烈的市场竞争中长久地立于不败之地，抓好车间管理有着十分重要的现实意义。

三、车间管理的职能

1. 车间管理的原则

1）统一领导和民主管理相结合的原则

现代工业企业的生产是建立在先进技术基础上的社会化大生产，生产力水平越高，生产的社会化程度越高，就越需要严格坚持统一领导和民主管理相结合的原则。

2）思想政治工作和经济工作相结合的原则

员工在思想政治方面的问题总是会在经济活动和管理过程中产生，因此车间管理中的思想政治工作必须结合经济工作来做，才能服务于生产，才能确保经济工作的社会主义方向，才能使生产活动顺利进行，并取得最佳的经济效益。

3）效益优先与社会责任相结合的原则

车间是企业进行生产活动的主要场所，是产生经济效益的主要阵地，是实施经济核算的主要对象。车间盈利才能保证企业盈利，因此，车间管理工作必须遵循效益优先的原则来开展。但是，任何企业都是社会的一份子，社会效益也是企业效益的重要组成部分。车间管理应该以大局为重，不能只顾小集体的利益，为了整个企业的利益，为了社会的利益，有时必须做出一些让步甚至是牺牲。

2. 车间管理的任务

1）健全车间生产组织，合理组织生产

车间的中心任务是生产，围绕生产提高车间管理水平是车间管理的基本方向。为此，车间应在厂部生产指挥系统的领导下，建立健全统一的、强有力的生产组织机构。根据厂部下达的计划任务，为车间各工段安排生产和工作任务，组织均衡生产，使人、财、物能够得到有效地运转，取得最优的经济效益。

2）完善车间管理制度

车间在贯彻企业各项规章制度的前提下，要结合自身的特点，按照经济责任制的原则，制定各项管理制度，以及车间内部职能组、工段、班组等各项组织和车间主任、职能组长、工段长、班组长、技术人员、工人等各类员工的工作职责、工作标准。做到事事有人管，人人有专职，工作有标准，检验有依据。

3）加强劳动组织和劳动协作

劳动力是生产力三要素中最关键的因素，车间在组织生产时，要努力为员工创造良好的生产环境，要研究科学的劳动组织、协作模式和操作方法，要实行按劳取酬的工资奖励办法，要不断提高工人的技术和文化水平，从而使工人能够心情舒畅、同心协力地工作，不断提高劳动生产率。

4）加强工艺设计，制定工艺规程

生产过程既是产品形成的过程，又是各种资源消耗的过程。车间要生产出高质量、低消耗的产品，就要加强工艺设计，制定工艺规程，严控技术管理，健全质量管理制度，在保证完成生产任务的同时，力求降低生产成本、提高产品质量，力求把投入到生产过程中的各种要素以最优化的方式，最合理、最有效地组织起来，从而取得最优的经济效益。

5）大搞技术革新，促进技术进步

车间要保证高效率、高质量地完成企业下达的生产任务，就要有计划地进行大规模的技术改造，用新技术、新工艺改造老设备，合理有效地计划、组织和控制车间的生产活动，使车间所生产的产品和采用的工艺方法、机器设备在技术上是先进的，在经济上是合理的，从而促进生产力的发展。

6）管好、用好固定资产

机器设备是车间开展生产活动的保障，是企业的固定资产。车间要保证生产任务的完成，就要不断提高设备的利用率和完好率，建立科学的设备使用和维护制度，监督设备使用状况，定期组织设备的中修和小修，不断加强对设备和工具的管理，防止设备和人身事故，实现高产、稳产和安全生产。

7）加强基础核算工作

车间是企业内部的一级核算单位。车间核算由技术核算、统计核算和经济核算3个部分组成。一个企业能否取得良好的经济效益，很大程度上取决于各车间的生产经营效益，而生产经营效益只有通过核算才能有效地反映出来。加强车间的核算工作、做到心中有数才能对车间各方面的工作提出切实可行的改进措施，才能使车间的管理水平不断提高。

8）建立车间评价指标体系，做好车间利润评价

车间应根据管理所要解决的问题和要达到的目的，建立一组能充分反映目的、衡量方案优劣的评价指标体系。对车间管理系统的分析和评价是以价值为标准来评定的，即以产生的经济效益、社会效益及投入产出之比来评价。评价以模型为基础，通过数学分析进行利润评价。

3. 车间管理的工作职能

1）制订计划

计划是任何经济管理工作的首要职能，是各项工作的指南，是动员和组织企业员工完成产品的重要工具。车间管理的计划职能首先是制定整个车间的活动目标和各项技术经济指标，它能使各道工序以至每个员工都有明确的奋斗目标，能把各个生产环节衔接起来，使人、财、物各要素紧密结合，形成完整的生产系统。有了计划就有了行动的方向和目标，有了计划就有了检查工作和改进工作的依据，有了计划就有了衡量每个单位、每个员工工作成果的标准。车间制订计划的依据是企业下达的计划和本车间的实际资源情况，车间除了每年制订生产经营计划，还要按季、月、日、时制订生产作业计划，质量、成本控制计划和设备检修计划。

2）组织指挥

组织指挥职能是执行其他管理职能不可缺少的前提，是完成车间计划、保证生产进度的重要一环。车间管理的组织指挥职能：一是根据车间的目标，建立、完善管理组织和作业组织，如管理机构的设置，管理人员的选择和配备，劳动力的组织和分配等；二是通过组织和制度，运用领导艺术，对工段、班组和员工进行管理、调度和督促，使相互之间保持行动上的协调。

3）监督控制

监督就是对各种管理制度的执行、计划的实施、上级指令的贯彻过程进行检查、督促，使之付诸实现的管理活动。控制就是在执行计划和进行各项生产经营活动的过程中，把实际执行情况同既定的目标、计划、标准进行对比，找出差距、查明原因、采取措施的管理活动。

4）生产服务

由于车间是直接组织生产的单位，因此生产服务作为车间管理的一项职能是十分必要的。生产服务的内容包括：技术指导，即在生产过程中帮助员工解决技术上的难题，包括改进工艺过程、设备的改造和革新等；车间设备的使用服务和维修服务；材料和动力供应服务等；其他生活服务。

车间管理的全部职能都是相互联系、相互制约、相互促进的。这些职能的履行者包括车间主任、副主任、工段长、班组长及车间相关职责人员。

4. 车间管理的方法

进行车间管理最简便的方法就是抓住5M1E这6个核心要素。

1）重视对人（Men）的管理

最大限度地发挥人的潜能和竞争意识，加强岗位培训，鼓励自学成才，实行岗位和业绩考核、技能与工资挂钩，重点培养吃苦耐劳精神和严谨的工作作风。倡导企业文化和精神文明相结合。

2）加强对机器设备（Machine）的管理

提高机器设备的最大利用率，执行设备日保月保制度。加强对机器设备的动态管理，积极开展TPM（全员、全过程参加的提高设备综合效率）活动。

3）注重对物料（Material）的管理

做到最合理地投入产出，实行工序制造成本管理，制定可行的降耗、增效目标，减少损耗。

4）严格执行工艺方法（Method）

生产过程采用最佳的工作方式，认真执行操作规程，完善工艺流程卡，经常开展规范化作业检查，班组长对每班情况进行评价和考核。

5）合理运用检测（Measure）手段

合理运用可靠的科学检测手段，发现生产中的问题，确保高效率、高质量地完成生产计划。

6）加强对工作环境（Environment）的管理

加强对车间工作作业环境的治理，减少和消除环境污染，不断提高文明生产程度，使员工在一个舒适、安全的环境中工作，使设备和产品免受污染。

第二节　车间管理的基本内容

车间是企业开展生产活动的主战场，管理工作的内容最丰富、具体、繁杂，并且具有随机性。虽然车间只是企业的一个中层机构，但它起着承上启下的关键作用，车间的管理工作直接影响着企业的生存与发展，归纳起来主要包括组织管理、生产管理、质量管理与控制、设备管理、物料管理、车间经济核算、规章制度的制定、安全生产与环境管理等。

一、组织管理

1. 车间的组织结构

如前所述，车间是企业的一个中层机构，麻雀虽小、五脏俱全，通常它涉及多个工种，包括工程技术人员、一线技术工人（操作工、维修工、辅助工）和管理人员。小型企业的车间只划分班组；大型企业的车间还需要划分工段，工段下再划分班组。

众所周知，人是一切工作成败的决定因素。要做好车间管理，首先就应抓好车间组织建设，做好人的工作。车间组织管理大体应遵循以下原则。

（1）根据工种或工种间的联系划分好班组，以利于互相沟通、互相协作。

（2）用人要技能对口，人尽其才。

（3）尽量不要将性格迥异的人安排在一个班组里，志趣相投的人在一起工作可以互相学习、互相帮助，融洽的工作氛围可以提高工作效率。

（4）要根据生产流程进行组织管理，以方便生产调度，使生产流程路线最短。

（5）充分发挥班组的战斗小分队作用，充分发挥党员、团员及老员工的骨干作用，使整个车间形成一个紧密团结的战斗集体。

（6）要经常进行员工素质的评议与考核，随时掌握员工的思想状态，对工作业绩突出、精明能干的员工应及时鼓励，以弘扬正气，树立榜样，增强组织的凝聚力。

2. 班组建设

班组是企业生产行政管理最基层的一级组织，它是根据产品或工艺的要求，把若干个相同或不同工种的工人，在明确分工、分清职责、相互密切协作的基础上，运用所拥有的机器设备、工艺装备、原材料等生产资料从事产品生产的劳动集体和劳动组织形式。企业的生产、技术、经济各方面的任务都必须通过班组来落实和完成。

班组是企业的细胞，是企业生产经营管理的第一线，具有提高企业经济效益、保证企业管理目标实现的作用。班组是企业能人、强人的聚集库，是企业活力的源头，对企业的发展起"输能"作用；班组是企业员工的小家,具有育人和护人的熔炉作用,是企业民主管理的基地,具有团结和稳定员工的凝聚作用。

1)班组的划分与设置

班组是根据生产类型、工艺特点和生产需要来划分和设置的。划分与设置班组必须从车间生产的实际情况出发,根据具体生产条件和需要来确定,必须合理配备员工、明确岗位责任、注重协作配合。

2)班组建设的任务

班组是企业组织生产经营活动的基本单位,是企业活力的源头。只有把班组建设搞好,企业才能稳步发展;只有班组充满生机和活力,企业才会有后劲,才能挖掘出蕴藏在广大员工群众中的积极性和创造力,使企业在市场竞争中立于不败之地。加强班组建设,应该从思想建设、组织建设和业务建设3个方面开展工作。

(1)思想建设。

加强思想政治工作,积极扶植正气,认真开展批评与自我批评,耐心细致地发现和解决员工的思想问题。

关心员工的生活状况,及时帮助员工解决生活上的实际困难。

抓好精神文明建设,认真培养良好的工作作风,努力建设一支思想上进、干劲十足、技术过硬、办事严谨、团结友爱的战斗集体。

(2)组织建设。

建设坚强有力的班组核心,关键是配好班组长。班组长应由以身作则、团结群众、技术精湛、原则性强、善于管理、有奉献精神的同志担任。

建立和健全班组管理制度。除了建立企业和车间的各项管理制度,班组还应根据实际情况,建立一套以岗位责任制为主要内容的班组管理制度,并让遵守制度成为员工的自觉行动。

(3)业务建设。

加强生产管理,因人制宜合理分配生产任务,掌握生产进度,及时处理生产过程中的问题,组织均衡生产,开展劳动竞赛,保证高产、优质、低耗、安全地完成生产计划。

加强劳动管理,保存好各项原始记录和凭证,做好统计工作,不断提高班组的出勤率、工时利用率和劳动生产率。

加强技术管理,牢固树立"质量第一"的观念,做好标准化建设工作,认真执行工艺规程,发动员工大搞技术革新。

加强设备管理,认真执行设备维护保养制度,努力提高设备的完好率和利用率,使设备始终保持良好状态。

加强经济核算,认真落实班组经济核算指标,抓好定额管理,调动群众参与经济分析活动的积极性。

坚持安全文明生产,定期检查,落实措施,交流经验,预防事故发生。

二、生产管理

生产管理是车间管理工作的重头戏,它直接关系着企业经营目标的实现。生产管理工作主要包括制订生产计划,进行生产调度,实施现场管理、5S管理、看板管理,进行工艺管理。

1. 制订生产计划

车间应根据厂部下达的月生产任务,结合本车间的生产能力、技术能力和设备能力制订出完备、可行的月、日乃至时生产计划,以保障生产的顺利进行。发现生产任务中有本车间难以完成的项目时,必须立即上报厂部,以便联系外协。

2. 进行生产调度

生产调度员按生产计划下发生产调度单,将生产任务合理地安排到班组,甚至到个人,做到调度有序,从而实现全面均衡有节奏的生产。生产调度单应注明零件名称、数量、工时定额、操作工、派单人、派单时间等,生产调度单既是任务书,也是车间相关管理人员统计、检查生产进度的依据。

3. 实施生产现场管理、5S活动、看板管理

生产现场管理、5S活动、看板管理的概念在第四章第四节中已介绍,此处不再赘述。这里补充以下几项具体内容。

1) 车间现场管理要求

(1) 每部机床、每个工位旁只能存放当日在制品,其他物品按分类划定区域摆放。成品及半成品要及时运转,废品和垃圾要及时清理。

(2) 图纸、工艺文件、工具、量具、刀具、派工单、随同卡等不得随处乱丢乱放。

(3) 生产现场要保持文明整洁,不得随地吐痰、污染墙壁和门窗等,物品摆放要整齐规范,要及时清除垃圾、油污、积水,每个班次下班(或交接班)时,必须将生产(工作)岗位环境打扫干净。

(4) 设备设施、仪器仪表、工具、台、柜、架箱等经常保持整齐清洁,不得有积存的铁屑、灰尘及其他杂物。设备管理要做到无油垢、无锈蚀,杜绝"跑、冒、滴、漏",安全防护装置要齐全可靠。

(5) 生产工作场所不得随意牵挂绳索、张贴标语和图表。

(6) 生产工作场所的地面要平坦、无绊脚物,为生产工作设置的坑、壕、池要有可靠的防护栏或盖板。

(7) 操作工要按规定操作,站姿或坐姿要端正,不得坐在除凳子外的物品上或地上;操作设备要做到"三好""四会"(见设备管理部分)。

(8) 根据工艺要求,规定戴手套操作的必须戴手套,规定执行换鞋制度的工作场所必须换鞋。

(9) 严格执行安全文明生产的规章制度,正确穿戴工作服和工作帽,上班不准穿高跟鞋、拖鞋、裙子、短裤,不准赤膊赤脚,不准戴戒指、耳环、项链等首饰。正确使用劳动防护用品,操作旋转绞碾设备时不准戴手套。

(10) 严守岗位,工作时不准串岗、围堆闲谈、嘻戏打闹、吃食物、看与工作无关的书报。

(11) 坚持对新上岗员工和变岗员工的管理教育,严禁违章作业和冒险蛮干;坚持对特种作业人员的安全技术培训,无证不准上岗。

(12) 生产作业场所的废旧物资不准随意乱丢乱放,必须分类交到回收点,由物资回收公司每天及时回收处理。

(13) 一切运载车辆,均应注意安全行驶,不允许乱停乱放。

(14) 加强对危险物品的管理,严格执行《化学危险物品安全管理条例》,危险作业和临时用电要办理审批手续,动火作业必须办理动火证。

生产现场是一个动态的作业环境,随着作业内容的变化可能会出现新问题,因此事故的预测、预防工作必须贯彻到作业现场。加强生产现场管理,理顺人、机、料、作业环境之间的关系,建立一个文明、整洁、有序、舒畅的生产现场,不仅对提高生产的安全程度起着巨大的作用,还对提高生产效率有着深远的影响,真正使安全和生产做到高度的统一。

2) 5S活动的目的及其拓展

5S活动旨在通过规范现场营造整洁、清晰的工作环境,以及培养员工良好的工作习惯,其最终目的是提升人的品质,以达到:

(1) 革除马虎之心,养成凡事认真的习惯;

(2) 养成遵守规定的习惯;

(3) 养成自觉维护工作环境整洁明了的习惯;

(4) 养成文明礼貌的习惯。

为了进一步实现规范化的企业管理,不少企业现在将5S活动加以拓展,正在推行6S活动,即6S = 5S + Safety。

Safety(安全):对员工身心健康、生命财产等安全可能构成直接危害或潜在伤害的情形或现象予以分

析，以避免其发生。

3) 关于看板管理

(1) 看板管理是控制现场生产流程的透明化管理工具。

看板管理是为了达到准时生产方式（JIT）控制现场生产流程的工具，旨在传达"何时生产何物、生产多少数量、以何种方式生产、搬运"的信息，是管理可视化的一种表现形式，即对数据、情报等的状况一目了然地表现，主要是对管理项目，特别是情报进行的透明化管理活动。看板管理使管理状况众人皆知，是在企业内部营造竞争氛围，提高管理透明度非常重要的手段。JIT生产方式是以降低成本为基本目的，在生产系统的各个环节中全面展开的一种使生产有效进行的新型生产方式。JIT又采用了看板管理工具，看板犹如巧妙连接各道工序的神经而发挥着重要作用。

看板管理方法是在同一道工序或前后工序之间进行物流或信息流的传递。JIT是一种拉动式的管理方式，它需要从最后一道工序通过信息流向上一道工序传递信息，这种传递信息的载体就是看板。没有看板，JIT是无法进行的。因此，JIT生产方式有时也称作看板生产方式。

一旦主生产计划确定以后，就会向各个生产车间下达生产指令，然后每个生产车间又向前面的各道工序下达生产指令，最后再向仓库管理部门、采购部门下达相应的指令。这些生产指令的传递都是通过看板来完成的。

随着信息技术的飞速发展，当前的看板方式呈现出逐渐被计算机所取代的趋势。现在最为流行的MRP（Material Requirement Planning，物料需求计划）系统就是将JIT生产的看板用计算机来代替，每道工序之间都互相联网，指令的下达、工序之间的信息沟通都通过计算机来完成。

(2) 看板管理的分类方法。

按照责任主管的不同，一般可以分为公司管理看板、部门车间管理看板、班组管理看板3类。

按照功能的不同，一般可以分为生产计划看板、生产线看板、工序管理看板、质量信息看板、制度看板、作业现场实时显示看板、现场布局看板、发货动态看板等。

(3) 看板是JIT生产方式中独具特色的管理工具，看板的操作必须严格符合规范，否则就会陷入形式主义的泥潭，起不到应有的效果。实施看板管理应遵循以下6个原则：

没有看板不能生产也不能搬运；前工序按看板的顺序进行生产；

后工序只有必要时才向前工序领取必要数量的零部件；

前工序应该只生产足够的数量，以补充被后工序领取的零件；

不合格品不送往后工序，后工序一旦发现次品必须停止生产，找到次品送回前工序；

看板上使用的数据应该尽量得小，以防止生产过量；

应该使用看板以适应小幅度需求变动。

4. 进行工艺管理

工艺管理是车间按照产品的工艺图纸，根据现有设备和技术工人的情况，制定和执行现场作业标准及工艺流程，从而保证产品的生产进度和质量。在进行工艺管理的过程中，应严格遵循3N管理原则。

1) 不（NO）接受不合格品

(1) 熟悉上一道产品技术。

(2) 能检查上一道工序的质量。

(3) 对上一道工序工件进行确认。

(4) 反馈不合格品的信息。

2) 不（NO）制作不合格品

(1) 岗位技能与岗位等级相符。

(2) 按工艺指导书作业。

(3) 确认材料与工装夹具。

（4）精心维护调整设备。
3）不（NO）转交不合格品
（1）正确使用量具量仪。
（2）做好本岗的岗位检验。
（3）认真做好质量记录。
（4）互查前、后工序以确保质量。

树立市场质量意识，从原材料进厂开始把关，不接收、不使用、不制造、不移交不合格品，确保产品质量。

三、质量管理与控制

生产合格产品是保证企业经营盈利的唯一途径，也是企业成立和发展的最终目标。保证产品质量是企业赖以生存的根本条件。可以说，质量是企业生存的命脉。关于质量和质量管理的相关知识本书的第五章已有详细阐述，此处仅就车间质量管理的几个特殊问题做进一步的讨论。

车间是质量管理的现场，企业质量管理的一切目标和措施都必须通过车间管理来实现。作为车间管理层，除了按照企业质量管理的部署和要求完成各项质量指标，还应抓好以下各项基础工作。

1）加强质量教育

质量教育是指端正车间各类员工对待质量的态度，强化质量章程，开展全员质量管理活动；进行质量管理知识的培训，掌握保证和提高产品质量的方法和技能；通过在日常工作中的宣传和教育，潜移默化地让所有员工牢固树立"质量第一""有改善才有进步，有品质才有市场"的观念，增强员工的思想素质。

2）加强标准化建设

标准化是产品质量保证体系的基础，没有标准化就没有高质量的产品。车间标准化建设的任务就是围绕企业的技术标准、业务标准、工艺标准，结合本车间的实际，制定各项管理和考核标准，并督促车间全体员工认真贯彻执行各项标准，从而高质量地完成产品生产任务。

3）加强质量计划工作

任何工作只有计划周密才能有条不紊地进行，质量管理也一样。产品质量管理的独特之处在于只有每道工序、每个零件的质量都等于或优于技术标准，才能保证产品的整体质量。因此，车间应有针对性地将质量指标有计划地下达到每道工序中，并制订相应的质量改进计划，才能保证和提高产品质量。

4）加强工序质量控制

工序的质量控制就是建立质量控制点，把在一定时期内和一定条件下需要特别加强监督和控制的重点工序、部位或质量特性项列为质量管理的重点对象，并采取各种必要的手段、方法和工具，对其加强管理。

5）加强车间质量责任制

车间应明确规定每个员工在质量工作中的具体任务责任和权限，做到质量工作事事有人管，人人有专责，办事有标准，工作有检查。要建立自检、互检、专检相结合的质量管理监督机制，以保证能够及时发现和解决质量问题。

6）加强质量管理组织建设

车间应组建QC（质量管理）小组，这是实现全员参与质量管理活动的有效形式，是质量保证体系的基础组织。在此基础上，运用系统的原理和方法，把各个部门、各个环节的质量管理活动科学地组织起来，从而形成一个权责分明、相互协调、相互促进的有机整体，即车间质量保证体系。

7）加强对质量信息的反馈

及时收集、反馈、处理生产过程中的质量信息，对控制质量、保证质量是不可或缺的重要一环。车间应建立生产过程的质量监督机制，以使车间全体员工互通信息，随时了解产品的质量状况，及时发现问题。质量监督机制可将质量隐患消灭在萌芽状态,也可使质量事故有可追查性,从而加强了质量管理,保证了产品质量。

四、设备管理

车间要想正常进行生产,除了有必要的技术工人和原材料,还要有能正常从事生产的机器设备。机器设备在车间固定资产中占比最大,是生产能力的具体体现,是车间技术工人从事生产活动的重要工具。设备的技术状态直接影响产品生产的质量与数量,也直接或间接地决定企业经营活动的成败。本书的第六章讨论了企业的设备管理问题,此处再讨论一下车间的设备管理问题。

1. 车间设备的使用

使用车间设备时必须满足"三好""四会""四项要求""五项纪律"操作要求。

(1) 三好:管好、用好、修好。

(2) 四会:会使用、会保养、会检查、会排除一般故障。

(3) 四项要求:整齐、清洁、润滑、安全。

(4) 五项纪律:严格遵守操作规程和安全技术规程及工艺文件要求;经常保持设备清洁,按润滑图表规定加油,做到没完成润滑工作不开车,没完成清洁工作不下班;认真执行交接班制度,做好交接班记录及运转台时记录;不允许脚踩床面,脚踏操作原件及电器开关,工具、附件不得遗失;不允许在设备运行时离开岗位,发现异常声音和故障时应立即停车检查,自己不能处理的问题应及时通知维修工检修。

2. 车间设备的保养与改造

1) 设备状态必须达到"三清""四无""六不"

(1) 三清:设备清、场地清、工具清。

(2) 四无:无积尘、无杂物、无松动、无油污。

(3) 六不:不漏油、不漏水、不漏电、不漏气、不漏风、不漏物料。

2) 设备的维护与保养

(1) 坚持"维护保养为主、维修为辅"的原则。

(2) 有计划地坚持4级保养制。

(3) 实行区域检查、保养、维修的岗位责任制。

(4) 做好设备状态监测工作。

(5) 有计划地对设备进行更新、改造。

3. 建立和完善设备档案

建立设备档案对于评估设备的工作能力、估算设备的经济价值、适时地进行设备维修等有十分积极的作用,对于挖掘设备潜力、合理改造设备、延长设备使用寿命也有着直接的帮助,设备档案是否健全直接影响企业的设备管理效果。

五、物料管理

车间管理的物料大多为本车间正在使用或短时间内暂存的物料,主要包括固定资产、原材料和制品坯料、在制品与成品、工艺装备、配件与备件。

1. 固定资产的管理

车间的固定资产主要有生产设备、动力设备、起重搬运设备等。车间对固定资产的管理主要是按企业的统一规章制度进行管理的,应做到正确使用、定期检测与维修,还应做到有计划、有重点地对现有设备进行必要的技术改造和更新。

2. 原材料和制品坯料的管理

原材料和制品坯料是车间生产的必需品，具有随机、常变、零乱、多样、分散等特点，因此管理起来比较困难，并且不予以妥善管理，很容易发生事故。原材料和制品坯料在车间存放时要做到存放定点、存放有序、存放有数。车间对原材料和制品坯料的管理必须有严格的领用和保管制度，要让员工养成良好的"降低消耗、避免浪费、场地清晰、确保安全"的领用和存放习惯。

3. 产品制品的管理

1）在制品的管理

从原材料、外购件等投入生产起到加工制造经检验合格入库之前，即处于生产过程各环节的零部件都称为在制品。在制品分为毛坯、半成品和车间在制品。毛坯有型材、棒料、铸件、锻件等。半成品是指毛坯经过机械加工后的经检验合格入库但需后续加工的零部件。车间在制品是指投入车间处于加工、装配、检验、等待或运输过程中的各种原材料、毛坯、外购件、半成品等。

在制品的管理必须做到"认真检验、分类摆放、跟单流转、记账有凭、手续齐全、责任明晰、制度有效"。

2）成品的管理

成品是指通过加工后经检验完全满足设计技术要求的零部件。成品的管理应做到：合格品必须及时入库保存，做好台账记录，做到"物、卡、账"三相符；合格品必须科学包装，防碰伤、防变形、防锈、防腐；不合格品必须妥善处理，绝不允许混入合格品，绝不允许"以次充好"；协助做好质量分析，提供产品质量统计数据。

4. 工艺装备的管理

工艺装备主要包括工具、夹具、量具、模具、刀具，也包括生产过程中必须使用的吊具、容器、辅具等，它们是车间生产不可或缺的器具。

小型常用工具、量具和刀具通常都由使用者个人领用和保管，并应做到按需领用。在工具柜存放时，应摆放有序，做到物各有其位、位各有其物，刀具和量具不能叠放，不能将重物压在量具和刀具上。

专用工具和量具应有专人按要求负责保管，不可随地乱丢乱放，防止遗失、损坏。

夹具和模具通常由专业工种、专业机床使用，保管一般由班组或使用者全权负责。夹具和模具要做好储存、养护、维修等工作；闲置时间较长时，应做好防锈处理，或者退还仓库保管；平常要经常对其精度进行检测，避免因变形、锈蚀等造成其精度达不到技术要求而引起质量事故。

车间工艺装备要有台账，借出时要履行一定的手续，重要模具、夹具必要时还可签订《出借协议书》。

5. 配件、备件的管理

车间生产少不了要为机床设备或产品准备一些必要的配件和备件，这些物件必须分类由专职或兼职保管人员保管。保管人员必须根据情况进行登记和养护，还应经常向车间的主管领导提供配件、备件的使用和储备情况，以免耽误生产进度。

六、车间经济核算

经济核算是企业管理的重要环节。企业通过对生产过程中的人工成本、资金运转等进行登记、核算、监督和比较，使企业不断改善经营管理方式，提高经济效益。

车间经济核算是企业经济核算的基础，主要提供生产消耗与生产成果方面的经济核算数据，如员工工作情况记录、工时记录、物料记录、产品生产记录、设备维修记录、动力与运输设备调用情况记录等。车间通过这些客观数据和相应的经济活动分析，即可以为车间的经营决策提供依据、为平衡生产关系提供帮助，还可以发现问题、改进管理、增强员工的责任感。车间经济核算主要应抓好以下几项工作。

1）加强成本控制

构成车间产品成本的项目有原材料、辅助材料、燃料动力、固定资产折旧、生产工人工资、生产工人工资附加费、废品损失和车间管理经费。成本控制是指在成本形成的整个过程中，对各项活动进行严格的监督，及时纠正发生的偏差，使产品成本的形成和各项费用、消耗的发生，限制在一定范围内，以保证达到预期的成本水平和利润目标。车间是直接组织生产的单位，产品成本大部分是在车间内形成的，车间成本控制的好坏对企业影响很大。

2）加强定额管理

合理的定额管理是科学管理、计划生产、均衡生产、经济分析、效果认定的基础，可避免工作的盲目性，也可避免领导指挥的主观片面性。

3）加强经济责任制

车间主任是车间的负责人，担负组织、指挥生产的直接责任，也对车间经济核算负有直接责任。班组长是企业最基层组织的负责人，执行车间作业计划、协调班组内部岗位间的生产活动、做好经济核算的原始记录和考核工作都是班组长的责任。

4）加强效益意识

车间应该经常利用横幅、看板、宣传栏、车间大会、班前会等形式开展车间经济核算的宣传教育，强化效益意识，使全体员工绷紧经济效益这根弦，激发全体员工参与车间经济核算的积极性。

七、规章制度的制定

生产是一个极其复杂的过程，必须合理地组织劳动者与机器设备、劳动对象之间的关系，以及劳动者之间的分工协作关系，才能使企业的生产经营活动按一定的规范向既定的经营目标协调地进行。即必须要有合理的规章制度，才能保证生产经营活动顺利而有效地进行。所谓规章制度，就是企业对生产经营活动所制定的各种规则、章程、程序和办法的总称，它是企业全体员工应该共同遵守的规范和准则。

企业的规章制度繁多，就车间范围来看，按其所起的作用和应用范围，大体可分为3类。

1）岗位责任制度

这是按社会化大生产分工协作的原则制定的制度。它明确规定了车间每个工作岗位应该完成的任务和所负的责任及其相应的权力。这种按工作岗位确定责任的制度对稳定生产秩序、提高劳动生产率有着十分重要的作用。

2）车间管理制度

这是指有关整个车间管理方面的制度，包括员工考勤管理制度、思想政治工作制度、员工奖惩制度、车间工资奖金及员工福利费管理制度、设备维修保养制度、交接班制度、仓库保管制度、低值易耗品及废旧物资回收利用管理制度、安全生产制度、环境保护制度。

3）技术标准与技术规程

技术标准通常是指产品技术标准，它是对产品必须达到的质量、规格、性能等方面的要求所做的规定。此外，还有零部件标准、原材料标准、工具标准、设备标准。

技术规程是为了执行技术标准，保证生产按秩序进行，在产品加工过程中所做的规定。一般有工艺操作规程、设备维修规程和安全技术规程等。

车间在执行企业颁布的技术标准和技术规程时，如发现某些规定不符合实际或有缺陷，必须报请企业有关职能部门进行验证，并通过修改、完善制定出新的规定由主管领导批准实施。

八、安全生产与环境管理

车间的安全生产与环境管理包括安全生产、劳动保护、环境管理、清洁生产4个方面。

1. 安全生产

安全生产是工业企业管理的重要组成部分，防止人身事故和设备事故的发生是生产活动顺利进行的根本保证。

车间的安全生产工作主要有以下内容。

(1) 认真执行有关安全生产的方针政策,以及其他有关的法律法规。

(2) 制定安全生产制度和安全操作规程,实行安全生产责任制,把安全和生产从组织领导上统一起来。

(3) 开展安全生产教育活动,增强员工的安全意识。

(4) 编制安全生产技术措施,掌握防范事故发生的技术手段。

(5) 加强现场管理和劳动纪律教育,经常组织安全生产检查,及时发现问题,消除隐患;经常开展安全生产知识竞赛与评比,巩固安全生产成果。

(6) 做好安全事故统计报告工作,杜绝类似事件发生。

2. 劳动保护

我国是社会主义国家,劳动者是国家的主人,保护劳动者的安全和健康是我党的一贯方针。车间劳动保护的任务主要是:认真贯彻党的劳动保护方针政策,拟订和落实劳动保护的具体措施,及时处理员工的公伤事故、职业病问题,加强劳动保护用品的管理,尊重员工的工作与休假权益。

3. 环境管理

优良的工作环境是顺利完成生产任务、提高工作效率的重要因素。车间是员工从事生产活动的第一场所,因此为员工营造一个安全、卫生、舒适、轻松的工作环境,有助于生产活动顺利开展。车间的环境管理大致有以下几方面。

(1) 规划好、布置好工作场地。车间的人行过道应有安全线;坯料、在制品,尤其是较大型的物件,应划分专门的摆放位置;有运输机械、起吊装置、行车的车间应设置警戒线或警示标志,谨防碰撞、倾轧、空中坠物等事故。

(2) 加强对有毒、有气味、危险化学品(如氰化物)、生产性毒物(如汞、铅、苯)等的管理,必须设置专人负责保管,避免误用。

(3) 加强对腐蚀性化学物品(如硫酸、盐酸)、容易给人体带来伤害的有机溶剂、清洗物件用的汽油和柴油的使用与保管,使用者必须经过培训。

(4) 加强对易燃品、易爆品、锅炉、配电装置等的管理,避免发生意外事故。

(5) 加强对废渣、废水、废液、废气排放的管理,避免污染环境。

(6) 对一些特殊的劳动场所采取通风、隔离、密封等措施。

4. 清洁生产

清洁生产是一种创新性思想,该思想将整体预防的环境战略持续应用于生产过程中,以增加生态效率和减少人类及环境的风险。清洁生产体现了预防为主的环境战略,体现了集约型的增长方式,体现了环境效益与经济效益的统一。它包括:

(1) 清洁的能源。采用各种方法对常规的能源采取清洁利用的方法,有效利用再生能源,合理开发新能源,开发利用各种节能技术。

(2) 清洁的生产过程。尽量少用和不用有毒、有害的原料,选用少废、无废工艺和高效设备,尽量减少生产过程中的危险因素,对物料进行循环利用。

(3) 清洁的产品。产品设计应考虑节约原材料和能源,少用昂贵和稀缺原料,产品在使用过程中不含危害人体健康和破坏生态环境的因素,产品的包装合理;产品使用后易于回收、重复使用和再生,使用寿命和使用性能科学合理。

清洁生产的基本目标就是"节能、降耗、减污",即提高资源利用率,减少和避免污染物的产生,保护和改善环境,保障人体健康,促进经济与社会的可持续发展。

为了实现清洁生产,必须做到以下几点。

(1) 调整和优化经济结构与产品结构,解决影响环境的"结构型"污染和资源能源的浪费,科学规划,合理布局。

(2) 在产品设计和原料选择上,优先选择无毒、低毒、少污染的原材料,从源头消除危害人类健康和环境的因素。

（3）改革生产工艺，开发新工艺技术，改造和淘汰陈旧设备，提高企业的技术创新能力，提高资源和能源的利用率。

（4）强化科学管理，改进操作方法，落实岗位责任，将清洁生产的过程融入生产管理过程，将绿色文明渗透到企业文化中，提高企业员工的职业素养。

第三节　车间主任

一、车间主任的含义和角色

1. 车间主任的含义

车间主任即车间生产行政负责人，主要是在厂长（经理）的领导下全面组织和指挥车间的生产经营活动，并对车间的生产成果向厂长（经理）负责。

2. 车间主任的角色

车间是企业开展生产作业的地方，也是企业经营的中间环节。车间的这种中间地位和作用客观地决定了车间主任充当着3个具有双重性的角色。

（1）车间主任既是指挥者又是操作者。对企业来讲，车间主任处在生产第一线，而对班组、工段来讲，车间主任又处在高级管理者的地位，正因为车间主任具有上下两重性，所以车间主任必然既是一个一线指挥者，又是一个操作者。

（2）车间主任既是生产管理者又是经营者。企业中的管理者大致分为3个层次，高级管理者、中间管理者、基层管理者，车间主任和其他参谋机构的负责人均属于中间管理者，但车间主任又区别于其他的中间管理者，因为车间主任说是管理者，但他的主要职能是执行生产作业计划；说是经营者，但又参与企业的其他经营计划。

（3）车间主任既是信息的传递者又是信息的加工者。任何一个组织中的有效计划都是需要得到有关信息的，车间也是如此，如果要使车间的生产作业系统正常运转，车间主任就必然充当信息传递和加工处理的角色。车间主任要经常传递3种信息：一是计划信息，这种信息是来自生产计划部下达的各种任务和命令，对这种信息车间主任要适时地传达下去，并把执行情况及时地反馈到生产计划部；二是控制信息，这种信息往往是供各级管理人员监督检查各种作业效果使用的，如工时定额、材料定额、工艺纪律、质量情况等，这种信息车间主任也要按时传达，以确保完成车间和企业的经营目标；三是作业信息，这种信息与车间日常活动有关，包括物资、产量、质量、成本等各种基层统计报表、财务报表，对这些信息车间主任也应有选择地传递。

二、车间主任应具备的基本素质和能力

1. 车间主任应具备的基本素质

车间主任是车间的领头羊，处于多种矛盾交叉、多种困难并存、承上启下的特殊位置，责任大、风险高，因此他必须具备一个带头人必备的基本素质。

（1）作风正派，为人正直，办事公正，克己奉公，踏实肯干，乐于奉献，政治方向明确，热心集体事务，有高度的责任感和事业心，有爱国主义精神、集体主义精神和无私奉献精神。

（2）身体健康，精力充沛，吃苦耐劳干劲足，办事利索热情高。

（3）办事果断，敢于负责，意志坚定，性格开朗，有竞争意识和进取精神，学习能力、判断能力、理解能力、分析能力、自控能力都较强，遇事头脑清醒，不含糊、有主见，办事有计划性。

（4）具有一定的文化水平和相应学历，业务基础好，专业技能强，熟悉车间各工种的工艺过程。

（5）人际关系融洽，能关心员工、理解员工、帮助员工、团结员工，为人谦和，胸怀开阔，善于处理上下级关系，不搞小团体。

（6）懂得现代工业企业管理原理和车间管理方法，懂得一些社会主义经济理论，有丰富的工作经验，有一定的管理经验，有班组管理的工作经历。

2. 车间主任应具备的基本能力

俗话说得好，强将手下无弱兵。一个车间要出色地完成企业下达的任务，必须要有一个优秀的能力出众的车间主任。

（1）作为独当一面的中间，必须具备较强的组织能力。能够科学地划分班组，任用班组骨干；善于团结员工、发动员工、组织员工、激励员工开展各种活动；善于沟通、协调，能够处理车间出现的各类问题。

（2）车间主任首先是一个生产者，因此必须具备较强的专业技能，必须对本车间的生产工艺了如指掌，熟悉车间各项生产流程。

（3）车间主任承担着实现企业经营目标的重担，因此必须具有较强的规划、运筹和决策能力。车间主任对事物的判断和决定直接关系车间甚至企业的经营效果，如果车间主任对事物洞察细致、预见准确、决断果敢、应变得力、计划周密、行动快捷，那么车间工作必然会卓有成效。

（4）车间主任其次还是一个管理者，因此必须具备一定的管理能力。一个车间少则几十人，多则几百人，并且员工来自四面八方，文化素质有高有低，脾气秉性各不相同，如何管理好这些员工，让每个人都发挥出最大潜能是非常重要的。

（5）为了抓好车间的各项工作，车间主任还必须具备较强的自我控制能力。车间工作的人、事、物等都十分繁杂，虽然大部分时间都会表现得较顺畅，但有时总会出现令人烦心甚至令人尴尬和沮丧的事，此时就要求车间主任必须头脑冷静、自我控制力强，并能沉稳地做出正确判断和客观处理，这样才可能让事情出现转机，朝有利的方向转化。

（6）为了获取经验、更新技术和拓展业务，车间主任还必须具备良好的人际交往能力、协作能力及营销能力。车间主任既要对上级又要对下属，既要对内又要对外，因此要处理好各种关系必须具备良好的社会能力。

三、车间主任的职责和权力

1. 车间主任的职责

车间主任的主要任务是领导车间开展生产经营活动，确保安全、均衡、按质、按量地完成生产计划。其职责是：

（1）熟悉企业的服务方向和生产经营目标，明确本车间的作用和任务，了解本车间与其他车间的联系和协作关系，明确自己的职责和权力，确定自己的工作方向和原则。

（2）贯彻执行厂部的决策和计划，领导编制本车间的工作计划和生产计划，全面完成厂部下达的各项经济指标和工作任务。

（3）健全和完善车间管理机构，配备管理人员并赋予其工作任务，积极发动和组织员工参预民主管理活动。

（4）制定和修订车间的管理制度，不断完善各项基础管理工作，积极推行现代工业企业的管理方法。

（5）检查所属工段、班组的生产效果，及时发现生产过程中出现的问题并采取有效的纠正措施解决问题。

（6）按照生产技术发展的要求，积极组织车间员工参加必要的政治、文化、技术培训等活动。

（7）大力支持加强生产现场管理，积极抓好安全生产和劳动保护，对本车间的安全生产负完全责任。

（8）关心员工生活和身心健康，充分调动广大员工的生产积极性。

(9) 提出车间管理人员的任免意见和奖惩办法，核定工资奖金。
(10) 对车间完成生产经营目标和各项经济指标的情况进行工作总结。

2. 车间主任的权力

对应上述职责，车间主任应有如下的管理权力：

(1) 有对车间计划指标的分解权，在完成厂部计划后有承接和安排超产、对外劳务加工等任务的建议权。
(2) 有对车间员工的派工权和工作调动权。
(3) 对违反厂纪厂规或发生工作责任事故的人有一定的处分权或建议权。
(4) 对车间下属员工有考核权，同时有对其他单位协作、服务工作的考核建议权。
(5) 有对本车间奖金及其他收益的分配决定权。
(6) 对不符合安全防火规定的行为或发生严重危及工人安全的情况有紧急处置权。

第四节 车间管理"社会闲散效应"分析及对策

车间既是一个生产单位，也是企业完成经营目标的落脚点。车间是企业大团队之中的小团队，车间管理绩效的高低直接关系整个企业的管理绩效。通过团队管理，不断开发人力资源，提高车间管理的绩效，是很有必要的。在实践中，车间的管理团队可分为3个层次：车间领导层、职能人员层（包括调度员、设备员、安全员、技术员、劳资员、核算员等）、班组长层。车间领导层只要分工明确、职责清楚、及时沟通、相互协作，就能实现管理目标；班组长层的管理涉及生产流程的管理，侧重于工艺过程的控制、生产过程的安全、生产任务的完成。

一、车间职能人员中存在的"社会闲散效应"是影响车间团队管理绩效的重要因素

在团队工作中存在许多影响绩效的因素，处理不好就会引起团队人力资源的浪费和团队绩效的下降。车间职能人员的人数不多，但上级组织下达的安全、经营、生产、管理等各项目标的实现都要通过他们去组织、控制、检查、考核和落实。从实践中看，车间职能人员中常见的问题有：个人能力都较出色、相互协作精神差、工作效率低下；个人对工作的认知程度不同、工作的激情和热情不同、表现出的工作态度相差较大等。

上述问题在著名的拉绳实验（见图11-1）中得到了很好的验证。该实验把实验者分成一人组、二人组、三人组和八人组，要求各组用尽全力拉绳，同时分别测量其拉力。结果发现，二人组的拉力只是单独拉绳时二人拉力总和的95%；三人组的拉力只是单独拉绳时三人拉力总和的85%，八人组的拉力总和则降到单独拉绳时八人拉力总和的49%。验证结果揭示了一种现象的存在，即"社会闲散效应"。所谓的"社会闲散效应"，是指当个人的努力与别人的努力结合在一起时，他们工作起来就没有分开时那么起劲。在车间职能人员中出现的问题实质上就是"社会闲散效应"在作怪，它是影响车间整体管理绩效的一个很重要的因素。

图 11-1 拉绳实验：二人组的拉力只是单独拉绳时二人拉力总和的95%

二、"社会闲散效应"的内在原因分析

团队管理理论告诉我们,在团队中,由于组织成员夸大自己的贡献并预期他人会闲散,加之对团队绩效的高估,以及付出与报酬的不公会导致个人减少努力、团队效能流失。从具体管理实践看,产生"社会闲散效应"的原因主要有以下几个方面。

1)工作目标不明确

这里的目标有两层含义:团队目标和个人目标。车间的目标就是要完成上级下达的各项生产经营指标和任务,个人的目标即完成分工业务范围内的工作,在工作中提高自己的技能,得到应得的利益。现实情况是部分人员对组织目标不甚了解或不愿主动去了解,总认为离自己较远;不能把车间目标的实现与个人目标的达成有机结合;对工作的热情度忽高忽低,工作效率时高时低,等待领导安排工作,或者工作任务重时有抵触情绪。

2)职责不清

组织内部分工不明确、职责不清,并且组织对履行职责和工作业绩评价的方法和标准不确定,致使部分成员不愿充分发挥自己的能力,把自己的责任分到其他成员的身上,造成在关键问题上推卸责任,工作效率不高。

3)未体会到个人在组织中的价值,集体价值观不强

认为个人的努力对团队微不足道,或者认为个人的努力难以衡量,并且与团队绩效之间没有明确的关系,故降低个人努力或不能全力以赴地努力。在团队工作中体会不到成就感,意识不到团队的业绩是靠每个成员的努力创造的。

4)领导表率作用发挥得不好,成员执行力下降

企业中的大多数车间领导是搞技术出身的,在技术上他们是"领头羊",但在管理上缺乏职业训练和系统的管理理论支持,因此管理的随意性大,对下属职能人员引导、培育的意识不强,造成职能人员的工作目标和方向性不强;部分领导个人的管理能力和素质不高,方法简单、死板,又过分注重自己的职位和利益,工作起来瞻前顾后,不能大胆管理,遇到大事就想推给别人,害怕做决定;未认识到车间工作协作多于分工的特点,混淆业务分工与职责的关系,下属汇报问题,自认为不是自己的业务范围内的就推给别人,使职能人员无所适从,汇报也不是,不汇报也不是,时间长了,上下级之间失去了信任和相互支持,结果就是领导安排工作,下属可做可不做,甚至可以抵制,找各种理由搪塞,严重影响了车间管理的效果。

三、消除车间管理中"社会闲散效应"的途径

"社会闲散效应"不仅使车间的整体管理绩效大打折扣,削弱团队的战斗力和凝聚力,助长部分员工在团队中的依赖心理和惰性,造成管理效率下降,有时还会在工作中产生大的漏洞,造成生产指挥混乱,严重时可能形成人身事故的隐患。针对上述对"社会闲散效应"原因的分析,在实际工作中可采取如下对策。

1)明确车间的管理目标和个人的工作目标,建立符合车间生产和管理实际的内部绩效考核机制

明确的工作目标和工作表现考核标准对于每个人都是很重要的,基于同样的理由,团队作为一个整体,有明确的团队目标和工作表现考核机制也是很重要的。实践和研究表明,当人们有明确的奋斗目标时,他们的工作效率普遍都会得到改善。

2)使每个职能人员时刻清晰自己应承担的职责

明确各职能人员的"位、责、权、利",让每个员工都明白自己的岗位是什么,应该承担的责任是什么,自己的权利有多大,以及如何获取自己应得的利益。一般情况下,一个人最清晰自己职责的时候是刚刚入职的时候,往往在工作一段时间后就有了完全属于自己习惯的工作状态,他们可能对自己的工作内容不再清

晰，或者说忽略了一些他们认为不重要的工作，这就导致工作效果不能按照预期实现，而不良的工作效果给了自己消极的反馈，积极性会进一步降低。因此车间领导就要时常提醒，使每个员工都能明确自己的工作内容和职责，以确保能按照正确的方法做事情，而不是按照习惯做事情。帮助每个员工进入"做正确的事情→得到预期的效果→得到积极的反馈→更加乐于做正确的事情"的良性循环，从而提高每个员工的工作积极性和履行职责的主动性。

3）重视个人工作对团队的贡献，及时评估和评价，努力营造团结向上的工作氛围

如果某个员工认为自己所做的工作对车间来说无关紧要，他就不愿浪费时间精力在工作上面。因此应该使每个员工认识到，整个车间的绩效就是由每个员工所做的看上去或不重要或次要的工作积累而成的，每项工作都提升了车间的整体绩效，这样员工才有动力。实践中鼓励他们针对自己的工作写书面报告，及时理清自己的工作状态，发现问题，查找改善的方向，使每个车间在写自己工作报告的时候，都能体会到自己存在的价值；每隔一段时间对每个车间的工作做出正式或非正式的评估，使他们及时意识到自己的工作对整个团队来说是必不可少的。

4）领导要以身作则，员工要坚决服从

当一个有共同价值观又有明确分工的团队明确了方向后，接下来就是如何开展具体工作。车间领导作为车间的领头人就至关重要，"火车跑得快全靠车头带"，因此车间领导要不断自觉地学习管理学理论，接受管理技能培训，提高自己的管理能力。车间领导必须以身作则，带头遵守各项规章制度并自觉履行职责，在筹划车间团队管理时要有思路、目标和实现目标的措施；在具体工作中要有计划、安排、方法和考核标准。车间领导要敢于做决定，并为决定负责，做员工的后盾，并使他们明白即使有了失误也会有人及时纠正和指导，也会有领导替他们分担责任，并可获得后续工作的思路和方法。在具体的管理过程中，领导一旦做出决策，员工就必须全力以赴去做，坚决杜绝个人本位主义，只有这样，才能贯彻车间管理的整体思路，形成战斗力。

四、在实践中完善业绩评估机制，建立高效团队

要减少车间管理中存在的"社会闲散效应"，提高车间管理的整体绩效，就要挖掘每个员工的潜力，建立一种人尽其才、人尽其力的用人机制和激励机制，不断完善业绩评估机制，增加个体的参与感和责任感。社会闲散的一个显著特点就是会随着绩效相关责任的明确而降低，责任越具体，人的潜力发挥得越充分，耍滑头的人越少，用真劲的人的发展空间越大。与此同时，通过及时的业绩肯定、评优、绩效奖励、安排承担更重要的工作等方式使个体在团队中增加归属感，更是从根本上解决个体发生"社会闲散效应"的积极的方式。只要能够做到使每个员工真正地把自己看作车间不可缺少的一员，与车间的整体发展荣辱与共，就能够最大限度地发挥整个团队工作的效力，减少"社会闲散效应"造成的人力资源浪费和绩效下降，使车间成为一个高效的基层团队，使各项工作都能按企业的整体要求进行。

思考与练习十一

1. 试说明车间有哪些类型，如何划分。
2. 简要说明车间管理的属性。
3. 车间管理的任务有哪些？车间管理的职能是什么？
4. 简要说明车间管理的基本内容有哪些。
5. 简要说明车间应如何进行生产管理。
6. 使用车间设备时的"三好""四会""四项要求""五项纪律"指什么？
7. 车间主任到底是个什么角色？车间主任应具备哪些素质和能力？

案例分析

【案例分析 11-1】京东的能力价值观体系

能力价值观体系是京东管理最重要的标准，也是其选人、留人包括辞退员工的重要标准。对所有的员工进行分类，大概可分为 5 类。

1. 能力一般，也就是业绩和绩效很一般，得分很低

价值观没有得分高低之分，价值观称为匹配度，任何一家公司都要提出价值观是什么，这是企业文化的核心部分。要对每个人进行价值观匹配度的考核，如问卷调查等，同时在试用期内，一个人所有的行为都是被他的价值观所左右的。通过问卷测试及日常行为观察，基本可以判断出这个人的价值观与公司价值观的匹配度。

如果说能力一般，价值观得分又很低，那么这样的员工在招聘的时候一般不要。京东的用人标准：价值观第一，能力第二。

2. 价值观与公司的价值观非常匹配，但是能力绩效不达标

能力一般，价值观匹配度很高，京东对于这类的员工一般来讲会给予至少一次转岗的机会。比如说做采购的，价值观匹配高，但是能力业绩上不去。怎么办？你是否有别的喜好和才能，比如说去别的部门，总之至少给一次机会，或者培训的机会，或者转岗的机会。但是，因为公司不是一个慈善机构，面临生存压力，如果给完机会之后还是不行，公司就要请他走。

3. 80%的员工能力和价值观都在 90 分左右

京东 80%员工的能力和价值观都在 90 分左右，是公司的主体。

4. 员工能力非常强，价值观与公司价值观的匹配度非常高

京东的员工结构中，20%员工的能力非常强，并且价值观与公司价值观的匹配度非常高，他们有可能是技术人员，不一定是管理人员。

5. 业绩非常好，但价值观与公司价值观不匹配

如果一名员工的业绩非常好，但是他的价值观跟公司的不匹配，不管公司会有多大的损失，都应该立即辞职。当然这种人能力强，隐藏性很强，一开始可能发现不了他的价值观跟公司的有什么不同。

这就是京东选人和用人非常重要的一个标准。公司里所有中高级管理人员每年要做一次 360 度考核，包括他的能力和一年连续四个季度的业绩。还有他的行为，如说了什么话，或者做什么事情让人觉得他的价值观有问题。如果价值观得分偏低，那么核实后应立即辞退。

【案例分析问题】

你从京东的能力价值观体系中受到何种启示？

【案例分析 11-2】南亚塑胶工业有限公司包装车间目视管理活动的实践与成效

1. 目视管理的实施

1）规章制度与工作标准的公开化。为了维护统一的组织和严格的纪律，提高劳动生产率，实现安全生产和文明生产，包装车间将凡是与现场操作人员密切相关的规章制度、标准、定额都公布于众。如十项制度、现场卫生承包区域图、各个岗位的岗位职责、经济责任指标等。

2）生产任务与完成情况的图表化。包装车间对每天的生产情况，以及班组每月完成情况的具体数据进行分析，并画出趋势图，使车间班组的目视管理以数据为依据。

2. 目视管理工序点的控制

目视管理为班组进一步深入开展工作打下了基础。包装车间通过对现有生产过程的分析，找出了质量和成本两个关键工序点作为突破口，严加控制。

1）控制重量偏差，提高产品质量。质量是企业的生命，是企业得以生存和发展的先决条件，作为生产岗位上的一线员工，应当生产出优质的产品。包装车间班组积极响应车间提出的口号"向先进水平挑战，提高包装质量，向用户提供合格满意的产品"。为此，包装车间在抓好封口质量的基础上，重点抓好每包产品的重量，把每包产品的重量偏差控制在企业标准内。

2）控制重薄膜包装袋成本，降低班组成本。班组成本的考核一直是班组管理的重点，包装车间以科学管理为手段，把降低重薄膜包装袋单耗作为突破口，推动班组成本管理工作。包装车间主要采取了以下几项措施。

● 从源头做起，杜绝重薄膜包装袋的两次损坏。铲车驾驶员从仓库铲薄膜时要特别注意，防止因自己操作上的不慎而造成不必要的损坏。

● 加强重薄膜包装袋上机前的检查。薄膜上机前，操作工要检查薄膜质量，发现薄膜破损时要及时做记号，并在制袋部分将破损的重薄膜包装袋抽出，使薄膜的损失减少到最小。

● 提倡空袋利用。以往将出现的空袋都当成废料处理，现在车间将可以利用的空袋人工放至投料口，使它们重新被利用，减少了对薄膜的消耗。

3. 目视管理的成绩

经过半年的实施，包装车间对目视管理有了一定的认识。目视管理形象直观、便捷明了，能严把包装质量最后一道关。通过目视管理，可以及时剔除观测到的料包内的异物，维护企业产品的形象；通过目视管理，可以直接监测料包上打印的批号，做到批号打印100%的准确；通过目视管理，可以直接将封口不合格的料包及时地从输送带上拉下来处理，将料包的破损率牢牢地控制在0.05%以下。

目视管理透明度高，便于现场人员互相监督，发挥激励作用。

通过目视管理可以对生产作业的各种要求做到公开化。干什么、怎样干、干多少、什么时间干、在何处干等问题一目了然，这就有利于人们默契配合、互相监督，使违反劳动纪律的现象不容易隐藏。配合一定的手段，目视管理就能起到鼓励先进、鞭策后进的激励作用。

包装车间各班组通过开展目视管理，管理水平有了明显的提高，组内增强了岗位竞争意识。在经济效益方面，仅以班组全年节约的薄膜为例，每天节约40只空袋，全年节约1.68吨，折合人民币11 760元。

【案例分析问题】

（1）从南亚塑胶工业有限公司包装车间的目视管理活动中你学到了哪些经验？

（2）试分析目视管理能带来哪些好处？

参考文献

[1] 吴拓. 现代企业管理（第3版）[M]. 北京：机械工业出版社，2017.
[2] 刘晓峰. 现代工业企业管理[M]. 北京：机械工业出版社，2007.
[3] 张卿，李增先. 工业企业管理[M]. 北京：机械工业出版社，2007.
[4] 陈富生，黄顺春. 现代企业管理教程[M]. 上海：上海财经大学出版社，2004.
[5] 刘荣，董桂芳. 市场营销学[M]. 北京：中国金融出版社，2004.
[6] 张永成. 人力资源管理革命[M]. 武汉：武汉大学出版社，2006.